KB052347

마오쩌둥과
당대중국

마오쩌둥과 당대중국

초판 1쇄 인쇄 2019년 10월 17일
초판 1쇄 발행 2019년 10월 21일
옮 긴 이 김승일·장성복·윤선미
발 행 인 김지암(金志岩)
출 판 사 구포출판사
출판등록 제2019-000090호

ISBN 979-11-967586-8-4 (03150)

판매 및 공급처 구포출판사

주소: 서울 중구 퇴계로 54길 5 Tel: 02-2268-9410 Fax: 0502-989-9415
블로그: https://blog.naver.com/jojojo4

※ 이 도서의 국립중앙도서관 출판시 도서목록(CIP)은 서지정보유통지원시스템 홈페이지(http://seoji.nl.go.kr)와 국가자료공동목록시스템에서
  이용하실 수 있습니다.

마오쩌둥과 당대중국

리쥔루(李君如) 지음 | 김승일 · 장성복 · 윤선미 옮김

구포 출판사
九程出版社

经典中国国际出版工程
China Classics International

CONTENTS

CONTENTS

제7장 민족통일론과 민족독립론

제8장 사회주의 실천과 철학

총 서문

리쥔루(李君如)

마오쩌동 동지 탄생 120주년을 기념하여 푸젠(福建)인문출판사에서
나에게 다시 『마오쩌동과 근대중국(毛澤東與近代中國)』, 『마오쩌동과 당
대 중국(毛澤東與當代中國)』, 『마오쩌동과 포스트 마오쩌뚱의 당대 중국
(毛澤東與毛澤東后的當代中國)』으로 이루어진 "마오쩌동 연구 시리즈 3부
작"의 재출판 희망을 전해와 고민 끝에 출판에 응하게 되었다.

재출판 요청을 받고서 잠시 머뭇거렸던 이유는 이 세 권이 이미
1980년대 말에 쓰기 시작하여 90년대 초와 중반에 출판했던 책(어떤
책은 이미 재판을 발행하였고, 또 여러 번의 인쇄를 거쳤다.)으로 다
시 재출판을 하게 되면, 역사적 본모습을 유지해야 할지 아니면 새로
운 인식에 맞춰서 수정을 해야 할지, 또 이미 사회적으로 영향력을 가
지고 있는 저서를 수정하는 것이 합당한 지의 문제 때문이었다. 많은
분들의 의견을 듣고서 일정 부분의 수정이 필요하다고 판단하여(역사
를 존중하여 관점에 대한 수정은 주석을 달아 설명), 결국에는 다시
출판하는데 동의하게 되었다.

수정이 필요하다고 판단한 까닭 중의 하나는 원래 세 권의 저작은
연이어 쓰였지만, 『마오쩌동과 당대 중국』은 『마오쩌동과 근대중국』보
다 먼저 쓰였고, 또 3부작 시리즈로서의 총 서문이 없었기 때문이다.
그래서 이번 수정판에서는 시리즈로서의 총평 서문을 추가하게 된 것
이다. 이것이 이 총 서문을 쓰게 된 이유이다.

본인은 왜 이다지도 이 '총 서문'을 중요하게 생각했을까? 그 이유는 바로 『마오쩌동과 근대중국』에서부터 『마오쩌동과 당대 중국』, 그리고 『마오쩌동과 포스트 마오쩌동의 당대 중국』에 이르기까지 시종일관 "마르크스주의의 중국화"라는 이 주선율이 관철되고 있기 때문이었다. 그러나 원래 이 세 권의 책이 각각 쓰여 진 것이었기 때문에 『마오쩌동과 근대중국』에서 이 사상을 어떻게 제기하게 되었는지, 이 사상이 중국공산당의 혁신적 실천과 혁신적 이론에 어떤 의미를 가지고 있는지를 설명할 수가 없었다. 그래서 이러한 점을 보충해야 할 필요가 있었던 것이다. 이와 동시에 우리는 또한 중국공산당의 역사와 이론을 연구함에 있어서 기초에서부터 시작해야 할 필요가 있기 때문에 "마르크스주의의 중국화"라는 이 명제의 제기와 발전과 관계된 일련의 기본 문제에 대해 심도 있는 사고와 연구가 필요하다고 생각했기 때문이었다.

1. "마르크스주의의 중국화"에 대한 제기

"마르크스주의의 중국화"라는 이 명제는 마오쩌동이 중국의 혁명 실천에서 쌓아온 풍부한 경험을 진지하게 종합하면서 깊이 있는 철학, 그리고 이론을 바탕으로 해서 제기한 것이다. 개혁개방의 새로운 실천을 기초로 하여, 21세기 초에 우리는 이 명제를 중국공산당의 이론적 혁신과 이론적 무장을 중심 임무로 다시 제기하게 되었다.

1) "마르크스주의의 중국화" 라는 명제의 제기

"마르크스주의의 중국화"라는 이 명제는 마오쩌동이 항일전쟁 조기에 제기했던 명제이다.

1938년 10월 중국공산당의 제6대 중국공산당 확대 전체회의에서 마오쩌동은 「새로운 단계를 논함(論新階段)」이라는 제목의 장편의 보고서를 썼다. 이 유명한 보고서의 7번째 부분인 「민족 전쟁에서의 중국공산당의 위치」에서 그는 중국공산당이 북벌전쟁과 토지개혁 전쟁에서 두 차례의 승리와 두 차례의 실패라는 역사적 경험과 항일전쟁 초기 통일전선 문제에서 출현한 우경화와 실수를 경계로 삼아 "추상적인 마르크스주의란 없으며, 단지 구체적인 마르크스주의가 있을 뿐이다. 이른바 구체적인 마르크스주의라고 하는 것은 바로 민족적 형식의 마르크스주의를 통해, 바로 마르크스주의를 중국의 구체적 환경의 구체적 전투에 적용시키는 것이지 추상적으로 응용하는 것이 아니다. 위대한 중화민족의 일부분으로서, 이 민족과 피와 살로 연결되어 있는 공산당원으로서 중국적 특징을 벗어나 마르크스주의를 이야기하는 것은 단지 추상적이고 공허한 마르크스주의일 뿐이다. 그러므로 마르크스주의의 중국화는 그 모든 표현 속에 중국적 특징을 가지고 있어야 한다. 다시 말해서 중국적 특징에 따라 그것을 응용함으로써 당 전체가 절박하게 이해하고 절실하게 해결해야 할 문제가 되게 하는 것이다."라고 심도 있게 지적하였다. 여기서 마오쩌동은 처음으로 중앙전체위원회에서 "마르크스주의의 중국화" 임무를 제기하면서 당 전체가 "절박하게 이해하고 절실하게 해결해야 할 문제"라고 강조하였다.

중국혁명과 건설의 위대한 실천 속에서 만들어진 마오쩌동 사상은 바로 마르크스주의의 중국화를 이루는 첫 번째 성과인 것이다. 류샤

---

1) 마오쩌동, 「새로운 단계를 논함(論新階段)」 (1938년 10월), 『건당 이래 중요문헌 선편(建黨以來重要文獻選編)』 제15권, 2011, 중앙문헌출판사, 651쪽.

오치가 중국공산당 제7차 전당대회 보고서에서 마오쩌동 사상이 당의 지도적 사상이라고 언급할 때, 마오쩌동은 "마르크스주의의 중국화라는 거대한 작업을 성공적으로 진행시켰다."라고 분명하게 말하기도 했다.

2) "마르크스주의의 중국화" 사상의 형성

마오쩌동이 항일전쟁 초기에 "마르크스주의의 중국화"라는 이 명제를 제기했던 이유는, 중국혁명의 실천이 우리에게 마르크스주의가 중국의 문제를 해결하기 가장 좋은 이론적 무기이기는 하지만, 그러나 마르크스주의가 오직 중국혁명의 구체적 실천과 결합되어질 때에만 비로소 중국혁명의 면모를 일신시켜 줄 수있음을 말해주고 있기 때문이다.

중국혁명의 실제 진전 과정에서 고찰해 보면, 마오쩌동의 "마르크스주의의 중국화" 사상의 형성과 이 명제의 제기 과정은 크게 세 단계의 발전과정으로 나눌 수 있다.

첫 번째는 "중국과 세계의 개조"를 임무로 하여 마르크스주의를 배우고 수용하는 단계이다. 근대에 이르러 낙후된 중국이 열강들에게 유린당하게 되는 비참한 운명은 수많은 뜻있는 지식인이나 어진 사람들의 구망(救亡)과 생존을 위한 애국적 열정을 불러일으켰다. 그러나 린저쉬(林則徐), 웨이위안(魏源)이 내세웠던 "오랑캐(서구 열강)의 빼어난 기술을 배워 오랑캐를 제압하자!(師夷之長技而制夷)"는 주장에서부터 홍슈취안(洪秀全)이 이끌었던 기세등등했던 태평천국 운동에 이르기까지, 그리고 또 캉유웨이(康有爲)와 량치차오(梁啓超)가 추진 했던 무술변법(戊戌變法)에 이르기까지 모두 성공을 거두지 못했다. 손중산

(孫中山)이 이끌었던 신해혁명으로 2천여 년 동안 중국을 통치해온 전제군주제가 막을 내리게 되긴 했지만, 1840년 아편전쟁 이후에 점진적으로 형성되어온 반식민지·반봉건의 사회적 성격을 크게 변화시키지는 못한 채 혁명의 성과는 결국 북양군벌(北洋軍閥)의 수중에 넘어가고 말았으며, 국가와 인민들은 여전히 도탄에 빠져 있었다. 마오쩌둥은 청년시절에 "중국과 세계 개조"라는 원대한 포부를 가지고 있었다. 구망과 생존을 위해 그는 동시대의 많은 애국청년들과 마찬가지로 '5·4신문화운동'에서 "공자의 학설을 타도하자(打倒孔家店)"[2]를 외치면서 중국이 봉건적 문화의 울타리를 부수고 나와 드넓은 세계적 시야로 구국(救國)과 구민(救民)의 진리를 찾기를 바랐다. '5·4신문화운동' 또한 부족했다고 말해야 할 것이다. 훗날 마오쩌둥이 「당팔고를 반대한다(反對黨八股)」라는 글에서 말했던 것처럼 중국 전통문화에 대한 역사유물주의의 비판정신의 결여라는 문제, 즉 "이른바 나쁜 것은 절대적으로 나쁜 것"이라는 식의 형식주의 문제가 남아 있었던 것이다. 그러나 '5·4신문화운동' 과정에서 세계의 여러 사조들이 밀물처럼 중국으로 쏟아져 들어오면서 마오쩌둥의 사상적 인식에도 변화가 일어나게 되어 한 차례의 도약을 실현시켜 주었다고 할 수 있다. 철학 사상적 측면에서 보면 '무아론(無我論)'에서 '유아론(唯我論)', 그 중에서도 특히 "정신적 개인주의"로, 다시 "포퓰리즘(Populism)"으로, 또 다시 '유물사관(唯物史觀)'으로의 변화를 과정을 보였다. 정치사상에 있어서는 전통적인 애국주의에서 민주주의, 특히 무정부주의로, 다시 공산주의로의 변화 과정을 겪었다. 마오쩌둥이 경험했던 일련의 사상적 변화들

---

2) 실제적인 뜻은 공자의 학설을 통치에 악용한 중국의 역대 왕조를 비판한 것.

은 서재 속에서 일어난 것이 아니라, 그가 직접 몸으로 체험했던 실천을 통해서 일어난 것들이었다. 즉 참여하고 또 이끌기도 했던 사상 계몽운동과 구장운동(驅張運動),[3] 후난(湖南)자치운동 등 일련의 민주주의 실천들이 실패한 후에 일어난 것이었다. 그래서 그의 사상적 변화는 다른 사람들보다 더욱 절박한 것이다.[4] 마오쩌둥이 결국에는 마르크스주의를 수용 또는 선택하였음은 그가 마르크스주의를 중국과 세계 개조의 사상적 무기로 삼기 시작했음을 보여주는 것이다. 그리고 이것이 바로 그가 훗날 "마르크스주의의 중국화"를 형성시키고 내세우게 된 역사적 출발점이기도 했다.

두 번째는 "교조주의를 반대"하는 가운데 마르크스주의의 '교과서'와 중국의 실제상황을 결합시켜 나가야 한다는 원칙을 주장했던 단계이다. 마오쩌둥은 당시의 일부 선진적인 지식인들과 마르크스주의를 수용했을 뿐만 아니라 마르크스주의와 중국의 노동자운동을 결합시켜 중국공산당을 창당했던 이유는 그들이 실천을 통해 마르크스주의가 사회발전의 객관적 규율을 반영하고 있을 뿐만 아니라, 억압받고 착취당하는 많은 노동 인민들의 이익을 대변하고 있음을 인식하게 되었으며, 또한 마르크스주의만이 중국사회의 주요 모순, 즉 제국주의와 봉건주의를 반대하는 사상적 무기가 될 수 있다고 인식하게 되었기 때문이었다. 그러나 실천은 마오쩌둥과 중국의 공산당원들에게 서구사회에서 생겨난 무산계급과 자산계급의 모순 해결이라는 주요한 임

---

3) 5·4운동 당시 후난(湖南)의 군벌이었던 장징야오(張敬堯)를 몰아내기 위한 운동
4) 마오쩌둥은 "러시아식 계통의 여러 방법들은 모두 새로운 발명의 길로 통하지 못했기 때문에 오직 이 방법만이 다른 개조방법들과 비교하여 그 가능성이 크다." 고 했다. 마오쩌둥의「신민학회 장사 회원대회에서의 발언(在新民學會長沙會員大會上的發言)」(1921년 1월 1일, 2일) 참고.『마오쩌둥 문집(毛澤東文集)』제1권, 1993, 인민출판사, 1~3쪽.

무로 삼는 마르크스주의가 중국의 사회 환경에 운용되기 위해서는 또한 반드시 중국의 실재에 근거하여 중국의 문제를 충분히 해결할 수 있는 정확한 전략사상과 방침·정책을 내세워야 한다는 사실을 알려주었다. 이를 위해 마오쩌둥은 마르크스주의의 단계별 분석방법을 운용하여 중국사회의 현 단계의 상황을 전면적이고 체계적으로 분석하여, 무산계급의 영도 하에서 농민계급과 도시소자산계급과 민족자산계급과의 단결을 확대해 나가면서, 제국주의와 봉건주의, 그리고 이와 연계된 매판자본주의의 전략적 책략과 사상을 반대하는 단계, 혁명 실패 후 그 시기를 놓치지 않고서 "총부리에서 정권이 나온다(槍桿子里出政權)"는 사상을 제기함과 함께 추수 봉기군을 이끌고서 농촌이 도시를 포위하고 마침내는 전국의 정권을 쟁취하는 독특한 혁명방법을 제시했던 단계, 농촌 혁명근거지 건설과정에서 심도 있고 세밀한 조사와 연구를 통해 농촌의 토지문제, 홍색정권 건립문제, 인민의 군대 건설과 당 건설 등 일련의 새로운 문제 등을 해결해 나가는 단계로 구분하였다.

이를 기초로 하여 마오쩌둥은 1930년대 당의 사업지도 과정에서 출현하게 된 주관주의 경향을 겨냥하여 "교조주의를 반대 한다", "마르크스주의의 교과서와 중국의 실제상황을 결합시켜 나가야 한다", "조사를 하지 않으면 발언권도 없다", "중국혁명 투쟁의 승리는 중국인 동지들이 중국의 상황을 이해하는 것에 의지해야 한다", "투쟁 속에서 새로운 국면을 창출해나간다는 사상적 노선을 형성해 나가야 한다"는 등의 일련의 중요한 사상들을 제기하였다. 마오쩌둥은 마르크스주의의 유물주의 사상을 어떻게 처리할 것이냐에 관한 주장들은 "마르크스주의의 중국화"를 이룰 수 있는 사상 형성의 중요한 연결 고리들이

었다.[5]

  세 번째는 역사적 경험과 철학사상적 종합 속에서 "마르크스주의의 중국화"라는 과학 명제를 제기했던 단계이다. 대장정(大長征) 쮠이(遵義)회의의 생사 고난을 거치면서 마오쩌둥은 홍군(紅軍)이 싼시(陝西) 북부지역에 도착한 후, 한편으로는 북벌전쟁과 토지개혁 전쟁의 두 차례 승리와 두 차례 실패의 경험과 교훈을 총괄하면서 「중국혁명전쟁의 전략문제(中國革命戰爭的戰略問題)」와 『실천론』, 『모순론』 등의 글을 써서 홍군의 전투 지휘관을 대상으로 당의 역사적 경험과 마르크스주의 철학사상 교육에 착수하였다. 다른 한편으로는 중국 내외 정세의 변화, 특히 중국내 민족적 모순이 계급적 모순을 대신하여 사회의 주요한 모순으로 대두된 새로운 특징에 대해 분석하고 항일 민족통일전선이라는 정치적 전략 전선을 제정하는 한편 제1차 국공합작의 경험과 교훈을 본보기로 하여 공산당이 통일전선에서 독립과 자주의 원칙을 견지해 나갈 것을 주장하였다. 당시 마오쩌둥이 이러한 마르크스주의에 대한 혁신적 작업들을 진행하고 있을 때, 1937년 11월 왕밍(王明)이 코민테른 집행위원회 주석단 위원이라는 지도자의 신분으로 귀국하여 중국공산당 정치국의 12월 회의에서 코민테른이 제기한 "모두가 통일전선에 복종한다", "모두가 통일전선을 거쳐야 한다."는 지시를 전달하면서 당은 통일전선에서 독립과 자주의 원칙을 유지해 나가야 한다는 마오쩌둥의 주장을 비판하였다. 1938년 중국공산당 중앙위원회에서는 런삐스(任弼時)를 소련으로 파견하여 코민테른에 사업보고를

5) 마오쩌둥, 「교조주의를 반대 한다」(1930년 5월), 『마오쩌둥 선집』 제1권, 1991, 인민출판사, 109~118쪽.

하였다. 당시 코민테른 사업을 주관하고 있던 디미트로프는 중국의 실제 상황을 이해하고 난 후 코민테른 주재 중국공산당 대표 왕쟈샹 (王稼祥)을 귀국시켜 중국공산당은 "영도기관에서 마오쩌둥의 영도 하에서 해결"하도록 지시하였다. 이처럼 중요한 지시에 근거하여 중국공산당은 6차 6중 전회 확대회의를 개최하게 되었다.[6] 『마오쩌둥 선집』 제2권, 534쪽에는 마오쩌둥이 당시 회의에서 「새로운 단계를 논함」이라는 중요한 보고를 하면서 "당이 학습을 강화하고 이론과 공부자(孔夫子)에서부터 손중산에 이르는 시기까지의 역사와 중국혁명의 풍부한 경험에 대한 연구도 포함하는 역사와 현실을 연구해야 한다"고 강조하면서 "마르크스주의의 중국화"라는 이론 임무를 제기하였다.

"마르크스주의의 중국화"의 제기는 중국공산당의 이론적 혁신의 중요한 성과이며, 또한 당 전체가 주관주의, 특히 교조주의를 반대하는 데 중요한 사상적 무기로 제공되었다. 1942년 옌안정풍(延安整風), 1945년 승리 후 개최된 중국공산당 제7차 대회는 바로 마르크스주의 중국화의 사상적 지도하에서 일궈낸 성공적 사건들이다. 이와 같이 마오쩌둥 사상은 바로 마르크스주의의 중국화의 첫 번째 성과물인 것이다.

『마오쩌둥과 당대 중국』을 연구함에 있어서, 마오쩌둥이 중국공산당의 실천과 이론에 대한 혁신을 추진했던 이유가 이처럼 찬란한 성과를 거두게 되었던 까닭, 중국공산당과 중국인민들을 이끌고서 중국혁명을 승리로 이끌었던 까닭들이 모두 마르크스주의의 중국화에 있었던 것이다.

---

6) 『마오쩌둥 전기(1893~1949)』 하권, 2004, 중앙문헌출판사, 501~521쪽.

3) "마르크스주의 중국화" 이론의 재차 제기

그러나 신 중국 건립 이후 우리는 "마르크스주의의 중국화"라는 이 용어를 공개적으로 거의 사용하지 않았다. 일반적으로 "마르크스주의와 중국의 실제와의 상호 결합이란 표현을 사용했을 뿐이었다.

신 중국 건립 직전에 국제공산주의 운동에는 매우 중요한 사건이 발생하게 되는데, 연구자들은 이것과 관계가 있음에 주의하게 되었다. 1948년 6월 공산당 정보국에서는 결의를 통하여 유고슬라비아 공산당의 이른바 민족주의, 반 소련 친 자본주의 경향이 바로 그것이었다. 당시 중국공산당은 정권 쟁취를 준비하고 있었기 때문에, 공산당 정보국의 결의를 매우 중시하여 특별히 이 결의를 학습하고 관철시키기로 결정하였고, 또한 논평을 발표하였으며, 이러한 문건들과 평론을 중국공산당 중앙 당교(黨校: 공산당 간부학교)의 학습 문헌으로 편입시켰다. "마르크스주의의 중국화"의 제기가 민족주의 경향으로 오해되어질 것을 고려하여 이후에 당 중앙에서는 "마르크스주의의 중국화"를 공개적으로 제창하지 않았다. 이후 『마오쩌동 선집』이 출판 될 때 「민족전쟁에서의 중국공산당의 지위」라는 글에서 "마르크스주의의 중국화"를 "중국에서의 마르크스주의의 구체화"라는 표현으로 바꾸었다.[7] 그렇다 하더라도 이후 중·소 논쟁 때 소련공산당은 여전히 중국공산당이 역사적으로 "마르크스주의의 중국화"라는 이 표현을 사용했던 것에 대해 질책하였다. 1960년 11월 초 류사오치는 중국공산당

---

7) 『마오쩌동 선집』(인민출판사, 1991) 제2권, 534쪽에서 마오쩌동은 중국음악협회의 관계자와의 대담에서 예술적으로 서양의 좋은 것들을 배워야 하지만, 그러나 "마땅히 하면 할수록 중국화 되어야지 서구화 되어서는 안 된다." 고 말했다. 마오쩌동, 「음악 관계자와의 담화」(1956년 8월 24일) 참고. 『마오쩌동 문집』 제7권, 1999, 인민출판사, 82쪽.

대표단을 인솔하여 모스크바에서 열린 전 세계 81개국의 공산당과 노동당 대표회의에 참석하였다. 소련공산당 중앙은 중국공산당 대표단에게 중국공산당 중앙에 보내는 장편의 「답변서」를 전달하여 중국공산당에 대해 일련의 비판을 가했다. 그 중의 하나가 바로 "마르크스주의는 국제주의(internationalism, 인터내셔널리즘)로, 그것은 모든 국가에 똑같이 적용되고 수용되어야 한다. 그러나 중국공산당 동지들과 중국의 신문 잡지들은 '중국화 된 마르크스주의'라는 개념을 광범위하게 사용하고 있다. 예를 들어, 류사오치 동지는 중국공산당 제7차 대회의 보고서에서 '마르크스주의의 중국화'에 대해 언급하면서, 마오쩌둥 동지가 '마르크스주의의 중국화라는 거대한 작업을 성공적으로 진행시켰다.'라고 했다."고 지적했다.

그래서 마오쩌둥은 1961년 1월에 열린 중국공산당 제8대 9중 전회에서 이에 대회 응답하였다. 그는 유머러스하게 "'마르크스주의의 중국화'는 아마도 당신(류사오치)의 전유권이 아닐 것이다. 내 생각에는 나도 이야기 한 적이 있고, 문자로도 쓰여 있으며, 내 기억에도 있는 것 같다. 또 6중 전회에서 마르크스주의의 중국화라고도 썼던 것 같다. 내가 제기한 적이 있는 것으로 기억한다. 그러므로 이에 대한 저작권 문제가 발생하게 된 것이다. 이른바 마르크스의 중국화는 바로 마르크스주의의 보편적 진리를 중국혁명의 구체적인 실천과 통일시키는 것으로, 하나는 보편적인 것이고, 하나는 구체적인 것, 이 둘의 통일을 중국화라고 부르는 것이다."라고 말하였다.

실천은 마오쩌둥이 제기했던 "마르크스주의의 중국화"의 임무가 정확한 것이었음을 증명해 주었다. 『마오쩌둥과 당대 중국』을 연구함에 있어서 우리는 사회주의 혁명과 건설에서 여러 어려움들을 극복하고서 사회주의 기초제도들을 확립하고, 독립적인 공업체계와 완전한 국민경제 체계를 확립시킬 수 있었던 것이 바로 여전히 "마르크스주의의 중국화"에 의지하고 있기 때문이다. 우리는 '대약진'과 '인민공사운동' 과정에서의 실수, 심지어는 10년이라는 기나긴 기간동안 지속되었던 '문화대혁명'과 같은 심각한 실수가 발생하게 된 것도, 바로 "마르크스주의의 중국화"를 벗어났기 때문이었다.

그러므로 개혁개방 이후 즉『포스트 마오쩌둥의 당대 중국』에서 덩샤오핑은 진지하게 중국과 세계 사회주의운동의 역사적 경험에 대한 종합을 기초로 하여 마오쩌둥이 제기했던 "마르크스주의의 중국화" 사상을 계승 발전시켜 나가면서, "자신의 길을 걸어가면서 '중국 특색의 사회주의'를 건설하자"라는 이 과학적 명제를 제기하였고, 또한 사회주의의 참신한 실천을 통해 "마르크스주의의 중국화"가 정확한 것이었음을 검증하였다. 덩샤오핑이 창립하고 장쩌민이 21세기로 접어들 때까지 추진했고, 후진타오가 21세기라는 새로운 역사적 기점에서 출발하여 지속적으로 견지하고 발전시켜 온 "중국 특색의 사회주의"는 바로 마오쩌둥 사상 이후의 "마르크스 주의의 중국화"의 또 하나의 성과라고 할 수 있다. 혹자는 "마르크스 주의의 중국화"의 최신 성과라고까지 말하기도 한다.

짚고 넘어가야 할 것은 21세기로 접어들면서 중국공산당은 "실천을 진리를 검증하는 기준"으로 삼아 다시금 "마르크스주의의 중국화"와 "중국화 된 마르크스주의"라는 표현법을 사용하게 되었다는 점이다. 2001년 7월 1일 장쩌민은 중국공산당 창당 80주년을 축하하는 중요한 연설에서 처음으로 "중국화 된 마르크스주의"라는 표현을 사용하여 마오쩌둥 사상과 덩샤오핑 이론이 마르크스주의 발전사에서 차지하는 위치를 설명하였다. 같은 해 9월 26일 중국공산당 중앙은 「당의 기풍 확립 강화와 개선에 관한 결정」에서 "마르크스 주의의 중국화"를 계속적으로 추진해 나가야 할 필요성"을 명확하게 제시하였다. 중국공산당 16대 당 대회 이후 "마르크스주의의 중국화"는 중국공산당이 자주 사용하는 표현이 되었다. 2003년 6월 22일 중국공산당 중앙은 "삼개대표(三個代表)"의 중요 사상 학습에 관한 통지에서 이 중요 사상이 "마르크스주의 중국화의 최신 성과"라고 강조하였다. 후진타오는 2003년 7월 중국공산당 중앙정치국 집체 학습 때의 중요 연설에서, 그리고 같은 해 12월의 마오쩌동 탄생 110주년 기념식에서의 중요한 연설에서, 또 2005년 1월 신시기 공산당원의 선진성 유지를 위한 특별 보고회에서의 중요 연설, 2006년 8월 『장쩌민 문선』학습 보고회에서의 중요 연설과 같은 해 10월의 중국공산당 16대 6중 전회에서의 연설과 기타 일련의 활동에서 했던 중요 연설에서 수차례 "마르크스주의의 중국화"라는 이 표현을 사용하였다. 2006년 5월 31일 후진타오는 전국 간부 학습 연수교재 편찬을 위한 서문에서 "간부교육 연수사업은 반드시 마르크스 레닌주의, 마오쩌동 사상, 덩샤오핑 이론, 그리고 '삼개대표'의 중요 사상을 지도사상으로 견지해 나가면서 '과학적발전관'을 전면적으로 관철시키고 실현시켜 나가야 하며, '마르크스주의의 중국화'의 최신 성과들을 핵심으로 하는 내용을 학습하고 전파해 나가야 한다. 많은 간부들이 당대 중국의 마르크스주의 이론 발전 성과의 과학적 의미와 정신적 실체를 정확하게 파악할 수 있도록 인도해 나가야 하며, 또한 이것으로 두뇌를 무장시키고 실천을 지도해 나가며 사업을 추진해 나가야 한다."고 분명하게 제기하였다.

특히 2007년 개최된 중국공산당 제17대 전당대회에서는 1945년 중국공산당 제7대 전당대회 이후 다시 한 번 "마르크스주의의 중국화"를 전당 대회 보고서에 삽입함으로써 "'중국 특색의 사회주의' 이론체계를 깊이 학습하고 관철시켜 나가며, '마르크스주의의 중국화'의 최신 성과로 당을 무장시켜나가도록 힘써야 한다."고 제기했다.

이상에서 언급했듯이, 우리는 중국공산당의 이론 혁신과정에는 분명한 주선율이 관통하고 있으며, 그것이 바로 "마르크스주의의 중국화"라는 것을 분명하게 느낄 수 있는 것이다.

2. "마르크스주의 중국화"의 과학적 의미

역사에 대한 회고는 "마르크스주의의 중국화"가 완전히 새로운 명제임을 우리에게 말해준다. 이 명제의 제기는 중국에 있어서는 하나의 이론적 혁신일 뿐만 아니라 마르크스주의 발전사에 있어서도 하나의 이론적 혁신이다. 그러므로 우리는 마땅히 "마르크스주의의 중국화" 과정에 대한 연구를 통해 이 명제의 과학적 의미를 더욱 깊이 있게 연구해나가야 할 것이다.

1) "마르크스주의 중국화"의 기본 원칙과 이론적 요구

무엇이 마오쩌동과 중국공산당이 말한 "마르크스주의의 중국화"인가? 이 문제는 당시 옌안에서도 사람들의 많은 관심을 불러일으켰다. 사실 당시 마오쩌동이 제기한 "마르크스주의의 중국화"라는 이 명제 이전에 이미 유명한 마르크스주의 철학가 아이스치(艾思奇)가 1938년 4

월에 "지금은 철학 연구의 중국화, 현대화 운동이 필요하다."[8]라고 제기한 바 있다. 1940년 2월 그는 예칭(葉靑)이 "마르크스주의 중국화"라는 이름으로 "중국적 특수성"을 고취하면서 복고주의로 마르크스주의를 부정하는 잘못된 견해에 대해 깊이 있는 분석과 비판을 가했다.[9]

마오쩌동의 『실천론』, 『모순론』에서 설명하고 있는 "변증법적 유물주의 인식론", 특히 그가 「교조주의를 반대한다」를 시작으로 옌안시기에 반복적으로 강조하고 있는, 마르크스주의에 대한 학습과 연구의 일련의 논술들에 근거해 볼 때, "마르크스주의의 중국화"라는 이 명제는 중국이 "어떻게 마르크스주의를 견지해 나가고 발전시켜 나가야 할 것인가?"라는 근본적 이론 문제에 대한 해답이라고 나는 생각한다. 그러므로 그것은 먼저 마르크스주의 이론 작업의 원칙이며, 동시에 또한 마르크스주의의 당의 이론 작업에 대한 요구이기도 한 것이다.

여기서는 "마르크스주의의 중국화"와 "중국화 된 마르크스주의" 이 두 개념을 반드시 구분해야 한다. 전자는 중국의 마르크스주의 이론 작업자가 이론 작업 중에 반드시 견지해야 할 원칙이자 요구이고, 후자는 마르크스주의 중국화 과정에서 얻어진 이론적 성과를 말하는 것이다.

중국의 마르크스주의 이론 작업자들은 이론 작업 과정에서 반드시 견지해야 할 원칙이자 요구 사항에는 하나의 기본 원칙과 세 가지 이론적 요구 사항이 포함되어 있다.

---

8) 아이스치, 「철학의 현황과 임무哲學的現狀與任務」, 『아이스치 전서(艾思奇全書)』제2권, 2006, 인민출판사, 491쪽.
9) 아이스치, 「중국의 특수성을 논함論中國的特殊性」, 『아이스치 전서』제2권, 2006, 인민출판사, 772~779쪽.

하나의 기본 원칙은 바로 "마르크스주의와 중국적 현실과의 결합"이다. 즉 "마르크스주의의 보편적 진리와 중국혁명의 구체적 실천의 상호 결합"을 말하는 것이다. 즉 마르크스주의를 추상적이고 교조주의적으로 다루어서는 안 된다는 것이다. 마오쩌동은 「새로운 단계를 논함」(1938년)의 7번째 부분인 「민족전쟁 중의 중국공산당의 지위」에서 이 문제를 명확하게 제기한 후, 「『공산당인』발간사(『共産黨人』發刊詞)」(1939년)에서는 더 나아가 이 문제에 대한 중국공산당의 인식과정과 당의 성숙 정도에 대한 영향을 체계적으로 논술하였다. 짚고 넘어가야 할 것은 「민족전쟁 중의 중국공산당의 지위」 글에서 당은 마땅히 학습에 심혈을 기울여 이론 연구, 역사 연구, 현실 연구라는 이 세 가지 방면의 학습을 통해 "마르크스주의의 중국화"를 실현시켜 나가야 한다고 강조하고 있다는 점이다. 「우리의 학습을 개조하자(改造我們的學習)」(1941년)라는 유명한 정풍(整風)운동 문헌에서 마오쩌동은 "이론을 실제와 연계시키는 실사구시 원칙"을 설명하면서, 이론과 실천을 상호 결합시키기 위해서는 반드시 이론과 역사, 이론과 현실을 결합시켜야 한다고 지적하였다. 즉 이론과 결합되는 '실제'는 '역사적 경험'과 '현실 상황'이라는 두 가지 측면이 포함된다는 것이다. 여기서 '현실 상황'에 대한 연구가 가장 중요함은 의심의 여지가 없다. 현실 문제를 연구하지 않고 현실 문제를 해결하지 않고서는 이론과 실제의 연계를 거론할 수도 없으며, 실사구시를 추구해 나갈 수도 없는 것이니, 이른바 "마르크스주의의 중국화"는 말할 필요도 없는 것이다. 이와 동시에 '역사적 경험' 또한 매우 중요한 한 측면이다. 마오쩌동은 마르크스주의를 운용하여 현실 문제를 연구하는 동시에 각별히 더 광범위하고 더 심도 있는 역사적 경험과의 연계를 통해 현실의 운동법칙을 연구하고자 했다. 여기서 말하고 있는 '역사적 경험'에는 중국의 역사뿐만 아니라 외국의 역사도 포함되며, 중국의 현대사뿐만 아니라 중국의 고대사도 포함된다. 사실상 마르크스주의를 활용하여 고금과 동서의 역사적 경험에 대한 연구를 기초로 현실을 인식하고 현실 문제를 해결하고자 했던 것이다. 마르크스주의의 중국화 과정은 험난한 이론 연구의 과정이자 이론과 역사적 경험과 현실상황이라는 객관적인 실제가 상호 결합되는 매우 복잡한 과정인 것이다.

세 가지의 이론적 요구사항은 바로 다음과 같다. 첫째, 마르크스주의를 운용하여 중국의 문제를 연구하고 해결해야 한다는 것이다. 여기에는 마르크스주의를 운용하여 중국의 역사적 경험을 연구하고 종합하며, 중국적 현실의 사회적 모순운동의 규칙에 대해 연구하고 종합하는 것이 포함된다. 둘째, 중국의 혁명과 건설을 실천하는 속에서 얻은 풍부한 경험을 종합하고 또한 외국의 경험과의 심도 있는 비교를 통해 그것을 이론으로 승화시켜 마르크스주의의 이론체계를 더욱 충실하게 해야 한다는 것이다. 이는 곧 마오쩌동이 말했던 "중국의 혁명의 풍부한 경험을 실제적으로 마르크스주의화 해 나가야 한다."는 것이다. 셋째, 중국 국민들이 좋아하는 민족적 언어로 표현된 마르크스주의를 포함한 민족적 형식을 통하여 내용적으로 마르크스주의를 중국화해 나가야 할 뿐만 아니라, 형식적으로도 "마르크스주의의 중국화"를 실현시켜 나가야 한다는 것이다.

이 세 가지 이론적 요구사항을 기본 원칙과 통일시켜 나감에 있어서 우리는 다음의 두 가지 점에 주의해야 한다.

첫째, 마르크스주의의 중국화 과정은 마르크스주의와 중국의 실천 사이의 쌍방향적 상호작용 과정이라는 점이다. 이 과정은 이론으로 실천을 지도하는 과정이기도 하면서 또한 실천적 경험을 이론으로 승화시키는 과정이기도 하다. 실질적으로 보면, 마르크스주의는 중국의 실제 상황에 직면하여 중국의 실천과정에서 제기된 문제에 대해 대답하고 해결해 나가는 과정이며, 또한 실천과정에서 마르크스주의의 이론을 견지해나가고 발전시켜 나가는 과정이기도 하다. 여기에서 이론은 중국의 현실과 직면하여 중국의 실천을 지도해 나가는 것이어야 한다. 동시에 철저한 실천으로 실천을 벗어나지 못하게 함으로써 실천과정에서 제기된 문제들에 대답하고 문제들을 해결해 나가야 한다는 것이다. 또한 실천과정에 대담하게 이론을 개괄해나가고 혁신시켜 나가야 한다는 것이다.

둘째, "마르크스주의의 중국화" 과정은 마르크스주의의 지도하에서의 역사적 경험에 대한 종합과 현실적 모순에 대한 연구 간의 쌍방향적 상호작용 과정이라는 것이다. 현실적 모순을 연구하지 않으면서 실사구시를 추구할 수 없으며, 역사적 경험을 연구하지 않고서는 실사구시를 추구해 나갈 수가 없다. 현실의 모순에 대한 연구와 고금동서의 역사적 경험에 대한 연구를 결합시켜야만 비로소 사물의 내재된 모순운동의 규칙을 인식하고 밝혀낼 수 있으며, 이로써 마르크스주의의 이론적 혁신을 추진해 나갈 수 있으며, "마르크스주의의 중국화"를 실현할 수 있는 것이다.

2) "마르크스주의 중국화"와 '이단' 문제

"마르크스주의의 중국화"의 과학적 의미에 대한 사고 과정에는 매우 중요한 관점이 하나 있는데, 그것이 바로 "마르크스주의의 중국화" 과정에서의 이른바 '이단(異端)' 문제를 정확하게 다루어야 한다는 것이다. 이 문제를 제기한 것은 "마르크스주의의 중국화" 과정에서 많은 혁신적 이론 관점들이 모두 '이단'으로 취급되었기 때문이다. 이러한 상황은 사상사적으로는 모종의 보편성을 가지고 있다. "마르크스주의의 중국화" 과정은 사상해방·실사구시의 과정에서 실천적 탐색과 실천적 혁신, 이론적 탐색과 이론적 혁신을 진행해나가는 과정이며, 실천과정에서 얻어진 새로운 경험과 새로운 관점들 역시 실천을 바탕으로 재인식하고 실천을 잣대로 하여 객관적으로 검증해나가는 과정인 것이다

이러한 탐색과 혁신과정에서는 일련의 신구 관점 간에 차이나 대립, 충돌이 있기 마련이어서 새로운 경험이나 새로운 관점은 정통의 이론에 대한 '이단'으로 받아들여지기도 하는 것을 피할 수가 없다. 예를 들어, 마오쩌둥의 농촌으로 도시를 포위하여 마침내는 전국의 승리를 쟁취한다는 주장이나, 중국혁명의 주력군이 농민이라는 사상, 또 덩샤오핑의 경제건설을 중심으로 사회주의를 건설하자는 주장이나, 사회주의에서도 시장경제를 시행할 수 있다는 사상, 장쩌민의 공산당은 '삼개대표'를 견지해 나가야 한다는 주장과 새로운 사회계층의 우수한 인재도 입당할 수 있다는 사상 등은 모두 정통 이론에 의해 마르크스주의의 '이단'으로 치부되었던 적이 있었다. 덩샤오핑은 중국공산당 제12대 3중 전회에서 통과시켰던 「경제체제 개혁에 관한 결정(關于經濟體制改革的決定)」에 대해 이야기 할 때, "이번 경제개혁 문건이 좋은 점은 바로 무엇이 사회주의인가에 대해 해석하고 있다는 점이다. 일부는 우리 선조들이 말한 적이 없는 새로운 말이다. 내가 보기엔 분명히 해야 한다. 과거 우리는 이러한 문건을 작성할 수 없었다. 몇 년 동안의 실천이 없었다면 이러한 문건을 써낼 수가 없었다. 써냈다 하더라도 '이

단'으로 여겨져서 통과되기 어려웠을 것이다."[10]라고 했다. 이것은 마르크스주의 발전사에서 출현했었고, 인류의 문명발전사에서도 발생했었다. 그러므로 그것은 당신이 원하고 원하지 않는 문제가 아니며, 실천과 이론의 탐색과 혁신과정 속에서 완전히 피할 수는 없는 문제이다. 그러므로 이론의 혁신과정에서, "마르크스주의의 중국화" 과정에서는 반드시 사상을 해방시키고 이른바 '이단' 문제를 정확하게 다루어야 하는 것이다.

'이단'을 정확하게 다룬다는 말은 바로 새로운 관점을 정확하게 다룬다는 말이다. 문제는 새로운 관점이라고 모두가 정확한 것은 아니라는 점이다. 중국공산당은 '문화대혁명' 시기에 "무산계급 독재 하에서의 혁명 지속 이론"을 제기하면서, 이 이론이 마르크스주의를 새로운 단계로 발전시켰다고 했었다. 실천을 통해서 이 이론은 완전히 잘못된 것임이 증명되었다. 바로 이 때문에 '이단'을 정확하게 인식하고 새로운 관점을 정확하게 인식해야 하는 문제가 있는 것이다. 우리는 "실천을 진리를 검증하는 유일한 기준"으로 삼아서 사람들이 제기하는 여러 새로운 관점들을 보고서 도대체 어느 것이 객관적 규칙에 부합하고 실천과정에서 효율적이고 정확한 것인지를 분별해야 할 것이다. 물론 이 또한 하루아침에 검증할 수 있는 것은 아니다. 오랜 시간 동안의 실천과 관찰, 오랜 기간 동안의 검증을 거쳐야만 비로소 그 진위 여부를 인식해 낼 수 있는 것이다.

---

10) 덩샤오핑, 「중앙 고문 위원회 제 3차 전체회의에서의 연설(在中央顧問委員會第三次全體會上的講話)」(1984년 10월 22일). 『덩샤오핑 문선』(인민출판사, 1993) 제3권, 91쪽.

3. "마르크스주의 중국화"와 민족주의·다원화

"마르크스주의의 중국화" 문제가 제기된 후, 많은 잘못된 해석이 존재했었기 때문에 반드시 그 중에서 비교적 영향력이 컸던 문제에 대해 연구와 토론을 진행해 보아야 할 필요가 있다.

1) "마르크스주의의 중국화" 와 민족주의

이 문제를 제기한 것은 바로 앞에서 소개했던 것처럼 중국공산당은 상당히 오랜 기간 동안 "마르크스주의의 중국화"라는 표현을 사용하지 않았다. 그 이유는 소련공산당에서 중국공산당이 민족주의 경향을 가지고 있다고 생각하는 오해를 피하기 위해서였다.

먼저 지적하고 넘어가야 할 것은 민족주의는 다의어(多義語)라는 점이다. 때때로 사람들은 민족주의를 애국주의와 동일시하기도 한다. 또 사람들은 때로는 민족주의를 민족적 이익을 중심으로 하여 협의적으로 자기 민족의 이익만을 보호하려고 하며, 국제적 책임을 지지 않으려고 하고, 심지어는 다른 민족의 이익을 침범하기까지 하는 사조로 여기기도 한다. 후자에 대해 우리는 "협의의 민족주의"라고 부르기도 한다. 이러한 복잡한 상황으로 인해 오해를 피하기 위해 중국공산당은 좋은 의미로서의 '민족주의'라는 용어를 사용하고 있다. 당시 중국공산당 정보국에서는 유고슬라비아의 민족주의를 비판하기도 했다. 또 다른 하나의 상황은 바로 우리가 공산주의 운동에서 종종 소련과 의견을 달리했다는 점이다. 그들은 서로 다른 민족주의를 정확하게 구분하지 못했음이 분명하다. 그러나 중국공산당이 제기한 "마르크스주의의 중국화"가 강조하고 있는 것은 중국공산당이 중국적 현실에서 출발하여 독립적이고 자주적으로 중대한 문제를 해결함으로써 중화민족의 독립과 해방과 발전을 실현시켜 나가야 한다는 것이다. 마오쩌둥은 혁명을 이끌던 시절에 항상 우리의 애국주의와 무산계급의 국제주의를 통일시켜야 한다고 강조했던 것도 바로 이러한 의미였다. 우리가 국제주의를 강조할 때 소련공산당은 이견을 내세우지 않았다. 우리가 애국주의를 부각시키게 되면 그들은 항상 우리를 그러한 협의의 민족주의라고 생각했다. 우리는 사람들이 우리가 이러한 민족주의라고 의심한다고 해서 애국주의의 기치를 포기할 수는 없다. 또 우리가 애국주의를 강조하기 때문에 그런 협의의 민족주의를 용인해서도 안 된다. 이것은 우리가 "마르크스주의의 중국화"를 견지해 나감에 있어서 반드시 주의하고 기억해야 할 내용이다.

　동시에 우리는 애국주의 또한 역사적 범주임을 인식해야 한다. 마오쩌둥은 "애국주의의 구체적 내용은 어떤 역사적 조건에서 결정된 것이냐를 보아야 한다. 일본 침략자들과 히틀러의 '애국주의'도 있고, 우리의 애국주의도 있다."[11]고 말한 바 있다. 우리가 제창하는 애국주의도 마찬가지로 민족 존망의 위기에서는 구망이 애국주의의 주제가 된다. 오늘날에는 애국주의의 주제가 중국 특색의 사회주의 사업을 발전시켜 나가는 과정 속에서 중화민족의 위대한 중흥을 실현시키는 것이다. 그러므로 우리가 말하는 마르크스주의의 중국화는 우리 민족의 어깨에 걸린 역사적 사명과도 긴밀하게 연결되어 있는 것이다.

---

11) 마오쩌둥, 「민족 전쟁에서의 중국공산당의 위치」(1938년 10월), 『마오쩌둥 선집』 제2권, 1991, 인민출판사, 520쪽.

2) "마르크스주의 중국화"와 다원화

이 문제는 덩샤오핑이 제기한 "중국 특색의 사회주의"라는 이 과학 명제와 한 바탕 논쟁을 불러일으키기도 했다.

오랫동안 우리는 소련식의 사회주의가 표준적 사회주의라고 여겨왔다. 소련식 사회주의의 폐단이 나날이 폭로되는 과정에서 사람들은 사회주의가 단 하나의 소련식 모델만 있는 것인가를 포함하여 "무엇이 사회주의이며, 어떻게 사회주의를 건설해 나가야 하는가?"에 대해 새롭게 사고하게 되었다. 덩샤오핑이 "우리 자신의 길을 걸어가야 하며, '중국 특색의 사회주의'를 건설해야 한다."고 제기한 것은 이 문제에 대한 사회주의 발전사에 있어서의 중대한 돌파구였다.

1983년 유고슬라비아의 카브타트(Cavtat)에서 열린 세계 사회주의 원탁회의에서 중국 대표단은 "중국 특색의 사회주의 건설"이라는 내용의 발표를 하게 되면서 많은 전문가들의 관심을 불러일으켰다. 그러나 이와 동시에 또한 소련의 비판을 받았는데, 소련은 이것이 "사회주의의 다원화"라고 질책했다. 그러나 심사숙고를 거친 후 갈수록 많은 사람들이 이 문제의 중요성에 대해 인식하게 되었다. 1985년 열린 세계 사회주의 원탁회의에서는 일부 전문가들이 "모든 국가들은 자신들만의 특정한 방식으로 사회주의를 발전시켜나갈 권리가 있다." "마르크스주의는 결코 어느 한 사람의 사유 재산이 아니기 때문에 높거나 낮은 이율에 따라서 고리대를 하거나 세를 놓을 수가 없는 것이다. 또한 그것을 봉쇄하거나 기타 다른 관념이나 사상을 배척해서도 안 된다. 만약 이러한 전제 조건들이 실현되지 않는다면 사회주의는 그 자체의 위험에 빠지게 될 것이다." "많은 민족과 다양한 문화들이 존재하기 때문에 다원적인 사회주의가 존재하게 될 것이다. 이러한 의미에서 세계역사의 발전과정은 여전히 부단하게 앞을 향해 발전해 나가고 있다.

  그러나 그것은 이 단일성과 일원적 모델에서 벗어나고 있는 것임이 또한 분명하다."라고 지적하였다. 이러한 국가들의 이론가들은 "중국 특색의 사회주의"를 지지하면서 소련공산당의 "사회주의 다원화"에 대한 질책을 비판하는 과정에서 중국 대표단의 "중국적 특색"의 문제를 "다원적 사회주의"로 개괄하였지만, 중국공산당의 입장과 관점을 정확하게 반영시키지는 못했다. 이처럼 사회주의 모델의 다양성을 "사회주의의 다원화"로 귀결시켜버리는 것은 잘못하면 과학적 사회주의의 기본 원칙을 부정하는 것이 되어버릴 수 있다. 지난 세기 80년대 동유럽과 소련이 우여곡절을 겪으며 추진했던 새로운 개혁의 실패가 바로 그 심각한 교훈이다.

  우리는 덩샤오핑이 제기한 "중국 특색의 사회주의"가 중국공산당이 마르크스주의를 중국화 하는 과정에서 거둔 매우 중요한 성과임을 모두 잘 알고 있다. 그렇기 때문에 이 사회주의가 '다원화' 될 수 있느냐 없느냐의 논쟁은 사실상 마르크스주의가 '다원화' 될 수 있느냐의 문제인 것이다. '차원'의 문제는 매우 복잡하며, 마르크스주의의 본체 문제에까지 관련이 된다. 자칫 잘못할 경우 근본적으로 마르크스주의의 기본 원리에 크나큰 흠집을 남기게 될 수도 있다. 우리가 "마르크스주의의 중국화"를 강조하는 것은 결코 "마르크스주의의 다원화"로 나아가려고 하는 것이지만, 더 나아가서 마르크스주의를 부정하고자 하는 것은 아니다. 이 또한 우리가 마땅히 주의해야 할 것이다.

4. "마르크스주의 중국화"의 두 차례 비약과 양대 성과

  "마르크스주의 중국화"의 기본적 요구 조건들이 마르크스주의와 중국의 실천과의 상호 결합임을 잘 알고 있다. 그렇다면 무엇이 마르크스주의와 중국의 실천과의 상호 결합인가? 이른바 '상호결합'이란 말은 서재에 앉아서 개념과 개념 간의 연관성, 범주와 범주 간의 변화를 연구하는 것이 아니라, 마르크스주의자들이 실제 상황에서 출발하여 실천과정에서 제기된 문제에 대해 대답하고 문제를 해결해 나가는 것을 말한다. 그러므로 "마르크스주의 중국화"의 성과는 바로 중국의 마르크스주의자들이 중국의 중대 과제들에 대해 대답하고 해결하는 이론적 성과인 것이다.

중국공산당은 건당 이래 근대중국의 양대 역사적 과제에 대해 대답하고 문제를 해결해야 했다. 그 첫째는 민족의 독립과 인민의 해방을 이룩하는 것이고, 두 번째는 국가의 번영과 부강, 그리고 인민 공동의 부를 실현시키는 것이었다. 간단히 말해서 첫째는 구망(救亡)이고, 둘째는 발전이다. 이 양대 역사적 과제에서 첫 번째 과제를 해결해야만 두 번째 과제 해결을 위한 조건이 만들어진다. 마오쩌동이 "마르크스주의 중국화"라는 임무를 제기한 것은 바로 우리들이 중국적 특수성에 근거하여 우리의 실천으로 근대중국의 이 양대 역사적 과제에 대해 응답하고 해결할 것을 요구한 것이다. 그러므로 혁명과 사회주의 건설과 개혁을 이끄는 과정에서 중국공산당은 두 차례의 '결합'을 통해 두 차례의 역사적인 이론의 비약을 실현시켰다.

중화민족 앞에 놓인 첫 번째 역사적 과제 해결을 위하여 중국공산당은 마르크스주의와 중국적 실천의 첫 번째 '결합'을 진행하여 첫 번째 이론의 비약을 실현함으로써 신민주주의 이론을 만들어 냈다. 신민주주의 이론의 주요 창시자는 바로 마오쩌동이다. 그는 반식민지·반봉건사회라는 기본적인 상황에서 출발하여 중국적 특색의 혁명의 길을 찾아내고 신민주주의에서 사회주의로 전환해야 하는 역사적 필연성을 제시하였다.

중화민족이 직면한 두 번째 역사적 과제 해결을 위하여 중국공산당은 다시 마르크스주의와 중국적 실천의 두 번째 '결합'을 시도하여 두 번째 이론의 비약을 시작함으로써 "중국 특색의 사회주의" 이론을 만들어 냈다. "중국 특색의 사회주의" 이론에 대한 탐색은 1956년 마오쩌동이 소련을 본보기로 하여 중국의 실제 상황에서 출발하여 사회주의의 길에 대한 탐색을 시작하였다. 그러나 이후에 지도 사상적 착오로 인해 성공을 거두지는 못하였지만, 우리에게 많은 고귀한 사상적 유산을 남겨주었다. 이 이론의 주요 창시자는 덩샤오핑이다. 그는 마오쩌동이 이루지 못한 사업과 그 사상적 재산들을 이어 받아 중국과 세계 사회주의 운동의 역사적 경험, 그리고 중국의 개혁개방이라는 새로운 경험을 종합하여 전체 당원과 인민들을 이끌고서 "중국 특색의 사회주의"라는 새로운 길을 개척함으로써 "중국 특색의 사회주의" 이론을 만들어 내게 되었다. 근대중국 이론의 비약이 실천과정을 통해 더욱 심화되어 감에 따라 장쩌민을 대표로 하는 중국공산당은 새로운 세기의 세계와 중국의 변화와 발전에 직면하여 중국공산당과 국가사업에 대해 새로운 요구조건을 제시하면서 '삼개대표'라는 중요한 사상을 제기함으로써 "중국 특색의 사회주의" 이론을 견지해 나가고 풍족하게 하고 발전시켜 나감에 새로운 공헌을 하였다. 중공 제16대 전당 대회 이후 후진타오를 총서기로 하는 중국공산당 중앙은 새로운 세기, 새로운 단계, 새로운 실제 상황에서 출발하여 과학적 발전관 등의 중대 전략사상을 제기함으로써 "중국 특색의 사회주의"를 더욱더 견지하고 풍부하게 하고 발전시켜 나가게 되었다.

이 이론의 비약이 비록 아직 완결되지는 않았지만, 덩샤오핑 이론의 설립에서부터 '삼개대표'라는 중요 사상의 형성, 그리고 중국공산당 16대 전당 대회 이후의 '과학발전관' 등의 일련의 중대 전략사상의 제기는 처음부터 끝까지 "중국 특색의 사회주의"라는 공통의 주제로 관철되어 있다. 이것은 당대 중국공산당원 전체 이론과 전체 실천의 주제이기도 하다. 또한 이 주제를 둘러싸고서 만들어진 이론적 관점은 이미 과학적 체계를 형성하고 있다. 그렇기 때문에 후진타오는 중국공산당 제17대, 18대 전당 대회 보고에서 "'중국 특색의 사회주의' 이론체계는 바로 '덩샤오핑 이론'과 '삼개대표' 사상, 그리고 '과학발전관' 등의 중대 전략사상을 포함하는 과학적 이론체계이다."라고 분명하게 말하였다. 또한 이 이론체계는 바로 "마르크스주의 중국화의 최신 성과"라고 밝혔다.

앞에서 마르크스주의 중국화의 최신 성과를 연구하는 과정에는 보충 설명해야 할 문제가 하나 더 있다. 그것은 바로 마오쩌둥 사상과 "중국 특색의 사회주의" 이론체계의 관계를 어떻게 인식할 것이냐 하는 문제이다. 이것은 중국공산당 제17대 전당 대회 이후 중국공산당사 연구자들과 이론가들 사이에 가장 많이 논쟁이 되고 있는 문제이기도 하다. 이 문제에는 통일된 인식이 없으면 "중국 특색의 사회주의"라는 이 근본 방향을 견지해 나가는데 영향을 미치게 될 것이다.

중국공산당 제17대 전당 대회 이후 이 문제에는 두 가지 서로 다른 견해가 나타났다. 하나는 마오쩌둥 사상과 "중국 특색의 사회주의" 이론체계는 "마르크스주의 중국화"의 양대 이론 성과라고 보는 견해이다. 그 이유는 두 가지이다. 첫째는 "중국 특색의 사회주의" 이론체계가 '덩샤오핑 이론'과 '삼개대표'의 사상, '과학적 발전관'으로 구성되어 있을 뿐 마오쩌둥의 사상은 포함되어 있지 않다는 것이다. 둘째는 제 17대 전당대회 보고서에서는 "중국 특색의 사회주의" 이론체계는 마르크스주의와 마오쩌둥 사상을 견지하고 발전시켜나가는 것이라고 분명하게 지적하고 있다는 것이다.

다른 견해는 "중국 특색의 사회주의" 이론체계에 마오쩌둥의 사회주의 건설에 관한 중요 사상이 포함되어 있다고 보는 것이다. 그래서 마오쩌둥 사상은 마르크스주의와 중국의 혁명 실천과의 상호 결합과정에서 형성된 이론적 성과를 포함할 뿐만 아니라, 마르크스주의와 중국 사회주의 건설 실천이 상호 결합되는 과정에서 형성된 이론적 성과를 포함하기 때문에, 마오쩌둥의 사회주의 건설에 관한 중요 사상 역시도 "중국 특색의 사회주의" 이론체계를 구성하는 중요한 부분이라는 것이다. 이러한 두 가지 견해는 분명 각각 나름대로 일리가 있는 것이어서 이에 대한 연구가 진행되어야 할 것이다. 중국공산당 제18대 전당 대회 보고서에서는 이 문제를 적절하게 해결하였다. 18대 전당 대회 보고서에서는 "네 가지 성공"을 두 단계의 역사시기로 구분하여 이 문제에 대해 전면적으로 논술하고 있다. "네 가지 성공"은 바로 마오쩌둥이 "중국 역사상 가장 인상 깊고, 가장 위대한 사회 변혁을 성공적으로 실현시켰다"는 점과 동시에 마오쩌둥이 "새로운 역사시기를 위해 '중국 특색의 사회주의' 창조를 위해 소중한 경험과 이론적 준비, 물질적 기초를 제공해주었다"는 것, 덩샤오핑이 "성공적으로 '중국 특색의 사회주의'를 시작했다"는 것, 장쩌민이 "'중국 특색의 사회주의'를 성공적으로 21세기를 향해 밀고 나아갔다"는 것, 후진타오가 "새로운 역사적 기점에서 '중국 특색의 사회주의'를 성공적으로 견지해 나가고 발전시켰다."는 것 등 이 네 가지를 말한다. 여기서는 마오쩌둥의 "중국 특색의 사회주의"에 대한 공헌을 언급하고 있을 뿐만 아니라, 또한 "중국 특색의 사회주의"의 창시자가 덩샤오핑이라고 언급하고 있다. 다시 말해서 "중국 특색의 사회주의"의 창시 시한을 두 역사 단계로 나누고 있는 것이다. 이 문제에 있어서 우리는 마오쩌둥이 오늘날의 "중국 특색의 사회주의"를 위해 노력한 공헌을 인정하는 한편, "중국 특색의 사회주의"가 중국공산당 제11대 3중 전회에서 덩샤오핑의 영도 하에 창시되었다는 점을 분명하게 해야 한다. 우리는 사상 인식을 제18대 전당대회의 보고서에서 보여주고 있는 과학적 판단으로 통일시켜야 한다는 말이다.

　그렇다면 마오쩌둥이 "중국 특색의 사회주의" 창시에 소중한 경험과 이론적 준비, 물질적 기초를 제공했다고 한다면, 왜 "중국 특색의 사회주의"의 창시자가 마오쩌둥이 될 수 없는 것일까? 그 주요한 이유로는 마오쩌둥은 탐색과정에서 "심각한 우여곡절들을 거쳤기 때문"이다. 특히 그의 말년에 그 자신의 탐색 초기의 지도사상과는 완전히 위배되는 "무산계급 독재 속에서의 혁명 계속 이론"을 제기하여 임종 직전까지도 이 이론을 견지했다는 점에서 우리는 마오쩌둥의 고귀한 사상적 유산에 대해 잘못을 바로잡고 나서 계승해야 하기 때문이다. 그렇다고 해서 우리는 마오쩌둥이 말년에 범한 심각한 착오 때문에 그가 오늘날의 "중국 특색의 사회주의" 창조를 위해 쏟았던 공헌을 부정해서는 안 될 것이다. 동시에 또한 마오쩌둥이 그의 일생 가장 마지막 단계까지 견지했던 것이 "중국 특색의 사회주의"가 아니었다는 점을 알아야 할 것이다. "중국 특색의 사회주의"는 중국공산당 제11대 3중 전회 이후에 잘못을 바로잡고 나서 개혁개방을 기초로 하여 창조된 완전히 새로운 업적이기 때문에, 우리가 이 문제를 토론함에 있어서 이 실제 역사과정을 벗어나서는 안 될 것이다. 이 또한 우리가 반드시 주의해야 할 점이다.

다시 말해서 마르크스주의와 마오쩌동 사상, 그리고 "중국 특색의 사회주의" 이론체계, 이들 간의 관계는 중대하고도 민감한 문제이기 때문에, 우리는 반드시 다음의 두 구절을 명심해야 할 것이다. 첫째는 마르크스 레닌주의, 마오쩌동 사상은 버려서는 안 되는 것으로, 이것을 버리게 되면 당의 근본적인 존립을 잃어버리는 것이 될 것이라는 점이다. 둘째는 당대 중국에서 "중국 특색의 사회주의" 이론체계를 견지해 나가는 것은 바로 마르크스 레닌주의와 마오쩌동 사상을 진정으로 견지해나가는 것이라는 점이다.

그러므로『마오쩌동과 근대중국』,『마오쩌동과 당대 중국』,『마오쩌동과 포스트 마오쩌동의 당대 중국』이 삼부작을 관철하고 있는 사상이론적 주선율은 "마르크스주의의 중국화"인 것 이다. 우리가 마오쩌동과 중국의 혁명과 사회주의 건설과 개혁의 역사를 연구는 것은 "마르크스주의의 중국화"라는 이 중국공산당의 사상 이론 건설의 주선율을 더욱 잘 이해하고 견지해 나가기 위해서인 것이다.

머리말

80년대의 '마오쩌동 열풍'

마오쩌동(毛澤東)은 중국이 경제적 고난에서 벗어나 거대한 영향력을 갖게 한 세계적인 정치적 요인을 갖고 있는 역사적 인물이다. 마오쩌동이 세상을 떠남에 따라 그를 주요 특징으로 하던 한 시대가 끝났다. 일부 사람들에게 있어서 그는 희망이었고, 또 일부 사람들에게 있어서 그는 사상 정치상에서의 영구적인 도전이었다. 이러한 두 가지 상황은 앞으로도 계속해서 지속될 것이다.

– [독]빌리 브란트

제1절
도시와 농촌: "현대 신화"

1989년 봄 일부 간행물은 일부 농촌지역에서 마오쩌동을 신으로 간주하고 있다고 보도했다. 지난 날 "관공이 이곳에 있다(關公在此)"라는 글을 새겨놓던 다릿목이나 집 앞에 "마오 주석이 이곳에 있다"라는 글을 써서 붙여 놓는 사람들도 있었다. 일부 현에서는 "위지공(尉遲恭)"[12]과 "진숙보(秦叔宝)"[13]라는 글을 써서 대문에 붙여 놓는 대신 마오쩌동의 초상화를 붙여 놓는가 하면, 마오쩌동의 초상화와 그의 조상의 초상화를 집안에 가지런히 걸어놓고 매일 향을 피우고 제사를 지내는 사람도 있다. "마오 주석은 천자이며 하늘에서 인간에 내려 보내 천하를 지키도록 했다. 어르신을 모셔 들이면 귀신을 물리치고 온 집

---

12) 위지공(尉遲恭, 585~ 659) : 천민출신. 본명은 공(恭)이며 경덕(敬德)으로 더 알려졌다. 날 래고 절륜하며 용감해 무예가 뛰어났다. 특히 말을 타고 삭을 다루는 일에 뛰어나 누구도 대적할 수 없었다. 삭과 창을 피하며 적진에 홀로 뛰어들어 적장을 사로잡는 일에 능했다. 상대방의 삭을 빼앗고 그 삭으로 상대를 찌르는 일에도 능한 맹장중의 맹장이다. 이세민에 등용된 이후 100여 차례의 전투를 모두 승리로 이끌었다. 60대 부터 신선술과 악기를 배우고 연주하며 옛 부인과 편안한 여생을 보냈다.

13) 진숙보(秦叔寶) : 당나라의 장수. 자(字)는 숙보(叔寶). 시호는 장공(壯公). 진애(秦愛)의 아들. 제주(齊州) 역성(歷城) 사람. 그의 말대로『나는 어려서부터 전쟁터에서 자라나서 200여 차례의 전투를 겪으면서 여러 번 중상을 입었다.』고 했듯이 나라의 수호신과 같았다. 그는 죽어서 서주도독(徐州都督)에 봉해졌고 소릉(昭陵)에 안장되었다. 당 태종이 유사(有司)에게 명하여 돌에다가 그 사람과 말의 모습을 조각하여 묘 앞에 세워서 전공(戰功)을 기념토록 하였다. 정관(貞觀) 13년에 호국공(胡國公)으로 다시 봉해졌다.

안에 평안을 가져올 수 있으며, 그의 초상화를 걸어두는 것은 관세음 보살을 모시는 것보다 낫고, 토지 뇌공(雷公, 전설 속 천둥을 관제하는 신) "에게 비는 것보다 낫다"고 말하는 사람들도 있다.[14] 일부 작가들이 수집한 마오쩌동에 관한 많은 신화들 가운데는 마오쩌동이 진룡천자(眞龍天子)[15] 라는 신화도 있었다. 마오쩌동은 토룡(土龍)의 명(命)에 속하고, 금목수화토 음양오행에 따르면 동해의 물로 윤택해야 하기 때문에 이름을 '쩌동(澤東)'으로, 자를 '윤지(潤之)'로 지었다고도 했다.

장제스(蔣介石)는 수룡(水龍)의 명에 속한다. 따라서 토룡의 명에 속하는 마오쩌동과 구슬을 빼앗기 위해 싸워야 했다. 장제스가 어메이산(峨眉山)에 있을 때 유명한 도사(道士)가 그에게 "싸움에서 이길 경우 쓰촨(四川)을 떠나지 말고 싸움에서 패할 경우 타이완(臺灣)을 떠나지 말라"고 조언했다고 한다. 그러나 장제스는 항일전쟁에서 승리를 거둔 후 이 선비의 조언을 잊고 휘하 병사들을 거느리고 쓰촨을 나왔으며, 결국 마오쩌동에 크게 패하고 말았다. 그때서야 선비의 조언이 떠올라 타이완으로 갔으며, 그 후부터 다시는 감히 천명을 어기지 못했다.

마오쩌동은 승리를 거둔 후 경솔하게 북경 황성으로 들어가지 않고 샹산(香山)에 한동안 머물러 있으면서 유명한 도사를 찾아갔다. 여러 차례 사람을 보내 도사를 찾아보게 했는데 한 도사가 말하기를, 첫째, 세상에서 가장 큰 숫자인 날을 선택해 북경에 들어가야 사악한 기운을 쫓아내고 양기를 북돋울 수 있고, 둘째, 역대 황제가 거주해 있던 침실이 그(마오쩌동)의 운명과 상극이니 그곳에 거주해서는 안

14) 『상해문화예술보(上海文化藝術報)』 1989년 3월 24일.
15) 진룡천자 : 황제는 용으로 비유되었기에 황제 자신이 진룡천자라고 스스로 칭했다.

된다고 했다. 그래서 마오쩌둥은 9월 9일을 택해 북경으로 들어갔으며, 고궁(故宮)에 잠간 들렸다 나온 후, 그 뒤로 수십 년 동안 한 번도 태화전(太和殿)을 찾은 적이 없었다고 한다.

개국대전 후 마오쩌둥은 사람을 파견해 재차 도사를 찾아보게 했는데, 그때 도사는 "8341" 4개의 숫자를 적어주었다. 마오쩌둥은 이 4개 숫자가 무슨 뜻인지 잘 알 수가 없어 자신을 경호하는 경비부대의 번호로 사용했다. 마오쩌둥이 서거한 후에야 사람들은 원래 이 숫자가 마오쩌둥이 83세까지 살 수 있고, 41년간 재위할 수 있다는 뜻이라는 것을 알게 됐다. 마오쩌둥은 과연 83세까지 생존하고 쭌이회의(遵義會議)부터 서거할 때까지 바로 41년간 중국공산당을 이끌었던 것이다. 이 말은 1989년 제3기 『보고문학(報告文學)』 중 『횡수별날(橫竪撇捺), 1988』이라는 문장의 "현대 미신에 푹 빠진 설교자"라는 부분을 줄여서 한 말이다. 고대신화가 가득한 중국이지만 지금에 와서는 또 마오쩌둥에 관한 현대적인 신화들이 나타나고 있다. 과학성이라고는 전혀 없기에 미신적 색채가 짙은 스토리들에 대해 당연히 사람들의 웃음을 살 수 있지만, 오히려 우리는 이러한 현상이 나타나게 된 원인에 대해 침착하게 생각해볼 필요가 있다.

마오쩌둥에 대한 개인숭배 현상이 또 다시 나타나기 시작하고, 마오쩌둥이 재차 제단(祭壇)에 올랐다는 말이 나오고 있다. 중국은 마오쩌둥에 대한 신화적인 역사를 겪은 적이 있고, 마오쩌둥에 대한 개인숭배로 인해 중국 인민이 10년간의 어려운 세월을 겪었기 때문에 사람들이 개인숭배의 회생에 대해 우려하는 심리는 이해할만 하다.

그러나 80년대 말 나타난 현대 신화를 60년대에 일어난 개인숭배 붐과 함께 논할 수는 없다. 80년대 말에 나타난 현대 신화는 광범위한 노동자·농민과 기층 간부들의 마오쩌둥에 대한 그리운 정을 반영하고 있기 때문이다. 사실 위에서 말한 미신적 색채를 띤 현대 신화, 그리고 마오쩌둥을 신으로 간주하는 우매한 행위는 단지 개별적인 전형에 속할 뿐이다. 우리는 시골마을의 주점이나 찻집, 도시의 역이나 부두… 등에서 들을 수 있는 여러 가지 의논들은 이러한 신화보다 더 소박하고 생동적이라는 것을 알 수 있다. 그러나 무엇보다도 중요한 정보는 사람들이 마오쩌둥을 그리워하고 있다는 점이다. 이러한 마오쩌둥을 그리는 정은 열광적인 숭배가 아니라 냉철한 사고를 거친 후 형성된 새로운 견해이다. 한 기사에서 사오산(韶山)사람들은 도저히 이해하지 못하고 있는 것이 "설마 마오쩌둥을 언급한다고 해서 극좌 사조가 부활했다는 것을 의미하는 것은 아니겠지?"하는 것이라고 보도했다. 사오산은 마오쩌둥의 탄생지로 마오쩌둥을 신격화하는 '문화대혁명'시기에 사오산은 사람들이 알현하는 성지였다. 통계에 따르면 1966년 사오산을 찾은 사람이 290만 명에 달했다는 것을 알 수 있다. '문화대혁명' 이후, 사오산의 마오쩌둥 생가 기념관은 계속해서 문을 열 것인가? 아니면 문을 닫을 것인가? 하는 문제에 직면했었다.

1982년 후난(湖南) 성위는 중앙에 '10호 보고'를 올렸는데, 그해 11월 3일 중앙에서는 계속해서 '문을 열도록' 비준해주었다. 한동안 적막했던 사오산 기념관이 그때부터 또 다시 점차 흥성거리기 시작했다. 하지만 과거의 '열광'적인 모습은 아니었다. 기념관을 참관하는 인원수는 평균적으로 늘어나는 추세를 보였다. 이는 중국 인민들이 마오쩌둥에 대한 정상적인 기념활동의 일종의 형식임을 분명히 해주었다. 즉 앞에서 서술한 '현대 신화'와 비교할 때 보다 정상적인 형태의 특징을 띠고 있었으며, 마오쩌둥에 대한 인민들의 사모의 정을 보다 명확히 설명해

주는 것이었다. 설령 그러한 '현대 신화'라고 해도 우리는 그러한 미신 색채의 배후를 꿰뚫고 인민 군중들이 표현하려고 애쓰는 마오쩌둥에 대한 진실한 감정을 이를 통해 볼 수 있어야 한다.

이러한 사모의 정은 배후에서 선동하는 사람이 없으며 완전히 자발적인 성질을 띠고 있다. 바로 이러한 기층 노동인민들 가운데서 자발적으로 나타나는 사모의 정을 통해 인민들의 사유 방향과 감정의 동향을 엿볼 수가 있다.

첫째는 마오쩌둥을 '귀신화'하는데 대한 분개함이 내포되어 있다는 점이다. 마오쩌둥을 신격화한 것은 중국 근·현대사에 있어서 극히 슬픈 한 단락의 역사였다. 그러나 마오쩌둥을 신격화하는 것이 끝난 후, 비록 덩샤오핑(鄧小平) 등 원로 프롤레타리아(무산계급) 혁명가들이 마오쩌둥을 비하해서는 안 되고, 마오쩌둥 사상도 부정해서는 안 된다고 여러 차례 간곡하게 피력했지만, 마오쩌둥을 비하하는 유언과 비방하는 문장들이 여전히 잇따라 등장했다. 정직한 사람들은 마오쩌둥을 더 이상 신격화하지 않았지만, 사악한 사람들은 마오쩌둥을 신격화 하던 데서 귀신으로 간주하기 시작했다. 진리 기준문제에 대한 논의가 있은 후부터 시작한 인간과 신에 대한 논쟁이 얼마 지나지 않아 인간과 귀신에 대한 논쟁으로 발전 변화했던 것이다. '귀신화'를 논하는 자들은 마오쩌둥과 마오쩌둥 사상에 대한 과학적 연구 및 긍정적 결론을 일률적으로 '극좌'와 '신화'로 비난했다. 그들은 '몽둥이로 때리기'를 반대한다는 구실로 많은 정직한 사람들에게 몽둥이를 내리쳤다. 정직한 사람들은 상황이 파악되지 않아 우려했고, 사상이 통하지 않아 침묵을 지켰다. 80년대가 다 끝나가기 전 1, 2년간 취안옌츠(權延赤)의 『붉은 담장 안팎(紅牆內外)』, 『신단에서 내려온 마오쩌둥(走下神壇

的毛澤東)』등의 기록문학 작품들이 발표됨에 따라 마침내 활력 있고, 감정이 있으며, 재능과 도덕이 있고, 매력이 있는 마오쩌동을 사람들에게 생동적으로 보여주기 시작했다. 많은 사람들이 이러한 새 책을 다투어 돌려 가며 읽고 많은 사람들이 골목에 모여앉아 마오쩌동을 논의했다. 그로인해 마오쩌동을 귀신화 하는 유언들은 산산 조각이 났던 것이다. 더욱이 마오쩌동 생전의 기밀담당 비서관이었던 장위펑(張玉鳳)이 진실을 피력한 후, 사람들은 이전에 마오쩌동을 비하하고 귀신화한 언론들에 대해 매우 격분해 했다. 이러한 격분은 광범위한 군중들 가운데서 직설적인 논의로 나타나기도 했고, 사모하는 형식의 '신화'로 나타나기도 했다. 마오쩌동은 만년에 부족한 점도 있었고 실수도 있었으며, 심지어 심각한 착오도 범했었다. 이러한 착오들을 시정하고 이 가운데서 경험 교훈을 종합하는 것은 반드시 필요한 일이지만, 비하하거나 귀신화해서는 안 된다. 걸출한 프롤레타리아(무산계급) 혁명가 황커청(黃克誠)은 일부 사람들이 경박한 태도로 마오쩌동을 평가할 때, "초당시기 4대 시인 왕발(王勃), 양형(楊炯), 노조인(盧照鄰), 낙빈왕(駱賓王) 등의 시사 풍격과 체재는 경박한 평론자들의 끝임 없는 조소를 받았지만, 그들의 몸과 이름 모두가 사라진 지금까지도 영원한 강물처럼 만고에 전해지고 있다"고 당나라 시인 두보(杜甫)는 시로써 그들을 훈계했었다. 사실이 증명하듯이 1981년 황커청의 이러한 견해는 선견지명이 있었던 것이다.

둘째는 개혁시대의 복잡한 모순 심리상태가 반영되었다는 점이다. 사람들이 침울한 심정으로 '현대 신화'에 관한 보도들을 읽으면서 그 원시적이고 우매한 미신 색채를 통해 그때 당시 사람들의 특이한 중생상을 엿볼 수가 있다. 일부 사람들은 개혁개방만이 중국 인민들이 빈곤에서 벗어나 치부의 길로 나아가고 사회주의 현대화의 길로 나아갈 수 있도록 하기 때문에 개혁개방을 해야 한다고 주장했고, 또 일부 사람들은 개혁개방이 나태한 사람들을 징벌할 뿐만 아니라, 또 여러 부류 사람들의 득과 실을 조정한다고 여겼기에 개혁개방을 두려워했다. 이러한 득과 실이 어떠한 이유로도 상처를 입혀서는 안 되는 사람들에게 마음의 상처를 입혔을 때, 상처 입은 사람들의 마음속에는 마오쩌동 시대를 그리워하는 심정이 저절로 생겨나게 되었던 것이다. "마오주석이 이곳에 있다"는 등의 현대 신화를 보도한 문장에는 이런 내용이 있었다. "1987년 모 공장에서 직무 책임제를 실시했는데, 15년 이상 근무 경력이 있는 10여 명 '공장의 원로'가 경쟁에서 밀려나 직장 생활을 그만둬야 하는 상황에 처하게 됐다. 이 '공장 원로'들은 매우 당황스러웠으며, 허전하고 슬픈 심정으로 무거운 발길을 옮기며 공장 문을 나섰다. 이들은 함께 '취향루(翠香樓)'로 가서 서로 하소연도 하고 서로 불만을 토로하면서 술로 마음을 달랬다. 술에 잔뜩 취한 이들은 저마다 마오 주석의 초상화를 받쳐 들고 울기도 하고 외치기도 하면서 집으로 돌아갔다". 1989년 3월 24일자 『상하이문화예술보(上海文化藝術報)』에는 이러한 정경이 묘사되어 있었다. 아마 문학적 과장이 좀 있기는 하겠지만 확실히 사람들로 하여금 생각하도록 했다. 이로부터 알 수 있듯이 마오쩌동에 대한 현대 신화가 나타나는 것은 바로 사람들이 현실에 대한 관심을 간접적인 형식으로 표현한 것이었다. 마오쩌동 사상을 연구하는 한 일본 교수가 베이징에서 택시를 타고 운전기사와 이야기를 나누던 과정에서 운전기사가 "사람들이 지금 마오쩌동을 그리워하는 것은 오늘날의 개혁 과정에 존재하는 문제들과 연관된다"고 솔직하게 말했다. 이를 개혁개방에 대한 불만이라고 해야 할까? 현상적으로 보면 그렇게 말할 수도 있을 것이라고 하겠지만, 또한 결코 그렇게 말할 수만도 없는 것이다. 사람들은 결코 당의 개혁개방 방침이나 전반적인 개혁개방 사업에 불만을 갖고 있는 것이 아니라, 개혁개방 과정에 존재하는 당의 업무지도 면에 있어서의 일부 실책 등을 포함한 여러 가지 문제들에 대해 불만을 가졌던 것이다. 사오산의 70여 세 되는 한 노인은 다음과 같이 말했다. "지금의 정책은 말할 것도 없이 확실히 우리를 살아나게 했다. 많은 사람들이 부유해졌다. 그러나 문제가 없는 것은 아니다. 내가 보기에 민심이 예전처럼 뭉쳐지지는 않은 것 같다. 예전에 공사(公社)는 역량을 응집시켜 댐을 쌓고 도로를 닦았지만, 지금은 그렇게 하기가 매우 어렵다. 댐은커녕 연못 하나도 파기 어렵다! 매 가구마다 논밭이 차례가 가니 모두들 자기 욕심 차리기에만 바쁜데 누가 공익활동에 나서려 하겠는가? 지금 농민들의 농사는 가뭄과 장마에 관계없이 수확이 보장되는데, 이 기반은 누가 닦아 놓았는가? 인민공사가 아닌가! 인민공사가 저수지 47개를 건설하지 않았더라면 당신네들이 부유해질 수 있겠는가? 비만 한 번 내리면 모두 헛농사가 되지 않았겠는가? 지난날의 기반건설이 없었더라면, 오늘날의 책임제는 가능하지 못했을 것이다."[16] 바로 이러한 복잡한 감정과 심리상태에서 인민들은 마오쩌둥을 다시 떠올리고 마오쩌둥의 초상화를 다시 걸어 놓기 시작했으며, 심지어 마오쩌둥을 신령으로 간주해 제를 올리고 기념하기까지 했던 것이다.

셋째는 당의 훌륭한 기풍이 되살아나기를 기대하고 있다는 점이었다. 인민들이 마오쩌둥을 사모하는 것은, 마오쩌둥은 시종일관 근검하

---

16) 해방일보사, 『간행물 요약(報刊文摘)』 1989년 3월 14일.

고 소박한 생활태도를 유지했고, 자녀들에 대해 엄격하게 처신할 것을 요구했고, 군중들의 질고에 진심으로 관심을 기울였으며, 당의 훌륭한 기품을 시종일관 유지했기 때문이다. 『영수의 눈물(領袖泪)』이란 책은 군중들의 뜨거운 눈물을 자아냈다. 마오쩌동은 사회주의 건설을 지도하는 과정에서 과오를 범해 수천만 군중들의 배를 곯게 했지만, 그 자신도 군중들과 함께 동고동락했다. 단지 인민들은 이 점만을 보고서도 영수의 과오를 이해했던 것이다. 그렇다면 오늘날의 현상에 대해 군중들이 불만을 품고 있는 것은 무엇 때문일까? 그것은 바로 오늘날 당의 기품이 예전과는 다르기 때문이다. 개혁개방 과정에서 나타난 권리를 이용해 사리사욕을 채우는 개인 풍조와 일부 추악한 현상을 보면서 사람들은 항상 인민의 행복을 위해 도모하고 군중들과 동고동락하는 수령이 그리워지는 것은 당연한 일이지 않겠는가? 1989년 2월 상하이·홍콩 등 지역의 신문에 발표된 특집 『마오쩌동의 유산(毛澤東的遺産)』이란 제목의 문장은 사람들의 큰 관심을 불러 일으켰으며, 사람들은 돌려가며 다투어 읽었다. 더욱이 아래의 단락은 많은 사람들이 보고 또 보고, 읽고 또 읽었다. "마오쩌동의 매달 임금은 얼마 남지 않는다. 매달 가정의 생활비용을 제외하고도 마오쩌동의 후난(湖南) 고향에서 친척이나 친구들이 자주 찾아오는데, 매번 그들이 베이징에 올 때마다 용돈과 돌아가는 교통비를 모두 부담해야 했고, 또 매 사람에게 옷도 한 벌씩 사주고, 특산물까지 챙겨주는 등 모든 비용이 그의 임금에서 지출되었다."

마오쩌동의 원고료는 또 조사연구 비용으로도 지출되었다. 마오쩌동은 자신이 지방에 조사를 내려가면 항상 좋은 면만 보여주고 나쁜 면은 보여주지 않아 진실된 상황을 파악할 수 없다고 늘 한탄했다. 그래서 그는 기층의 현이나 전문지역(專區)에서 인원을 모집해 한 개 부대를 설립하고 이 부대의 인원들이 한편으로는 경호임무를 수행하고, 다른 한편으로는 지방에 내려가 조사연구를 한 후 조사 결과를 직접 마오쩌둥에게 보고하도록 할 것을 요구했다. 마오쩌둥은 "이 인원들의 교통비는 내가 부담한다"고 말했다. 그는 원고료로 이 조사연구 비용을 부담했던 것이다.

마오쩌둥의 원고료는 또 아래 사무요원들이 부당하게 자기 몫 이상의 이권을 차지한 것을 되갚아 주는데 지출된 적도 있었다. 60년대 초 마오쩌둥 신변의 개별 사무요원들이 지방에 내려가 함부로 예물을 받고 부당하게 이권을 차지한 적이 있었다. 이 일을 알게 된 마오쩌둥은 한편으로 기풍을 바로잡고, 다른 한편으로는 사람을 파견해 지방에 내려가 받은 예물이나 부당한 이익을 반환하도록 했다. 톈진(天津)에서부터 시작해 허난(河南), 산둥(山東), 상하이(上海), 항저우(杭州), 장시(江西), 후베이(湖北), 후난(湖南) 등 지를 찾아다니면서 모두 반환했는데, 그 금액이 무려 총 2만여 위안에 달했다. 이로부터 알 수 있듯이 군중들이 과거에 미련을 둔다고 말하기보다는 차라리 군중들이 현실에 관심을 기울이며 당의 훌륭한 기풍이 되살아나기를 기대한다고 말하는 것이 나을 것 같다는 말이다. 그러한 미신 형식으로 나타나는 '현대적 신화', 그리고 황당한 일들을 포함해 모두 이러한 두터운 기대가 깊이 스며있는 것이다. 군중들이 "마오쩌둥이 이곳에 있다"는 글귀로 "관공(관우)이 이곳에 있다(關公在此)"는 글귀를 교체하고, 마오쩌둥 초상화로 '위지공(尉遲恭)', '진숙보(秦叔寶)'의 초상화를 바꾸어 걸어놓았는데, 이 또한 역시 '귀신'과 '사악'을 물리치기 위해서가 아니었겠는가? 뇌물을 받아먹고 법을 어기는 자들의 '귀신'과 백성들을 함부로 유린하는 '사악'이 바로 군중들이 가장 증오하는 것이었으며, 사람들이 이러한 '귀신'과 '사악'을 마오쩌둥의 위력으로 물리치려 하는 것이 바로 당의 기풍을 근본적으로 호전되기를 기대한다는 의미였다. 이것이 바로 "뒤로 되돌아보는 것"과 "앞으로 내다보는 것"의 변증관계로서 과거에 미련을 두는 것은 아름다운 미래에 대해 갈망하는 것이다.

제2절
캠퍼스에서 '마오쩌둥 찾기'

80년대 대학생들은 마오쩌둥에 대한 공농 군중과 원로 지식분자들의 깊은 감정에 대해 혼란스러워했고, 심지어 이런 감정을 선배들이 극좌의 그림자 속에서 벗어나지 못한 예증으로 간주했다. 하지만 1986년 말의 학생운동과 1989년 정치풍파가 있은 후부터 대학생들이 운집된 캠퍼스에서 '마오쩌둥을 찾는' 열조가 분분히 나타나기 시작했다.

1988년 '서북풍(西北風, 서북지역 민요 유행을 가리킴)'이 음악무대를 휩쓸던 시기 『우리의 지도자 마오쩌둥(咱們的領袖毛澤東)』이란 민요 한 곡이 각지 청년들 가운데서 큰 인기를 끌었다. 당시 이에 대해 많은 사람들은 못마땅하게 생각했다.

뒤이어서 마오쩌둥 사상을 연구하는 서방의 유명 전문가 슈람(施拉姆)이 쓴 『마오쩌둥』이 25만권이나 번역 출판되었지만, 여전히 수요를 만족시키지 못했으며 이는 사람들의 사색을 불러 일으켰다.

더욱이 1989년 정치풍파가 있은 후 많은 대학 캠퍼스에서 '마오쩌둥 찾기' 열풍이 일어나기 시작했는데, 2년 전에는 거의 상상조차 하기 어려운 일이었다. 많은 간행물들의 소개에 따르면 이 열풍은 매우 많은 면에서 표현되었다.

(1) 마오쩌둥 저작에 대한 수집: 대학생들의 책꽂이에는 사르트르

(薩特), 프로이트(弗洛伊德), 니체(尼采), 쇼펜하우어(叔本華), 웨버(韋伯) 등의 저작 외에도『마오쩌동선집(毛澤東選集)』『모택동 친필서신 선집(毛澤東書信手跡選)』『마오쩌동 시사 선(毛澤東詩詞選)』『장중세월(掌上千秋)』 등이 꽂쳐 있게 되었다. 북경대학, 청화대학 도서관에 있던 마오쩌동에 관한 서적들은 학생들이 다 빌려가고 없었다. 1989년 6월부터 1990년 2월 말까지, 베이징 왕푸징(王府井) 신화서점에는 10년 동안 방치되어 있던『마오쩌동선집』(1~4) 250세트가 모두 팔렸는데 대부분의 독자가 청년학생들이었다.

(2) 마오쩌동에 관한 여러 가지 전기 작품을 찾아다녔고 돌려가며 읽었다 :『신단에서 내려온 마오쩌동(走下神壇的毛澤東)』『신단으로 올라가는 마오쩌동(走向神壇的毛澤東)』『붉은 담장의 안팎(紅牆內外)』『지도자의 눈물(領袖淚)』『장중세월(掌上千秋)』『마오쩌동과 그의 비서 톈자잉(毛澤東和他的秘書田家英)』등의 전기작품은 출판되자마자 인기도서가 되었다. 외국 학자나 작가의 작품으로 말하면 슈람의『마오쩌동』, 트리어(特裏爾)의『마오쩌동 전기(毛澤東傳)』등이 서점에서 아주 잘 팔렸다.

(3) 여러 가지 기념활동의 조직 : 1989년 12월 26일 마오쩌동 탄신 96주년을 맞이하여 북경대학, 청화대학, 중국 인민대학, 북경사범대학 등 대학교의 많은 학생들이 자발적으로 마오 주석의 기념당을 찾아 이 중국의 위인을 추모했다. 일부 지방에서는 또 마오쩌동 시사음악회를 열거나 또는『높고 높은 곤륜(巍巍崑崙)』『개국대전(開國大典)』등의 영화를 비롯한 영화감상회를 열었다.

(4) '마오쩌동 저작물 학습소조', '마오쩌동 연구소조' 등을 조직하고 마오쩌동에 대한 연구 보고회와 심포지엄을 열었다. : 1989년 12월 13일 북경『대학생』잡지 편집부는 "대학생 '마오쩌동 찾기 열조' 좌담회"를 열었는데 북경대학, 청화대학, 중국인민대학, 북경사범대학, 중국사회과학원 대학원, 중국청년정치학원 등 대학의 교수와 학생들이 좌담회에 참가해 열띤 토론을 벌였다. 1990년 7월 6일『인민일보(해외판)』은 상하이 복단대학 캠퍼스의 대대적인 학술활동을 보도하면서 청년학자의『광활한 대지여! 누가 이 대지의 진정한 주인인가?(問蒼茫大地, 誰主沉浮)-마오쩌동과 중국 사회주의 길』에 관한 강좌는 듣는 사람이 가장 많은 강좌였다고 했다. 보고가 끝난 후 많은 학생들이 강좌를 한 사람을 둘러싸고 "마오쩌동에 관한 더 많은 것들을 듣고 싶어했다." 한 역사학부의 학생은 "한 시대 거인의 중국의 앞날에 대한 선택은 우리가 전진할 수 있는 초석이다"라고 말했다. 천진(天津) 남개(南開)대학 등에서는 학생들이 자발적으로 조직한 '마오쩌동 연구소조' 등의 조직이 나타났다. 대학교 캠퍼스에서 나타난 이러한 신조류(新潮流)는 바로 '마오쩌동 찾기'가 주제였다.

이러한 '마오쩌동 찾기' 열조에 대해 치하하는 사람이 있는가 하면, 우려하는 사람이 있는 등 좋고 나쁨을 평가하는 기준이 일치하지 않았다. 그러나 우리는 이 10년간 청년들의 사상이 변화하는 궤적이나 또는 다양한 '열풍'이 일어나고 변천하는 특징에 대해 조금만 더 고찰해보면 이 새로운 열풍은 역사적 필연성과 관련이 있다는 것을 발견할 수가 있다.

이 10년간 가장 먼저 나타난 것이 "서방 마르크스주의 열풍" "사르트르의 열풍(薩特熱)"이었다. 역사 유물주의 관점에 따라 고찰하면, 이러한 열풍이 나타나게 된 데에는 심각한 사회적 배경과 사회적 원인이 있었다. '문화대혁명'은 마르크스주의의 명의로 마르크스주의 과학이론을 파괴했기 때문에, 많은 청년들이 마르크스주의의 과학성에 대해 의심하게 되었다. 정신적 지주(支柱)를 모색하기 위해 그들은 국내로부터 국외로 눈길을 돌리기 시작했다. 이로써 "서방 마르크스주의"가 널리 전파되고 "사르트르의 실존주의"가 주목을 받았으며, '자아선택' '자아실현'이 스타일리시한 구호가 되었다. 첫 '열풍'이 당대 청년들 가운데서 이렇게 형성되었던 것이다.

그러나 잇따라 온 것은 각성이 아니라 곤혹이었다. 매혹적인 '자아'를 도대체 어떻게 선택하고 설계하고 실현할 것인가? 사르트르는 사람들에게 이를 실현할 수 있는 방향을 가르쳐 주지 않았다. 이러한 배경에서 사람들은 프로이트(弗洛伊德)를 발견했다. 정신분석학은 인간의 정신적 억압과 저항에 관한 문제를 연구하는 과정에서 자아 억압을 성적 억압으로 귀결시켰다. 프로이트는 이를 근거로 "간단하게 말하면 억압에서 벗어난다는 것은 구출을 의미한다"는 결론을 얻어냈다.[17] 탈출하려면 승화하는 수밖에 없다. 승화의 형식으로 억압에서 벗어나는 것은 억압받고 있던 욕망을 본능적으로 발산시킬 수 있으며, '성적 욕망(리비도, libido, 裏比多)'의 성질을 변화시켜 사회를 위해 봉사하도록 할 수 있다. "프로이트 열풍"이 부는 과정에 캠퍼스에서는 '성'에 대한 의논이 확산되고 '발산(宣泄)'설이 끊이지 않았다. 그리하여 나타난 괴의한 현상들은 프로이트학설의 본의에 완전히 부합되는 것

---

17) 에이브럼선(艾布拉姆森), 『프로이트의 애욕론(弗洛伊德的愛欲論)』, 1987, 遼寧大學出版社, 105쪽.

은 아니었으나 오히려 '사르트르(薩特熱)열풍' 후 청년들의 두 번째 추구하는 바가 되었다.

그러나 개인의 본능적 욕망의 발산은 매우 빠르게 타인, 단체 이익, 그리고 사회질서(캠퍼스의 규장제도)와 충돌이 생겨 '자아'를 정확히 실현할 수 있는 길을 여전히 찾을 수 없게 되었다. 출로는 어디에 있는가? 희망은 어디에 있는가? 막연한 상황에 처한 청년들은 니체(尼采)와 숙본화(叔本華)를 찾았다. 니체는 개인적인 자아와 사회 사이에 갈등이 생길 경우, 사회를 초월하고 '초인(超人)'이 되어 독립 독행해야 한다고 주장했다. 숙본화는 인생은 의지의 환상(幻影)에 불과한 것으로 공허하고 고통으로 가득 차 있으며, 고통에서 벗어나려면 욕망을 억제하고 현실을 잊어버리며 무아지경에 빠져들어야 한다고 주장했다. 그리하여 캠퍼스에서 '니체 열풍' '수번화 열풍'이 일어나고 있을 때 청년대학생들 가운데서 기묘한 분화가 나타났다. 자신을 '하늘의 총아'로 믿고 열광적으로 사회에 선전포고를 하는 사람이 있는가 하면, 자신의 운명을 탓하면서 의기소침하여 방탕한 생활에 빠져드는 사람도 있었다. 이 두 가지 유형의 공동 특징은 모두 사회의 현실과 멀리 동떨어진 것이었다.

역사적 법칙은 거역할 수가 없다. 자아와 사회 사이에 갈등이 생겼을 때, 니체식 '해방'이나 수번화식 '해탈' 등 어느 것을 막론하고 모두 청년들의 고독한 마음을 위로해 주지 못했고, 그들의 내면세계를 풍부하게 해주지 못했다. 반면에 이러한 비이성적이고 반이성적인 '해방'과 '해탈'은 사회의 안정과 질서를 위협했고 사회 매 개인(청년들의 '자아'들을 모두 크게 동요시켰다. 뒤이어 일어난 학생운동과 정치풍파, 그리고 예상치 못했던 그 후과는 청년들을 놀라게 했다. 자아와 사회의 갈등 속에서 '자아'로부터 출로를 찾으려고 시도했던 사고방식이 틀린 것이 분명했다. 바로 이러한 배경 하에서 갈수록 많은 청년들이 '사회현실'로부터 갈등의 해결책을 모색하는 쪽으로 방향을 돌리기 시작했다. 이리하여 80년대 중국 대지에서 '마오쩌동 찾기' 열풍이 일어났던 것이다. 칭화대학 학생이 말한 것처럼 "이번의 '마오쩌동 찾기 열풍'은 예전의 '사르트르 열풍', '프로이트 열풍'과는 전연 다르며, 이번에는 중국 대지에서 모색하는 데로 눈길을 돌렸다". '마오쩌동 찾기'라는 캠퍼스 내의 새로운 열풍은 절대 홍위병 운동의 재현이나 개인숭배 현상이 되살아난 것이 아니었다. 다양한 사람들이 마오쩌동을 모색하는 데는 다양한 의미를 갖고 있었다.

하나는 마오쩌동을 찾는 것은 잃어버린 진리를 찾고, "중국 특색의 사회주의" 건설을 위해 자신의 청춘, 열정과 지혜를 바치기 위해서였다. 그들은 역사적인 시각으로 마오쩌동이 근현대 중국 역사상에서 가장 위대한 인물이라는 것을 인정했다. 그들은 마오쩌동이 어떻게 성공을 거두었는지에 시야를 집중시키고, 그 가운데서 오늘날 중국에 존재하는 문제를 해결하는 기본 사고방향을 모색하려고 했다. 마오쩌동 사상이라는 이 고금 중서문화의 정화가 융합된 중국화의 마르크스주의는 자연적으로 그들이 탐구하는 진리가 되었다. 그들은 현실생활 속에 존재하는 여러가지 암울한 면에 대한 불만을 해결하기 위해 방법을 탐구하는 방향으로 돌렸으며, 가슴 속에서는 희망의 불길이 타오르기 시작했다. 이 가운데 적지 않은 사람들이 마오쩌동을 찾기 시작했고, 중국공산당에 가입할 것을 신청했다. 이러한 포부가 있는 사람들 대부분이 '마오쩌동 저작 학습소조', '마오쩌동 연구소조' 그리고 여러 가지 활동의 사회자와 골간들이 되었다.

둘째, 마오쩌둥을 찾은 것은 오로지 마오쩌둥의 비범한 지혜와 매력을 높이 평가해서 였다. 그러나 그들이 마오쩌둥을 긍정적으로 평가하기는 했지만, 마오쩌둥이 중국을 통일시킨 업적에 대해서만 인정해주었지 마오쩌둥이 현대화의 길을 개척할 수 있다고는 생각하지 않았다. 하지만 그들이 보기에 마오쩌둥은 농민의 아들일 뿐이었지만 매혹적인 매력을 가진 인물이었다. 즉, '시인의 기질', '민첩한 사유', '유머스런 예술 감각', '뛰어난 재능', '거대한 카리스마' 등 이 모든 것들은 그들이 마오쩌둥에 대해 얘기할 때 자주 쓰는 평어였다. 그들의 사상은 종종 매우 모순적이었다. 한편으로는 마오쩌둥이 같은 시기 사람들보다 몇 등급이나 훨씬 훌륭하다는 것을 인정하면서도, 다른 한편으로는 개혁개방의 방침에 대한 평가가 마오쩌둥에 대한 평가를 초월했다. 또 한편으로는 중국에 또다시 마오쩌둥과 같은 위대한 인물이 나타나 그때 당시 존재하는 비리를 다스리기를 갈망했고, 다른 한편으로는 마오쩌둥은 개인 매력형 지도자로서 현대의식이 결핍했다고 비판했다. 그러나 그들은 마오쩌둥의 인격상에서의 위대함은 인정해야 한다고 거의 모두 일치하게 주장했다. 그들이 마오쩌둥을 찾는 것은 마오쩌둥과 같은 역사적 거인을 모색하기 위해서였다.

셋째, 마오쩌둥을 찾는 것은 마오쩌둥을 부정하기 위해서였다. 그들은 중국 개혁개방 과정에서의 실수와 이전의 과오의 근원은 모두 마오쩌둥과 그의 이론에 있으며, 중국 현대화의 출로는 단지 마쩌둥을 부정하고 마오쩌둥을 비판하는 것을 전제로 해야 한다고 여겼다. 그리하여 여러 시기 마오쩌둥의 과오를 찾는데 열중하는 것이 그들이 관심을 두는 초점이 되었으며, 마오쩌둥을 부정하던 것으로부터 중국 공산당의 현행 정책을 비난하는 것이 그들 사고방향의 특징이었다. 그들은 "마오쩌둥 사상을 포기하자"고 말했고, 또 그렇게 했다. 1989년 정치풍파 가운데서 그들은 적극적인 참여자였으며, 동유럽의 혁명에 대해 그들은 또한 열렬한 축하자들이었다. 그들이 마오쩌둥을 모색하는 것은 그들 자신들의 말로 한다면 "중국 당대 정치폐단의 죄악의 근원에 대해 전면적으로 연구하고 철저하게 폭로하기 위해서이다."라는 것이었다. 이 밖에 또 일부 사람들은 엽기적인 심리로 마오쩌둥을 찾는 이 열풍에 가담하기도 했다. '비록(秘聞)', '일화(軼事)', '야사(野史)'가 그들의 화젯거리로 되었으며, 심지어 '명상학(命相學)'으로 마오쩌둥의 운명을 점치는 것이 심심풀이로 되었다.

비록 캠퍼스의 생활 가운데서 나타난 '마오쩌둥 찾기' 열풍은 이처럼 상황이 복잡했지만, 그 주류는 좋았다고 말할 수 있다. 이는 80년대 청년들이 사회현실을 직면하는 새로운 흐름의 산물이고, 70년대 말부터 시작된 '신앙 위기'를 돌파하기 시작한 기점이기도 했다. 시대의 흐름에 역행한 '문화대혁명'으로 인해 순수한 청년들은 농락당한 느낌을 느끼게 되었다. 사람들이 이 재난의 경험 교훈을 소극적으로 종합할 때, 사회주의와 공산주의에 대한 '신앙 위기'가 조용히 발생했다.

서방 사상이 유입되면서 '사르트르 열풍', '프로이트 열풍', '니체 열풍', '수번화 열풍'이 나타나게 된 그 내부적 요인은 바로 '신앙 위기'였다. 외부적 요인은 항상 내부적 요인을 통해 작용하는데 이는 확고한 변증법적 진리이다. '마오쩌둥 찾기' 현상이 나타난 것이 바로 좋은 계기가 되었으며, 이는 외부에서 들어온 여러 가지 그릇된 사조의 영향을 극복하는데 유리했을 뿐만 아니라, 과학적 신앙을 새로 확정하는데도 유리했다. 이 주류 속에 뒤섞인 지류(支流) 혹은 각종 잡음(雜音)에 대해서는 엄중하게 대해야 할뿐만 아니라 지나치게 긴장할 필요도 없다. 마르크스주의가 중국에 유입된 후부터 마르크스주의를 연구하는 사람들 가운데에는 항상 이러한 면이 있었다. '마오쩌둥 찾기' 열풍의 주류가 건전하게 발전하기만 한다면 이는 바로 중국의 희망이기도 했던 것이다.

제3절

인도 방향: 중국 특색의 사회주의 모색

중국의 도시와 농촌에서 마오쩌동에 관한 '현대적 신화'가 나타나고 서부터 대학교 캠퍼스에서 '마오쩌동 찾기' 열풍이 일어나기에 이르기까지 중국의 두 세대 사람들 사이에서는 공동적인 지향점이 형성되었다. 이는 중국 사회가 80년대에서 90년대로 교체되는 시기에 나타난 역사적인 기현상이었다. 이 현상은 위대한 인물인 마오쩌동과 그의 사상이 당대 중국에서 여전히 매우 큰 영향력과 흡인력이 있다는 것을 말해주었다.

혼란스런 국면을 안정시키던 시기, 누군가는 '마오쩌동 사상'이라는 이 개념을 없애야 한다면서 '마오쩌동 사상'을 당의 지도사상으로 하는 것을 반대하는 사람도 있었다. 이러한 구상을 제기한 사람들 가운데 일부는 '문화대혁명' 혹은 예전의 여러 정치운동에서 박해를 받았기 때문이고, 일부는 마오쩌동 사상의 역사적 지위와 역할에 대한 인식이 부족했기 때문이며, 또 일부는 이 기회를 빌려 입당 입국의 기본 원칙을 부정하려 했기 때문이었다. 이러한 구상은 인식 면에서는 극단적이고 편면적이었으며, 정치면에서는 근시안적이고 착오적이었다. 그 후 일부 사람들은 바로 이러한 구상에서 출발해 부르주아 계급의 자유화라는 진창 속으로 빠져들게 되었다.

영원히 기념할만한 것은 프롤레타리아 계급의 혁명가이자 군사가인 황커청(黃克誠)이었다. 그는 마오쩌동의 만년시기에 '좌'적 지도사상의 박해를 받았지만, 원로 공산당원으로서 개인의 원한을 버리고 당의 입장에 서서 전반적인 국면을 파악하고, 마오쩌동과 마오쩌동 사상을 정확하게 대해야 한다고 정중하게 제기했다. 그는

"우리 한번 가상해보자. 만약 마오쩌동 사상을 저버린다면 무엇으로 이를 대체할 것인가? 마오쩌동 사상은 우연히 나타난 것이 아니며, 이는 수억에 달하는 인민들이 수 십 년간 혁명투쟁을 거쳐 얻어낸 결과물이다. 중국의 역사상에서 2천년이나 통치적 지위를 점했던 것은 공부자(孔夫子)의 사상이다. 이 사상은 중국의 민주혁명 후에도 60여 년간 지속되어 왔는데, 지금에 와서 그 역할은 거의 상실되었다. 다른 한 가지 사상은 손중산(孫中山) 사상이다. 손중산은 위대한 민주혁명의 선행자로서 그가 제기한 삼민주의는 중국 민주혁명에 적극적인 역할을 했기에 나 본인을 포함한 매우 많은 사람들이 청년시절 모두 삼민주의를 신앙했었다. 그러나 마르크스·마오쩌동 사상과 비교해 볼 때 이는 함께 논할 수가 없다. 왜냐하면 근대중국의 역사가 증명하듯이 마르크스주의·마오쩌동 사상이야말로 중국을 구할 수 있기 때문이다. 우리 중국공산당원들은 창당 때부터 마르크스주의 기치를 들고 중국 인민들이 일어나 투쟁하도록 호소하고 단결·조직했다. 마오쩌동은 마르크스주의의 기본원리로써 중국혁명의 실천을 지도하고 종합하여 일련의 저작들을 펴냈으며, 이로써 중국혁명의 투쟁가운데서 마오쩌동 사상이

형성되었고, 중국공산당과 전국 인민의 정신적 무기가 되었다. 마오쩌동 사상은 중국 천백만 공산당원과 억만 혁명 군중들의 피땀으로 맺어진 귀중한 재부로써 우리에게 보다 친근감을 주고 보다 효과적이다. 이렇게 중국공산당, 그리고 10억 인구를 가진 대국을 지도할 수 있는 사상무기는 반드시 있어야 하는데, 일부 사람들이 바라는 것처럼 우리들의 귀중한 재부를 버리고 설마 공부자나 삼민주의를 청해오려는 것은 아닌지… 역사가 이미 증명하듯이, 공부자나 삼민주의는 시대에 뒤떨어진 것이라 통하지 않는다! 만약 공부자도 청하지 않고 삼민주의도 청하지 않는다면, 그럼 서방 자본주의의 그러한 방법을 가져오자는 것인가? 그건 내가 보기에는 절대 안 될 일이다! 그렇다고 내가 폐쇄주의자라는 것은 아니다. 우리는 외국의 선진적인 것, 예를 들면 과학기술, 기업 관리에 관한 과학적인 방법 등은 따라 배워야 하지만, 사회과학 면에서 자본주의의 그런 방법을 절대 옮겨 와서는 안 된다. 부르주아 계급의 의식형태는 자본주의 사유제를 위해 봉사하는 것이기에 우리 사회주의 공유제를 위해 봉사할 수는 없기 때문이다.… 마오쩌동 사상을 저버리면 당과 인민의 사상이 혼란해지고, 우리의 사회주의 국가는 변질되게 될 것이며, 자손 후대가 고난에 시달리게 될 것이다. 우리는 이러한 위험성을 보지 않으면 안 된다!"

고 말했다. 그때 당시 당내 일부 동지들은 우리는 마르크스주의를 따르자는 것이지 자본주의를 따르자는 것이 아니기에 '마오쩌동 사상'

을 굳이 거론하는 것은 아니며, '마르크스-레닌주의' 혹은 '마르크스주의'를 거론하기만 하면 된다고 제기하기도 했다. 그리고 그들은 "마오쩌동 사상이 중국공산당의 지도사상"이라는 논조를 취소해야 한다고 주장했다. 이에 대해 황커청은 "일부 동지들은 마르크스-레닌주의만 거론하면 된다고 말하는데, 이러한 의견을 가진 동지들을 한 가지 사실을 경시하고 있다. 즉 마오쩌동 사상은 마르크스-레닌주의의 기본원리와 중국혁명의 구체적 실천을 상호 결부시킨 결과물이며, 중국혁명의 실천 가운데서 발전한 마르크스-레닌주의로서 중국 특색이 있고 독특한 내용이 있다"고 가일층 논증했다.

이 말처럼 중국공산당원들은 마르크스-레닌주의, 마오쩌동 사상의 기치를 받들고 인민을 위해 위대한 기여를 했으며 우리 당의 풍격을 다졌다. 오늘날 우리가 인민을 단결시키고 어려움을 이겨내고 전심전력하여 한마음 한뜻으로 네 가지 현대화를 실현해 내려면 역시 마오쩌동 사상을 지도사상으로 해야 한다. 예를 들면 당내 나쁜 기풍을 바로잡으려면 마오쩌동이 오랫동안 제창해온 이론과 실천을 결부시키고, 군중과 관계를 밀접히 하며, 비평과 자가 비판, 그리고 각고 분투해야 한다는 등 일련의 우량한 전통 기풍에 의거해야만 한다. 오늘날 우리가 집정하고 '관직(官)'을 가졌다고 해서 이 귀중한 전통을 저버리고 향락만 탐내고 먹고 놀기 만하고 난잡한 영화를 보는 등의 행위는 일상적인 사소한 일이 아니다. 이러한 나쁜 기풍을 제지시키지 않으면 우리는 군중을 이탈하게 되고 부패해지게 된다![18] 마오쩌동 사상은 마

---

18) 황커청,〈마오 주석에 대한 평가와 마오쩌동 사상에 대한 태도문제에 관하여〉, 1981년 4월 10일자『해방군보(解放軍報)』와 1981년 10월 11일자『인민일보(人民日報)』에 게재된 내용을 인용함.

오쩌동이 중국공산당과 중국, 그리고 중국 인민에게 남겨준 정신적 재부이다. 현 단계 도시와 농촌, 캠퍼스에서 나타난 '마오쩌동 열풍'은 다양한 사상경향이 존재하고 있는데 옳은 것도 있고 그릇된 것도 있다. 이러한 복잡한 사상동향에 직면한 상황에서 우리는 어느 방향으로 나가야 할것인가? 보다 많은 사람들이 마오쩌동 사상이라는 중국화한 마르크스-레닌주의 사상을 배우고 연구하고 전승 발전시키면서 중국 특색의 사회주의를 건설하기 위해 노력하도록 해야 할 것이다.

마르크스-레닌주의 사상을 계승하고 발전한 것이 마오쩌동 사상인 것과 마찬가지로, "중국 특색의 사회주의" 이론도 마오쩌동 사상을 계승하고 발전시킨 것이다. "중국 특색의 사회주의"와 마오쩌동 사상의 관계에 관해 중국공산당은 끊임없이 깊은 인식을 갖는 과정을 거쳤다. 중국공산당 제13기 5중 전회에서 덩샤오핑이 제기한 "중국 특색의 사회주의"를 건설하는 데에 관한 기본이론은 새로운 역사 배경 하에서 마오쩌동 사상을 견지하고 발전시키는 것이라는 점을 인정했다. 이와 함께 또 "덩샤오핑이 마르크스-레닌주의와 중국의 현실상황을 상호 결부시키는 원칙에 근거해 제기한 일련의 관점과 이론은 마오쩌동 사상의 중요한 구성부분이고, 새로운 역사배경에서 마오쩌동 사상을 계승하고 발전시킨 것이며, 중국공산당과 중국 인민의 귀중한 정신적 재부이다"라고 지적했다.

중국공산당 제14기 전국대표대회에서는 덩샤오핑이 개척한 "중국 특색의 사회주의" 이론의 주요 내용에 대해 과학적으로 개괄했다. 중국공산당 제15기 전국대표대회에서 덩샤오핑 이론과 마르크스주의, 마오쩌동 사상을 당의 지도사상으로 확립하기로 결정할 때, 마오쩌동 사상은 마르크스주의와 중국의 현실 상황을 상호 결부시킨 "첫 번째 비약적인 이론 성과"이고, 덩샤오핑 이론은 "두 번째 비약적인 이론 성과"라는 것을 인정했다. 작자는 이 책을 편성할 때 "중국 특색의 사회주의" 이론은 마오쩌동 사상의 구성부분이라는 것을 인정했고, 이번에 수정을 거쳐 재출판할 때는 중국공산당 제14기·15기 전국대표대회의 결론에 따라 내용을 수정했다.

첫째, 사상이론의 본질 특징과 핵심사상에 대해 말한다면, 중국 특색의 사회주의 이론은 마오쩌동 사상과 마찬 가지로 모두 실사구시적인 사상노선, 즉 마르크스주의 이론과 중국의 구체적인 현실상황을 결부시킨 결과물이다. 덩샤오핑은 중국공산당 제12기 전국대표대회 개막사에서 이 문제를 제기할 때 아래와 같이 매우 명확하게 설명했다. "우리의 현대화 건설은 반드시 중국의 현실상황에서 출발해야 한다. 혁명이든 건설이든 모두 외국의 경험을 배우고 참고하는데 유의해야 한다. 그러나 다른 나라의 경험, 모식을 그대로 옮겨오는 것은 결코 성공할 수가 없다. 이 점에서 우리는 많은 교훈을 가지고 있다. 마르크스주의의 보편적인 진리를 우리의 구체적인 현실과 결부시켜 우리 자신의 길을 걷고, "중국 특색의 사회주의"를 건설하는 이것이 바로 우리가 장기간의 역사적 경험을 종합해 얻어낸 기본 결론이다"[19] 중국의 현실 상황에서 출발하고 마르크스-레닌주의로 실천 활동을 지도하며, 실천 가운데서 마르크스-레닌주의를 견지하고 발전시키는 이것이 바로 마오쩌동의 풍격이고, 마오쩌동 사상의 본질적인 특징이다. "중국 특색의 사회주의" 이론은 바로 마오쩌동 사상의 이 본질적 특징을 견지하는 기초 상에서 형성된 것이다.

---

19) 『덩샤오핑문선』 제3권, 1993, 인민출판사, 1993년, 2-3쪽.

둘째, 사상이론이 띠고 있는 역사적 사명이라는 입장에서 볼 때, "중국 특색의 사회주의" 이론과 마오쩌둥 사상은 모두 중국공산당이 중화민족의 위대한 부흥과 중국에서 사회주의와 공산주의의 숭고한 이상을 실현하기 위해 수립한 것이다. 일찍이 중국공산당이 탄생될 때 중국공산당의 분투 목표는 이미 명확하게 수립되었는데, 바로 중국에서 사회주의와 공산주의를 실현하는 것이다. 그 후의 모든 이론과 실천은 모두 이 목표를 바탕으로 제기된 것이고 이 목표를 둘러싸고 실시됐다. 실천과 이론은 변증법적 상호작용이 있으며, 이론은 실천에서 오고, 실천은 이론의 지도를 받아야 하며, 실천은 또 이론의 발전을 추진한다. 따라서 중국 인민의 혁명실천과 중국화의 마르크스주의 이론 사이에는 일관되게 이러한 변증법적 관계가 있다. "중국의 혁명은 두 가지 단계로 나누어 진행 된다"는 이 논리는 마오쩌둥이 중국의 현실상황에서 출발해 얻어낸 마르크스주의 결론으로서 중국사회와 중국의 혁명 실천 발전의 객관적 규칙을 보여주었다. 실천이 '두 가지 단계'로 나누어진 만큼 매 단계의 혁명실천은 반드시 그에 상응한 이론이 형성되어야 한다. 신민주주의혁명의 실천 가운데서 '마오쩌둥 사상'이 형성되고, 중국 사회주의 건설 실천 가운데서 "중국 특색의 사회주의"이론이 형성되었다. 마오쩌둥은 신민주주의 혁명은 사회주의 혁명의 필요한 준비이고, 사회주의 혁명은 신민주주의 혁명의 필연적 추세라고 말했다. 이 말은 즉 신민주주의와 사회주의 사이에는 내재적인 연관이 있다는 것이다. 이러한 연관이 내재하는 만큼 이로부터 신민주주의를 통해 실현한 사회주의도 반드시 "중국 특색의 사회주의"라는 것이 결정됐다. 사회생활은 본질적으로 실천이고 역사는 실천의 과정이고 귀결이다. 따라서 역사의 응집물로서의 신민주주의 실천은 중국이 사회주의 혁명과 건설을 진행하는데 있어서의 역사적 전제이고, 직면하게 될 실정이다. 중국의 사회주의는 이러한 객관적이고 구체적인 현실에서 출발해 "중국 특색의 사회주의"를 형성할 수밖에 없다. 또 이렇게도 말할 수 있다. "중국의 혁명은 두 가지 단계로 나누어 진행해야만 사회주의와 공산주의를 실현할 수 있으며, 이는 중국화한 마르크스주의는 '마오쩌동 사상'과 "중국 특색의 사회주의" 이론, 이 두 가지 큰 성과가 있다는 것을 결정했다.

셋째, "중국 특색의 사회주의" 건설은 비록 등소평이 중국공산당 제12기 전국대표대회 개막사에서 처음으로 제기한 개념이지만, 사상사의 관점으로부터 볼 때 중국의 현실상황에서 출발해 사회주의를 건설해야 한다는 사상은 50년대 중기부터 발단되었으며, 사회주의를 모색하는 마오쩌동의 중요한 구상이다. 마오쩌동이 사회주의 혁명과 건설을 지도한 실천을 전반적으로 관찰해 보면, 마오쩌동이 비록 주관주의적 착오는 범했지만 중국의 현실상황에서 출발해 사회주의를 건설하는 세 차례의 빛나는 시도와 중국 사회주의 경제체제를 개혁하는 세 차례 탐구의 절정도 있었다는 것을 다음과 같이 쉽게 알 수 있다.

하나는 중국의 현실상황에서 출발해 "중국 특색의 사회주의"를 모색하는 개혁의 고조는 1956년 생산 자료를 사유제로 하는 사회주의 개조가 기본상 완성될 무렵부터 시작해 1957년 반우파 투쟁 전까지 지속되었다. 마오쩌동은 조사를 거쳐 사회주의 사회에도 사람들의 의지에 의해 전이되지 않는 객관적 모순이 존재한다는 것을 깨닫게 되었고, 소련의 경험을 중국에 그대로 옮겨와서는 안 된다는 것을 감지했다. 그리하여 마오쩌동은 사회주의 경제체제 개혁문제와 민주정치 건설문제에 대해 고려하게 되었고, "중국 특색의 사회주의"에 관한 여러 가지 구상들을 제기하게 되었다. 여기에는 아래와 같은 사상들이 망라된다. "사회주의 경제구조 가운데서 농업, 경공업, 중공업 사이의 관계를 정확히 처리하고, 농업과 경공업의 발전을 통해 중공업을 발전시켜야 한다는 사상", "사회주의 사회의 소유제 구조 가운데서 공유제를 위주로 하는 전제하에 일부 자본주의 민영경제의 발전을 허용한다는 사상", "사회주의 이익관계 가운데서 국가·생산단위·개인 등 3자간의 이익관계를 정확히 처리하고, 이 3자간의 이익을 동시에 돌봐야 한다는 관점", "사회주의 경제 관리체제 면에서 지방과 기업의 '독립 왕국'을 허용하는 사상, 즉 일정한 자주권을 향유할 수 있다는 사상", "사회주의 정치제체 가운데서 민주도 있고 집중도 있으며, 자유도 있고, 기율도 있으며, 통일적인 의지도 있고, 개인의 유쾌한 심정과 활기도 있게 하는 것을 목표로 실현하는 사상", "사회주의 정당체제 가운데서 공산당과 민주당파가 여전히 장기적으로 공존하고 상호 감독해야 한다는 것을 강조하는 사상", "사회주의 사회의 모순 구조 가운데에 존재하는 적아모순과 인민내부 모순이라는 이 다른 성질을 띤 두 가지 유형의 모순을 정확하게 구분하고 처리해야 한다는 사상", "사회주의 사회의 정치구조 가운데 계급차별과 계급모순이 여전히 존재한다는 사상", "사회주의 사회의 계급모순 가운데 의식형태 영역에서의 계급투쟁이 장기적으로 존재한다는 사상", "사회주의 사회과학과 문화사업 건설 가운데 백가쟁명·백화제방을 실행해야 한다는 사상", "사회주의 사회 제반 사업에서 사상 정치 사업을 강화하고, 소극적인 요인을 적극적인 요인으로 전환시키고, 모든 적극적인 요인을 동원해야 한다는 사상" 등이 그것이다.

다시 말하자면 1956년 초반에 시작한 조사연구를 통해 마오쩌동은 중국 사회주의 건설에 대한 '발언권'을 얻게 되었다는 점이다. 1956년부터 1957년 여름까지 반 우파투쟁이 시작되기 전까지 마오쩌둥은 조사연구를 거쳐 『10대 관계를 논하다(論十大關系)』(1956년 4월), 『인민내부의 모순을 정확하게 처리하는 데에 관한 문제(關於正確處理人民內部矛盾的問題)』(1957년 2월) 등의 빛나는 저작을 펴냈다. 『10대 관계를 논하다』는 바로 중국이 사회주의를 건설하는 과정에서 직면하게 될 '10대 모순'을 말했는데, 이를 귀결하면 현실적으로는 한 쌍의 모순으로서 바로 소련 모식의 사회주의 체제와 중국 국정의 현실 모순이 있다는 것으로 마오쩌둥은 이 모순을 감지하고 현실상황에서 출발해 이 모순을 해결하는 중국식의 출로를 모색했던 것이다.

둘은 중국의 현실상황에서 출발해 중국의 사회주의를 모색하는 개혁의 고조는 복잡한 역사 배경이 있는데, 이는 우리가 '공산풍(共産風)' 등 '좌'경 착오의 징벌을 받은 이후 어쩔 수 없이 시작한 변화였다. 그러나 이러한 '피동'가운데는 또 '주동'적인 요인도 있으며, 마오쩌둥은 1958년 말 스스로 문제를 발견하고 '공산풍' 등 착오적인 방법을 시정할 것에 관해 스스로 제기하기도 했다. 1958년 말부터 1959년 루산회의(廬山會議) 직전까지 마오쩌둥은 중공중앙에 일련의 매우 훌륭한 사상과 구상들을 제기했다. 이 훌륭한 사상과 구상에는, "사회주의 발전단계에서 중국은 '후진적인 사회주의'단계에 처해있다는 사상", "사회주의 발전과정에서 혁명견지론과 혁명발전 단계론을 통일시켜야 한다는 사상", "사회주의 소유제 구조 가운데 사회주의와 공산주의 사이, 사회주의 집체 소유제와 전민 소유제 사이에 선을 그어야 할뿐만 아니라 집체 소유제 내부의 경제관계에 대해서 차원을 구분하고, 소유제 문제에서 과도하게 앞선 공상을 극복해야 한다는 사상", "사회주의 분배제도에서 노동에 따라 분배해야 하며, 평등주의식 공상을 극복해야 한다는 관점", "사회주의 경제방식에서 계획적인 상품생산과 상품교환을 발전시키고, 가치 규칙을 이용해 경제계획을 잘 세우며, 상품 폐지를 주장하는 공상을 반대해야 한다는 관점", "사회주의 실천 가운데서 정확한 노선이 있어야 할뿐만 아니라, 과학적인 방법도 있어야 한다는 관점", "당 간부 가운데 주관주의와 경험주의를 반대하고 마르크스·레닌주의 이론 학습을 강화해야 한다는 관점" 등이 망라되었다.

이러한 개혁성격이 있는 사회주의 구상은 역시 모든 것은 현실 상황에서 출발하고 실사구시하며, 이론과 현실을 결부시켜야 한다는 철학적 사고의 결과물이다. 먼저 1958년 말 마오쩌동이 '인민공사화운동' 중의 '공산풍' 등 문제를 발견한 것은, 그가 북경을 떠나 남하하여 조사 고찰하기 시작해서 부터였고, 조사연구하고 현실에서 출발한 가운데서 문제를 발견했다. 다음으로 '공산풍'에 대한 비판과 문제 해결에 있어서 마오쩌동도 기존의 모식과 설계 방안이 없었으며, 역시 현실에서 출발해 끊임없이 이론을 배우고, 끊임없이 경험을 종합하는 과정에서 점차적으로 모식이 형성되었고, 방안을 설계해 점차적으로 완벽하게 했다. 때문에 이번의 모색이 고조(高潮)되는 가운데 제기한 여러 가지 구상은 모두 농후한 현실주의적 색채를 띠고 있는 것이다.

셋은 중국의 현실에서 출발해 "중국 특색의 사회주의"를 모색하는 개혁의 고조는 바로 1960년 말부터 1966년 '문화대혁명'전까지인데, 처음에는 "조사연구 열풍을 힘차게 일으키자(大興調查研究之風)", "실사구시의 해(搞個實事求是年)"라는 슬로건을 내걸었다. 중공중앙은 현실 상황에서 출발해 '농업 60조례'를 포함한 일련의 문건을 제정했다. 이러한 문건은 제2차 모색 중에서 제기한 많은 다채로운 사상을 발휘했고, 이 사상을 조례화·제도화했을 뿐만 아니라 많은 신선한 관점을 첨가했다. "농촌 소유제 관계는 '3급 소유, 대(隊, 생산대)를 기초로'실행하는 구상", "국영 공업기업은 전민 소유제의 경제조직이고 독립적인 생산경영단위이기도 하다는 사상", "기업은 공장장을 비롯한 통일 생산 행정지휘시스템을 건립해야 한다는 주장", "국영상업, 공급수매합작사, 농촌재래시장 무역은 중국 사회주의 상품유통의 세 가지 수단이라는 것을 강조하는 관점", "학술문제, 사상인식문제와 정치문제의 계선을 엄격히 구분해야 하며, 구분하기 어려울 경우 학술문제를 먼저 처리해야 한다는 관점", "사회주의 현실 상황에서 출발해 민주집중제 건설을 강화하고 민주집중제로 사회주의 건설의 맹목성을 줄이는 사상" 등이 망라되었다. 이러한 사상은 마오쩌둥을 비롯한 중앙지도단체가 실천 경험을 종합하는 가운데서 제기한 것으로 마오쩌둥 개인의 사상만은 아니다. 그러나 확실히 마오쩌둥이 발기한 "조사연구 열풍을 힘차게 일으키자"는 슬로건 하에서 형성되고 문건으로 작성되었던 것이다.

이 세 차례의 훌륭한 모색은 중국공산당원들이 "중국 특색의 사회주의"를 모색하는 시작이었고, 중국공산당 제11기 3중전회 이후 개혁개방을 실행하는 총 방침이며, "하나의 중심, 두 가지 기본점"을 견지하고 "중국 특색의 사회주의" 건설을 제기한 서막이었다. 비록 모색 과정에서 입장이 바뀌었거나 또는 실패를 맛보기도 했지만, 이 세 차례의 모색이 남긴 사상재부와 경험교훈은 매우 귀중한 것이며, 오늘날 "중국 특색의 사회주의" 건설 이론을 구성하는 중요한 소재인 것이다. 뿐만 아니라 사실상 이 세 차례의 모색이 거둔 성과와 그 사상노선은 이미 당심과 인심에 깊이 스며들었기 때문에, 우리가 오늘의 개혁개방, "중국 특색의 사회주의" 건설 이론과 실천을 객관적으로 관찰하기만 하면, 그 가운데 50년대 중기부터 시작된 모색들을 통해 얻은 성과들을 모두 쉽게 엿볼 수가 있다. 오늘날 다양한 '마오쩌동 열풍'은 사실상 모두 "마오쩌동과 당대 중국", "마오쩌동과 중국 사회주의"에 관심을 갖고 있었다. 이 현실적인 사상의 흐름은 우리들이 마오쩌동 사상의 과학적 체계를 파악하는 것을 방향으로 '마오쩌동 열풍'을 인도할 때, 사회주의 시기 중국화한 마르크스주의 즉 "중국 특색의 사회주의" 이론에 대한 연구를 중점으로 할 것을 요구하고 있는 것이다. 이를 위해서는 사회주의시기에 있어서 마오쩌동의 이론과 실천을 사실 그대로 펼쳐 보이고, 성공과 실패에 대해 객관적으로 연구 토론함과 아울러 과학적 분석을 진행하고 그 가운데서 이로운 경험과 교훈을 섭취해야만 하는 것이다.

이러한 기초 위에서 사회주의 시기 마오쩌동 사상에 대한 과학적 인식을 형성시켜야 한다. 역사적 조류는 이미 이 막중하고도 복잡한 과제를 우리 앞에 내놓았다.

그러나 우리는 반드시 분명하게 설명해야 한다. 사회주의 시기의 마오쩌동 사상과 사회주의 시기 마오쩌동의 이론과 실천은 서로 연관되면서도 서로 다른 두 가지 개념이다. 전자는 당의 지도사상이고, 마오쩌동을 대표로 한 중국공산당원 단체의 지혜의 결정(結晶)이며, 중국공산당이 사회주의 혁명과 건설을 지도하는 과학적 사상체계이다. 후자는 마오쩌동 개인의 이론과 실천이고, 마오쩌동이 사회주의를 모색하는데 있어서의 다양한 구상이고 관점이다. 이론 연구 과정에서 후자에 대한 연구는 전자에 대한 연구의 기초이고, 전자에 대한 연구는 후자에 대한 연구의 귀결(歸宿)이며, 후자 연구에 전자 연구가 포함돼 있고, 전자 연구는 후자 연구에 일관되어 있다. 이것이 바로 양자 간의 변증법적 관계이다. 때문에 사회주의 시기의 마오쩌동 사상을 연구하고, "중국 특색의 사회주의" 이론을 모색하기 위해서는 반드시 먼저 사회주의 시기 마오쩌동의 이론과 실천을 연구해야만 하는 것이다.

본 책의 제목을 『마오쩌동과 당대 중국』으로 한 취지는 이 방면에 대해 이론적 연구를 하고 사회주의 시기 마오쩌동의 참모습을 객관적으로 진실하게 반영하며, 마오쩌동이 당년에 조사 연구한 일부 중대한 문제에 대해 과학적이고 심도 있게 연구함으로써 "중국 특색의 사회주의" 이론을 더한층 연구하기 위한 초석을 다져놓기 위한 것이다.

제1장
과학적 사회개조론

마오쩌둥의 새 정부 결심은 사회제도와 관료제도를 변화시켰다. 그는 중국의 모든 기구들을 모두 사회주의 틀에 맞추어 새로 설립할 계획이었다.

—[미국(美)]로스 트리어 (羅斯 特里爾)

제1절
비판과 선택

『신민주주의론(新民主主義論)』 등 대표성적인 저작에서 마오쩌동은 중국혁명의 전도는 사회주의일 수밖에 없으며, 자본주의일 수는 없다고 지적했다. 해방전쟁의 기세를 국민당 통제구역으로 밀고 나아감에 따라 신민주주의혁명의 승리가 눈앞에 다가왔고, 건국이라는 임무가 눈앞에 놓였으며, 신민주주의혁명과 사회주의혁명을 어떻게 연결시킬 것인가 하는 문제가 나타났다. 바로 이러한 역사성적 과제를 앞에 두고 마오쩌동의 사회개조 구상이 형성되었으며, 그리하여 중국의 현실에 부합되는 사회주의 개조사상이 시대의 요구에 따라 나타났던 것이다.

그러나 이 사상을 각 계급, 각 계층 사람들이 모두 받아들이도록 한다는 것은 쉬운 일이 아니었다.

먼저 민족자산계급의 일부 사람들이 제기한 '세 번째 길'과의 도전에 부딪치게 되었다. 소위 '세 번째 길'이란 '중간노선'이라고도 하는데, 바로 국민당이 실행한 대지주 대자산계급 독재와 중국공산당이 영도하는 인민민주독재 사이의 또 다른 영미식 부르주아계급 민주와 유사한 건국의 길을 가리킨다. 이 사상의 고조는 일찍이 토지혁명전쟁시기에 이미 나타났었는데, 예를 들면, 덩옌다(鄧演達), 장바이쥔(章伯鈞)이 조직한 '제3당'이 1930년 9월 선언을 발표해 제국주의·봉건주의와 장제스의 국민당 통치를 반대할 뿐만 아니라, 중국공산당의 토지혁명과 무장투쟁도 반대한다고 밝힌 것이 그것이었다. 항일전쟁이 승리를 거둔 후 중국에 일시적인 평화로운 국면이 나타나자 그들이 특히 활약했다. 항일전쟁 중 창립된 중국 민주정단동맹의 일부 사람들도 이에 대해 흥미를 갖고 있었다. 1946년 7월 14일 스푸량(施複亮)은 상하이『문회보(文彙報)』에 글을 발표해 "국공문제를 합리적으로 해결하고 중국 정치의 전면적인 안정, 평화, 민주, 통일을 실현시키며, 경제건설을 순조롭게 진행하려면, 반드시 정치상에서 적극적이고 심지어 결정적인 역할을 할 수 있는 강대한 중간파가 있어야 한다"고 지적했다.[20]

사실 그들은 중국에서 영미식 부르주아계급 공화국을 건립하려는 것이었다. 민주제도를 운용하는데 있어서 영미 의회제도가 상당히 양호한 성적을 거두었음을 우리는 알고 있었기에 우리가 중국의 민주제도를 건립하는데 있어서 귀중한 참고자료가 될 수 있다는 것은 인정하고 있었다.[21] 그러나 이러한 주장은 논리상에서 흔히 심각한 혼란에 빠지게 될 가능성이 많다.

왜냐하면 그들은 정치면의 비교에 있어서 영미식 자유주의와 민주주의를 많이 채택하는 동시에 경제면의 비교에 있어서 소련식 계획경제와 사회주의를 많이 채택하고자 했다. 소극적인 면으로 말하자면, 민주주의를 택하고 자본주의를 택하지 않으며, 동시에 사회주의를 택하고, 프롤레타리아 독재혁명을 택하지 않으며, 자유를 요구하고 방임을 반대하며, 합법을 요구하는 투쟁을 반대했던 것이다. 즉 방임을 반대하기 때문에 자본가의 독점을 반대하고, 투쟁을 반대하기 때문에

---

20) 施複亮,『왜 중간파라고 하는가?(何謂中間派?)』. 상하이『문회보』1946년 7월 14일.
21) 『중국 민주동맹 임시 전국대표대회 정치보고』의 내용 참조.

계급투쟁을 반대했던 것이다.[22] 이러한 사회주의와 자본주의가 섞여있는 논조는 사회구조의 특징과 사회발전 규칙을 파악하지 못한 주관적인 공상이었고, 사회주의 경제로 자본주의 민주제를 지탱하려고 시도하는 터무니없는 주장이었던 것이다.

마오쩌동은 "민족자산계급은 비록 일정한 조건에서 노동자계급의 동맹역량은 될 수 있지만, 그 우익의 동요성에 대해서는 반드시 경계심을 가져야 한다. 이러한 동요성에 대해 반드시 인내심 있게 비평 교육해야 한다. 중국이 어느 길을 가고 어떠한 나라를 세우는가 하는 문제에 있어서, 이러한 경계심을 상실하거나 이런 필요한 사상투쟁을 포기해서는 안 된다"고 생각했다. 개국 직전 마오쩌동은 매우 많은 정력을 이 사상투쟁에 쏟아 부었다. 그는 미국의 백서, 예를 들면 『환상을 버리고 투쟁을 준비하자(丟掉幻想, 准備鬥爭)』 『잘 가세요, 사도 레이턴(別了, 司徒雷登)』 『무엇 때문에 백서를 토론해야 하는가(爲什麼要討論白皮書)』 『"우의(友誼)", 아니면 침략(還是侵略)?』 『유심 역사관의 파산(唯心曆史觀的破産)』 등 중요한 문장들을 써냄으로써 중국근대사에서 봉건주의사상이 중국을 구할 수 없을 뿐만 아니라, 서방 자산계급의 진화론·천부인권론과 자산계급공화국 등 사상무기와 정치방안도 모두 중국을 구할 수 없었다고 지적했다. 1917년의 러시아의 '10월 혁명'이 중국인들을 일깨워주었으며, 손중산(孫中山) 선생도 "러시아를 스승으로 모셔야 한다"고 제창했다. 이로부터 중국은 방향을 바꾸었다. 다시 말하면, 중국인들이 마르크스주의 또는 과학적 사회주의를 선택

---

22) 張東蓀, 「하나의 중간성적인 정치노선(一個中間性的政治路線)」, 『재생(再生)』 제118기, 1946월 6월 22일.

하는 것은 역사의 필연으로서 마르크스·레닌주의가 중국에서 이렇게 큰 역할을 할 수 있게 된 것은 중국의 사회적 여건이 이를 필요로 했기 때문이고, 중국 인민의 혁명 실천과 연결되었기 때문이며, 중국인민에 의해 파악됐기 때문이다. 마오쩌둥이 영도한 이 사상투쟁 중에서 중국공산당원들은 '세 번째 길'에 대한 주장을 선의적으로 비평하면서, 이 길은 유물론적 역사관을 모르는 주관적인 환상이라고 중점적으로 지적했다. 먼저 중국공산당원들은 장제스 국민당, 그리고 그 지지자인 미 제국주의는 중국인민들이 독립적인 발전의 길을 걷는 것을 허용하지 않기 때문에 그들과 맞서 싸우는 것이야 말로 중국인민들이 유일하게 따를 수 있는 논리라고 지적했다. 다음으로 중국공산당원들은 '민주'를 추상적으로 떠벌려서는 안 되며, 민주를 실현하려면 노동자·농민이 '대중(民)'이라는 것을 인정하고 반드시 그들의 경제적·정치적 권력문제를 해결해야 한다고 지적했다.

판쯔녠(潘梓年)은 당시 글을 써서 "그들이 말하는 것은 노동자와 농민들이 교육을 받지 못했다는 것이 아니라, 민주를 실행하는데 익숙하지 않거나 혹은 능력이 없다는 것을 말하는 것이다", 그들이 보기에는 "촌놈들은 그저 일평생 노역하는 것이 어울리지 민주정치를 논하기에는 어울리지 않는다"고 설명했다. 그러나 "오늘날의 중국에서 민주를 논하는데 있어서 가장 실질적인 문제는 바로 토지문제이다. 이는 85% 이상 중국인구의 이익과 손해(利害) 문제와 관련된다. 토지문제를 해결하고 전국 85% 이상의 인구를 토지문제에서 해방시킨 자가 바로 민주를 실행한 자이고, 85% 이상의 중국인민이 진정한 나라의 주인이 될 수 있게 도운 자이다."[23] 두 가지 다른 역사관의 민주에 대한 관점은 서로 다른 것이 분명하다. '세 번째 길'을 주장하는 사람들의 근본적인 착오는 바로 궈모뤄(郭沫若)가 당시 말했듯이 "인민을 보지 못했고, 인민의 역량을 인식하지 못했다."[24] 이처럼 이번의 사상투쟁을 거쳐 전국인민들은 사회주의 방향의 신민주주의를 실행해야만 중국의 밝은 앞날이 있다는 것을 유물론적 역사관의 차원에서 인식하게 되었다.

다음으로 부딪친 것이 농민 소생산자들의 '농업사회주의' 사상에 대한 도전이었다.

'농업사회주의' 사상이란 바로 소농경제를 기초로 한 평등주의사상이었다. 1947년 9월 중국공산당이 전국토지회의를 소집하고 「중국토지법대강」을 제정한 후 해방구에서는 토지개혁운동을 본격적으로 전개했다. 이는 건국대업 중의 한 가지 중요한 임무였다. 그러나 기세 드높은 토지개혁 과정에서 일련의 문제들이 나타났다. 런삐스(任弼時)는 『토지개혁 중의 몇 가지 문제(土地改革中的幾個問題)』(1948년 1월)를 주제로 한 연설에서 (1) 착취, 역사, 생활 및 정치태도를 기준으로 계급을 나누고 성분을 구분한 것은 지주(地主)와 부농(富農)대오를 확대시켰고, 자신의 계급대오를 축소시켰다. (2) 중농의 이익을 침범하고, 중농을 배척했다. (3) 지주에게는 간단하게 투쟁하고, 부농에 대해서는 지나칠 정도로 타격을 주었다. (4) 공상업을 파괴하고, 상인에게 타격

23) 潘梓年, 「토지개혁과 민주운동(土地改革與民主運動)」, 『군중(群衆)』 제13권 제6기, 1946년 11월 25일.
24) 郭沫若, 「역사의 길은 오직 한 갈래뿐이다(歷史的路只有一條)」, 『국신(國訊)』 제456기, 1948년 4월 2일.

을 가했다. (5) 지식 분화와 개명한 신사들을 배척했다. (6) 지나치게 폭행하고 육체적 형벌을 가했다는 등 6가지 주요 문제를 지적했다. 이는 당 중앙이 섬북(陝北)에서 진수(晉綏: 산서[山西]·수원[綏遠])로 들어가 차이쟈야(蔡家崖) 행정촌의 토지개혁 상황에 대해 조사한 후 발견한 문제였다.

1948년 4월 1일 마오쩌동은 진수에서 소집한 간부회의에서 중요한 연설을 발표하고, 해방구의 토지개혁 및 발생한 문제들에 대해 깊이 분석했다. 그는 토지제도의 개혁은 신민주주의 혁명의 주요 내용이며, 토지개혁의 총 노선은 빈농에 의거하고 중농을 단결시켜 절차 있고 구별 있게 봉건착취제도를 궤멸시키고 농업생산을 발전시키는 것이라고 강조했다. 이와 함께 그는 또 "토지개혁은 반드시 중농을 단결시켜야 하며, 빈곤한 고용농은 반드시 농촌인구의 20% 정도를 차지하는 중농과 공고한 통일전선을 결성해야 한다. 이렇게 하지 않을 경우 빈곤한 고용농은 고립되고 토지개혁은 실패할 것이다. 토지개혁의 한 가지 임무는 일부 중농의 요구를 만족시키는 것이다. 따라서 반드시 일부 중농들이 차지하는 토지량이 일반 빈농들이 차지하는 토지량 평균 수준보다 많은 것을 허용해야 한다. 우리가 농민들의 토지평균분배 요구를 지지하는 것은 광범위한 농민 군중을 동원해 봉건지주계급의 토지소유제도를 신속히 궤멸시키기 위한 것이지 절대 평등주의를 제창하는 것은 아니다. 그 누가 절대평등주의를 제창한다면 그것은 잘못된 것이다. 지금 농촌에서 성행하는 공상업을 파괴하고 토지분배 문제에서 절대적 평등주의를 주장하는 사상은 일종의 농업사회주의 사상이다. 이러한 사상의 성질은 반동적이고 낙후하고 퇴보한 것으로써 우리는 이러한 사상을 반드시 비판해야 한다"고 지적했다.[25] 신화사는 그 후 7월 27일 『농업사회주의에 관한 문답(關於農業社會主義的問答)』이라는 문장을 발표해 "여기서 마오 주석이 말하는 농업사회주의 사상은 소농경제를 바탕으로 생긴 일종의 평등주의사상을 가리킨다. 이러한 사상을 가진 사람들은 소농경제의 기준으로 전 세계를 인식하고 개조하려고 시도하며, 사회경제를 통일적이고 '평균적인' 소농경제로 개조시키는 것이 바로 사회주의를 실시하고 자본주의로 나아가는 길을 피할 수 있는 방법이라고 여긴다. 역사상 소생산자를 대표한 원시적 사회주의의 공상가 또는 실천가, 예를 들면 러시아제국주의 시기의 나로드니키파와 중국의 태평천국 사람들, 이들 대부분의 사람들은 이러한 사상을 갖고 있었다"라고 지적했다.[26]

이는 마오쩌동이 건국과정에서 진행한 또 한 차례의 사상투쟁이었다. 이 투쟁과정에서 마오쩌동은 과학적 사회주의 원리에 따라 중국의 구체적 실정에 결부시켜 토지문제에서의 신민주주의의 기본 관점을 논술하고, 또 농업사회주의의 특징 및 그 위해성에 대해 분석했으며, 이를 통해 신 중국을 위한 정확한 발전방향을 제시했다.

자산계급 세력이 중국을 자본주의로 이끌어 나가려고 시도하는 것을 반대해야 할뿐만 아니라, 농민 소생산자들이 중국을 농업사회주의 범주에 포함시키려고 힘써 강구하는 것도 극복해야 하는 것이 중국공산당원들이 개국과정에서 부딪쳐야 했던 두 가지의 막중한 임무였다. 오늘에 와서 지난 역사를 돌이켜보면 개국과정에서 나타난 두 차례의

---

25) 해방사 편, 『목전의 형세와 우리의 임무』, 1948, 화북(華北)신화서점, 88-89쪽.
26) 위의 논문, 138쪽.

대도전이 뜻밖에도 그 후의 신 중국 수 십 년간의 시련 속에서 거듭 나타났다는 것을 사람들은 발견할 수 있을 것이다. 이로부터 근대중국의 조우전(遭遇戰)은 우연한 것이 아니라는 것을 알 수 있을 것이다. 여기에는 심각한 사회적 요인이 있었다. 첫째, 제2차 세계대전 이후의 국제 정치경제로 말미암아 두 가지 서로 다른 사회제도와 의식형태의 대립이 형성되었는데, 하나는 노동자계급 및 그 정당이 영도하는 사회주의이고, 다른 하나는 부르주아 계급이 주재하는 부르주아이다.

　이러한 국제적 배경 하에서 민족 독립국가를 쟁취하려는 부르주아 계급은 흔히 동요하는 과정에서 국제 부르주아 계급에 대한 순진한 환상을 지니고 있으며, 그들이 각국 인민의 독립과 해방을 도울 수 있다고 생각하거나 혹은 오직 부르주아만이 각국이 독립과 부강의 길로 나아갈 수 있도록 도울 수 있다고 여겼다. 그리하여 민족부르주아 계급의 우익들은 흔히 노동자계급에게 '민주를 부르짖고' '정권을 요구했다'. 둘째, 구중국은 전형적인 농민국가이고 유구한 농민 평등주의 전통이 있음으로 인해 농민은 한편으로는 노동자로서 노동자계급의 동맹군이 될 수 있었고, 다른 한편으로는 개체 노동자 혹은 소 사유자로서 본능적으로 평등주의로 기울어지는 경향이 있었다. 이로 인해 '농업사회주의'를 즉시 뿌리 채 제거할 수 없게 되었다. 주목할 만한 것은 이 두 가지 경향이 모두 중국공산당 내부에서 반영되었거나 혹은 당내 일부 사람들의 지지를 받았다는 점이다. 당내에서 전자는 흔히 '우(右)적' 정책으로 드러냈고, 후자는 흔히 '좌(左)적' 정책으로 나타났는데, 이는 모두 당과 당의 사업에 막대한 손실을 초래하게 되었다. 마오쩌동은 건국과정에서 이에 대해 매우 경계심을 가졌다고 해야 할 것이다. 마오쩌동은 이 두 가지 착오사상과의 투쟁 가운데서 사회

개조사상이 형성되었는데, 그것은 바로 중국의 현실에서 출발해 사회주의 혁명을 추진해야 한다는 사상이었다.

그 주요 내용으로는 사회주의 혁명과 신민주주의 혁명을 직접 연결시키는 관점, 신민주주의에서 사회주의로의 부분적인 질적 변화 이론, 공업화와 소유제 개조를 동시에 진행하는 사상, 그리고 평화적으로 개조하는 실천 등이 망라되었던 것이다.

제2절
혁명 연결론

중국혁명은 신식 부르주아계급의 민주주의 혁명으로서 신민주주의 혁명이라고 약칭한다. 부르주아계급의 민주혁명의 일반 모식(模式)에 따르면 혁명이 승리를 거둔 후 바로 부르주아계급공화국을 건립하는 것이다. 그러나 신민주주의 혁명은 그리고 난 다음 공산당이 합법적인 투쟁을 거쳐 노동자계급을 단결·교육시키고 혁명 형세가 다가올 무렵 프롤레타리아계급의 혁명을 일으켜 정권을 장악하고 사회주의 사회를 건립한다. 중국공산당의 역사상에서 천두슈(陳獨秀)를 대표로 한 '두 차례의 혁명론'이 바로 이러한 관점이었다. 그는 중국이 부르주아계급의 민주혁명을 필요로 하는 만큼 이 혁명의 승리는 부르주아계급의 승리인 것이기에 부르주아계급이 정권을 얻기 마련이다. 따라서 프롤레타리아계급이 정권을 장악하는 것은 다만 프롤레타리아계급 혁명시기의 일이라고 말한 적이 있다. 이에 대해 마오쩌동은 일찍이 『중국사회 각 계급에 대한 분석(中國社會各階級的分析)』(1925년 12월)에서 다음과 같이 반박했다. "중국혁명이 처한 국제환경과 경제가 낙후한 반식민지·반봉건사회에서 민족부르주아계급은 혁명과 반혁명 이 두 큰 세력이 최후의 투쟁에서 반드시 빠르게 분화되어 혁명파 혹은 반혁명파로 넘어가는데, '그들은 독립할 여지가 없고', '본 계급을 주체로 한 독립 혁명사상은 하나의 환상에 지나지 않는다'. 따라서 이른바

민주혁명을 통해 '민족 자산계급이 통치하는 국가를 실현한다는 것은 완전히 불가능한 일이다.'[27]

두 차례의 혁명론과는 달리 '좌'경 모험주의와 '좌'경 맹동주의자들은 "동시에 다 진행해 버리자"는 착오적인 구호를 제기했다. 더욱이 왕밍(王明)은 중국 경제에서의 자본주의 비중을 부풀리면서 중국혁명은 제국주의와 봉건주의를 반대해야 할뿐만 아니라 동시에 자본주의를 반대해야 한다고 주장했으며, 심지어 "현 단계의 중국 부르주아계급의 민주혁명은 부르주아계급을 반대하는 투쟁을 굳건히 진행해야만 철저한 승리를 거둘 수 있다"고 제기했다.[28] 그러나 부르주아계급의 투쟁을 반대하는 것은 이미 사회주의 혁명의 임무가 되었기 때문에 그들은 중국혁명은 "정치혁명과 사회혁명을 동시에 진행할 수 있다"고 제기했다. 마오쩌둥은 이러한 관점을 "순수한 주관적 생각"이라고 말했다. 이는 그들이 민주혁명과 사회혁명이 성격과 임무가 서로 다른 두 가지 혁명단계라는 것을 혼동했고, 혁명의 진행, 발전과 전변은 모두 조건이 필요하다는 것을 알지 못했으며, 결국은 주관이 객관을 이탈하고 중국의 국정을 모르고 있던데서 나타난 주장이라고 평가절하 했다.

마오쩌둥은 그들과의 투쟁에서 이미 중국혁명을 두 개 단계로 나누어 진행해야 한다는 사상이 형성되었으며, "두 차례 혁명론"과도 다르고 "동시에 다 진행해야 한다"는 관점과도 다른 신민주주의혁명과 사회주의혁명을 직접 연결시키는 관점을 제기했다. 건국과정에서 마오쩌

---

27) 『마오쩌둥선집』 제1권, 1991, 인민출판사, 4-5쪽.
28) 천사오우(陳紹禹), 『중국공산당의 보다 볼쉐비키화를 위해 투쟁하자(爲中共更加布爾什維克化而鬥爭)』, 베이징대학 중국혁명사 교연실 번역 인쇄함, 19쪽.

동은 '직접 연결'에 관한 문제에 대해 더한층 탐구하고 해결했다.

첫째, 정치면에서 노동자계급이 영도하는 인민민주독재 건립을 통해 신민주주의혁명과 사회주의 혁명을 직접 연결시켰다.

중국은 제국주의·봉건주의와 관료 자본주의의를 반대하는 민주혁명의 임무를 완수한 동시에 프롤레타리아계급이 전국의 정권을 장악하는 임무를 완수했다. 이는 바로 두 가지 혁명 사이의 새로운 변환 형식을 창조한 것이다. 즉 마오쩌동이 민주혁명시기에 구상한 직접 연결 형식은 곧 민주혁명이 승리를 거둔 후 바로 사회주의 혁명으로 들어가는 것이었다.

이는 중국의 민주혁명을 그 성격상으로 보면, 여전히 부르주아계급의 성질을 띤 민주혁명이지만, 이미 부르주아계급이 영도하는 구식 민주혁명이 아니라 프롤레타리아계급이 영도하는 신식 민주혁명이라는 것이었다. 이른바 프롤레타리아계급의 '영도'라는 것은 아래와 같은 네 가지 부분을 가리킨다. 하나는 프롤레타리아계급이 이미 전국 인구의 최다수를 차지하는 농민들과 공고한 연맹을 결성하고, 이미 광범위한 농민의 조직자·교육자·인도자가 되었고, 둘은 부르주아계급이 이미 공농연맹의 기초위에서 인민무장이라는 이 국가기관의 중요한 구성 부분을 장악했을 뿐만 아니라, 강력한 조직사업과 사상정치사업을 통해 이 무장역량을 프롤레타리아계급 정당에 소속시켰으며, 셋은 프롤레타리아계급이 이미 통일전선을 통해 민족부르주아계급과 기타 모든 애국적·민주적 역량을 연합시켰을 뿐만 아니라, 정확한 정책과 전략을 통해 자신을 통일전선의 지도역량으로 성장시켰고, 넷은 프롤레타리아계급이 이미 수많은 우수 인재들로 이루어진 정당인 공산당을 보유하고 있어 전국인민의 정치적 지도핵심으로 형성되었다. 상술한 여러 가지 이유는 중국공산당이 민주혁명의 승리를 거둔 후 일정한 단계를 거치지 않고서도 직접 민주혁명을 사회주의 혁명으로 이끌 수 있다는 것을 결정했다. 따라서 중화인민공화국의 건립은 중국 민주혁명의 승리를 상징하고, 또한 사회주의혁명의 시작을 명시했던 것이다.

둘째, 경제면에서 관료 매판 독점 부르주아계급을 타도하고 관료자본을 몰수해 인민민주주의 독재의 국가 소유로 하며, 신민주주의 혁명과 사회주의 혁명을 직접 연결시켰다.

사회주의 혁명은 정권을 쟁취하는 혁명일 뿐만 아니라 자본주의 사유제를 궤멸시키는 혁명이다. 신 중국의 사유제에 대한 대규모적인 개조는 1953년부터 시작되었지만, 이로부터 중국의 사회주의 혁명이 1953년부터 시작되었다고 말할 수는 없다. 경제 분야의 사회주의 혁명은 1949년 민주혁명이 승리를 거둔 날부터 시작했다고 해야 할 것이다. 1949년과 1953년의 구별은 다만 1953년에 시작한 것은 민족자본주의 민영 공상업과 농업·수공업 개체경제에 대한 사회주의 개조이고, 1949년부터 시작한 것은 관료매판자본주의에 대한 박탈이라는 점이었다.

예전에 우리는 흔히 '중국의 자본주의'라는 이 개념을 민족자본주의와 동일시했다. 사실 '중국의 자본주의'라는 이 개념에는 민족자본주의 외에 중국 땅에 존재하는 관료매판자본주의도 포함된다. '관료매판자본주의'는 최초에는 매판경제 가운데서 싹이 텄다. 매판경제는 외래 자본주의 경제와 중국 봉건경제가 서로 결합된 결과물이며, 반식민지·반봉건사회가 생산한 괴물이다. 아편전쟁 후 외국자본이 유입됨에 따라 그들은 중국에서 자신들을 위해 복무하는 중간인 혹은 브로커를 물색해야 했다. 따라서 매판이라는 이 특수한 사회세력이 나타나게 되었다. 이와 더불어 몰락한 봉건세력도 이들의 힘을 빌려 외국

자본과 거래하려 했는데, 이는 또 이 특수 사회세력이 화교상인이 경영하는 기업 심지어 봉건정치무대에까지 끊임없이 침투할 수 있도록 했다. 마침내 매판은 더는 3류 브로커가 아니었으며 일약 사회계급으로 부상했다. 이에 부응해서 매판경제도 중국 땅에서 나타나 신속한 발전을 가져오게 되었다. 원래 '매판'은 외국상인들과 매판계약을 맺고 외국상인들에 의해 고용된 '하인'에 불과했었지만, 후에는 '매판'이 외국상인기업의 공동출자자와 화교상인 기업의 투자자가 되었다. 매판이 하나의 사회계급으로 형성된 후 매판상인들 가운데 일부 사람들은 관직으로 전입하고, 일부 사람들은 매판과 관료 두 가지 신분을 겸하고 있으면서 정치무대에서 활약했다. 특히 1927년 장제스가 중국을 통치한 후, 매판경제와 관료경제가 갈수록 통합돼 장제스를 비롯한 관료매판자본주의가 형성되었다. 이 관료매판자본주의는 항일전쟁 가운데서, 그리고 항일전쟁이 끝난 후 발전 절정기에 이르러 중국의 전반적인 경제명맥을 독점했다. 마오쩌동은 이에 대해 심각하게 분석했다.

장송공진(蔣宋孔陳) 4대 가족은 그들이 정권을 장악하고 있던 20년 동안 100억 심지어 200억 달러에 달하는 거대한 재산을 모았으며, 전국의 경제명맥을 독점했다. 이 독점자본이 국가정권과 결합돼 국가독점자본주의가 되었다. 이 독점자본주의는 외국 제국주의, 본국의 지주계급, 구식 부농들과 밀접히 연결되어 매판적 봉건적 국가독점자본주의가 되었다. 이것이 바로 장제스 반동정권의 경제기초였다.… 이 국가독점자본주의는 항일전쟁기간과 일본이 투항한 후 절정기에 도달했다. 이는 신민주주의혁명을 대신해 충분한 물질조건을 준비해 놓았다. 중국에서는 이 자본을 통속적으로 관료자본이라고 말한다. 이 자산계급을 관료자산계급이라고 하는데 바로 중국의 대 자산계급이다.[29] 마오쩌둥의 조치에 따라 중국공산당은 해방전쟁 과정에서 3대 경제강령을 반포하고 이러한 경제에 대해 몰수하는 정책을 명확하게 취했다. 통계에 따르면 1949년까지 인민민주독재국가는 이미 관료매판자본주의의 공업기업 2,858개를 몰수했는데, 이 기업들의 노동자가 총 75만 명에 달했다. 1951년 1월 정무원은『전범, 매국노, 관료자본가 및 반혁명분자의 재산을 몰수하는 데에 관한 지시(關於沒收戰犯, 漢奸, 官僚資本家及反革命分子財産的指示)』와『기업의 정부 측 주식과 정부 측 재산 처리방법(企業中公股公産淸理辦法)』을 발표해 일반 민영기업에 잠재해 있는 관료자본주식에 대해 광범위하게 처리했다.

과거에 우리는 이 행동이 민주혁명 범주 내의 중요한 행동이라고 언제나 말했다. 관료매판자산계급은 마오쩌둥의 신민주주의이론 중에서 지주계급과 같은 혁명대상에 속했기 때문에 일찍이『중국사회 각 계급에 대한 분석(中國社會各階級的分析)』에서 마오쩌둥은 관료매판자산계급을 봉건지주계급과 동등하게 취급했다. 때문에 관료자본을 몰수하고 관료매판자산계급을 타도하는 것은 신민주주의 혁명의 임무였다.

이렇게 말하는 것이 틀리지는 않지만 이는 문제의 한 개 측면만 말했을 뿐이다. 관료매판자본주의가 제국주의·봉건주의와 결탁한 것으로부터 보면 관료자산계급을 타도하고 관료자본을 몰수하는 것은 확실히 반제·반봉건의 내재적 요구이며 민주혁명의 임무였다. 그러나 어떻게 말하든 관료매판자본주의는 자본주의이고, 중국의 대자본이며, 중국 자본주의의 주요 부분으로 국가경제의 명맥을 결정하는 부분이

---

29) 마오쩌둥,「목전의 형세와 우리의 임무(目前形勢和我們的任務)」(1947년12월25일) ,『마오쩌둥선집(毛澤東選集)』제4권, 1991, 인민출판사, 1253-1254쪽.

었다. 이러한 자본을 몰수하는 것은 마르크스주의가 말하는 "자본을 박탈하는 사회주의 혁명 범주"에 속하는 행위였다. 이러한 자본을 몰수하여 국가 소유로 한 후, 원래 해방구에서 발전하기 시작한 미약한 공영경제가 단번에 강대해졌다. 통계에 따르면 1949년에 이르러 사회주의 국영경제는 이미 전국 전력 생산량의 58%, 석탄 생산량의 68%, 생철(生鐵, 무쇠) 생산량의 92%, 강철 생산량의 97%, 시멘트 생산량의 68%, 면사 생산량의 53%를 차지했으며, 국영경제는 또 전국의 철로와 대부분의 현대 교통운수업을 장악했다. 관료매판자본주의가 봉건 매판성과 자본성 등 두 가지 속성을 띠고 있기 때문에 관료매판자본주의를 반대하는 투쟁, 특히 관료자본을 몰수하는 이 경제변혁 과정도 자연적으로 이중성을 띠게 되었다. 한편으로 관료자본을 반대하는 것이 바로 반제반봉건운동이기에 민주혁명의 속성을 지니고 있으며, 다른 한편으로는 관료자본을 반대하는 것이 바로 대 자산계급을 반대하는 것이기에 또한 사회주의 혁명의 성질을 띠고 있다고 할 수 있다. 이렇게 매우 자연스럽게 신민주주의 혁명과 사회주의 혁명을 직접 연결시켰던 것이다.

우리는 이것이 실천의 덕분이라는 것을 주목했다. 마오쩌동 본인의 사상 역시 실천이 발전함에 따라 발전했다. 1953년 이전, 혁명 전변에 관한 마오쩌동의 많은 언론들 가운데서 이러한 이론은 종래 본 적이 없었다. 1953년 말 마오쩌동이 수정한 과도시기 당의 총 노선에 대한 학습과 선전 요강 중에서 "중화인민공화국의 창립은 중국혁명의 제1단계가 기본적으로 끝났음을 말하는 것이고, 중국혁명의 제2단계가 시작됐다는 것을 상징한다"고 명확하게 선포했었다. 또한 "혁명 성격의 전환을 상징하고, 신민주주의 혁명단계가 기본적으로 끝난 것이고, 사회주의 혁명단계가 시작되었음은 정권의 전환을 상징한다"고 강조했다. 이 요강이 비록 관료자본의 몰수를 역시 "혁명 전환의 상징"으로 간주하지는 않았지만, 한편으로 이러한 문형으로 다음과 같이 지적했다. "전국의 정권을 장악한 후, 그 때 가서 우리는 한편으로 농촌에서 민주주의 토지개혁을 실행하고, 다른 한편으로는 도시에서 관료자본주의 기업을 접수해 사회주의 기업으로 전환시키는데 바로 착수해야 한다". 이러한 논술은 사실 도시에서 관료자본을 몰수하는 것은 사회주의 혁명의 시작이라는 것을 설명한 것이다. 1958년 최고 국무회의에서의 연설과 그 후 소련 정치 경제학 교과서를 읽은데 대한 담화 중에서 마오쩌동은 관료자본을 몰수하는 것은 민주혁명과 사회주의 혁명의 이중성을 가지고 있다고 여러 차례 명확하게 지적했다.

여러 신문에 공개적으로 발표된 논술로는 저우언라이(周恩來)가 1959년에 발표한 「위대한 10년(偉大的十年)」인데, 관료자본을 몰수하고 관료자본 소유제 경제를 사회주의 전민 소유제 경제로 변화시키는 것은 경제면에서 말하면 이미 민주혁명의 범주를 벗어난 것이라고 지적했다. 이러한 실천과 이론이 바로 마오쩌동의 사회개조론 중의 다채로운 내용으로서 신민주주의혁명과 사회주의 혁명을 직접 연결시키는 실천과 이론이었다. 이 또한 과학적 사회주의에 대한 마오쩌동의 하나의 큰 공헌이었다.

제3절
부분 변질론

　인민민주독재를 건립한 이후의 중국은 어떠한 사회발전단계에 처했는가?

　마오쩌둥은 중공 7기 2중 전회에서 처음으로 이에 대해 분석하고 상세하게 논술했다. 생산력 상황에서 볼 때, 첫째, 중국은 이미 현대성적인 공업경제가 약 10% 정도를 차지했다. 둘째, 중국은 또 분산적이고 고대 생산력과 큰 차이가 없는 농업경제와 수공업경제가 90%를 차지했다. 생산력과 연관돼 있는 생산관계에 대해 더한층 고찰해보면 세 가지 기본적인 경제성분이 존재했다. (1) 현대적 공업 가운데서 원래 제국주의와 그 추종자인 중국 관료자산계급의 수중에 집중돼 있던 가장 많고 가장 중요한 자본이 지금에 와서 이미 프롤레타리아계급이 영도하는 인민공화국 소유로 되었는데, 이 부분의 경제는 사회주의 성격을 띤 경제였다. (2) 현대적 공업 가운데서 제2위를 차지하는 것이 중국의 민간 자본주의경제였다. (3) 국민경제의 총 생산가치 90%를 차지하는 분산된 농업경제와 수공업경제는 소생산적 개체경제였다. 이 세 가지 기본 경제성분을 제외하고 또 국가자본주의경제와 반사회주의 성격을 띤 합작사경제라는 두 가지 경제성분이 있었다. 마오쩌둥은 "국영경제는 사회주의 성격을 띠고 있고, 합작사 경제는 반사회주의 성격을 띠고 있으며, 민간자본주의와 개체경제, 그리고 국가와 민간이 합작한 국가자본주의 경제를 보태면 이러한 경제들이 바로 인민공화국의 몇 가지 주요 경제 성분으로서 신민주주의 경제 형태를 구성한다"고 말했다.[30]

우리가 주목할 만한 것은 마오쩌둥이 분석한 결론 가운데서 '신민주주의 경제형태'라는 범주를 사용했다는 점이다. 역사적 유물주의 기본관점에 따르면 '경제형태'는 '사회형태'의 기초이고 사회형태의 성격을 결정한다. 이로부터 마오쩌둥이 그때 당시 신 중국을 신민주주의 사회로 인정했다는 것을 단언할 수 있다. 비록 중공 7회 2중 전회 보고에서 마오쩌둥은 "신민주주의사회에서 미래의 사회주의 사회로 발전하자"고 말했었다. 그러나 여기서 "미래의 사회주의 사회"는 돌출적으로 말한 것에 대해서 현실사회에 대해서는 '신민주주의사회'라고 명확하게 설명했다. 이는 그의 『신민주주의론(新民主主義論)』 가운데서 논술한 사상과 다를 바 없는 『신민주주의론』의 시행이라고 해야 할 것이다.

이 문제를 제기한 것은 후에 마오쩌둥이 이 문제에 대해, 즉 건국초기 사회성격 또는 처해 있는 사회발전단계에 대한 논술이 매우 큰 변화가 있었기 때문이다. 1953년 6월 15일 마오쩌둥이 중공중앙정치국회의에서 한 연설이 그 전환점이다. 마오쩌둥은 "과도시기에 있어서 당의 총 노선과 총 임무는 10년에서 15년 또는 보다 많은 시간 내에 국가공업화와 농업, 수공업, 자본주의 공상업에 대한 사회주의 개조를 기본상 완성하는 것이다"라고 말했다. 이 총 노선은 우리의 각항 사업

---

30) 마오쩌둥, 「중국공산당 제7기 중앙위원회 제2차 전체회의에서의 보고(在中國共産党第七屆中央委員會第二次全体會議上的報告)」(1949년 3월 5일), 『마오쩌둥선집』 제4권, 1991, 인민출판사, 1433쪽.

을 비춰주는 등탑이 되었다. 이 총 노선을 벗어나서는 안 되며 벗어날 경우 '좌'경 혹은 '우'경적인 착오가 발생하게 되는 것이다.

　일부 사람들은 과도시기가 너무 길면 조급한 정서가 나타날 것이라고 주장했다. 이는 바로 '좌'경 착오를 범하게 될 가능성이 있다는 것이다. 일부 사람들은 민주혁명이 성공한 후에도 여전히 변화가 없었는데, 그들은 혁명 성격이 변질되는 것을 모르고 계속해서 그들의 '신민주주의'를 주장하면서 사회주의에 대한 개조를 진행하지 않았다. 이는 우경적 착오를 범하게 될 가능성이 많았던 것이다.[31] 계속해서 그는 "민주주의 사회질서를 확립하자" "신민주주의로부터 사회주의로 나아가야 한다" "사유재산을 확보하자"는 등의 세 마디 말을 비평하고 나서 "우리는 사회주의로 점차 과도해야 한다는 것을 제기했는데, 이것이 비교적 좋다"고 말했다. 이 연설은 『신민주주의론』 그리고 7기 2중전회에서의 보고 내용과는 다른 점이 있다. 원래 말하는 신민주주의 혁명이 설립하려는 것은 신민주주의공화국, 신민주주의사회였다. 비록 이러한 국가는 과도시기의 국가형식이고, 이 사회는 과도적인 성질을 띤 사회이지만, 이는 사회발전단계 또는 사회형태이다. 그리고 일종의 사회형태이기 때문에 어찌되었든 간에 일련의 질서를 구축해야만 한다. 지금 신민주주의 혁명이 성공한 후, "신민주주의 사회질서"를 확립할 수가 없고, "신민주주의에서 사회주의로 나아가야 한다"고 제기할 수도 없으며, 혁명이 성공한 후의 임무는 바로 '과도'라고 강조하는데, 이는 사물이 근본적인 질변을 일으킨 후 상대적인 안정 단계가

---

31) 마오쩌둥, 「총 노선을 이탈한 우경 관점 비판(批判離開總路線的右傾觀點)」
　　(1953년 6월 15일).

필요 없다는 듯 했다.

　이 연설에 있어서 명확하지 못한 점으로는 일부 사람들이 아직도 계속해서 '신민주주의'를 주장한다고 비평하는데, 여기에 인용표를 붙인 '신민주주의'는 '신민주주의 혁명'을 말하는지, 아니면 '신민주주의 사회'를 말하는지? '혁명'을 가리킨다면, 이는 우경인 것이 분명했다. 만약 '사회'를 가리켰다면 틀렸다고 말하기가 매우 어렵다. 그 이유는 첫째, 신민주주의 혁명이 승리한 후 신민주주의 사회를 설립해야 하는데, 여기에는 이 사회를 설립하는데 필요한 질서가 포함되어 있고, 둘째, 신민주주의 사회를 잘 건설해야 한다는 그 자체에 사회주의 요소를 잘 처리하고 발전시켜야 한다는 내용이 포함되어 있어, 이는 '과도'와도 모순되지 않기 때문이다.

　이 연설에서 '점차적으로 과도'하는 사상을 제기한 점은 매우 중요했다.

　이를 중요하다고 하는 것은, 첫째, 여기서 마르크스·레닌이 말한 과도시기와 일치성이 있으면서도 서로 다른 점이 있는 과도이론을 제기했기 때문이다. 마르크스·레닌이 말하는 과도시기는 자본주의에서 사회주의로의 과도시기를 말하는데(마르크스는 '공산주의 제1단계로의 이행'를 말하고, 레닌은 '사회주의로의 이행'을 말한다), 마오쩌동이 말하는 과도 역시 사회주의로의 이행을 말하는 것으로 이는 일치성이 있다. 그러나 마르크스·레닌이 말하는 과도시기는 자본주의와 사회주의 사이의 전환시기를 말한다. 즉 자본주의에서 사회주의로 이행하는 과도시기를 말했다. 그러나 마오쩌동은 '과도시기'에 대해 말할 때, 구 중국의 반식민지·반봉건사회에서 사회주의로 과도하는 시기를 말한 것이 아니라, 신민주주의 사회에서 점차적으로 사회주의 사회로 과

도하는 것에 대해 말했던 것이다. 이는 1953년 말 발표한 과도시기 총
노선 학습과 선전 요강에서 매우 명확하게 서술했다. 즉 "중국혁명 제
1단계의 임무를 완성한 후 설립한 신민주주의 사회는 과도 성질을 띤
사회이다. 중화인민공화국을 창립해서부터 사회주의 사회를 건설하는
데 이르기까지는 중국이 신민주주의 사회에서 사회주의 사회로 과도
하는 역사시기이다."였다. 여기서 "신민주주의 사회에서 사회주의 사회
로 과도하는 시기"를 신민주주의 사회와 사회주의 사회 사이의 전환
시기로 이해해서는 안 되며, 신민주주의 사회-과도시기-사회주의 사
회로 이해해서도 안 된다. 마오쩌둥의 원래 뜻에 따라 신민주주의 사
회 본신이 바로 과도시기, 즉 신민주주의 사회 과도시기, 즉 사회주
의 사회로 인식해야 하는 것이다. 둘째, 여기서 '점차적으로' 과도한다
는 사상을 특히 강조해서 제기했던 것이다. 또한 이 '점차적'이라는 것
은 하나의 추상석인 묘사가 아니라, 구체적인 시간적 요구가 있는 논
단이었다. 마오쩌둥의 그때 당시 이론에 따르면 "10년에서 15년 혹은
보다 많은 시간"을 들여 사회주의 개조를 완성하고 사회주의로 과도하
려 했던 것이다. 그가 '점차적으로' 과도하지 않고 서둘러 하려는 자는
'좌'경 착오사상이라고 특별히 명확하게 지적한 데서 알 수 있다.

이 두 가지 귀중한 점을 종합해보면, 우리는 마오쩌둥의 사회개조
사상은 사회 내부의 부분 질적 변화에 의거해 사회개조를 실현하려는
사상이라는 것을 알 수 있다.·

부분 질적 변화에 관해 마오쩌둥은 1959년 많은 논술을 했다. 그 주
요 관점은 다음과 같다. (1) 양적 변화와 질적 변화는 대립 통일된다.
따라서 양적 변화 가운데 부분 질적 변화가 있고, 질적 변화는 양적
변화를 통해 완성된다. (2) 질적 변화는 예전의 끊임없는 양적 변화와

양적 변화 중의 점차적인 부분 질적 변화를 통해 완성된다. 오랜 과정에서 최종 질적 변화를 완성하기 전, 끊임없는 양적 변화와 많은 부분 질적 변화가 일정하게 존재한다. (3) 여기에는 또 주관적인 능동성 문제가 있다. 우리가 업무과정에서 대량의 양적 변화와 많은 부분의 질적 변화를 추진하지 않으면 결국 질적 변화를 가져올 수가 없다. 마오쩌둥의 이러한 중요한 철학적 사상은 50년대부터 시작한 것이 아니라, 30·40년대『지구전을 논하다(論持久戰)』등의 저작, 그리고 연안(延安) 시기 철학을 배우는 요강에서 이미 거론된 바 있다. 다만 50년대에 와서 사람들의 주목을 보다 더 끌 정도로 사회주의 개조와 건설의 실천과 결부시켜 비교적 많은 논증을 했을 뿐이었다.

마오쩌둥의 '점차 과도론'은 철학 상에서 결국은 "양적 변화 중의 부분 질적 변화를 통해 근본적 질적 변화를 일으킨다"는 이론이었다. 생산관계 중 새로운 양적 증가와 낡은 양적 감소를 통해 신민주주의 경제형태의 부분적 질적 변화에 도달했는데, 이는 '점차 과도론'의 특징이었다. 농촌에서 중국공산당은 토지개혁 후 바로 농민들을 영도해 소련과 마찬가지로 집체농장을 세운 것이 아니라, 농민들이 생산발전 과정에서 부딪친 실제 모순, 그리고 상응하는 각성 정도에 따라 자원과 호리(互利)의 원칙으로 농업생산호조조(農業生産互助組)를 건립했다. 이때 농민들은 여전히 각자가 토지와 기타 생산수단을 점유하고 독립 경영했지만, 집체노동과 일부 가축과 농기구는 공동 사용했다. 그 소유제로 말하면 여전히 개체 사유경제였지만 일부 사회주의 맹아를 확실히 갖고 있었다. 호조조 내부 모순이 발전함에 따라 중국공산당은 또 농민들을 인도해 사유 생산 자료의 공동 사용량을 진일보 확대했다. 즉 농민들이 점유하고 있는 토지·농기구와 가축을 농업생산합작사에 바쳐 통일적으로 사용하도록 함으로써 한편으로는 농민들이 노동보수를 받을 수 있을 뿐만 아니라, 이러한런 생산수단을 지분으로 해서 보수도 받을 수 있도록 했다. 다른 한편으로는 이러한 생산수단들이 개인적으로 사용할 때보다 더 큰 효력을 발생할 수 있도록 함으로써 생산력의 발전을 촉진시켰다. 중국역사에서 이러한 합작사를 초급농업생산합작사라고 불렀으며, '초급사(初級社)'라고 약칭했다.

이는 호조조보다 더 많은 우월성이 있었으며, 이미 반사회주의 성질을 띤 생산조직 형식에 속했던 것이다. 여기서 '호조조'와 '초급사'는 모두 농촌 사회주의 개조과정에서의 '부분 질적 변화'의 형식으로 모두 양적 변화과정에서 실현된 것이다. 도시에서 자본주의 공상업에 대한 개조는 보다 이러했다. 당과 정부는 소련과 마찬가지로 혁명이 성공한 후 바로 민족자산계급의 재산을 박탈하지 않고 "국가경제와 국민생활에 유리한 자본주의 공상업을 발전시키고, 국가경제와 국민생활에 불리한 자본주의 공상업을 제한하는 방침과 정책"을 제시했다.

민영 공상업이 어려움을 겪고 있을 때, 또 공상업 정책에 대한 조정을 통해 민영공업의 가공, 주문, 통일구입, 총판과 민영상업의 경영판매, 대리판매를 확대함으로써 민영 공상업을 도와 어려움을 극복했을 뿐만 아니라, 민영 공상업이 국영경제와 유대를 강화하도록 함으로써 점차적으로 국가계획의 궤도에 들어서게 했다. 이때의 민영 공상업은 비록 여전히 자본주의 성질을 띠고 있었지만, 실제는 초급형식의 국가자본주의 특징을 지니고 있었다. 이러한 경제발전은 그 내부 노사 간의 갈등, 생산발전과 자금 부족 간의 갈등도 점차 격화시켰다. 그리하여 당과 정부는 또 국가가 개별 민영 공상업에 투자하고, 또 정부 측 대표를 파견해 자본가와 공동 경영하는 방식으로 이런 민영 공상업을 도와 생산의 안정된 발전을 실현시켰을 뿐만 아니라, 민관이 공동으로 경영하는(公私合營) 공상업으로 변화시켰다. 이러한 공사 합영 공상업은 일종의 고급형식의 국가자본주의인데, 이 가운데는 이미 사회주의 경제 성분이 들어가 있었으며, 이러한 "초급 형식의 국가자본주의" "고급형식의 국가자본주의"가 나타난 것은 신민주주의 경제형태가 부분적 질적 변화를 가져온 주요 표현이기도 했다.

일련의 부분 질적 변화의 축적과 준비를 통해 일정한 조건 하에서 신민주주의 경제형태의 근본적인 질적 변화를 실현하고, 생산수단 사유제의 사회주의 개조를 기본적으로 완성했는데 이는 '점차 과도론'의 또 하나의 큰 특징이었다. 농촌에서 '초급사' 내부의 주요 생산수단 사유제와 집체노동, 통일 경영의 갈등이 갈수록 격화되고 있을 때, 1955년 여름 농촌에서 사회주의 고조가 일어나 '초급사'가 매우 빠르게 '고급사'에 의해 대체되었다. 이러한 '고급사' 즉 '고급 농업생산합작사'는 생산수단 집체 사유제를 실행하고(농민의 작은 밭, 드문드문 있는 나무, 가금, 가축, 소농기구는 제외됨) 이미 완전한 사회주의 성질의 농촌경제로 되었다. 비록 지금에 와서 돌이켜 보면, 이러한 전환은 너무 빠르고 강했으며 그 방법이 간단하고 획일적어서 부족한 면이 있었지만, 이러한 부족한 점은 사물이 근본적인 질적 변화를 가져올 때는 불가피한 것이었다. 상대적으로 근본적인 질적 변화의 가치를 가지고 말할 때, 이러한 부족한 점이 나타나는 것은 이해할만한 것이다. 도시의 자본주의 공상업에 대한 개조는 개별 업종의 공사 합영 기초 상에서 나타난 것으로 전반 업종의 공사 합영의 형식을 통해 실현되었다.

전 업종이 공사 합영한 후, 모든 공상업이 국가의 관리 범위에 들어갔으나, 국가는 또 개별 공상업에 투자하는 것과 마찬가지로 모든 공상업에 투자할 거액의 자금이 없었기 때문에, 자본가의 자산을 처분한 후 '고정 이자'를 분할 지불하는 방식으로 민영 자본을 모두 국유화했다. 그리하여 이런 공상업의 생산수단 소유제 성질이 근본적인 변화를 가져왔으며, 원래의 부분 소유제 혹은 기본 소유제가 사회주의 공유제 성질의 경제로 돌변했다. 사물의 근본적인 질적 변화로서의 이러한 변혁도 마찬가지로 일부 부족한 점이 존재했지만 역시 이해할만한 것이었다.

질적 변화 중의 부분 질적 변화를 통해 신민주주의 경제형태의 근본적인 질적 변화를 가져오는 것은 평화적인 개조 과정이며, 이는 '점차 과도론'의 또 하나의 중요한 특징이었다. 자본주의 공상업의 사회주의 개조든지, 농업과 수공업 개체경제에 대한 사회주의 개조든지를 막론하고 중국에서 모두 코믹 색채가 넘치는 형식으로 나타났다.

예를 들면 자본가들은 징을 치고 북을 두드리는 식으로 공사 합영의 희소식을 마오 주석과 각지 인민정부에 알렸으며, 농민들은 커다란 붉은 꽃을 단 소를 끌고 와 합작사에 바치는 등 당연히 자신들이 오랫동안 점유하고 있던 생산수단(공장, 경장지와 농우 등)을 국가와 집체에 바치는 것은 자신들의 기본이익을 할양하는 것이었는데, 어떻게 모순되는 심리상태가 없을 수 있겠는가? 이에 대해 마오쩌동은 매우 잘 알고 있었다. 그러나 농민들은 내심세계가 얼마나 모순되게 움직였든 행동 상으로는 이 사실을 여전히 받아들이고 매우 적극적이고 주동적인 모습을 보여주었다. 원래 매우 잔혹하게 생각했던 사회주의 혁명이 뜻밖에도 이런 코믹한 평화 개조형식으로 실현되었다. 이는 무엇 때문이었을까? 마오쩌동의 부분 질적 변화 이론, 즉 '점차적인 과도사상'이 여기서 결정적인 역할을 했던 것이다. 먼저 부분 질적 변화

과정은 새로운 질적 변화가 점차 축적되는 과정으로 근본적인 질적 변화를 일으키는 축적과정을 줄였다. 그 다음으로 주목할 만한 것은 양적 변화 중의 부분 질적 변화에서 근본적인 질적 변화에까지 이르는 과정이 역시 사람들의 사회의식이 끊임없이 변화하고 끊임없이 각오가 제고되는 과정이라는 점이었다. 존재가 의식을 결정한다고 했을 때, 자본가와 농민·수공업자들이 사회주의 관념을 받아들이도록 하려면 실천과정에서 사회주의 존재를 점차적으로 반영하는 과정이 있어야 했다. 마오쩌둥은 소 생산 과정에서 어느 때나 자본주의 사상이 자발적으로 나타나고 있다고 레닌처럼 말한 적이 있다. 그러나 마오쩌둥은 또 "도시에서 매일 사회주의 사업의 새로운 일들이 발생하는 것과 마찬가지로 농촌에서도 매일 새로운 일들이 벌어지고 있다"고 레닌과 다르게 말했다.[32]

점차적으로 사회주의로 과도해야 한다는 마오쩌둥의 사상이 이렇게 거대한 성공을 거두는 데는 이 사상이 중국의 전통문화 또는 중국인들의 머리속 깊이 새겨져 있는 문화적 심리에 매우 부합되기 때문이라는 것을 우리는 주목해야 한다. 첫째, 사회주의 공유제의 사상이 중국 고대의 '천하대동(天下大同)', 손중산의 '천하위공(天下爲公)' 사상과는 비록 본질적인 차별이 있지만 '천하대동', '천하위공'사상을 지니고 있는 사람들은 확실히 과학적 사회주의 사상을 쉽게 받아들이기 때문에, 그들은 모두 사회의 공정 또는 공평을 강조했다. 사람들은 '호조조'에서부터 '초급사'에 이르기까지, '초급사'에서 '고급사'에 이르

---

32) 중공중앙문헌연구실 편,『건국 이래 중요한 문헌선집(建國以來重要文獻選編)』제7권, 1993, 중앙문헌출판사, 436쪽.

기까지 어느 곳을 막론하고 발전을 추진한 내부모순은 사유제와 집중노동·통일경영 사이의 모순뿐만이 아니라, 분배와 수익 격차의 모순이라는 것을 쉽게 발견할 수 있다. 호조조와 초급사 과정에서, 노동력이 많거나 또는 강한 노동력을 가진 농호들의 수익이 비교적 많을 뿐만 아니라, 농기구의 좋고 나쁨, 경작지의 많고 적음도 수익에 영향을 주었다. 이는 불가피적으로 사람과 사람사이의 모순을 초래하게 된다. 이때 전통문화의 영향을 받은 중국인들은 자연적으로 '천하대동' '천하위공'과 같은 정책으로 이 모순을 조절할 것을 기대한다. 이러한 심리상태에서 당과 정부가 사회주의를 추진하는 것은 비교적 순조롭다.

둘째, '천하위공'은 중국인들의 마음속에서 먼저 비교저 고상한 도덕적 요구였기 때문에, 점차적인 과도 과정에서 일어나는 양심적인 계발도 평화개조에 도움이 되었다. 자본주의 공상업에 대한 사회주의 개조 초기, 중국공산당은 '3반(三反)', '5반(五反)'운동을 영도하여 불법자본가를 폭로하고 타격을 주었으며, 후에 당은 또 노동자계급을 영도하여 구사회의 죄악과 자본가의 착취를 공소(公訴)했다. 이러한 계급투쟁은 노동자계급의 각오를 향상시켰을 뿐만 아니라 대다수 민영 공상업자들을 교육시켰다. 당시 많은 보도가 증명했듯이, 민영 공상업자들의 양심이 계발을 받았고 양심의 가책을 느꼈다. 따라서 그들도 정도는 다르지만 착취의 치사함, 노동의 영광, 사적인 것이 몰염치하고 공적한 것이 영광스럽다는 것을 의식하게 되었다. 이는 논리를 본위로 하는 문화의 고국(古國)에서 특수한 역할을 했으며 확실히 평화개조에 유리한 역할을 했다. 셋째, 점차적 과도, 즉 부분 질적 변화를 가져오는 방법 자체도 중국인들의 '중용(中庸)'사상에 부합되었다. 그리고 모든 "부분 질적 변화"는 모두 한계가 있어 새로운 질적 요소를 포함하고 있을 뿐만 아니라, 또한 낡은 질적 요소도 잔류하고 있기 때문에 이는 중용 관념을 지니고 있는 중국인들로서는 더욱 받아들일 수 있었다. 이로부터 사회주의 개조를 한걸음씩 추진하는 것은 비교적 순조로울 수 있었다. 때문에 여기서 또 하나의 중요한 관념, 즉 다만 전통과 연관되는 혁신의 길을 찾기만 하면 설령 사회주의 개조라는 이러한 사람들의 근본이익을 건드리는 혁명이라도 사람들이 쉽게 받아들일 수 있다는 것이 증명되었다. 이는 우리가 오늘날 현대화 건설을 실현하는데도 계발을 주었다.

제4절
동시 병진론

　건국 대계를 결정하는 중공 7기 2중 전회에서 마오쩌동의 주제 보고에 따라 중공중앙은 신민주주의 혁명 임무를 완성한 후 "생산을 신속히 복구 발전시키고 외국의 제국주의에 대응함으로써 중국을 농업국에서 공업국으로 안정되게 전환시키고, 신민주주의 국가에서 사회주의 국가로 전환시키기"로 결정했다. 중점적으로 지적할 것은 여기서 제기한 두 가지 '전환', 하나는 "농업국에서 공업국으로의 전환", 다른 하나는 "신민주주의 국가에서 사회주의 국가로의 전환"이다.

　이 사상은 과도시기의 당의 총 노선 사상이기도 했다. 1952년 말 중공중앙은 마오쩌동의 건의에 따라 과도시기 당의 총 노선을 제기하고 매우 오랜 시기를 거쳐 국가의 사회주의 공업화를 점차적으로 실현하고, 농업·수공업과 자본주의 공상업에 대한 사회주의 개조를 점차적으로 실현할 것을 제기했다. 여기서 첫 번째 '전환'은 "국가의 사회주의 공업화를 점차적으로 실현한다"고 보다 정확하게 목표를 확정했고, 두 번째 '전환'은 3대 개조의 임무를 완성해야 한다고 명확히 지적했다.

　이 두 개의 '전환'문제를 제기한 것은 여기서 마오쩌동의 사회주의 사상, 또는 마오쩌동의 사회주의 사상의 주요점을 뚜렷이 볼 수 있기 때문이다. 첫째, 마오쩌동은 사회주의는 반드시 공업화한 생산력을 토대로 건설되어야 한다고 주장했다. 그는 친방셴(秦邦憲)에게 보내는 서한(1944년 8월 31일)에서 가정 개조문제에 관해 언급할 때, 신민주주의 사회와 사회주의 사회의 생산력 기반문제에 대해 부대적으로 제기했다. 신민주주의 사회의 기반은 공장(사회생산, 공영과 사영)과 합작사이지 분산적 개체경제가 아니다. 분산적 개체경제 즉 가정 농업과 가정 수공업은 봉건사회의 기반으로서 민주사회(구민주, 신민주, 사회주의 모두 포함)의 기반이 아니다. 이는 마르크스주의가 포퓰리즘과 구별되는 점이다. 간단히 말하면, "신민주주의 사회의 기반은 기계이지 수공이 아니다. 우리는 아직 기계를 얻지 못했기 때문에 우리는 아직 승리하지 못했다. 만약 우리가 영원히 기계를 얻지 못한다면, 우리는 영원히 승리하지 못하고 멸망하게 될 것이다. 지금의 농촌은 임시 근거지이지 전 중국 민주사회의 주요 기반이 아니고, 또한 그렇게 될 수도 없다. 농업기반으로부터 공업기반으로 전환하는 것이 바로 우리 혁명의 임무이다."라는 것이었다.[33] 이 논술에 근거해 우리는 마오쩌둥은 농촌혁명근거지의 창건자이고, 가장 먼저 농민문제를 중시한 당의 사상가와 실천가 중의 한분이라는 것을 알 수 있다. 그러나 그는 마르크스주의의 과학적 사회주의 이론을 혼동하지 않고, 자신의 모든 입각점을 농민에게 두었다. 많은 국외학자(개별 국내 이론 공작자도 있음)들은 언제나 마오쩌둥을 포퓰리즘주의자라고 비난하거나, 또는 그의 사상이 주로 포퓰리즘주의라고 주장했는데, 이는 그들이 마오쩌둥이 농민과 농촌근거지에 대해 중시를 돌리는 점만 보았지 "농

---

33) 중공중앙문헌연구실 편, 『마오쩌둥서한선집(毛澤東書信選集)』, 2003, 중앙문헌출판사, 215쪽.

촌은 임시근거지이지 전반 중국 민주사회의 주요 기반이 아니고, 또 그렇게 될 수도 없다"고 주장하는 마오쩌둥의 심층사상을 보지 못했기 때문이다. 마오쩌둥은 제국주의, 봉건주의, 관료자본주의가 도시를 점거하고 있는 상황에서, 프롤레타리아는 농촌에 혁명근거지를 세울 수 있지만, 혁명의 임무는 여전히 최종 도시를 점령하는 것이라는 것을 잘 알고 있었다. 그러나 도시를 점령하는 것은 도시의 정권만을 빼앗는 것이 아니라, '기계' 즉 민주사회의 생산력 기반을 얻어야 한다는 것이었다. 이 때문에 마오쩌둥은 혁명을 농촌에서 도시로 밀고 나아갈 때 4가지 조치를 취했다. 즉 (1) 관료자본을 몰수하고 이런 대자본이 통제하고 있는 공업생산력을 노동자계급과 인민의 수중에 장악시키며, (2) 전심전의로 노동자계급에 의거해야 한다는 사상을 명확히 하고, 도시로 진출한 후 공업 생산력을 장악한 주체 역량인 노동자 군중조직과 단결하며, (3) '점차적으로 사회주의 공업화를 실현'하는 목표를 확정하고, 경제를 발전시키는 과정에서 공업 생산력을 발전시키는 것을 중점으로 제기해 우리 자체의 공업광산기업을 건설하고, (4) 민영 자본주의 공상업을 점차 개조시키고, 자본가가 장악한 공업생산력도 인민들의 수중에 장악시켜야 한다고 했다.

공정하게 말하면, 마오쩌둥의 사회주의 사상은 마르크스주의 사상이 다져놓은 과학적 사회주의 사상의 중국에서의 적용이고 실현이지, 일부 사람들이 질책하는 그런 이른바 '농업사회주의 사상'은 아닌 것이다.

둘째, 마오쩌둥은 또 사회주의는 반드시 공유제를 기초로 한 사회여야 한다고 주장했다. 그는 "신민주주의 국가에서 사회주의 국가로의 전환"을 실현하는 중점을 "점차적으로 농업, 수공업과 자본주의 공상업에 대한 사회주의 개조"에 두었는데, 이로부터 마오쩌동이 생산수단 사유제의 사회주의 개조에 얼마나 관심을 기울였는지를 엿볼 수가 있다. 이 '개조'에는 두 가지 형태가 있다. 한 가지 형태는 정상적인 사회주의 개조인데, 이는 바로 자본주의 공상업에 대한 사회주의 개조를 말한다. 자본주의에서 사회주의로 전환하는 것은 역사 발전에 부합되는 법칙으로서 더 언급할 필요가 없다. 다른 한 가지 형태는 도약식 사회주의 개조로서 개체적이고 분산된 농업경제와 수공업경제를 사회주의 경제로 개조시키고, 고대경제에서 근대경제를 뛰어넘어 직접 현대경제에 들어서는 개조이며, 봉건사회경제를 기초로 하는 위에서 자본주의 단계를 뛰어넘어 직접 사회주의 경제로 넘어가는 개조이다. 이러한 '개조'는 그 과정에서 보면 사물 발전의 어느 단계를 뛰어넘는 듯하기 때문에 최 근년의 '공상사회주의' 특징을 띠고 있다고 질책하는 사람도 있다. 그러나 그 조건성에 대해 주목하면 이러한 질책이 착오적인 것이라는 것을 알 수 있다. 이러한 '개조'는 고립적인 개조과정이 아니라, 인민들이 국가 경제명맥을 결정하는 현대 공업생산력을 장악한 후 나타난 것이고, 또한 도시 대공업과 인민민주독재 국가의 직접적인 도움 하에서 나타난 것이기 때문이다. 게다가 이러한 '개조'는 자본주의 공상업에 대한 개조와 다른 경제형식을 취했는데, 자본주의 사유제를 대체한 것은 전민 소유제의 경제형식이고, 농업과 수공업 개체 사유제를 대체한 것은 합작사와 같은 집체 소유제 경제형식 즉 초급 공유제 형식이었다. 여기서 마오쩌동은 공상에 빠져들지 않았다. 마오쩌동의 공헌은 전민소유제를 주도로 하고 집체 소유제를 주요 토대로 한 공유제 사회를 건립했다는 것이다.

마오쩌동의 사상은 여러 가지 형식의 공유제 건립을 통해 사회주의 경제 토대를 다지려는 것이었다.

마오쩌동의 사회주의 사상 가운데는 이 두 가지 주요한 관점을 제외하고도 또 다른 두 가지 관점이 있었다. 즉 노동자계급 및 그 정당이 영도하는 국가정권은 사회주의 정치의 상부구조와 공산주의 사상체계를 핵심으로 한 의식형태이며, "집체 이익과 개인 이익을 서로 결부시키는 원칙을 모든 언론행동의 기준으로 하는 사회주의 정신"이 포함되었다는 점이다.[34] 이는 『신민주주의론(新民主主義論)』 등 저작에서 이미 명확하게 결론지었다. 마오쩌동이 과도기의 총 노선에서 이 두 가지 점을 강조하지 않은 것은, 첫째 정권을 쟁취하고, 신민주주의 국가를 건립하는 임무가 이미 기본상 완성되었고, 둘째, 마오쩌동은 정권을 쟁취한 후의 주요 임무가 이미 생산력을 발전시키고, 공업화 실현과 사회주의 개조를 절차 있게 추진하는 면으로 점차 넘어갔다는 것을 인식했기 때문이며, 셋째, 당시 마오쩌동의 의식형태면에 대한 임무는 문화 방면의 임무를 포함해 아직 일반적인 요구뿐이고 구체적인 대책이 없었기 때문이었다. 이는 마오쩌동 만년에 적절하게 해결하지 못한 중대한 문제였다.

마오쩌동이 제기한 당의 과도기의 총 노선으로부터 마오쩌동이 이해한 사회주의는 어떠한 사회주의라는 것을 알 수 있을 뿐만 아니라, 마오쩌동이 설계한 중국의 신민주주의에서 사회주의로의 전환방식 및 그 특징을 알 수가 있다.

마르크스의 학설에 따르면 사회주의는 반드시 고도로 발달한 공업

---

34) 마오쩌동, 「중국농촌의 사회주의 고조(中國農村的社會主義高潮) 평어선(按語選)」 (1955년, 9월, 12월), 『마오쩌동문집(毛澤東文集)』 제6권, 1999, 인민출판사, 450쪽.

생산력의 토대 위에 건립되어야 한다. 다시 말하면 자본주의 사회에서 사회화한 대 생산과 자본주의 사유제 사이의 모순이 발전하여 자본주의 생산관계가 이미 이러한 생산력을 용납할 수 없는 정도에까지 이르렀을 때, 사회주의 혁명이 일어나 사회화한 대 생산에 부합되고, 사회화한 대 생산의 발전을 추진할 수가 있으며, 공유제를 기초로 하는 사회주의 생산관계를 건립할 수 있게 된다는 것이었다. 만약 이러한 원리를 기계적으로 옮겨 온다면 중국은 신민주주의에서 사회주의로 이행하는 데는 반드시 두 가지 전제 조건이 구비되어야 한다. 첫째는 신민주주의 사회의 자본주의 경제를 대대적으로 발전시키는 것이고, 둘째는 자본주의를 통해 공업생산력을 발전시키는 것이다.

"중국은 이대로 할 수 있겠는가?"하는 질문에 대해 마쩌둥은 이렇게 대답했다. 첫째, 중국은 과도시기 초기에 역시 국가 경제와 국민생활에 유리한 일부 자본주의 경제를 이용하고 발전시켜야 한다. 그러나 장기적으로 그리고 시종일관 이런 자본주의에 의거해 사회주의가 필요로 하는 생산력, 즉 사회화한 대공업생산력을 창조해서는 안 된다. 이는 기존의 중국 자본주의가 민족자본과 관료자본 두 가지 부분이 있기 때문이다. 중국 민족자본은 건국초기 국가의 자금 지원를 받지 못하여 파산의 위기에 처했기 때문에 공업 생산력을 발전시킬 역사적 중책을 감당할 여력이 없었고, 실력이 비교적 강한 관료자본은 이미 국가에서 장악하고 있어 가난하고 낙후한 중국에서 국가를 제외하고는 그 누구도 그 지분을 사서 민간 자본주의 경제로 만들 수가 없었으며, 이미 접수된 관료자본주의 기업 내부에서 실행되는 농후한 봉건착취 색채를 띤 관리제도는 민주개혁을 거치지 않고서는 생산력 발전을 추진할 수 없게 되었다. 그리하여 개혁의 결과 기업을 노동자계급에 맡겨 관리하도록 할 수 밖에 없었다. 이는 또 자본주의의 그 어떠한 발전의 가능성을 막아버렸다. 사실 당시 부르주아계급들도 이미 자본주의의 생산력을 발전시키는 길은 막다른 기로라는 것을 의식하고 있었다. 개국 초기 일부 민주당파 지도자들은 이 문제에 대해 여러 차례 제기했지만, 마오쩌둥이 토지개혁 등 민주혁명의 임무를 아직 완수하지 못했고, 또 국민경제와 국민생활에 유리한 일부 자본주의 경제를 발전시켜야 했기 때문에 자본주의 공상업에 대한 사회주의 개조를 바로 진행하지를 못했다. 게다가 농촌에서는 토지개혁 후 짧은 기간 내에 생산력의 해방으로 생산이 발전되고 생활이 개선되었지만 곧 새로운 어려움에 봉착하게 되었다. 중국의 농업생산력이 너무나 낙후했기 때문에 봉건 생산관계의 질곡에서 벗어난 생산력도 여전히 낙후한 생산력이었다.

이처럼 낙후한 생산력은 국가의 원조가 없이는 현대화 농업으로 나아가기가 매우 어려운 상황이었다. 그렇다면 "그들은 경쟁 속에서 스스로 자본의 원시축적 방법으로 자본주의 길로 나아감으로써 농업 생산력을 발전시키도록 할 수는 없었는가?"하는 문제가 대두된다. 이는 극히 어려운 길일뿐만 아니라 중국에서는 통하지 않는 방법이었다. 1954년 23개 성 1만 5,432개 농가구의 구매력과 구매력 구성에 대한 조사에 따르면, 당시 빈고농의 수입 가운데서 생활자료 소비 지출이 77.6%를 차지했는데, 이는 매 가구에 105.2위안 밖에 되지 않는 액수로 매우 낮은 생활수준을 유지할 수밖에 없는 수준이었으며, 생산자료에 대한 구매 지출은 22.4%로 평균 매 가구당 30.3위안이었다. 당시 생활수준이 비교적 괜찮은 중농의 생활자료 구매 지출도 수입의 61.7% 를 차지했는데, 매 가구에 평균 128.6위안 밖에 되지 않았으며,

38.3%의 자금으로 생산 자료를 구매할 수 있었는데, 매 가구에 평균 79.8위안 밖에 안 되었다. 생산 자료를 구매하는 자금은 정상적인 단순 재생산을 유지할 수 있는 수준에 지나지 않으며, 자본주의식 농장을 합병하여 발전시킨다는 것은 더 이상 말할 나위도 없었다. 이로 인해 당시에는 이미 일부 양극분화 현상이 나타났다. 즉 일부 빈곤한 고용농들이 재차 토지를 팔아 생계를 유지하는 현상이 나타났던 것이다. 이러한 양극분화는 고용착취 현상으로 부터 말한다면, 자본주의 생산관계의 맹아라고 할 수 있지만, 농업생산력의 발전을 추진하지 못하고 새로운 빈부격차만을 조성했을 뿐이다. 그렇기 때문에 자본주의 방향을 선택하는 것은 바람직하지 않았던 것이다.

둘째, 중국의 사회주의는 사회화한 대공업 생산력을 기초로 해야 하며, 반식민지·반봉건의 폐허 위에 사회주의를 직접 건립해서도 안 되고, 생산력이 충분히 발전하기를 기다려 다시 사회주의를 건립해서도 안 된다. 이는 생산력이 생산관계와 분리되어 있거나 또는 생산관계에서 동떨어져 있는 것이 아니라, 생산력은 언제나 일정한 생산관계의 생산력이기 때문이다. 신민주주의 사회에서는 사회주의 성질의 국영경제, 국가자본주의 경제, 민간자본주의 경제, 반사회주의 성질의 합작사 경제와 개체경제 등 5가지 경제성분이 존재한다. 우리가 이미 지적했듯이 당시의 조건하에서 민간자본주의 경제(즉 민족자본주의)는 이미 생산력을 독립적으로 발전시킬 능력이 없었고, 범위가 넓고 수량이 많은 개체경제는 이미 양극분화가 나타나 생산력의 발전을 저애하는 상황에 처해 있었다. 그렇기 때문에 생산력이 발전된 후에야 사회주의를 건립한다는 것은 천진하고 유치한 공상이었다. 이를 제외한 기타 국영경제, 국가자본주의 경제와 합작사 경제는 생산력의 발전을 추진할 수가 있고, 또 확실하게 생산력의 발전을 추진할 수 있었다. 그러나 그들이 제공한 경험은 마침 또 생산력이 발전된 후에 다시 사회주의를 건립하는 것이 아니라, 생산력의 발전과 사회주의 발전을 동시에 진행하는 과정이었다.

마오쩌둥은 문제를 연구할 때 농촌문제에 가장 관심을 두었다. 그의 이상적인 목표는 바로 중국을 농업국으로부터 공업국으로 전환시키는 것이었다. 당연히 그는 농업의 기술진보를 이 목표를 달성하는 중요 문제로 간주했다. 그가 연구를 거쳐 얻은 결론은 바로 농업의 기술개조와 생산수단 사유제의 사회주의 개조를 반드시 동시에 진행해야 한다는 것이었다. 농촌의 사회주의 개조 즉 ㅎ주합작을 진행한 결과 첫째, 경작지와 농민들의 수중에 있는 제한된 기타 생산수단을 종합적으로 이용해 비교적 큰 역할을 발휘하게 할 수 있고, 둘째, 농업 노동력을 충분히 이용해 합리적인 생산계획·생산관리와 노동을 통해 노동력의 능력을 조직 개발할 수 있으며, 셋째, 새로운 지식을 조직적으로 보급하고 농업기술을 개진함으로써 농업노동 생산율을 제고시킬 수 있고, 넷째, 국가에서 농업에 지원하는 제한된 자금이 보다 효과적인 역할을 발휘하도록 할 수 있다는 것을 확인할 수 있었던 것이다. 마오쩌둥은 농촌문제를 전문적인 테마로 연구했을 뿐만 아니라, 농촌문제를 국가 공업화문제와 연결시켜 고려함으로써 한편으로 농촌 합작화 후 공업발전을 위해 보다 많은 원료, 자금, 노동력과 시장을 제공할 수 있고, 다른 한편으로는 국가 공업화의 진전이 농업기계, 운수도구, 화학비료, 전력과 자금 등 여려 면으로부터 농업을 지원할 수 있다고 분석했다. 마오쩌둥은 능숙한 변증법의 대가로서 심층적인 변증법적 사고과정에서 "사회주의 공업화와 사회주의 농업 개조 이 두 가지 일은 절대로 갈라놓을 수 없으며, 서로 고립시켜 보아서는 안 된다"는 사상, 즉 "사회제도면에서의 사유제에서 공유제로의 혁명"과 "기술면에서의 수공업 생산에서 대규모 현대화 기계생산으로의 혁명"을 반드시 "결부시켜야 한다"는 사상을 제기했다.[35]

마오쩌둥이 제기한 과도시기의 총 노선이 설계한 것은 바로 이러한 국가 공업화와 생산수단 소유제 면의 사회주의 혁명을 '동시에 진행'하는 과도방식이었다. 한편으로 사회주의가 필요한 생산력을 발전시키고, 다른 한편으로 사회주의 개조를 진행하는 것은 마르크스주의가 창립한 과학적 사회주의에 대한 중대한 기여였음이 틀림없었다.

그러나 1953년 열린 하계 재경공작회의에서 보이보(薄一波)의 '새로운 세무제도(新稅制)'에 대해 비판하고, 중앙인민정부위원회 제27차 회의에서 량수밍(梁漱溟)을 비판한 후, 과도시기의 총 노선에 대한 마오쩌둥의 해석에는 미묘한 변화가 일어났다. 당시 그는 한 담화에서 "총 노선도 소유제를 해결하는 문제라고 말할 수 있다"고 지적했다.[36]

그러나 여기서 생산력 발전 즉 국가 사회주의 공업화를 실현하는 문제에 대해서는 경시했다. 하지만 문장 전체를 총괄적으로 보고 또 그 후에 발표한 헌법 수정에 관한 보고를 보면, 역시 '동시 병진'의 사상에 근거해 과도시기 총 노선을 명백히 밝혔음을 알 수 있다. 문제는 1955년 여름 농업합작화 운동이 고조되는 가운데서 '전족여인(小脚女人, 보수적이고 답답한 사람을 가리킴)'에 대해 비판한 후, 그는 사회

---

35) 마오쩌둥, 「농업합작화에 관한 문제(關於農業合作化問題)」(1955년7월31일), 『마오쩌둥문집(毛澤東文集)』 제6권, 1999, 인민출판사, 432쪽.
36) 마오쩌둥, 『농업호조합작에 관한 두 차례의 담화(關於農業互助合作的兩次談話)』(1953년 10월 15일), 『마오쩌둥선집』 제6권, 1999, 인민출판사, 301쪽.

주의 개조문제를 공업화 문제보다 우선시해야 한다고 매일같이 강조했다. 마오쩌둥은 중공 7기 6중 전회에서 덩쯔훼이(鄧子恢)와 그가 주관하는 중앙농촌공작부의 이른바 '우경적 착오'에 대해 지명 비평하면서 그들이 군중의 적극성을 믿지 않고 사회주의 고조의 도래를 무시한다고 생각했다. 이와 더불어 그는 『중국 농촌의 사회주의 고조』라는 책의 서문에 부연 설명을 달고, 이러한 '우경기회주의'에 대해 더한층 비판했다. 마오쩌둥은 당시 그리고 그 후의 논술에서 생산수단 사유제의 사회주의 개조에 중점을 두고 과도시기 총 노선을 사회주의 개조의 노선과 거의 동일시했다. "국가의 사회주의 공업화를 점차적으로 실현하자"는 문제는 점차적으로 냉담해졌으며, 가끔 이 문제가 언급될 때에도 역시 사회주의 개조의 목표가 제기되었고, 과도시기 총 노선 중의 '동시 병진'의 한 방면으로 제기하지는 않았다. 이때 말하는 "과도시기 당의 총 노선"은 이미 이 노선을 처음 제기했을 때와 매우 크게 다르다고 말할 수 있다. 바로 이러한 미묘한 변화로 인해 사회주의 개조 후기의 결함들을 야기시켰고, 이후의 중국역사의 발전에 중대한 영향을 미쳤다.

일부 사람들은 이는 마오쩌둥이 주요 모순문제에 있어서 노동자계급과 부르주아계급의 모순을 강조했기 때문이라고 여겼다. 그들은 중국이 후진적이기 때문에 토지개혁을 완성한 후 사회주의로 과도하는 역사적 시기에 주요 모순과 도시에서 경제를 발전시키는 이 중점업무를 일치시켜야 하며, 노동자계급과 부르주아계급의 모순을 단일적으로 제기해서는 안 된다고 여겼다. 이는 비록 중국경제의 낙후한 특징과 경제발전의 객관적인 수요를 주목한 것이지만, 과도시기는 본질적으로 여전히 레닌이 말한 "성장하고 있는 공산주의와 쇠퇴 멸망하고 있는 자본주의가 서로 투쟁하고 있는 역사시기"라는 것을 경시한 것이었으며, 또한 "자본주의를 근절하는 것"은 생산력을 발전시키지 않고 소유제 개조에만 의거해서는 안 된다는 것을 경시했던 것이다. 마오쩌둥의 과도시기 주요 모순에 대한 판단, 즉 토지개혁을 완성하기 전 농촌은 여전히 인민민주와 봉건주의 모순이 위주이고, 토지개혁 후 전반 사회의 주요 모순은 노동자계급과 부르주아계급 간의 모순이라는 이 판단은 정확한 것이었다. 하지만 후진적인 중국에서 이 모순을 해결하려면 반드시 공업 생산력을 발전시키는 것과 생산수단 사유제를 개조하는 것을 동시에 진행하는 노선을 취해야 하는데, 이를테면 생산수단 소유제 면에서의 사회주의 개조 속도는 반드시 생산력 발전 또는 기술 개조의 속도와 기본적으로 걸맞아야 했던 것이다. 이 때문에 단계적으로 추진하는 형식을 취할 수밖에는 없었다. 즉 총 노선이 재삼 강조하는 '점차적인' 형식이 그것이었다. 이로부터 중국이 신민주주의에서 사회주의로의 과도는 반드시 단계적이고 점차적인 단계라는 것을 알 수가 있다. 아쉽게도 우리가 비록 좋은 노선이 있기는 하지만, 일관되게 그대로 실천하지 못했으며, 농업에 대한 사회주의 개조를 진행한 후기에 "요구가 너무 성급하고 업무가 너무 서툴렀으며, 변화가 너무 빠르고 형식이 지나치게 단순하고 획일적이었다"는 등의 문제가 나타났다.

일부 사람들은 마오쩌둥이 "기계화가 먼저고 합작화가 그 다음 순이어야 한다"는 권고를 듣지 않고 "합작화를 우선시하고 기계화를 그 다음 순으로 하는 방법"을 취한데서 문제가 나타났다고 분석했다. 그러나 이 말도 충분한 설득력은 없었다. 앞에서 서술한 것처럼, 중국이 빈곤하고 낙후하기 때문에 농민들이 생산수단을 구매하는데 지출할 수 있는 자금이 1년에 몇 십 위안밖에 안 되는데 "어떻게 '기계화'를 먼저' 할 수 있겠는가?" 이는 교조적인 공상에 지나지 않은 것이었다. 그렇다면 "후 기계화"는 어떻게 평가해야 하는가?" 이론상에서 말하자면 생산력의 발전은 생산관계가 생산력에 적응할 것을 요구하기 때문에, 먼저 합작화를 통해 기계화의 여러 면의 조건을 창조하는 것 또한 좋을 것이다. 하지만 여기서 말하는 '선'과 '후' 사이의 거리가 지나치게 커서는 안 되며, 기본상 '동시 병진' 중의 '선'과 '후'여야 했다. 구체적인 실천 가운데서 합작화를 먼저 진행할 수는 있지만, 기술개조, 생산력 발전이 반드시 따라가야 하며, 뒤이어 합작화를 진일보적으로 추진함으로써 기술개조를 앞으로 한걸음 더 내디디도록 해야 했다.… 그러나 사실 우리는 이미 '동시 병진'의 지도사상을 변화시켰다. 따라서 실천과정에서 소유제 형식을 끊임없이 변화시키면서 조합 병진의 기술개조를 진행하지 못했고, 생산력을 발전시키지 못했다. 그리하여 "합작화 먼저, 기계화 다음"이라는 슬로건이 "초급 합작화 먼저, 고급 합작화 다음"으로 변했던 것이다.

중국의 사회주의 개조 과정에서 비록 후기에 '동시 병진'의 정확한 사상을 이탈했지만 농업에 대한 사회주의 개조를 진행하는 후기에는 "요구가 지나치게 성급하고, 업무가 서투르며 변화가 지나치게 빠르고, 형식이 지나치게 단순하고 획일적인 착오 또는 결함"들이 나타났다. 그러나 전반적으로 볼 때 마오쩌동이 제기한 '혁명연결론' '부분변질론' '동시병진론'을 주요 내용으로 한 사회주의 개조사상은 끝내 중국의 사회제도에 역사성적인 거대한 변화를 일으켰다. 중국 인민들은 스스로 나라의 주인이 되는 사회주의 사회에 들어서게 되었던 것이다.

제2장
사회주의 단계론

　어느 한 사회에 있어서 모든 계급의 상호관계에 대해 전반적으로 종합하고 객관적으로 고려하며, 나아가 그 사회발전의 객관적인 단계도 고려하며, 그 사회와 기타 사회 간의 상호관계를 고려해야 만이 선진 계급이 정확한 책략을 제정하는 의거가 될 수 있다.

– 레닌

제1절
탐구자의 구상

1956년 생산수단 사유제에 대한 사회주의 개조를 완성한 후 중국은 인민들이 간절히 갈망하는 사회주의 사회로 바로 진입했다.

사회주의는 원래 마오쩌둥이 추구하는 이상이다. 그러나 중국이 사회주의 사회에 진입한 후 중국에서 어떻게 사회주의를 건설할 것인가? 도대체 어떻게 해야 마르크스주의의 과학적 사회주의 이상에 부합될 수 있는가? 하는 새로운 과제가 나타났다. 이 난제는 오늘날 중국의 난제이기도 하다. 중국 인민의 해방과 행복을 위해 일평생 분투해온 영수로서 마오쩌둥은 1956년 이후 또 새로운 탐구를 시작했다. 지금에 와서 보면 마오쩌둥이 탐구한 이 난제의 결론은 성공했든 실패했든 또는 인민들이 실천을 통해 진일보적으로 검증을 해야 했든 모두 오늘날 우리가 "중국 특색의 사회주의"를 건설하는데 있어서 귀중한 사상적 재부가 되었다. 그러나 이렇게 하자만 반드시 먼저 마오쩌둥의 결론과 마오쩌둥의 구상에 대해 정리하고 종합해야 할 것이다.

이러한 결론이나 구상은 먼저 "마오쩌둥의 사회주의 사상"이라고 말할 수 있다. 여기에는 극히 풍부하고 내부에 항상 모순이 있는 일련의 관점 또는 논단들이 포함되어 있다. 이 가운데는 과학적 사회주의 발전에 대한 것도 있고, 유토피아 공상에 대한 추구도 있으며, 성공한 경험도 있고, 실패한 교훈도 있다. 이러한 논단들을 세밀하게 정리한다는 것은 현재로서는 아직 매우 많은 어려움이 있기 때문에, 여기서 그 요점만 선택해 마오쩌둥의 사회주의 사상의 다섯 가지 주요 관점에 대해 논술하고자 한다.

첫째, 사회주의는 경제가 고속 성장하는 사회이다.

마오쩌둥이 생산력 발전에 관심을 돌리지 않고 생산력의 진보를 중요시하지 않는다고 말하는 사람이 있는데 이는 사실이 아니다. 마오쩌둥은 사회주의 사회는 선진적인 공업 생산력을 기반으로 건립된 사회라고 시종일관 주장했다. 뿐만 아니라 마오쩌둥은 사회주의 사회는 생산력이 비약적으로 발전하고 경제가 고속 성장하는 사회인 것이 분명하다고 주장했다. '대약진'이야말로 그의 기본 사상이었다. 일찍이 중공 7기 2중 전회에서 그는 중국의 경제건설 속도는 매우 느린 것이 아니라 매우 빠를 것이며 중국의 발전은 머지않았다고 낙관적으로 내다보았다.[37] 그때 당시 마오쩌둥이 가능성에 대해 논했다고 한다면, 1955년 말에 와서 그의 논술 중에는 이미 '가능성'문제가 아니었다. 그는 중국 공업화의 규모와 속도는 과학, 문화, 교육, 위생 등 여러 분야의 발전 규모와 속도로서 원래 생각한 그런 방식에 따라 해서는 안 되며, 이 모든 것들을 적당하게 확대하고 가속화해야 한다고 말했다.[38]

이때 마오쩌둥이 논한 것이 업무 진척에 대한 예측이라고 말한다면, 1957년 초에 와서 그의 논술은 사회주의에 대해 질적으로 평가하는 수준에까지 이르렀으며, 사회주의 생산관계가 구시대 생산관계에 비해 생산력 발전에 보다 적합할 수 있다고 하는 것은 생산력이 구 사

---

37) 『마오쩌둥선집』 제4권, 1991, 인민출판사, 1433쪽.
38) 중공중앙 문헌연구실 편, 『건국 이후의 중요문헌 선집(建國以來重要文獻選編)』 제7권, 1993, 중앙문헌출판사, 433쪽.

회에 없었던 속도로 신속하게 발전하는 것을 허용할 수 있으며, 따라서 생산을 끊임없이 확대함으로써 날로 늘어나는 인민들의 수요를 점차 만족시킬 수 있다는 이러한 상황을 가리킨다고 지적했다.[39] 이때부터 1958년 사회주의 총 노선을 건설하는 데에 관해 제기하고, '대약진'을 발동하고, 그 후에는 4가지 현대화를 실현하는 분투목표를 제기할 때까지 마오쩌둥의 사고방향은 매우 뚜렷했다. 바로 사회주의는 경제가 고속 성장하는 사회이며 '대약진'의 사회라는 것이었다. 마오쩌둥의 이러한 사상이 형성된 것은 근거가 없다고 말할 수 없다. 첫째 마르크스주의의 이론적 근거가 있고, 둘째는 또 신 중국이 창립된 후의 사실적 근거가 있다. 또한 마오쩌둥의 이 사상이 완전히 틀렸다고도 말할 수 없다. 중국은 끊임없이 성장하는 생산력과 강대한 경제실력이 확실히 필요했다. 이는 여전히 우리가 오늘날 추구하는 목표이며, 또한 갈수록 사회주의가 이 지구상에서 발을 붙여 놓을 수 있을지에 대한 관건적인 문제이기도 했다. 그러나 사람들은 마오쩌둥의 기대치가 지나치게 높고, 중국의 생산력 발전 목표에 대한 추구도 지나치게 이상화되었다는 것을 주목하지 않을 수 없었다. 천윈(陳雲)은 마오쩌둥을 포함한 전 당에 경제건설은 국력에 부합되어야 한다고 경고한 적이 있다. 아쉽게도 마오쩌둥이 이 의견을 진지하게 청취하지 않고 경제상에서 항상 기적을 창조하고 '대약진'의 사회주의를 건설하려고만 생각했다. 분명히 마오쩌둥의 이 사상은 합리적인 면도 있고, 부족한 면도 있기에 전반적으로 긍정하거나 또는 부정해서도 안 된다.

---

39) 마오쩌둥, 「인민 내부 모순을 정확하게 처리하는 데에 관한 문제」(1957년 2월 27일), 『마오쩌둥문선』 제7권, 1999, 인민출판사, 214쪽.

둘째, 사회주의는 공정한 사회이다.

공정이란 바로 사회주의 사상이 추구하는 가치 목표이며 중국 윤리도덕 사상이 강조하는 중점 중의 하나이기도하다. 공정에 대해 유물주의와 유심주의는 각각 다르게 해석했다. 마르크스주의가 보건대, 공정은 반드시 생산력의 발전 수준을 기초로 해야 하는 하나의 역사적 과정이며, 사회주의의 공정은 사회화한 대 생산과 서로 연결되는 공유제 생산관계 중의 사람과 사람 사이의 공평을 말하는 것이었다. 마오쩌동이 설계하고 추구하고 수호하는 사회주의는 매우 큰 정도에서 일종의 경제를 중점으로 하는 공평한 사회이기도 했다. 먼저 그는 사회주의는 재산 점유와 배분이 공평한 사회라고 인정했다. 중국에서 농촌 토지개혁 후 얼마 지나지 않아 마오쩌동은 "쇠도 단 김에 두들겨야 하듯이" 농민들을 영도해 농촌 사회주의 개조를 진행하고 농민들의 작은 사유 개체경제가 자유발전하지 못하도록 했는데, 그 원인은 바로 그가 이러한 자유발전으로 인해 "촌에서 양극분화 현상이 필연적으로 갈수록 심해질 것이라는 것"을 우려해서였다.[40] 공유제 건립을 통해 인민들이 공평하게 집체적으로 생산수단을 점유하도록 하고, 양극 분화의 출현을 막는 것이 마오쩌동이 추구하는 사회의 이상적 모식이었다. 이와 더불어 그는 생산수단 사유제 문제 상에서의 공평을 해결한 후 분배 영역에서 또 불공평 현상이 나타날까 봐 우려되어 분배문제에 대한 연구에 더 많은 정력을 쏟아 부었다. 예를 들면 인민공사의 경제계산 단위문제가 그것이었다. 그는 처음에는 공사 또는 생산

---

40) 마오쩌동, 「농업합작화에 관한 문제(關於農業合作化問題)」 (1955년 7월 31일), 『마오쩌동문선』 제6권, 1991, 인민출판사, 437쪽.

대대를 계산단위로 분배를 진행하는 것이 비교적 공평하다고 여겼는데, 후에 이러한 공평에는 낙후한 사람이 선진적인 사람을 착취하는 요인이 있다는 것을 발견했기 때문에, 후에 생산소대를 계산단위로 했다. 이러한 공정한 체제를 실시하는 데에 관해 고려하는 면에서 마오쩌둥은 비록 때로는 생산력에서 출발하는 이 역사적 유물주의 원칙을 이탈하기도 했지만, 시행착오를 범한 후에는 여전히 정확한 출발점으로 되돌아올 수 있었다. 그 다음으로, 그는 사회주의는 마땅히 사람과 사람 사이에는 평등한 사회여야 한다는 것을 적절하게 인정했다. 중국이 사회주의 사회에 진입한 후 많은 사람들이 매우 기뻐했지만 마오쩌둥은 항상 고민했다. 그는 도시로 진출한 후 우리 당에 문제점들이 있다고 여러 차례 원망하면서 연안(延安)시기 사람과 사람 사이에 서로 평등하게 지내고 고군분투하는 그러한 정경들을 가끔 머릿속에 떠올렸다. 그 때문에 그는 노임등급제, 간부등급제, 계급제 등을 모두 못마땅하게 여겼다. 그러나 한 나라에 있어서 어쨌든 일련의 제도, 질서, 규범은 있어야 했다. 물론 그는 벼슬하면 양반노릇을 하는 관료주의에 대해 못마땅해 했고, 군중을 이탈하고 생활 특수화를 누리는 것을 못마땅해 했으며, 간부 자녀들이 우월감을 느끼는 것을 못마땅하게 여겼다. 따라서 그는 이론상에서 소유제 문제를 기본적으로 해결한 후 생산관계 속에서의 사람과 사람 사이의 상호관계 등 문제가 돌출해졌다는 점을 여러 차례나 제기했던 것이다. 그가 말하는 '부르주아계급 권리'는 대체로 사람과 사람 사이의 상호관계 문제를 가리켰다. 그는 군중 속에서 관료주의를 반대하는 것을 제창하고 당 내에서 당풍을 바로잡으며, 간부에 대한 "네 가지 정돈(四淸, 정치·경제·사상·조직을 정화하는 운동)"을 실시했는데, 모두 불평등문제로 그

예봉을 돌렸다. 심지어 그가 계급투쟁을 그렇게 강조한 것은 남을 괴롭히기를 좋아해서가 아니라, 그가 주장하는 사회주의 평등 또는 사회주의 공정을 실현하기 위해서였다. 마오쩌둥이 말하는 두 계급 특히 두 갈래 투쟁의 현실 내용에 대해 자세히 살펴보면, 사람들은 거의 모든 투쟁이 모두 한 가지 목표인 '사회적 공정'이라는 것을 알 수 있을 것이다.

이러한 공정한 사회주의관을 '공상적 논리 사회주의'라고 간단하게 단언할 수는 없다. 마오쩌둥의 이러한 논리 색채가 비교적 짙게 추구하는 것은 순수한 논리적 추구가 아니라, 중국의 경제적 특징의 기초 상에서 형성된 가상이었다. 중국은 확실히 너무 낙후해 있다. 그렇기 때문에 일단 불평등 혹은 불공평한 현상이 확산되면 그 결과는 필연적으로 다수 사람들이 빈곤한 상황에 처하게 되고, 사회의 동란으로까지 이르게 되어 구사회가 걸어온 것과 같은 궁지로 빠져들게 될 것이다. 이것이야 말로 마오쩌둥의 생각해온 주요한 구상이었고, 동시에 마오쩌둥은 이러한 문제를 고려할 때, 마르크스, 엥겔스와 레닌에게 진지하게 가르침을 청했다. 한 자료가 증명해 주듯이 마오쩌둥은 50년대 말 여러 차례나 『공산당선언(共産黨宣言)』『국가와 혁명(國家與革命)』등 저작을 열독했다. 그는 1958년에 열독한 『국가와 혁명』에는 국가와 민주, 평등에 관한 문제를 논술한 곳에다 특별히 동그라미를 많이 표시해 두었다. 한편 그는 또 중국의 문화전통, 그리고 그 가운데 일부 민주성이 넘치는 다채로운 사상으로부터 큰 영향을 받았다.

그러나 마오쩌둥의 공정관(公正觀) 또는 평등관을 고찰하는 것은 극히 복잡한 일이다. 왜냐하면 여기에는 세 가지 문제가 있는데 항상 서로 얽혀있기 때문이다. 하나는 과학적 마르크스주의의 공정관 혹은 평등관과 소생산자의 평등주의 사상의 영향이 때로는 뒤섞여있다는 점이다. 특히 그가 분배상 공평문제를 강조할 때는 적지 않은 사상이 평등주의 특징을 갖고 있었다. 다른 하나는 현실에 부합되는 공정관과 현실을 초월한 공정관이 때로는 한데 뒤섞여 있다는 점이다.

마르크스주의는 공유제와 노동에 따라 분배하는 기초 상에서 전례 없는 사회공정을 형성할 수 있다고 주장하면서, 또한 반드시 현실에서 출발해 사회주의에 적합한 형식을 구축해야 한다는 것을 강조했다. 1890년 8월 엥겔스는 다음과 같이 말했다. "『인민논단(人民論壇)』에서도 노동량에 따라 분배해야 하는가, 아니면 기타 방식으로 분배해야 하는가 하는 미래 사회의 상품 분배 문제에 관한 변론이 일어났다. 사람들은 이 문제에 대해 일부 공평의 원칙에 관한 유심주의적 공언을 반대하고 매우 '유물주의'적으로 처리했다. 그러나 이상한 것은 분배방식 문제에서 본질적으로 결국 분배할 수 있는 상품이 얼마나 되는가 하는 것은 그 누구도 예상치 못했으며, 이는 당연히 생산과 사회조직의 진보에 따라 변화됨으로써 분배방식도 마땅히 변화되어야 한다."[41] 여기서 노동에 따라 분배하는 원칙을 실행한다고 해도 분배방식은 반드시 생산의 현실상황에서 출발해야 한다는 것을 강조했다. 마오쩌둥의 이론과 실천 가운데서 일부는 바로 이렇게 고려했고, 일부는 주로 이상적 원칙에서 출발하여 계획했다. 셋째로는 공평 원칙과 공평 원칙 실시 방법 사이의 모순이었다. 공평 원칙을 실시하고 유지하기 위해 마오쩌둥은 한 차례 또 한 차례의 군중운동을 영도했는데, 그 가

---

41) 「엥겔스의 콘라트 슈미트에게 보내는 편지(恩格斯致康施米特)」 (1890년 8월 5일). 『마르크스 엥겔스 선집』 제4권, 1995, 인민출판사, 691쪽.

운데 계급투쟁의 성질을 띤 군중운동이 적지 않았다. 군중운동의 방법은 군중을 조직하여 각종 불공평 또는 불평등한 부패현상과 투쟁을 벌이는데 유리했지만, 일률적·극단적 등 형식주의의 나쁜 결과를 초래할 수 있으며, 공평 또는 평등을 추구하는 과정에는 이미 불공평 또는 불평등한 여러 가지 요인이 포함돼 있는 것이다. 그럼에도 불구하고 우리가 볼 때는 마르크스주의의 공평 또는 평등을 추구하는 이상은 마오쩌동의 사회주의 구상의 근본이라는 것을 여전히 인정해야만 할 것이다.

셋째. 사회주의는 인민민주의 사회이다.

민주주의 관념의 화립으로부터 마르크스주의로의 전환은 마오쩌동 조기사상의 특징이고, 프롤레타리아계급이 영도하는 신민주주의 혁명을 지도하여 실패에서 승리로, 승리에서 또 새로운 승리로, 이 혁명의 막중한 임무를 완성한 것은 마오쩌동 일생에서 가장 걸출한 위대한 공적이며, 동시에 인민민주독재를 사회주의 사회의 기본 국가체제로 한 것 역시 마오쩌동의 큰 사상적 특점 중의 하나이다. 주목할 만한 것은 마오쩌동은 민주와 사회주의 사이에서 사람들의 주목을 받는 세 가지 관점을 제기했다는 점이다. (1) 구 민주주의나 신민주주의, 사회주의를 막론하고 '일률적으로 포함해'서 모두 '민주사회'라는 것이다.[42] (2) 신민주주의 혁명은 사회주의 혁명의 필요한 준비이고, 사회주의 혁명은 신민주주의 혁명의 필연적 추세이다. 즉 민주를 목표로 한 혁명은 필연적으로 사회주의의 새로운 사회를 창조하게 된다. (3) 사회주의 혁명의 목표는 집중도 있고, 민주도 있으며, 기율도 있

---

42) 중공중앙문헌연구실 편, 『마오쩌동 서신선집』, 2003, 중앙문헌출판사, 215쪽.

고, 자유도 있으며, 통일적인 의지도 있고, 개별적인 쾌적함과 생동적인 면도 있는 그러한 정치국면을 조성하는 것이다. 즉 사회주의는 마땅히 집중 영도와 통일되는 민주정치를 건립해야 한다.

마오쩌둥이 추구하는 민주정치는 개성적인 자유를 포용하는 것이 포함된 인민을 본위로 하는 민주였다. 마오쩌둥의 슬로건은 '인민 만세'로서 마오쩌둥이 문제를 사고하는 출발점은 인민의 이익이었다. 마오쩌둥이 강조하는 것은 민주로서 관료주의·전제주의와도 다르고 '민주개인주의자'들이 강조하는 개인을 본위로 하는 민주와도 달랐다. 마오쩌둥은 입장 또는 문제를 사고하는 면에 있어서 중심점을 확실히 인민 군중에 두었다. 그는 시종일관 사회주의는 인민들의 이익이 집중적으로 구현되고, 인민이 나라의 주인이 되는 사회라고 주장했다.

개인을 본위로 하는 것이 아니라 인민을 본위로 하는 민주는 개인의지와 집체의지, 자유와 기율, 민주와 집중 등 인민내부의 여러 가지 관계를 잘 조율해야 비교적 완벽하게 실현할 수가 있다. 따라서 마오쩌둥은 민주와 지도사업에 있어서의 군중노선, 그리고 국가, 집체, 개인 3자 간의 이익관계를 정확하게 처리하는 등의 문제를 직접 상호 결부시켰다. 이는 이러한 민주를 건설하는데 있어서의 난점이고, 이러한 민주의 민주성이 개인 본위의 민주를 초월하는 장점이기도 했다.

그러나 마오쩌둥이 민주는 광범위한 군중의 기초가 있어야 한다는 것을 돌출적으로 제시하자 군중운동을 숭배하고, 질서·법제·규칙을 경멸하는 의식이 살며시 고개를 들기 시작했다. 그에게 있어서 민주에 대한 이해가 부족하다는 점을 우리는 인정하지 않으면 안 된다. 민주는 본질적으로는 일종의 국가 형식으로서 헌법과 비교적 완벽한 법률을 통해 인민의 의지를 구현하고 사람들의 행동을 규범화시켜야 한다.

영수·간부와 일반 군중 모두가 헌법과 법률에 복종해야 하고 법률 앞에서는 사람마다 평등한 것이다. 마오쩌동이 사회주의를 민주사회로 보는 것은 주로 군중운동에서 나타나고 법치 상에서는 나타나지 않았는데, 이것이 어쩌면 그의 중요한 부족한 점일 수도 있다.

넷째, 사회주의는 민족자주의 사회이다.

민족통일과 독립의 사상은 마오쩌동의 건국사상이고, 마오쩌동의 사회주의 사상의 중요한 구성부분이기도 하다. 마오쩌동은 하나의 통일된 신 중국을 창건하려 했을 뿐만 아니라 독립된 사회주의 중국을 건립하려 했다. 먼저 마오쩌동은 중국혁명의 성공 경험가운데서 "중국이라는 이 객관세계는 전반적으로 볼 때 중국인들이 인식해야지 공산국제에서 중국문제를 처리하는 동지들이 인식하는 것이 아니다. 공산국제의 동지들은 중국사회, 중국민족, 중국혁명에 대해 모르거나 또는 잘 모른다"는 것을 알게 되었다.[43] 여기서 비록 인식론 문제에 대해 말하고 중국문제는 중국인이 독립 자주적으로 현실에서 출발하여 인식해야 한다고 주장했지만, 이 가운데는 사회주의 길 또는 모식(유형)의 독특성 문제가 내포돼 있었다. 중국의 문제는 중국인이 인식해야 보다 중국의 객관적 현실에 부합되어야 하는 만큼 중국인들이 중국의 실정에서 출발해 제기한 사회주의 건설의 청사진은 반드시 외국과 다른 특수성을 띠고 있어야 한다는 것이다. 이러한 결론은 또 다른 한 가지 문제를 내포하고 있다. 바로 이 독특한 사회주의 길 또는 모식을 어떻게 견지하고 수호해야 할 것인가 하는 문제이다. 이러한 사회주의

---

43) 마오쩌동,『확대된 중앙업무회의에서의 연설(在擴大的中央工作會議上的講話)』(1962년 1월 30일).『마오쩌동문집(毛澤東文集)』제8권, 1999, 인민출판사, 299-300쪽.

건설의 청사진이 독특성을 띠고 있는 만큼 소련과 같은 기존의 사회주의 국가들은 중국과 같은 후발 사회주의 국가를 비난할 것이고, 중국 내부에서도 기존 사회주의 국가들의 '본보기'라고 할 수 있는 모델의 영향으로 인해, 중국의 사회주의 방법에 대해 의문을 제기하게 될지도 모르는 것이었다. 그리하여 마오쩌둥에게서 의식형태에서의 독립성을 견지해야 한다는 명제를 이끌어내게 되었는데 바로 독립 자주적으로 사회주의를 건설해야 한다는 문제였다. 이와 더불어 이러한 의식형태에서의 독립성은 인식의 객관성과 과학적 의미에서 제기한 것이 분명햇다. 그러나 이 점에만 구애를 받은 것이 아니라 중국의 약 백년 역사 및 그 영향과도 관련되어 있었다. 약 백 년 동안 중국은 자신의 후진과 외국자본의 침입 등 이중적 영향으로 인해 반식민지 반봉건의 약소국가로 전락했으며, 이는 중국의 선진 지식분자들을 자극해 그들의 강렬한 애국 열정을 불러일으켰다. 한세대 또 한세대의 선진분자들이 모두 외국 열강의 노역에서 벗어나 그 어떠한 외국세력에도 의존하지 않는 독립적인 신 중국을 건설하겠다는 하나의 이상을 품고 있던 것이다. 민족이 독립해야 한다는 것은 약 백년간의 중국혁명운동에 있어서 가장 강렬한 목소리였고, '매국노'는 약 백년간의 중국혁명운동에 있어서 가장 중국 국민의 혐오를 받는 대상이었다. 위안스카이(袁世凱)는 스스로 자신이 "정통적인 계승자"라고 표방했지만, 국민들은 그가 사실상 '매국노'라는 사실을 털어놓은 것이라 믿었다. 이렇게 민심을 잃은 그는 신속히 무너졌다. 장제스(蔣介石)는 자신이 일본 침략자를 이기고 민족독립을 실현했다고 주장했지만, 중국공산당과 많은 민주 인사들은 그가 『중미통상항해조약(中美商約)』을 체결한 것을 매국행위라고 지적했다.

그리하여 장제스도 민심을 얻지 못해 신속히 무너졌던 것이다. 1949년 9월 21일 마오쩌동은 중국 인민정치협상회의 제1기 전체회의 개막사에서 "우리 민족은 다시는 남에게 모욕당하는 민족이 아니며 우리는 이미 일어섰다"고 장중하게 선포했다.[44] 주목할 만한 것은 마오쩌동이 여기서 '민족'을 강조했다는 점이다. 마오쩌동의 사회주의 이상에서는 민족의 지위와 민족의 이익이 줄곧 불가결한 특출한 위치를 차지했다. 그는 "한쪽으로 기울어지는 것"을 제기했는데, 이는 소련으로 기울어지는 것이 아니라 사회주의로 기울어져야 한다는 것을 말했으며, 그는 소련과 친선동맹호조조약을 체결했지만 소련의 정치 속국이 되어서는 안 된다고 주장했다. 그는 또 소련과 기타 국가의 자본주의 국가경제건설 경험을 포함한 선진적인 것을 따라 배워야 한다고 강조했지만, 그대로 옮겨오는 것은 반대했으며 중소(中蘇) 또는 중외 경제교류는 동의하지만, 국가의 주권은 절대 늦추지 않고 독립적이고, 비교적 완전한 공업과 국민경제의 발전체계를 형성해야 한다고 강조했다. 그는 또 그 어떠한 외국세력이 중국에 군사기지를 세우는 것은 더욱 허용하지 않았고 대국주의를 반대했다.

국제학술계에서 마오쩌동의 이 사상은 사람들의 주목을 받았으며, 이에 대한 논술도 상당히 많다. 그러나 그들은 모두 민족의 이익문제를 제시했기 때문에 마오쩌동을 민족주의자라는 편면적인 결론 내렸다. 국내 학자들은 일반적으로 모두 이 점에 대해 말하기를 꺼려하면서 이는 마오쩌동의 마르크스주의자로서의 이미지를 훼손시킨다고 여겼다. 과학적인 태도로 보면 마땅히 이 문제를 매우 적당한 위치에 놓

---

44) 『마오쩌동문집』 제5권, 1996, 인민출판사, 3441쪽.

아야 한다. 마오쩌동의 철저한 유물론적 실사구시 주장이야말로 그가 중국인은 중국의 현실을 인식하고 독립 자주적으로 사회주의 건설을 견지해야 한다고 강조하는 주요 원인이며, 민족이익은 '실사구시'라는 이러한 과학적 주장의 가치 방향이라는 것을 공정하게 보아야 한다. 1956년 음악 종사자들과의 담화가 이 문제를 잘 설명해 주고 있다. 당시 그는 "이론은 현실과 결부되어야 한다"는 주제로 연설했다. 이 주제를 둘러싸고 중국문화, 외국문화 중의 정수 혹은 과학성·민주성에 관한 것을 모두 따라 배우고, 중서를 결부시키는 일을 실행해야 한다고 그는 논했다. 이와 동시에 그는 또 중서의 결부는 반드시 민족화·중국화의 기초 위에서 이루어져야 하며, 서방화를 해서는 안 된다고 지적했다. 비록 이 담화에서 문화사업 중의 이론과 현실을 서로 결부시키는 문제에 대해 논했지만, 마오쩌동 사상 중의 과학성과 민족이익의 가치성 사이의 관계를 이해하는데 있어서는 중대한 문헌연구적 가치가 있다. 따라서 사회주의는 민족이 독립 자주하는 사회라는 것을 견지하는 그의 사상은 민족주의 사상이 아니라 일종의 과학성을 기초로 한 과학성과 민족성이 서로 결부된 사상이라는 것을 우리가 명백히 밝히는데 도움이 되었다. 그러나 우리는 이러한 결합은 매우 어려운 일이라는 것을 반드시 인정해야 한다. 마오쩌동의 실천가운데서 성공한 경험이 있는가 하면 취할 바가 못 되는 교훈도 있다. 이것이 바로 그가 만년에 많은 중대한 문제를 처리하는데 있어서 "외국의 것을 숭배(崇洋媚外)"하는 것에 대해 맹목적으로 비판하는 것을 지지 또는 방임한 것이며, 마땅히 대외적으로 개방해야 하는 사업을 일률적으로 '외국숭배사상(洋奴思想)'의 산물이라고 책망함으로써 자아모순의 상태에 빠지고, 그리하여 자아폐쇄의 처지에 처하게 되어 사회주의 현대화의 진전에 영향을 미치게 하였던 것이다.

다섯째, 사회주의는 계급과 계급투쟁이 존재하는 사회이다.

마르크스주의의 고전 저작에서는 자본주의에서 사회주의로의 과도 시기에 계급과 계급투쟁이 존재한다고 논하고, 사회주의 사회에도 계급과 계급투쟁이 존재한다는 것은 논하지 않았다. 비교적 전형적인 설명은 예를 들면, 엥겔스는 『사회주의의 공상에서 과학으로의 발전 (社會主義從空想到科學的發展)』에서 무산계급 혁명 및 모순의 해결에서 다음과 같이 논했다.

> "무산계급이 공공 권력을 취득하고 이 권력을 이용해 부르주아계급의 장악에서 벗어난 사회화한 생산수단을 공공재산으로 전환시킨다. 이 행동을 통해 프롤레타리아 계급은 생산수단이 지금까지 갖고 있던 자본 속성에서 벗어나 그들의 사회성이 충분히 자유롭게 발전할 수 있도록 한다. 이로부터 예정된 계획에 따라 진행되는 사회생산이 가능하게 된다. 생산이 발전함에 따라 다른 사회계급의 지속적인 존재는 시대의 착오가 된다. 사회생산의 무정부상태가 소실됨에 따라 국가의 정치권위도 소실된다. 이로부터 사람들은 스스로 사회의 주인이 되고 자연계의 주인이 되며, 자기 스스로의 주인인 자유로운 사람이 되는 것이다.[45]

공유제와 계획경제가 건립된 후 "생산이 발전함에 따라 다른 사회계

---

45) 『마르크스-엥겔스 선집』 제3권, 1995, 인민출판사, 305·759·760쪽.

급의 지속적인 존재는 시대적 착오가 된다"는 엥겔스의 이러한 논리에 대해 이론계에서는 이는 사회주의 사회를 가리키는 것이 아니라 공산주의 사회를 가리키는 것이라고 말하는 사람도 있다. 비록 마르크스·엥겔스는 당시 사회주의와 공산주의로 나누지 않고 "공산주의 사회의 제1단계"와 "공산주의 사회의 고급단계"로 나누었지만, 레닌이야말로 후에 "공산주의 사회 제1단계"'를 사회주의 단계라고 말했다. 그러나 사람들은 일반적으로 모두 사회주의 사회를 공산주의 사회의 저급단계로 간주했으며, 엥겔스의 "계급의 지속적인 존재가 시대의 착오다" 라는 논리가 설령 공산주의사회의 상황을 가리킨다고 해도 동시에 마땅히 사회주의의 저급단계로 포함시켜야만 할 것이다. 사실 마르크스는 『고타강령비판(哥達綱領批判)』에서 공산주의 사회 제1단계의 노동에 따라 분배하는 문제에 대해 논술할 때, 이미 "그 어떠한 계급의 차별도 인정하지 않는다"고 강조했다. 이렇게 해석해도 역시 문제가 있다고 한다면, 우리는 원작의 이런 또는 저런 이해 상의 차이를 제쳐놓고 사회주의 사회에 진입하기 전후의 중국공산당인의 관념 현실에 대해 고찰해보아야 한다. 당시 마오쩌동을 포함한 중국공산당 인들은 모두 계급과 계급투쟁이 존재하는 근원은 생산수단의 사유제로서 생산수단의 사유제에 대한 사회주의 개조를 완성하면 계급이 존재하지 않고, 사회주의와 자본주의가 누가 누구를 싸워서 이기는가 하는 문제도 해결될 것이라고 여겼다. 이러한 사상인식이 나타나는 것은 이상할 것이 없다. 전 단계 사회주의 국가인 소련이 사회주의 개조를 완성한 후 이렇게 선포했기 때문이다. 1957년 이전 사람들은 사회주의 사회에도 계급투쟁 문제가 존재하리라고는 생각지도 못했다고 말할 수 있다. 반면에 사람들은 보편적으로 사회주의 사회는 계급이 없고, 착취가 없으며, 계급투쟁이 없는 공산주의 제1단계로 생각하였던 것이다.

　하지만 중국에서 사회주의에 진입한 후 일련의 생각 밖의 일들이 발생했다. 1956년 초 소련공산당 20차 대표대회에서 스탈린에 대해 비판한 후 동유럽 각국에서 당내에 엄청난 변동이 생겼으며, 더욱이 6월 폴란드의 보즈워스사건과 10월 헝가리사건이 세계를 뒤흔들었으며, 중국에서는 1957년 봄여름 사이 공산당이 정풍운동을 일으킨 후 격렬한 정치풍파가 일어났었다. 마오쩌둥은 이러한 현실상황에서 생산수단 소유제 면에서의 사회주의 개조를 완성한 후, 사회주의와 자본주의가 누가 누구를 계승하는가 하는 문제는 아직 완전히 해결되지 않았으며, 계급·계급모순과 계급투쟁이 여전히 존재한다고 대담하게 결론을 내렸다. 1957년 이후 마오쩌둥은 이 문제에 대해 매우 관심을 기울이면서 이론상으로 이 새로운 문제를 해결하는 방법을 찾기 위해 또 많은 서적들을 읽었다. 이 기간 그의 일부 제시 방법과 관점에 약간의 변화가 있었는데, 1962년에 이르러 사회주의 사회라는 이 역사적 단계에 급모순과 계급투쟁이 여전히 존재하고 사회주의와 자본주의 두 갈래 길의 투쟁이 존재하며, 자본주의로의 복벽(復辟)하는 위험성이 존재한다는 것을 확인했다. 또 이에 근거해 1963년 "계급투쟁을 중심으로 하자"'는 기치를 재차 제기하고, 계급투쟁을 하는 것을 중점 임무로 하는 사회주의 역사적 단계에 있어서의 당의 기본노선을 확정했다.

　'계급투쟁 중심'으로 인해 결국 중국이 10년간의 내란에 빠져들고, 10년 경제건설의 가장 좋은 시기를 놓쳐 버리게 되었다. 그래서 '문화대혁명'이 끝난 후 사람들의 비판과 부정적인 평가를 받는 것도 당연하다. 그러나 1978년 혼란한 국면이 안정된 후 많은 사람들은 사회주의 사회에 계급·계급모순과 계급투쟁이 여전히 존재한다는 관점은 이미 시기에 뒤떨어진 것이라고 인정했다. 이에 대해 덩샤오핑(鄧小平)은 "사회주의 사회에서 계급투쟁은 객관적 존재이며 축소시켜도 안 되고 확대시켜도 안 된다"고 지적했다.[46] 그리고 이는 "특수 형식의 계급투쟁"이라는 개념을 제기했다. 그 후 중공중앙과 덩샤오핑은 "계급으로서의 착취계급이 이미 다시는 존재하지 않고, 계급투쟁은 다만 특수한 형식으로 일정한 범위 내에 존재하며, 계급투쟁은 더는 각항 사업의 '중점'이 아니다"라고 여러 차례 강조했다. 이로부터 알 수 있듯이 마오쩌둥의 사회주의 계급투쟁에 관한 이론은 비록 심각한 착오가 있기는 하지만, 여전히 합리적인 요소가 있었던 것이다. 바로 그가 제기한 사회주의 사회에 계급투쟁 문제가 존재한다는 그것이었다. 그의 합리적인 사상에 대해서만 말한다면, 이는 마르크스주의의 계급투쟁 학설에 대한 중대한 기여라고 말해야 할 것이다. 1989년 정치풍파, 그리고 그 후에 나타난 동유럽의 급변한 현실은 사회주의 사회에 여전히 계급투쟁이 존재한다는 마오쩌둥의 이 이론의 가치에 대해 새롭게 평가해야 한다는 것을 사람들에게 알려주었다.

상술한 다섯 가지 면이 바로 마오쩌둥의 사회주의관 또는 사회주의 발상의 주요 관점이다. 이러한 관점 가운데는 마르크스주의의 과학적 사상이 있고, 일련의 중대한 착오도 있으며, 마오쩌둥이 중국의 현실에서 출발해 개괄한 신선한 과학적 내용이 있는가 하면, 마오쩌둥이 현실 문제를 연구하는 과정에서 얻어낸 착오적인 결론도 있으며, 중화

---

46) 덩샤오핑, 「4가지 기본원칙을 견지하자(堅持四項基本原則)」(1979년 3월 30일), 『등소평문선(鄧小平文選)』 제2권, 1994, 인민출판사, 182쪽.

민족의 많은 우수한 전통이 응결되었고, 전통 소생산 사회의 많은 역사적 한계성이 있는 사상의 영향도 받았다는 것을 볼 수 있다. 이러한 복잡한 현상이 나타난 것은 이상할 것이 없으며, 이는 마오쩌동도 신이 아니라 인간일 뿐만 아니라, 정작 마오쩌동도 사회주의 건설을 모색하는 중이었다고 볼 수 있는 것이다. 그는 진정한 모색자였다. 그렇기 때문에 그가 제기한 여러 가지 문제는 정확한 것도 있고, 착오적인 것도 있으며, 모두 보다 소중하고, 보다 우리가 연구할 가치가 있는 것이다.

제2절
단계론 사상의 형성

마오쩌둥의 사회주의관 또는 사회주의 발상에 따르면 사회주의의 실현은 일차성적인 행동이 아니라 일련의 행동으로 이루어지는 과정이며, 사회주의에 대한 모색은 그의 질적 규정성에 대해 인식해야 할 뿐만 아니라, 그 발전의 단계성 그리고 현실이 처해 있는 단계성 특징에 대해서도 잘 파악해야 한다. 마오쩌둥은 "중국사회의 성질을 확실하게 인식하는 것, 다시 말하면 중국의 국정을 확실하게 인식하는 것은 바로 모든 혁명에 관한 문제를 확실하게 인식하는 기본 근거이다"라고 말한 적이 있다.[47] 민주혁명시기, 중국이 처해 있는 반식민지 반봉건사회라는 이 특수한 역사적 발전단계에 대해 확실하게 인식하는 것은 바로 마오쩌둥의 신민주주의 혁명 이론이 형성되고, 중국혁명의 일련의 복잡한 문제를 해결하는 기초였다. 마오쩌둥이 사회주의시기 어려움을 겪으면서 모색해온 역사적 과정을 고찰해보면, 우리는 그의 정확한 면과 착오적인 면이 모두 각 단계에 있어서 국정에 대한 서로 다른 판단과 관계된다는 것을 인정하지 않을 수 없다.

생산수단 사유제의 사회주의 개조가 기본적으로 완성된 전후부터

---

47) 마오쩌둥, 「중국혁명과중국공산당(中國革命和中國共産黨)」 (1939년 12월) , 『마오쩌둥선집』 제2권, 1991, 인민출판사, 633쪽.

1962년 중공 제8기 10중 전회 전까지, 마오쩌둥의 중국사회의 성격에 대한 판단은 복잡한 변화 상태에 처해 때로는 현실에 접근하고 때로는 현실에서 멀리 떨어졌다. 탐구자로서의 그의 인식이 현실에 접근해서부터 공상에 이르고, 또 현실로 되돌아오는 3개 단계를 거쳤다고 말할 수 있지만, 매 단계의 상황은 또한 매우 복잡했다.

제1단계 : 중국에서 사회주의가 이미 형성되었지만 건설되지 못했다는 것을 인정했다.

연안(延安)시기 마오쩌둥과 한 소조에서 마르크스주의 철학을 연구했던 양차오(楊超)는 마오쩌둥은 '과정'에 대한 연구를 매우 중시하고 사물은 과정의 형식으로 존재한다고 인정한다고 여러 차례 언급했다. 『모순론(矛盾論)』에서 우리는 알 수 있듯이 마오쩌둥은 확실히 '과정'에 대해 많은 연구를 했으며, 모순이 모든 사물의 모든 과정에 존재하며, 모순의 특수성이 과정의 특수성을 결정하고, 모순의 전환은 바로 새로운 과정이 낡은 과정을 대체하는 과정이라고 거듭 강조했다. 마오쩌둥의 과정론 사상에서는 또 과정에서 단계성이 나타난다는 것을 강조했는데 단계론의 사상이 내포되어 있었다. 사물 발전과정의 근본 모순, 그리고 이 근본 모순을 위해 규정한 과정의 본질은 과정이 끝나지 않으면 사라지지 않는다. 그러나 사물발전의 오랜 과정에서의 각 발전단계의 상황은 또 흔히 차이가 있다. 이는 사물 발전과정의 근본 모순의 성질과 과정의 본질이 비록 변화하지는 않았지만, 오랜 과정의 각 발전단계에서 근본 모순이 점차적으로 격화되었기 때문이다. 이와 더불어 근본 모순에 의해 규정되거나 혹은 영향을 받은 많은 크고 작은 모순 가운데서, 일부는 격화되고 일부는 잠시 혹은 국부적으로 해결되었거나 또는 완화되고 또 일부는 발생하였다. 그리하여 과정은 단계성을 나타냈다. 사람들이 사물발전과정의 단계성에 대해 관심을 기울이지 않으면 사람들은 사물의 모순을 타당성 있게 처리할 수 없다.[48] 한 개의 과정은 항상 출발점과 종점이 있다. 마오쩌둥은 1956년 사회주의 개조가 기본적으로 완성될 무렵, 변증법적 과정론 사상에 근거해 사회주의 '형성'과 '건설', 이 두 가지 특징적인 과정의 출발점과 종점에 관한 개념을 제기했다. 1956년 1월 지식분자 문제회의에서 마오쩌둥은 당시 사회주의 개조의 실제 진행과정에서 출발해 "사회주의 사회에 이미 진입했으나 아직 완성되지 않았다"고 개괄했다. 1957년 2월 마오쩌둥은 『인민 내부의 모순을 정확하게 처리하는 데에 관한 문제』에서 "중국의 사회주의 제도는 이제 막 세워졌으며 아직 완전히 건설되지 않았고 완전히 공고하게 되지도 않았다."고 명확하게 지적했다.[49] 마오쩌둥의 이 시기의 판단은 객관 현실의 두 가지 기본 특징이 있는데 첫째, 중국이 이미 사회주의 사회에 진입했다는 점이고, 둘째, 중국의 사회주의는 아직 '형성'에서 '건설'이라는 전환단계에 처해 있다는 것을 반영했다.

당시 마오쩌둥은 무엇 때문에 중국의 사회주의가 아직 '건설'되지 않았다고 지적했던 것일까? 그 주요 원인은 1956년 이전 마오쩌둥이 과도시기의 총 노선을 논술할 때 그 목표를 사회주의 건설로 정했기 때문이었다. 1954년 중화인민공화국 헌법초안에 관한 연설과 1955년 중국공산당 전국대표대회에서의 연설 등에서 마오쩌둥은 3개의 5개년 계획이라는 시간을 들여 위대한 사회주의 국가를 건설하기 위해

---

48) 『마오쩌둥선집』 제1권, 1991, 인민출판사, 314쪽.
49) 『마오쩌둥문집』 제7권, 1999, 인민출판사, 214쪽.

기반을 닦고, 10개의 5개년 계획의 시간을 들여 위대한 사회주의 국가를 건설해야 한다고 거듭 제기했다. 여기서 말하는 '건설'은 두 가지 방면의 목표가 포함되어 있다. 첫째는 국가의 사회주의 공업화를 실현하는 것이고, 둘째는 농업·수공업과 자본주의 공상업에 대한 사회주의 개조를 실현하는 것이었다. 사회주의 개조는 마오쩌동의 생각 밖으로 고조되었고, 그의 격려 하에 추진이 가속화됨으로 말미암아 두 가지 문제가 나타났다. 사회주의 공업화 발전이 사회주의 개조의 비약적인 발전을 따르지 못했고, 사회주의 개조 속도가 빨라짐에 따라 많은 미비한 면이 존재했다. 그렇기 때문에 1956년 중국공산당 제8차 전국대표대회에서는 사회주의 제도가 중국에서 '기본적으로 건립'되었다고 선포했던 것이다. 제8차 전국대표대회 후, 마오쩌동은 중국에 아직 지하공장이 존재하는 객관 현실에 근거하고, 또 레닌의 '새로운 경제정책'이 너무 이르게 끝나지 않았는지를 의심하면서 중국의 현실적 생산력 조건하에 자본주의 경제를 사회주의 경제의 추가적 존재로 허용할 수 있다고 생각했다. 그리하여 (1) 공업화가 아직 실현되지 못했고, (2) 자본주의 경제가 존재해야 할 사회적 필요가 있으며, (3) 이미 건립된 사회주의가 생산관계 면에서든 상부구조면에서든 모두 아직 미흡한 점 등 여러 가지 문제가 존재하고 있기 때문에, 마오쩌동은 사회주의가 이미 '건설'되었다고 선포하기에는 아직 이르다는 것을 감지하고, 사회주의의 '건립'과 '건설'을 구분하기로 결정했다. 마오쩌동은 사회주의 개조를 촉구하는 면에서 비록 착오는 있지만, 그렇다고 기준을 낮추지는 않았다. 그렇기 때문에 경솔하게 사회주의가 이미 건설되었다고 선포하지 않았던 것인데, 이는 역시 실사구시적인 행동이었다.

　제2단계 : 중국의 사회주의 건설은 박차를 가할 수 있고, 심지어 앞당겨 공산주의에 진입할 수 있다고 인정했다. 그는 사회주의를 아직 건설하지 못했다는 논리를 제기한 후, 원래는 실사구시 원칙에 따라 이 객관적 사실을 존중해야 하며, 낙후한 생산력과 미비한 생산관계의 특징에서 출발해 상응하는 노선과 정책을 제정하고, 사회주의 건설을 온당하게 추진해야 했다. 그러나 당내 많은 사람들은 당시 잇따른 승리로 인해 판단력이 흐려져 이러한 실사구시를 기계적 유물주의의 조건론으로 간주하고 인간의 주관적 능동성을 경시했다. 마오쩌둥은 이러한 관점을 지지하고 '당돌하게 진행(冒進)'하는 것은 마르크스주의에 속한다면서 사람의 주관적 능동성을 통해 사회주의 건설을 진척시킬 수 있다고 인정했다. 결국 1958년 8월 인민공사의 형식으로 "사회주의 건설의 속도를 촉구해야 한다"고 중공중앙의 결의 형식으로 선포하고, "중국에서의 공산주의 실현은 이미 먼 장래의 일이 아니다"라고 주장했다. 이러한 관점은 이미 국부적인 문제 상의 착오적 판단이 아니라, 전반적인 국정에 관해 내린 국면과 관계되는 착오적인 판단이었다. 이러한 판단은 당의 노선·정책 및 전국 인민의 사회주의 실천에 영향을 미치게 되었다. 그리고 이 판단은 마오쩌둥과 중공중앙이 1958년 말 지적한 것처럼 '공상적인 것'이었다.

제3단계 : 중국의 사회주의는 '후진적인 사회주의' 단계에 처해 있으며, '후진'에서 '비교적 선진'에 이르기까지는 상당히 오랜 발전단계를 거쳐야 한다는 것을 인정했다. 마오쩌둥은 '대약진'과 "인민공사화운동"의 착오로부터 교훈을 얻게 되었으며, 그리하여 마오쩌둥은 '공상'에서 점차 깨어나 사회주의 건설에 있어서의 각 방면의 이론문제에 대해 깊이 반성하기 시작했다. 또한 중국의 사회주의가 어느 단계에 처해 있고, 사회주의 사회가 어떠한 단계를 거쳐야 하는지 등의 중대한 문제에 대해서도 다시 생각해보게 되었다.

1958년 말 중공 8기 6중 전회에서 통과된『인민공사의 약간 문제에 관한 결의(關于人民公社若干問題的決議)』는 제1차 정저우(鄭州, 정주)회의에서 마오쩌동의 연설 정신에 따라 먼저 사회주의와 공산주의의 경계선을 분명히 하고, "사회주의에서 공산주의로의 이행은 상당히 오래고 복잡한 발전과정이며, 전반적인 과정에서 사회의 성질은 여전히 사회주의이다"라고 지적했다.

뒤이어 두 번째 정저우 회의에서 마오쩌동은 도대체 "무엇을 사회주의 건설이라고 하는가?" 하는 문제를 재차 제기했을 뿐만 아니라, 중국에서 사회주의를 건설하는 데는 일련의 단계를 거쳐야 한다고 주장했다. 농업의 기계화·전기화, 국가의 공업화 등의 임무를 완성하는 것은 단지 제1단계이고, 이후 아직 제2, 제3의 제고 단계를 거쳐 사회주의 건설을 점차적으로 완성해야 한다는 것이었다. 이로부터 마오쩌동의 사상은 이미 사회주의 사회의 발전 단계론으로 전환되었다는 것을 명백히 알 수 있다. 또한 이때 마오쩌동은 생산관계의 개선 정도로부터 사회주의 발전단계를 고찰했을 뿐만 아니라, 생산력의 발달 정도로 사회주의 단계의 특징을 규정했다. 소련『정치경제학교과서(政治經濟學敎科書)』제3판 하권을 읽으면서 마오쩌동은 단계론의 사상에 근거해 중국이 '후진적 사회주의' 단계에 처해 있다는 중요한 관점을 제기했다. 그는 생산력과 인민의 부유정도에 대한 정량 고찰을 통해 사회주의의 '변두리'에 이르는 것, 즉 단계별 특징 문제에 대해 연구해야 한다고 강조하면서 사회주의 이 단계는 또 첫 번째 단계인 후진적인 사회주의 단계와 두 번째 단계인 비교적 발달한 사회주의 단계 두 가지 단계로 나눌 수 있다고 생각했다. 그는 또 두 번째 단계가 첫 번째 단계보다 더 오랜 기간이 필요한데 두 번째 단계를 거쳐 물질적 제품, 정신적 재부가 모두 극히 풍부하고 사람들의 공산주의 의식이 크게 제고되었을 때 공산주의 사회에 진입할 수 있다고 분석했다.

이러한 관점은 사람들의 많은 관심을 불러일으켰으며, '4인방(四人幇)'을 타도한 후 중국 이론계에서 혼란한 국면을 안정시키던 당시 많은 학자들은 모두 이에 대해 연구해야 한다면서 이 관점은 우리가 국정을 명확히 인식하는데 중대한 지도적 역할을 한다고 주장했다. 이와 더불어 일부 학자들은 '후진'이라는 것은 다만 생산력 방면의 부족한 점을 가리키지 현 단계 생산관계와 경제방식의 특징을 개괄할 수 없으며, 이 때문에 보다 정확하게 '후진적 사회주의'를 '사회주의 초급단계'라고 해야 한다고 지적했다. 1979년 12월 출판된 경제학자 쉬무차오(薛暮橋)의 저서 『중국 사회주의 경제문제 연구(中國社會主義經濟問題研究)』는 당시 이론계가 "후진적 사회주의론"으로부터 얻은 새로운 인식, 다시 말하면 사회주의는 공산주의의 저급단계이고 성숙되지 못한 공산주의라는 새로운 인식을 대표했다. 이 때문에 공산주의 차원에서 볼 때 사회주의는 미비한 부분이 많았던 것이다. 현재 우리는 아직 사회주의 초급단계에 처해 있으며 사회주의 차원에서 본다고 해도 아직 성숙되지 못했다. 마오쩌동이 말했듯이 아직 매우 완벽하지 못한 것이었다.[50] 20년이 지난 후에도 사람들이 여전히 이렇게 마오쩌동의 "후진적 사회주의론"에 대해 중시하고, 이를 바탕으로 중국이 '사회주의 초급단계'에 처해 있다는 결론을 얻어낸 것은 이 논점이 분명히 중국의 국정 현실에 부합되었기 때문이었다. 다시 말하면 중국에서 사회주의

---

50) 쉬무차오, 『중국사회주의 결제문제 연구』, 1981, 인민출판사, 6-7쪽.

제도를 이미 건립했고, 사회주의 사회에 진입했으며, 생산력 발전 정도면에서 아직 '후진'단계에 처해 있고, 사회주의 생산관계와 상부구조가 여러 면에서 아직 완벽하게 되지 못했다는 중국의 실정에 부합되기 때문이었다. 마오쩌동은 짧은 '공상'단계를 거친 후 마침내 현실을 존중하는 정확한 궤도로 되돌아 왔던 것이다. 사회주의 사회 발전단계론의 관점은 마르크스주의에 대한 중요한 기여였다. 마르크스주의는 프롤레타리아계급의 혁명문제에 관해 몇 개의 중대한 단계를 거쳐야만 실현할 수 있다고 가상했으며, 『고타강령비판』에서 또 혁명이 승리를 거둔 후 반드시 '혁명전환시기'를 거쳐야 공산주의 사회에 이를 수 있고, 공산주의 사회는 저급과 고급 두 개 단계로 나뉜다는 등의 사상을 제기했다. 레닌은 두 번째 사상을 더욱 중시하고 자본주의에서 공산주의로의 혁명의 전환시기를 '과도시기', 즉 성장하고 있는 공산주의와 쇠퇴하고 있는 자본주의 사이의 투쟁시기라고 했으며, 공산주의 제1단계 또는 초급 형식의 공산주의를 '사회주의 사회'로, 공산주의 고급단계를 '공산주의 사회'라고 했다. 그러나 실천 특징에 국한되어 있었기에 레닌은 과도시기의 계급성에 대해 비교적 많은 연구를 했지만 사회주의 사회의 단계성 문제에 대해서는 여전히 발을 들여놓지 못했다. 일부 사람은 레닌이 '발달한 사회주의'라는 이 개념을 사용했었다는 것을 주목하고 레닌은 사회주의 발전단계론에 관해 이미 구체적인 논술이 있었다고 생각했다. 사실 레닌의 이른바 '발달한 사회주의'는 과도시기 이미 존재한 후진적인 사회주의 요인에 대비해 말한 것이었다. 레닌 입장에서 보면 '발달한 사회주의'는 바로 공산주의 제1단계로서의 사회주의 사회였다. 스탈린은 소련에서 과도시기가 끝난 후 소련은 이미 사회주의가 건설됐다고 선포하고, 이후의 시대 소련

지도자들에게 많은 난제를 내놓았다. 흐루시초프(赫魯曉夫)는 스탈린 시기가 지난 후의 소련이 이미 새로운 시기에 진입했다는 것을 알았지만, 스탈린이 이미 소련에서 사회주의를 건설했다고 선포했기 때문에, 그는 소련이 공산주의를 건설하는 새로운 시기에 진입했다고 선포했다. 그 후 브레즈네프(勃列日涅夫)는 흐루시초프의 "공산주의를 건설한다"는 문제 제기를 변화시켰지만, 스탈린이 '사회주의 건설'이라고 제기했기 때문에 어쩔 수 없이 소련이 '발달한 사회주의'에 진입했다고 제기했다. 사실이 증명하듯이 이러한 설명은 여전히 사실에 부합되지 않는 것이었다. 그 원인은 스탈린이 소련에서 사회주의를 건설했다고 선포할 때, 과정론과 단계론의 변증법적 인식이 없었으며, 소련의 사회주의 개조에 대한 성과를 지나치게 과대평가했기 때문이었다. 마오쩌동은 중국에서 사회주의 개조를 기본적으로 완성한 후 비교적 현실적으로 '건립'과 '건설' 두 개의 개념으로 구분했다. 비록 후에 '건설'을 재촉하여 혁명이 공상에 빠져들었지만, 결국에는 착오 앞에서 '건설'이 반드시 거쳐야 하는 단계에 대해 새로운 인식을 갖게 되어 중국이 후진적인 사회주의에 처해 있다는 논단과 사회주의는 '후진적인 사회주의'와 '비교적 발달한 사회주의'등의 단계를 거쳐야 한다는 구상을 제기하게 되었던 것이다. 이러한 논단과 구상은 현실에서 출발해 마르크스주의를 발전시킨 것이 분명하다고 할 수 있다.

제3절

진리에 다가가서부터 오류에 이르기까지

하지만 후진적 사회주의에서부터 오랜 기간의 비교적 발달한 사회주의를 거쳐 공산주의에 이르기까지의 구상을 제기한 후 마오쩌둥은 여러 난제에 부딪쳤다. 무엇 때문에 사회주의 사회에 이르렀는데 사회 발전이 아직 이렇게 여러 단계를 거쳐야 하는지? 실천과정에서 얻은 인식을 어떻게 이론적으로 명확하게 설명을 해야 할 것인지? 등의 문제였다.

그는 연구를 거쳐 이는 중국이 여전히 과도시기에 처해 있기 때문이라는 결론을 얻어냈다. 그가 '후진적인 사회주의' 논점을 제기할 때, 바로 소련의 『정치경제학교과서(政治經濟學敎科書)』(제3판)를 읽을 때, 그는 과도시기에는 어떤 단계들이 포함되는지에 관해 지금 다양한 견해가 있다고 지적했다. 한 가지 견해는 과도시기에는 자본주의에서 사회주의에 이르기까지의 단계가 포함될 뿐만 아니라, 사회주의에서 공산주의에 이르기까지의 단계도 포함된다고 주장하고, 다른 한 가지 견해는 과도시기에는 자본주의에서 사회주의에 이르기까지의 단계만 포함된다고 주장했다. 도대체 어떤 설명이 정확한지를 잘 연구해 보아야 했다. 그 후 마오쩌둥은 자본주의 사회에서 공산주의 사회에 이르기까지의 단계에 '혁명전환시기'가 있다는 마르크스의 논술을 인용해, 우리는 현재 바로 이러한 혁명전환시기에 처해 있다고 지적했다.

이 관점에 따르면 '후진적 사회주의'는 '혁명전환시기', 즉 '과도시기'에 속하는 새로운 단계였다. 역시 1962년 중공 8기 10중 전회의 공보에서 공식 발표되었다. 프롤레타리아 혁명과 프롤레타리아 독재의 전 역사시기에서, 자본주의에서 공산주의로 넘어가는 전 역사시기(이 시기는 수 십 년 심지어 보다 많은 시간이 걸린다)에는 프롤레타리아 계급과 부르주아 계급 간의 계급투쟁이 존재하고, 사회주의와 자본주의 이 두 갈래 길의 투쟁이 존재한다.[51] 1963년 6월 14일에 발표된 『국제공산주의 운동의 총 노선에 관한 건의』에서 이 논점에 대해 보다 명확하게 논술했다. 마르크스와 레닌은 공산주의 사회의 고급단계에 진입하기 전에는 모두 자본주의에서 공산주의로 이행하는 단계에 속하며, 모두 프롤레타리아 독재시기에 속한다고 주장했다.[52] 이 논점이 나오자 혼란이 일어났다. 즉 우리의 현 단계는 여전히 과도시기에 처해 있는 만큼 두 계급·두 갈래 길의 모순은 바로 오늘날의 주요 모순으로서, 당의 기본노선은 계급투쟁을 중점으로 할 수밖에 없다는 점과 국정에 대한 착오적인 판단은 반드시 전반적으로 심각한 과실을 초래하게 될 것이라는 두려움이었다.

'후진적 사회주의'에 관한 정확한 논단이 어떻게 '과도시기'론으로 나아가게 되었는지에 대해 연구할 필요가 있다. 먼저 마르크스주의의 '과도시기' 논법에 대해 확실히 다른 분석이 있다. 마르크스주의는 과도시기에 대해 범주를 명

---

51) 『인민일보(人民日報)』 1962년 9월 29일.
52) 『인민일보』 1963년 6월 14일.

확하게 정했는데 바로 '혁명전환시기'를 가리킨다. 마르크스는 『고타강령비판(哥達綱領批判)』에서 이 혁명전환시기에 대해 논술할 때, '자본주의에서 공산주의에 이르기까지'의 혁명전환시기라고 언급했는데 일부 사람은 이에 따라 과도시기의 최저 한계는 '공산주의'라고 말했다. 그러나 당시 역사적 조건에서 사회주의는 형형색색의 사회주의가 있으며, 마르크스는 이러한 사회주의와 경계선을 명확히 하기 위해 '사회주의'라는 단어를 사용하는 것을 원치 않았으며, '공산주의'에서 단계를 나눌 것을 원했다. 레닌은 마르크스의 이 관점에 대해 잘 이해했기 때문에 공산주의 첫 단계가 바로 '사회주의'라고 지적했다. 따라서 마르크스가 말하는 '자본주의에서 공산주의에 이르기까지'의 단계는 레닌이 말하는 '자본주의에서 사회주의에 이르기까지'의 단계와 같은 것이었다. 사실 레닌은 사회주의를 공산주의의 첫 단계로 간주하는 동시에 때로는 또 '자본주의에서 공산주의에 이르기까지'라는 설명도 했다. 매우 간단해 보이는 이 명제를 마오쩌둥이 사회주의 '건립'과 '완성'으로 나누는 바람에 복잡하게 되었으며, 심지어 궁극적으로 해결해야만 하는 문제가 되었던 것이다.

원래 스탈린은 소련사회주의 개조가 완성된 후 사회주의가 이미 완성되고 과도시기가 이미 끝났다고 선포했다. 당시 사람들은 이 가운데 어떤 문제가 있는지를 발견하지 못했다. 그러나 마오쩌둥은 사회주의 개조가 기본적으로 완성된 것은 사회주의 제도가 이미 기본상 건립된 것을 의미하지 사회주의가 완전히 건설됐다고 말할 수 없다는 것을 알았다. 마오쩌둥이 보기에 사회주의는 한 개의 과정으로서 '건립'에서부터 '완성'에 이르기까지의 단계가 있는데, 그렇다면 마르크스가 말하는 '자본주의에서 사회주의에 이르기까지'는 '사회주의 건립'을 말하는 것인지, 아니면 '사회주의 건설 완성에 이르기까지'를 말하는 것인지 이들 문제가 또 하나의 큰 난제로 되었다. 만약 전자라면 1956년 이후의 중국은 과도시기가 아니고, 만약 후자라면 1956년 이후의 중국은 오늘을 포함해 여전히 과도시기에 처해 있는 것이었다. 마오쩌둥은 후자를 선택하고 또한 과도시기는 사회주의 건설의 완성에까지 이르러야 할 뿐만 아니라, 공산주의의 실현에까지 이르러야 한다고 주장했다. 결국 마르크스주의의 과도시기 이론이 해결하지 못한 문제가 마오쩌둥에게 있어서 현실적인 난제가 되었기에 마오쩌둥이 착오적인 선택을 하게 되었던 것이다.

둘째, 마오쩌둥이 착오적인 선택을 하게 된 것은 그가 후진적 사회주의 사회에 과도시기의 많은 문제 또는 모순이 존재하는 것을 볼 수 있었지만, 그 성격과 역할에 대한 정확한 판단을 내리지는 못했기 때문이었다. 중국공산당 8차 전국대표대회에서 문건을 제정하고 논의 통과하는 과정에서, 마오쩌둥은 확실히 사회주의 제도의 건립은 과도시기의 종말을 의미한다는 것을 인정했다. 그러나 중국공산당 8차 전국대표대회 이후 황옌페이(黃炎培) 선생은 상하이에 아직 지하공장이 있다는 것을 발견했고, 마오쩌둥은 소련 신경제정책이 너무 이르게 끝나지 않았는지를 의심하여, 중국에는 소량의 자본주의 경제의 존재와 발전을 허용해야 한다고 제기했는데, 이는 그의 머릿속에 이미 중국이 신민주주의에서 사회주의로 과도하는 시기가 너무 빨리 끝나지 않

있는지에 대해 생각하고 있었다는 것을 말해준다.

1956년 말 그가 이러한 '의문'을 제기한 것은 개혁사상이 있다고 한다면, 즉 생산력 수준과 사회의 수요에서 출발해 공유 경제를 주체로하고, 사유경제를 보충하는 새로운 경제체제를 건립하려고 했다면, 1957년 반 우파투쟁 이후 그의 사상은 다른 방면에서 펼쳐졌을 것이다. 그러나 우파가 공격한 사실은 계급투쟁이 아직 끝나지 않았다는것을 증명한다. 그리고 마르크스주의의 고전 이론에서 계급투쟁은 과도시기의 특징이라고 밝혔는데, 이를 발견함으로써 마오쩌둥은 또 중국의 과도시기, 그리고 사회주의 혁명이 너무 이르게 끝나지 않았는지에 대해 의문을 갖게 되었다. 그래서 『인민내부의 모순을 정확하게 처리하는 데에 관한 문제(關於正確處理人民內部矛盾的問題)』 등 저술에서, 그는 "첫째, 중국에서 이미 사회주의 제도를 건립했고, 둘째, 중국은 여전히 사회주의가 크게 변동하는 과도시기에 처해 있다"는 이 두 가지 설을 동시에 제기하기 시작했던 것이다.

마오쩌둥이 주의를 돌린 사실에 대해 우리는 함부로 부정해서는 안된다. 마오쩌둥의 '의문'과 사고는 주관적인 공상이 아니고 아무런 근거가 없는 것이 아니다. 그러나 이렇게 복잡한 사회상황에서 마오쩌둥은 치명적인 실수를 했다. 다시 말하면 양적 분석을 거치지 않고 이러한 현상과 문제의 전반적 사회에서의 지위만을 확정했던 것이다. 후진적인 사회주의 사회에서, 바로 갓 과도시기를 거친 사회에서 자본주의 사유경제가 존재하고 계급모순과 계급투쟁이 존재하는 것은 불가피하지만, 문제는 사회주의 제도가 이미 기본적으로 건립된 후 이들의 수량이 소수에 속하고 이미 전 사회에서 주도적 지위를 차지하지 못하고 있기 때문에, 과도시기의 상황과는 근본적인 차이가 있다는 것이었다. 따라서 과도시기의 주요 임무는 사회주의 개조를 하는 것이고, 후진적인 사회주의 시기의 주요 임무는 사회주의 건설을 위주로 해야 한다는 것이었다. 그러나 아쉽게도 마오쩌동은 이 사물의 본질을 파악하지 못했기 때문에 실수를 하게 되었던 것이다.

셋째, 마오쩌동이 이러한 실수를 하게 된 것은 그의 지식구조와 사유방식에 일부 부족한 면이 있기 때문이었다. 그는 객관적인 현실에서 출발해 많은 새로운 문제를 발견한 후 이론적으로 해결하려고 시도했다. 그러나 그는 마르크스주의 이론에 대한 인식에 있어서 계급투쟁을 주된 선으로 하는 혁명이론에만 정통했고, 건설이론을 소홀히 했기 때문에 계급투쟁 이론으로 여러 가지 새로운 상황과 새로운 문제를 연구할 수밖에 없었다. 원래 마오쩌동이 사회주의 '건립'과 '확립'이 다르다는 점을 발견한 것은 좋은 일로서, 이론상에서 중대한 돌파를 가져올 수 있었지만 그는 그렇게 하지 못했다. 사회주의가 "아직 완전하게 확립되지 못했다"는 이 논단 중 두 가지 각도로 서술할 수 있기 때문이었다. 건설적 이론을 사유의 틀로 삼아 이 현상을 인식할 경우, 반드시 사회주의 '건립'에서 '확립'에 이르기까지의 과정은 하나의 '건설'과정이며, 따라서 후진적인 사회주의는 사회주의 건설을 중점으로 할 수밖에 없다는 결론을 얻게 되고, 혁명 이론 또는 계급투쟁 이론을 사유의 틀로 삼아 이 현상을 해석할 경우에는 사회주의가 아직 '확립'되지 않았다는 것은 사회주의 개조가 아직 끝나지 않았다는 것을 의미하며, '건립'에서 '확립'에 이르기까지의 과정은 프롤레타리아 독재 조건 하에서 계속 혁명하는 과정으로 이 단계의 당의 기본노선은 계급투쟁을 중점으로 할 수밖에 없다는 결론을 얻게 된다. 사실 마오쩌동은 바로 혁명 이론을 사유의 틀로 삼아 이 새로운 상황, 새로운 문제에 대해 인식했다. 이러한 원인으로 인해 그는 진리에 접근하던 것으로부터 오류의 나락으로 빠져들게 되었으며, 만년에 '계속 혁명'이라는 기치를 내건 '문화대혁명'을 일으켜 원래 후진적인 중국이 10년 내란 속에서 사회주의 건설의 좋은 기회를 놓치게 되었으니, 이는 한 세대를 이끈 위인이었던 마오쩌둥의 비극이었다.

제3장
중국 산업화론

제1절

'혁명+생산'의 진리

중국은 경제문화가 극히 낙후한 반식민지·반봉건 농업대국에서 신민주주의 혁명을 거쳐 인민민주독재를 건립하고 사회주의 사회로 점차 이행했다. 따라서 중국의 사회주의 실천 가운데서 먼저 해결해야 할 문제는 인민들의 민생문제였다. 사람들은 사회주의를 매우 아름답게 상상할 수 있지만, 민생문제를 해결하지 않으면 모든 것은 어쩔 방법이 없는 것이다. 사람들은 모두 사회주의는 인류 역사상 비교적 고급적인 사회형태와 발전단계라는 것은 알고 있지만, 중국은 사람이 생존하는 가장 기본적인 문제인 먹는 문제를 사회주의 사회에서 해결해야 할 우선적인 문제로 삼았다. 역사는 이렇게 무정하게 마오쩌둥과 그가 영도하는 중국공산당을 이러한 특수한 출발점으로 몰아붙였다.

1949년 중국혁명이 승리를 맞이하고 있을 때, 미국 전역에서는 상실감을 억제하기 어려운 상황이 발생했다. 미국은 상실감을 느낀 나머지 신 중국이 민생문제를 해결하지 못해 스스로 무너지기를 기대했다. 애치슨(艾奇遜)은 이 해에 다음과 같이 단언했다. 중국은 인구가 18세기, 19세기 두 세기 동안에 배로 늘었기 때문에, 토지의 감당 능력도 어려운 상황에 처하게 되었다. 인민들의 먹는 문제는 중국정부가 반드시 부딪히게 되는 우선적인 문제이다. 지금까지 줄곧 그 어느 정부도 이 문제를 해결하지 못했다.[53] 마오쩌둥은 "시뻬이(西北), 화뻬이(華北), 동뻬이(東北), 화동(華東) 등 토지문제를 해결한 노해방구에 아직 애치슨이 말한 그런 '먹는 문제'가 존재하는가?"하고 날카롭게 비판했다. 마오쩌둥은 상하이 등 국민당 통치지역의 실업문제, 즉 먹는 문제는 "완전히 제국주의, 봉건주의, 관료자본주의와 국민당 반동정부의 잔혹하고 무정한 압박과 착취의 결과"라고 분석했다. 그는 인민정부의 영도 하에 몇 년 만 지나면 화뻬이, 동뻬이 등 지역과 마찬가지로 실업문제 즉 먹는 문제를 완전히 해결할 수 있을 것이라고 예언했다.[54]

마오쩌둥의 이 예언은 근거 없이 제기한 것이 아니라, 그의 혁명실천 경험을 바탕으로 혁명민생사상의 이론에 근거해 제기했던 것이다.

마오쩌둥의 혁명민생사상에는 어떠한 기본내용들이 포함되어 있었는가?

1. 계급모순을 조정하는 것을 통해 인민들을 안정시킨다.

항일전쟁시기 광범위한 항일민족통일전선을 구성하고 항일투쟁을 진행하기 위해 중국공산당은 근거지에서 소작료와 이자를 인하하는 정책을 실행함으로써 농민과 지주 간의 모순을 완화시켰다. 1942년 1월 28일 중공중앙정치국이 통과시킨 『항일근거지 통치정책에 관한 결정(關於抗日根據地土地政策的決定)』에서 '신 토지정책'의 세 가지 기본원칙을 규정하고 선포했다.

---

53) 마오쩌둥, 「유심역사관의 파산(唯心歷史觀的破産)」(1949년 9월 16일) . 『마오쩌둥선집』 제4권, 1991, 인민출판사, 1510쪽.
54) 마오쩌둥, 「유심역사관의 파산」(1949년 9월 16일). 『마오쩌둥선집』 제4권, 1991, 인민출판사, 1511쪽.

(1) 농민(고농 포함)은 항일과 생산의 기본 역량이라는 점을 인정한다. 그러므로 당의 정책은 농민을 도와 지주의 봉건착취를 경감시키며, 소작료와 이자를 인하하고, 농민들의 인권, 정권, 토지권, 재산권을 보장하며, 농민의 생활을 개선시킴으로써 농민들의 항일을 위한 생산에 대한 적극성을 향상시킨다.

(2) 대다수 지주가 항일을 요구했고, 일부 개명 신사들은 민주개혁을 찬성한다는 것을 인정했다. 그러므로 당의 정책은 농민들을 도와 봉건착취를 경감시키는 것이지, 봉건착취를 소멸시키려는 것은 아니며, 민주개혁을 찬성하는 개명 신사들에게 타격을 가하자는 것은 더구나 아니다. 소작료와 이자를 줄이는 정책을 실행한 후, 또한 반드시 소작료와 이자를 바치도록 해야 하며, 농민들의 인권, 정권, 토지권, 재산권을 보장하는 동시에 또한 반드시 지주들의 인권, 정권, 토지권, 재산권을 보장해 줌으로써 지주계급과 연합해 함께 항일을 해나야 한다. 다만 절대적으로 끝까지 회개하려 하지 않는 매국노에 대해서만 그들의 봉건착취를 궤멸시키는 정책을 실시한다.

(3) 자본주의 생산방식은 그때 당시 중국에서 비교적 진보적인 생산방식이었고, 자산계급 특히 소자산계급과 민족자산계급은 그때 당시 중국에서 비교적 진보적인 사회적 성분과 정치역량이라는 것을 인정했다. 부농의 생산방식은 자본주의 성질을 띠고 있으며, 부농은 농촌의 자산계급으로서 항일과 생산에 있어서 없어서는 안 되는 역량이다.… 그렇기 때문에 농촌에서 소작료와 이자를 경감시킬 때 부농의 소작료와 이자도 반드시 경감시켜야 한다. 부농의 소작료와 이자를

경감시킨 후 이와 더불어 반드시 소작료와 이자를 바치도록 함으로써 부농의 인권, 정권, 토지권, 재산권을 보장해 주어야 한다. 자본주의 방식으로 토지를 경영하는 일부 지주(이른바 경영지주)들도 부농들과 같은 대우를 받는다.

2월 6일 신화사가 발표한『옌안 관찰가의 논평(延安觀察家之評論)』에서는 이 세 가지 원칙에 대해 높이 논평하고 "이는 중국공산당이 발기한 항일민족통일전선 정책과 경제면에서의 신민주주의의 구체화일 뿐만 아니라, 손중산 선생의 토지정책, 농민정책을 이렇게 광활한 지역에서 먼저 실현한 것이다"라고 지적했다. 중국공산당이 이렇게 민첩하게 경제정책을 제정한 것은 중국에서 마르크스주의를 창조적으로 응용했음이 확실하다. 그 출발점은 첫째, 항일전쟁의 승리를 확보하기 위한 것이고, 둘째, 인민 특히 농민들의 생활을 개선하기 위한 것이었다. 항일전쟁시기 이 정책은 거대한 성공을 거두었다.

개국 이후 마오쩌둥은 이 성공의 경험을 건국 초기의 경제생활에 더한층 응용했으며, 특히 건국초기 노동계급과 자산계급 간의 모순을 해결하는 문제에 응용했다.

마오쩌둥은 신 중국 건립 후 자본주의와 자산계급을 바로 소멸시켜서는 안 되며, "국가경제와 국민생활"에 유리한지 그 여부에 따라 정책을 결정해야 한다고 명확히 지적하면서 재삼 강조했다. 생산관계와 생산수단 간의 모순운동의 객관적 규칙에 따라 자본주의 경제는 자연경제의 소생산이 절대적 우세를 차지하고 사회주의 성질의 공영경제와 국영경제 수량이 매우 적은 국가에서 존재하고 발전할 합리성을 갖고 있다. 하지만 다른 면에서 자본주의 경제의 존재로 인해 자본주의 경제 내부에는 반드시 자산계급과 노동계급 간의 모순이 존재할 뿐만 아니라, 자본주의 경제의 발전과정에서 결코 자산계급의 탐욕이 끝이 없는 착취계급 본성과 이러한 계급 본성의 지배하에 나타나는 여러 가지 범죄행위가 드러나게 된다. 이 복잡한 모순들을 어떻게 해결할 것인가? 자본주의 경제가 존재와 발전의 합리성이 있다고 하여 제멋대로 발전하도록 한다면, 자본주의 경제 내부의 노사 갈등을 격화시키게 되고, 전체 인민의 이익에 해를 끼치며, 사회주의 발전에 불리하게 될 것이다. 만약 자본주의 경제 내부의 노사 갈등과 사회에 해를 끼치는 범죄행위가 있다고 해서 자본주의의 존재 지위를 취소한다면, 한편으로 경제의 회복과 발전을 저해하게 되고, 다른 한편으로는 또 노동자들의 대규모 실업을 초래해 노사 갈등이 노동자와 인민정부 간의 갈등으로 전환되게 될 것이다. 마오쩌동은 정세를 잘 살피고 이 '두 가지 난제'에 대해 신중하게 사고했다. 당시 당내의 적지 않은 사람들은 신 중국이 이미 건립되고 자본주의 경제 내부의 노사 갈등이 어느 정도 발전한 것을 보고는 자본주의에 대해 '칼을 빼들려고 했다'.

마오쩌동은 이러한 관점에 동의하지 않고 중국공산당 7기 3중 전회를 소집하고 7기 2중 전회에서 확정한 건국노선에 따라 유명한 『국가재정 경제상황의 기본 호전을 위해 투쟁하자(爲爭取國家財政經濟狀況的基本好轉而鬥爭)』는 (1950년 6월 6일) 서면 보고서를 써냈다. 보고서에서 국가재정 경제상황을 근본적으로 호전시키려면 반드시 3가지 조건즉 (1) 토지개혁을 완성하고, (2) 기존 공상업에 대해 합리적으로 조정하며, (3) 국가기구의 소요 경비를 대량 절감해야 한다고 제기했다. 자본주의와 자산계급을 어떻게 대해야 할 것인가 하는 문제에 관한 보고에서는 "통일적으로 계획을 세우고, 전면적으로 돌보는 방침 하에서 경제면에서의 맹목성과 무정부 상태를 점차적으로 소멸시키고, 기존의 공상업을 합리적으로 조정하며, 공과 사의 관계와 노사관계를 착실하고 타당성 있게 개선함으로써 각종 사회경제 성분으로 하여금 사회주의 성질의 국영경제 지도하에 분공합작(分工合作), 각득기소(各得其所) 함으로써 전반적인 사회경제의 회복과 발전을 추진하도록 한다, 일부 사람들은 자본주의를 앞당겨 소멸시키고 사회주의를 실행해야 한다고 주장했는데, 이러한 사상은 착오적이며 중국의 상황에 부합되지 않는다"고 지적했다.[55] 그때 당시 중공중앙은 정책면에서 국민경제와 국민생활에 유리한 자본주의 공상업을 발전시키고, 국민경제와 국민생활에 불리한 면은 제한하며, 생산경영면에서 중앙인민정부가 대출·위탁가공과 주문 등의 방법으로 경영이 어려운 자본가들을 도와 어려움을 극복하고, 그들이 정상적인 생산을 유지할 수 있도록 해야 한다고 재차 천명했다. 이 방법의 지도사상은 자본가를 생각해서라기보다는 노동자와 광범위한 인민 군중을 생각해서라고 하는 것이 나을 것 같았다. 그 원인은 첫째, 자본주의 공상업이 일단 파산되기만 하면 대량의 실업 노동자가 나타나게 될 것이며, 이 문제는 당시 일부 지역에서 이미 나타나기 시작했다. 마오쩌동은 중국공산당 제7기 3중 전회에서 "우리는 공상업을 합리적으로 조정하여 공장이 생산에 들어가 실업문제를 해결하도록 할뿐만 아니라, 10억㎏의 식량을 공급해 실업 노동자의 밥 먹는 문제를 해결함으로써 실업노동자들이 우리를 옹호하도록 해야 한다"고 지적했다.[56] 둘째, 국가가 자본주의 공상업을 도와 어려움을 극복하는 과정은 사실 국가 자본주의 형식을 통해 자본

55) 『마오쩌동문집』 제6권, 1999, 인민출판사, 71쪽.
56) 마오쩌동, 「사면에서 출격하지 마라(不要四面出擊)」 (1950년 6월 6일) , 『마오쩌동문집』 제6권, 1999년, 인민출판사, 74쪽.

주의를 점차 사회주의 궤도에 도입시키는 과정이기도 하다. 그 후의 사회주의 개조가 비교적 순조롭게 진행된 중요한 원인의 하나가 바로 인민정부가 일찍이 공상업을 조정할 때 경제면에서 자본주의 경제를 통제했기 때문이다. 혁명의 기초 상에서 민생문제를 해결하고 '민생'을 가치 척도로 삼아 혁명의 전환 과정에서의 복잡한 문제를 해결하며, 민생문제를 해결하는 것을 통해 혁명을 추진하는 혁명과 민생 사이의 이 변증관계는, 마오쩌둥이 건국 초기 자본주의 공상업 조정정책을 통해 노동계급과 자산계급 간의 복잡한 갈등을 완화시키고 조절하는 가운데서 가장 멋진 모습을 보여주었다.

2. 재산의 재분배를 통해 인민들의 생활을 개선한다.

손중산 선생은 삼민주의의 민생주의를 논할 때 토지권 평균과 자본 절제 두 가지 기본내용이 포함된다고 주장했다. 마오쩌둥은 신민주주의 경제사상을 논할 때 이에 대해 충분히 인정하고 새롭게 발휘토록 했다. "중국의 경제는 반드시 '자본절제'와 '토지권 평균'의 길을 걸어야 하고, 절대 '소수인들이 획득하여 자기 소유로 해서는 안 되며', 절대 소수 자본가, 소수 지주가 '국가경제와 국민생활을 조종'하게 해서는 안 되고, 절대 구미식 자본주의사회를 건립해서도 안 되며, 절대 낡은 반봉건사회로 되돌아가서도 안 된다. 이 방향을 감히 어기는 자는 반드시 목적을 달성할 수 없을 것이며, 큰 코를 다치게 될 것이다."[57] 마오쩌둥은 중국의 전도는 사회주의라는 이 사상 높이에서 민

---

57) 마오쩌둥, 「신민주주의론」 (1940년 1월) , 『마오쩌둥 선집』 제2권, 1991, 인민출판사, 678-679쪽.

생주의를 분석 설명해야 하는 것이 분명하다고 했다. 그러므로 그는 손중산 선생의 민생주의의 적극적인 요소를 인정했을 뿐만 아니라 '자본 절제'와 '토지권 평균'을 실현하는 구체적 조치를 제기했다. 즉 '자본 절제'의 구체적인 조치는 바로 국민경제와 국민생활에 불리한 관료매판독점자본을 몰수하고, "모든 본국인, 그리고 외국인이 경영하는 기업이 독점 성질이 있거나 규모가 지나치게 커 개인의 힘으로 경영하기 어려울 경우, 예를 들면, 은행, 철도, 항로 등은 국가에서 경영 관리하고, 사유 자본제도가 국민경제와 국민생활을 조종하지 못하도록 해야 한다"는 손중산의 말 그대로를 실현하는 것이었다.[58]

1947년 2월 마오쩌둥은 항일전쟁 후 국내정치, 경제형세 발전의 새로운 특점에 근거해『중미상약(中美商約)』의 체결이 중국경제에 미치는 영향에 대해 분석하고, 이 새로운 매국조약이 장제스(蔣介石)의 관료매판자본과 미국의 제국주의 자본을 결합시켜 중국에 전례 없는 심각한 경제위기, 즉 악성 통화팽창이 신속하게 확산되어 중국의 민족공상업이 갈수록 파산되고, 근로대중과 공무원·교직인원들의 생활이 갈수록 어려워지며, 수많은 중등계급분자들의 저축이 갈수록 상실되는 등의 민생문제를 포함한 경제위기를 초래했다고 지적했다. 이렇게 손중산 선생이 제기하고 마오쩌둥이『신민주주의론』에서 발휘한 "국민경제와 국민생활을 조종"하는 '자본'에 대해 가시화했다. 이런 '자본'이 바로 제국주의 자본, 그리고 제국주의와 결탁한 관료 매판 독점자본이라는 것이었다.

---

58) 마오쩌둥,「연합정부를 논하다(論聯合政府)」(1945년 4월 24일),『마오쩌둥선집』제3권, 1991, 인민출판사, 1057쪽.

이러한 '자본'을 절제하는 구체적 조치는 바로 '몰수'하는 것으로서 이로 하여금 인민민주독재의 국가 소유로 하는 것이다. 1947년 10월 공포한 『중국 인민해방군선언(中國人民解放軍宣言)』은 전국인민을 향해 공지했다. 중국 인민해방군의 8대 정책 중의 하나가 바로 "장제스(蔣介石), 송쯔원(宋子文), 텅상시(孔祥熙), 천리푸(陳立夫) 형제 등 4대 가족과 기타 수뇌 전범의 재산을 몰수하고, 관료자본을 몰수하며, 민족공상업을 발전시키고, 직원들의 생활을 개선하며, 빈민과 이재민을 구제한다"는 것이었다.[59]

'토지권 평균'의 구체적 조치는 바로 지주의 땅을 몰수해 땅이 없거나 땅이 적은 농민들에게 나누어 주고, 손중산 선생의 "경작하는 자가 토지를 소유한다(耕者有其田)"는 슬로건을 실행하는 것이었다.

항일전쟁시기, 중국공산당은 주로 소작료와 이자를 줄이는 정책을 실행함으로써 민생을 개선했다. 항일전쟁이 승리한 후 계급 모순이 다시 두드러졌으며, 해방구의 농민들이 토지를 절박하게 요구했고, 일부 지방의 농민들은 자발적으로 소작료를 삭감하고 청산하는 방법을 취했는데, 사실 지주의 토지를 몰수한 셈이었다. 이러한 새로운 상황에 따라 중국공산당은 1946년 5월 4일 지시를 내려 토지정책을 변화시키고, 감조감식을 통해 경작하는 자가 토지를 소유한다는 정책을 제정했다. 1947년 9월 경작하는 자가 토지를 소유하는 문제를 해결하기 위해 전국토지회의를 열고 『중국토지법대강(中國土地法大綱)』을 제정했다. 10월 10일 중공중앙은 『중국토지법대강을 공포하는 데에 관한 결의(關於公布中國土地法大綱的決議)』에서 중국의 토지제도는 극히 불합

---

59) 『마오쩌동선집』 제4권, 1991, 인민출판사, 1238, 1254쪽.

리하다면서 다음과 같이 지적했다. 일반적인 상황으로 볼 때, 농촌인구의 10% 도 미치지 않는 지주 부농이 약 70%내지 80%에 달하는 토지를 점유하고 농민들을 잔혹하게 착취하고 있다. 그러나 농촌인구의 90% 이상을 차지하는 고농, 빈농, 중농 및 기타 농민들은 약 20% 내지 30%의 토지 밖에 차지하지 못하고 1년 내내 일하지만 배불리 먹고 살 수 없었다. 이러한 심각한 상황은 우리 민족이 침략을 당하고 압박을 받고 빈곤하고 낙후하게 된 근원이며, 중국의 민주화, 공업화, 독립, 통일 및 부강의 기본적 장애였다. 이러한 상황을 변화시키기 위해 반드시 농민들의 요구에 따라 봉건적 및 반봉건적인 토지제도를 소멸하고 경작하는 자가 토지를 소유하는 제도를 실행해야 했다.[60] 그러면 『중국토지법대강(中國土地法大綱)』에서 제기한 '봉건적 및 반봉건적 착취의 토지제도를 폐지시키고 경작하는 자가 토지를 소유하는 토지제도'를 어떻게 실행할 것인가? 그 방법은 바로 지주 부농의 토지를 몰수해 농민들에게 평균적으로 나누어 주는 것이었다. 이 대강의 제6조와 제9조(을)에서는 대삼림, 대수리공정, 대광산, 대목장, 대황지 및 늪과 호수를 정부에서 관리하도록 하는 한편, "농촌에 있는 모든 지주의 토지 및 공유지를 향촌농회가 접수하여 농촌의 기타 모든 토지와 함께 농촌의 모든 인구에 따라 남녀노소 할 것 없이 통일적으로 평균 분배함으로써 모든 농촌인구가 모두 동등하게 토지를 개인의 소유로 할 수 있도록 해야 한다"고 지적했다.

이로부터 알 수 있듯이 '자본 절제 '와 '토지권 평균'의 구체적 조치

---

60) 『목전의 형세와 우리의 임무(目前形勢和我們的任務)』 1947년 7월, 해방사, 11, 12─14쪽.

또는 구체적 방법은 모두 '몰수하는 것'이었다. 이는 생산수단 즉 재산에 대해 다시 분배하는 민생방식이었다. 통계에 따르면 1949년에 이르러 국가에서 몰수한 공업기업은 이미 2,858개에 달했다. 1951년 1월 정무원은 또『전범, 매국노, 관료자본가 및 반혁명분자의 재산을 몰수하는 데에 관한 지시(關於沒收戰犯, 漢奸, 官僚資本家及反革命分子財産的指示)』를 반포하고, 뒤이어 또『기업의 정부 측 주식과 재산 정리 방법(企業中公股公産淸理辦法)』을 반포했으며, 일반 사영기업에서 은닉하고 있는 관료자본주식에 대해 광범위하게 정리하여 인민들의 소유로 돌려놓았다. 농촌의 토지개혁은 1947년 10월 이후 주로 노 혁명구에서 진행되었고, 신 중국이 건립된 후에는 또 새 해방구에서 점차적으로 추진되었으며(새로운 상황에 따라 필요한 정책 조정을 했다), 1950년 6월 중공 7기 3중 전회에서 새로운『중화인민공화국 토지개혁법(초안)(中華人民共和國土地改革法)(草案)』을 제기해 전국 정협 1기 2차 회의와 중앙인민정부 제8차 회의에서 통과시켰다. 1953년 봄까지, 토지개혁을 잠시 실행하지 않은 약 700만 인구가 생활하는 소수민족지역을 제외하고 7억 무(畝, 100무=1헥타르) 이상의 토지와 대량의 기타 생산수단을 토지가 없거나 토지가 적은 약 3억 농민이 나누어 가졌으며, 전국의 토지개혁 사업이 기본적으로 끝났다. 재산의 재분배를 거쳐 생산수단 점유 면에서 광범위한 사회의 공평을 실현함으로써 광범위한 빈곤 농민들의 생활이 개선되었다. 손중산 선생이 제기한 아직 실현하지 못한 민생주의 이상이 중국공산당의 지도하에 인민군중의 재산 재분배 방식을 통해 현실화 되었던 것이다.

3. 생산을 적극 발전시켜 인민들을 부유의 길로 나아가게 한다.

마오쩌동은 민생문제를 철저하게 해결하는 근본적인 방법 또는 경로는 생산을 발전시키는 것이라고 줄곧 주장했다. 항일전쟁시기 특히 1941년부터 1942년까지의 어려운 시기에, 중국공산당은 한편으로 많은 역량으로 농민들을 조직해 농업생산을 발전시켰으며, 다른 한편으로 해방구의 기관·부대를 영도해 생산자급을 실행하고, 지금에 와서도 사람들 사이에서 널리 회자되는 '대 생산운동'을 조직했다. 이렇게 풍부한 실천경험을 바탕으로 마오쩌동은 매우 중요한 마르크스주의 결론을 내렸다. 즉 "중국의 모든 정당 정책, 그리고 그 실천이 중국 인민 가운데서 나타나는 역할의 좋고 나쁨, 크고 작은 정도는 결국 그 역할이 중국 인민의 생산력 발전에 도움이 되는지, 그 도움이 어느 정도인지, 생산력을 속박했는지, 아니면 생산력을 해방시켰는지를 보아야 한다"고 했다.[61] 마오쩌동 사상에 따르면 중국 인민에게 유리한 민주민생문제를 해결하려면 반드시 훌륭한 정책이 있어야 한다. 그렇다면 어떤 것이 좋은 정책일까? 이는 바로 생산력을 해방시킬 수 있고, 생산력의 발전을 촉진시킬 수 있는 정책이었다.

당과 정부가 개국 후 해야 할 첫 번째 큰일은 바로 국민경제를 회복시키고 민생을 개선하는데 총력을 기울이는 것이었다. 3년간의 노력을 거쳐 1952년 말에 이르러 전국 공농업 생산이 모두 사상 최고의 수준에 이르렀다. 중국공산당이 국민경제를 회복시키고 공농업 생산을 발전시키는데 주요 정력을 기울였기 때문에, 인민 군중의 물질생활과 문

---

61) 마오쩌동, 「연합정부를 논한다(論聯合政府)」(1945년 4월 24일), 『마오쩌동선집』 제3권, 1991, 인민출판사, 1079쪽.

화생활 수준도 뚜렷하게 개선되고 향상되었다. 1949년부터 1952년까지 전국 노동자의 평균 노임이 70%나 제고되었고, 각지 농민들의 수입도 30%이상이 늘어났다.

5.4운동기간에 마오쩌동이 "세계에서 무슨 문제가 가장 큰 문제인가? 밥 먹는 문제가 가장 큰 문제이다"라고 제기하고서부터 '밥 먹는 문제'가 이미 '민생문제'의 동의어가 되었다. 확실히 민생문제에서 가장 기본적인 문제는 밥 먹는 문제였다. 중국인들은 "백성들은 식량을 생존의 근본으로 여긴다"고 언제나 말한다.

마오쩌동은 민생문제를 해결하려면 반드시 혁명을 전제와 기초로 해야 하는데 민생문제가 발생하는 것은 일반 법칙으로 말하면, 생산력 발전을 저해하는 낡은 생산관계, 그리고 이러한 생산관계를 유지하는 상부구조 및 그 착취자를 대표하는 계급의 인민들에 대한 잔혹한 착취로 인해 일어난다. 따라서 혁명의 수단으로 이러한 반동적이고 낙후한 상부구조를 뒤집어엎고, 이러한 부패하고 몰락한 생산관계를 변화시키며, 그들의 계급대표를 타도해야 만이 속박 받고 있고 살아있는 생신력인 노동자들을 해방시켜 사회의 주인공으로서의 지위를 차지하도록 할 수 있다. 중국근대사에서는 이에 대한 많은 논쟁이 있었다. 일부 사람은 이 역사적 유물주의 진리에 대해 인식하지 못하고 "실업으로 나라를 구하고(實業救國)" "교육으로 나라를 구하는 것"을 제창하면 민생문제를 해결할 수 있다고 여겼다. 사실이 증명하듯이 여러 가지 실업계획을 실시하자면 반드시 먼저 부패한 제도를 무너뜨려야 한다. 그렇기 때문에 혁명이야 말로 민생문제를 해결하는데 전제 조건을 제공할 수 있는 것이다.

마오쩌동은 또 민생문제를 해결하는데 있어서 혁명에만 의거해서는 안 되며, 또한 반드시 생산을 발전시켜야 한다고 주장했다. 혁명을 통해 생산력을 해방시키는 것은 생산력 발전의 조건이지만 생산력을 발전시키는 것과 동일시해서는 안 된다. 생산력의 발전은 또 생산 활동에 의거해야 한다. 해방된 노동자들이 생산 활동을 하지 않거나 무책임하게 생산 활동을 한다면 여전히 생산력을 발전시킬 수가 없다. 혁명으로 생산력의 발전을 직접 촉진시킬 수 있다고 여기는 것은 형의상학의 자발론적인 관점으로서 혁명이 필요 없이 생산력을 해방시킬 수 있다고 주장하는 관점과 마찬 가지로 모두 착오적인 것이다. 마오쩌둥의 사상은 '혁명+생산'이야말로 진정으로 생산력을 발전시킬 수 있고, 현실적 물질 재부를 창조할 수 있으며, 민생을 개선시켜 인민들이 부유하고 행복한 생활을 누리도록 할 수 있다는 것이었다.

마오쩌둥이 '혁명+생산'을 '진리'라고 한 것은 결코 과언이 아니었다. 여기서 말하는 진리라는 뜻은 곧 인류사회의 객관법칙을 반영하는 것이고, 마르크스주의의 유물론적 역사관의 기초 위에서 설립된 과학적 결론이었다. 이러한 '진리'는 민생문제를 해결하는 진리이고, 마오쩌둥이 중국의 부강을 수십 년간 탐구해온 과학적 논단이었다. 따라서 우리는 이를 '민생진리'라고도 말하는 것이다.

제2절
'중국 공업화의 길'을 제기하다

그렇다면 어떻게 생산을 발전시키고 민생을 개선할 것인가? 1840년 아편전쟁의 실패로 인해 중국의 선진 인사들은 굴욕을 달가워하지 않는 복잡한 마음으로 서방 공업문명의 우월성을 보았다. "서방의 선진기술을 배우고, 이러한 선진 기술로 서방을 물리친다(師夷之長技以制夷)"는 슬로건을 제기했는데, 이는 중국인들이 공업화를 분투 목표로 하기 시작했음을 의미한다. 하지만 손중산 선생『건국방략(建國方略)』에서 "실업계획(實業計劃)"을 제기할 때까지 중국의 지사인인(志士仁人, 나라를 잘 다스려 백성들을 편하게 할 큰 뜻을 품은 사람-역자 주)들도 중국에서 공업화를 성실하게 실현할 수 있는 길을 여전히 찾아내지는 못했다. 따라서 역사는 이 중대한 임무를 중국공산당원들에게 맡기고 마오쩌동에게 맡겼던 것이다.

중국을 농업국에서 공업국으로 발전시켜 중국으로 하여금 세계민족의 행렬에서 어엿이 설 수 있게 하는 것이 마오쩌동이 혁명에 참가한 후 추구하는 이상이었다. 그러나 이 이상을 어떻게 실현할 것인지 그 길을 찾기 위해 마오쩌동은 온갖 어려움을 겪으며 탐구했다.

첫째, 마오쩌동은 사회혁명은 중국에서 공업화를 실현하는 필요한 조건이라고 생각했다.

단순히 기술 진보에 의거해서만은 중국을 공업화의 길로 이끌 수 없다는 점에 대해 캉유웨이(康有爲, 강유위)·량치차오(梁啓超, 양계초) 등 대 지식인들은 변법운동을 추진할 때 이미 알고 있었다. 따라서 백일유신(百日維新)이 실패하고 신해혁명이 또 문제를 해결하지 못하게 되자 사람들은 재차 당혹감을 느끼지 않을 수 없었던 것이다. 신문화운동이 일어난 것은 바로 이러한 방황에 대한 반성이었다. 천두시우(陳獨秀) 등 신청년들은 '과학'과 '민주'로 중국의 전통문화를 개조하고 새로운 세대를 양성시켜야 만이 중국이 서방의 공업화한 국가들과 마찬 가지로 부강해질 수 있다고 주장했다. 그러나 반식민지·반봉건 국가에서 "어떻게 해야 만이 사람들이 '과학'과 '민주'의 새 문화·새 관념을 받아들이도록 할 수 있는지?" 실업(實業)으로 나라를 구하자는 사람이 있는가 하면, 교육으로 나라를 구하자는 사람도 있었다. 그야말로 의견이 각양각색이었다. 이 때 '10월 혁명'의 대포 소리가 중국 지식인들의 마음을 흥분시켰다. 리다짜오(李大釗) 천두시우, 그리고 그들의 영향을 받은 청년 지식분자들, 마오쩌둥을 포함해 모두가 사회혁명을 거쳐 사회주의 제도를 건립해야 만이 중국의 낙후한 면모를 변화시키고 공업화의 길로 나아갈 수 있다고 인식하게 되었다. 마오쩌둥은 중국공산당 내에서 지도적 지위를 얻은 후, 사회혁명은 경제발전의 수단과 조건이고, 경제발전은 사회혁명의 목적이라고 보다 명확하게 제기했다. 마오쩌둥은 1945년 중국공산당 제7차 대표대회에서 "신민주주의의 정치조건을 획득한 후 중국 인민과 그 정부는 반드시 적절한 절차로 수 년 내 중공업과 경공업을 점차적으로 세우고 중국을 농업국에서 공업국으로 발전시켜야 한다"고 제기했다.[62] 1948년 진수(晉綏)

62) 『마오쩌둥선집』 제3권. 1991, 인민출판사, 1081쪽.

간부회의에서 마오쩌둥은 "봉건제도를 궤멸하고 농업생산을 발전시키면 공업생산을 발전시켜 농업국을 공업국으로 발전시키는 임무를 완수하기 위한 기반을 닦아놓게 되는데, 이것이 바로 신민주주의 혁명의 최종목적이다"라고 말했다.[63] 1949년 중국공산당 7차 2중 전회에서 마오쩌둥은 공업화와 사회주의를 진일보 연결시키고, "혁명 승리 후, 생산을 신속히 복구 발전시켜 국외 제국주의에 대처함으로써 중국을 점차 농업국에서 공업국으로 탈바꿈시키고, 중국을 위대한 사회주의 국가로 건설해야 한다"고 제기했다. 특히 1956년 1월 25일 최고 국무회의 제6차 회의에서 그는 사회주의 혁명과 공업화의 관계에 대해 다음과 같이 통찰력 있게 논술했다. "사회주의 혁명의 목적은 생산력을 해방시키기 위한 것이다. 농업과 수공업을 개체 소유제에서 사회주의 집체 소유제로 바꾸고, 사영 공상업을 자본주의 사유제에서 사회주의 소유제로 바꾸면 반드시 생산력이 크게 해방될 것이다.[64] 이렇게 하면 공업과 농업 생산을 대대적으로 발전시킬 수 있는 사회적 조건이 마련된다."[65]

마오쩌둥은 사회주의만이 중국을 구할 수 있다고 말했다. 이 말의 뜻 중 하나인 "오직 사회주의야말로 중국에서 공업화를 실현하는 이상적인 제도이고, 중국의 공업화는 사회주의 공업화일 수밖에 없다. 이는 중국 공업화의 길이 서방 자본주의 공업화의 길과 다른 점이다."라고 했던 것이다.

둘째, 마오쩌둥은 중국의 공업화의 길은 반드시 중국의 국정에 부합

---

63) 『마오쩌둥선집』 제4권, 1991, 인민출판사, 1315 1437쪽.
64) 마오쩌둥, 『사회주의 혁명의 목적은 생산력을 해방시키는 것』 (1956년 1월 25일).
65) 『마오쩌둥선집』 제7권, 인민출판사, 1999년, 1쪽.

되어야 한다고 주장했다. 처음 마오쩌둥은 소련을 본보기로 하여 사회주의 공업화의 길을 견지하기만 하면 중국의 경제가 신속히 발전될 수 있어 서방 선진 자본주의국가를 따라 잡거나 초월할 수 있다고 생각했다. 비록 소련이 중국혁명 문제에서 착오를 범하고 마오쩌둥의 소련에 대한 감정이 매우 복잡하기는 했지만, 소련 사회주의 경제건설의 성과에 대해서는 매우 중요시했다. 1949년 말 마오쩌둥이 처음으로 소련을 방문해 스탈린과 회담을 가졌을 때 통역을 맡았던 스저(師哲) 동지는 다음과 같이 회억했다. 스탈린이 "이번에 우리는 마땅히 무엇을 해야 하는가? 당신은 어떤 생각과 소망을 갖고 있는가?"고 물었을 때 마오쩌둥은 "이번에 와서 어떤 일을 성사시켜야 하고 당연히 무엇을 해내야 하는데, 이는 반드시 보기도 좋고 맛도 있어야 한다"고 말했다.[66] 마오쩌둥의 목적은 실질 내용이 있는 중소 친선동맹호조조약을 맺고, 중소 협력의 호조호혜를 통해 중국의 사회주의 공업화를 실현하려는 것이었다. 그 후 중국의 첫 5개년 계획을 제정할 때 마오쩌둥은 우리 자신이 경험이 없는 것을 감안해 소련 전문가를 초청해 우리가 초안을 작성하는데 협조해주기로 결정했다. 중국이 공업화를 건설하는 초기 많은 방법은 모두 소련에서 배워온 것이었다.

원래 경험이 많던 소련의 지도가 있는데다가 사회주의 개조가 불러일으킨 인민 군중들의 드높은 생산 열정으로 인해 건국 후 몇 년 사이에 중국의 경제건설은 발전이 신속했고, 인민들의 생활수준도 매우 크게 향상되었다.

---

66) 師哲, 「마오주석을 모시고 소련을 방문하다(陪同毛主席訪蘇)」, 『인물(人物)』 제5기, 1988년.

1956년에 와서 제1차 5개년 계획에서 기획한 경제건설 임무가 고조기에 들어섰다. 공업의 총 생산 가치와 기본건설이 완성한 투자액이 매우 많이 성장했으며, 이 가운데 공업생산은 1년을 앞당겨 제1차 5개년 계획의 총 생산가치 지표를 완성했고, 기본건설은 4년간 모두 5개년 계획 투자 총액의 80% 이상을 완성했으며, 농업은 비록 자연재해를 입었지만 식량과 목화 외 기타 농작물의 생산량이 모두 풍작을 거둔 1955년보다 약간 증가했다.

그러나 비록 전국의 각 민족 인민들이 사회주의에 진입한 후 노동열정이 전례 없이 드높고 노동경쟁을 널리 전개했지만, 국력이 건설 규모와 속도를 따라 가지 못하는 모순이 점차 드러났다. 중국은 원래 경제적 기초가 약했기 때문에 3년간의 국민경제 회복시기를 거쳐 비록 전쟁의 상처가 신속히 완치되고 공업과 농업의 많은 지표가 회복되었으며, 신 중국이 창립되기 전의 최고 생산수준을 초월했지만, 전반적으로 놓고 볼 때 재력·물력은 여전히 매우 낮은 수준에 처해 있었다. 1953년 제1차 5개년 계획을 전면적으로 실행하고, 1956년 사회주의 개조를 기본적으로 완성한 후 보다 많은 부서와 업종을 국민경제계획에 포함시켜 물력이건 재력이건 어느 것이 나를 막론하고 각 면에서 모두 규모가 커 국가가 다루기 어려운 처지에 처하게 되었다. 그리고 사회적으로도 앞 다투어 물가를 올리고 잘 팔리는 상품을 앞 다투어 사고 투기로 폭리를 챙기는 등의 현상들이 나타났다. 마오쩌동은 경제건설 중에서 나타난 이와 같은 여러 문제들에 대해 매우 관심을 기울였다. 1956년 초 중앙은 공업, 농업, 운수업, 상업, 재정 등 34개 부서의 업무보고를 청취했다. 이는 중국이 사회주의 사회에 들어선 후 마오쩌동이 진행한 처음으로 규모가 가장 큰 조사연구였다. 이 조사 가운데

서 마오쩌둥은 사회주의 건설 중의 10대 관계를 발견했다. 즉

1. 중공업과 경공업, 농업 간의 관계
2. 연해공업과 내지공업 간의 관계
3. 경제건설과 국방건설 간의 관계
4. 국가, 생산단위와 생산자 개인 간의 관계
5. 중앙과 지방 간의 관계
6. 한족과 소수민족 간의 관계
7. 당과 비당 간의 관계
8. 혁명과 반혁명 간의 관계
9. 시비관계
10. 중국과 외국 간의 관계

이 10대 관계를 제기한데는 객관 상에서 이러한 문제들이 존재하는 것 외에 또 매우 중요한 요소가 하나 있었는데, 바로 마오쩌둥이 소련 경제건설 중의 경험과 교훈을 종합한 것이었다. 이는 소련의 교훈이 중국의 입장에서 보면 중요한 거울로 삼을 수 있을 뿐 아니라 중국이 향후 착오를 적게 범하도록 도울 수 있기 때문이며, 보다 중요한 것은 우리가 제1차 5개년 계획을 세울 때 경험이 부족해 역시 소련 전문가의 도움을 받았는데, 이 가운데는 소련의 경제건설이 성공한 경험과 부족한 점이 적지 않게 포함돼 있었기 때문이었다. 마오쩌둥은 소련의 여러 가지 교훈 가운데서 돌출된 문제가 형이상학적인 것으로 모든 적극적인 요소를 동원시키고 소극적인 요소를 적극적인 요소로 바꿀 수 없다는 것을 알게 되었다. 마오쩌둥이 이 10대 관계를 연구한 목적

은 바로 "국내외 모든 적극적인 요소를 동원시켜 사회주의 사업을 위해 복무하도록 하기 위해서였다."[67]

이러한 일련의 연구를 할 때, 마오쩌둥의 사고방향은 그가 민주혁명을 영도할 때와 마찬 가지로 처음에는 중국의 국정에서 출발해 사회주의 공업화라는 이 중대한 신 과제를 연구 토론했다. 10대 관계를 연구하는 과정에서 확실하게 알 수 있듯이 마오쩌둥은 우리의 건설 규모가 국력이 감당할 수 있는 능력을 초월하게 된 관건적인 문제는 중국이 낙후한 농업국이라는 이 현실 국정에서 출발하지 않아 공업과 농업, 중공업과 경공업, 연해공업과 내지공업 등 복잡한 경제관계를 정확하게 처리하지 못했기 때문이라는 것을 인정했다.

당시 사회주의 공업황네 대한 마오쩌둥의 기본 사상은

첫째, 중국에서 중공업이 건설의 중점이다. 하지만 이 때문에 농업·경공업에 타격을 주어서는 안 되며, 농업·경공업을 보다 발전시킴으로써 중공업을 발전시켜야 한다. 마오쩌둥은 "우리는 중공업을 두 가지 방법으로 발전시킬 수 있는데, 하나는 농업·경공업을 적게 발전시키는 것이고, 다른 하나는 일부 농업·경공업을 많이 발전시키는 것이다. 장기적인 관점으로 볼 때, 첫 번째 방법은 중공업의 발전이 적거나 느릴 수 있고, 심지어 기초가 단단하지 못하기 때문에 수 십 년 후에 가서 종합적으로 계산을 한다면 수지가 맞지 않을 것이다. 두 번째 방법은 중공업이 많이 발전되고 빠르게 발전할 수 있게 할 뿐만 아니라 인민들의 생활 수요가 보장되기 때문에 발전 기초가 보다 단단할 수 있

---

67) 마오쩌둥, 「10대 관계를 논하다(論十大關系)」 (1956년 4월 25일) , 『마오쩌둥문집』 제7권, 1999, 인민출판사, 23쪽.

다"고 지적했다.[68]

　둘째, 중국의 내지는 공업을 대대적으로 발전시키는 것이 주요 방향이다. 하지만 연해 노후공업기지의 발전을 소홀히 해서는 안 되며, 연해 공업의 원 실력을 이용하고 발전시키는 것을 통해 내지 공업을 발전시키고 지지해야 한다. 중국의 모든 경공업과 중공업은 당시 약 70%가 연해지역 즉, 랴오닝(遼寧), 허뻬이(河北), 베이징(北京), 톈진(天津), 허난(河南) 동부, 산동(山東), 안훼이(安徽), 장쑤(江蘇), 상하이(上海), 저장(浙江), 푸젠(福建), 광동(廣東), 광시(廣西) 등 지역에 분포되어 있었다. 광범위한 내지는 주로 농촌으로써 공업화를 실현하는 데는 어떻게 내지의 문제를 개조해야 하는가 하는 문제가 존재했는데, 다시 말하면 전국의 공업 분포를 어떻게 균형 잡힐 수 있겠는가 하는 문제였다. 이러한 의미에서 내지는 공업을 대대적으로 발전시키는 주요 방향이라고 말할 수 있다. 그러나 공업과 농업의 관계와 마찬 가지로 공업을 발전시키려면 농업을 많이 발전시켜야 하고, 내지 공업을 발전시키려면 연해지역의 공업을 많이 이용해야 한다는 것이었다.

　셋째, 농업은 국가 공업화의 자금 축적의 주요 내원이지만, 농민들에게 부담을 너무 많이 줘서는 안 되며, 국가·생산단위·개인 등 이 3자간의 관계를 잘 처리했을 때 공업과 농업 간의 관계를 중점적으로 잘 처리하고 여러 면의 일을 통일적으로 계획하고 돌보는 방침을 실행토록 해야 한다. 공업을 발전시키는 데는 자금 축적이 필요하다. 사회주의 국가로서 자금 축적은 내외 약탈에 의해 실현시켜서는 안 되며, 증산과 절약에 의해 실현할 수밖에 없다. 중국의 농촌은 땅이 넓

---

68) 위의 책.

고 인구가 많기 때문에 증산과 절약도 주로 농촌에 의거해야 한다. 이와 더불어 국가는 또 농산품의 협상가격차(價格剪刀差)를 통해 농민들이 창조한 가치를 국가의 공업 건설 자금으로 전환시켜야 한다. 마오쩌둥은 이렇게 할 때도 농민들에게 부담을 너무 많이 줘 농민들의 생산 적극성에 영향을 미쳐서는 안 되기 때문에, 여러 면을 통일적으로 계획하고 돌보면서 농민들의 이익을 증대시킴으로써 공업화의 순조로운 진행을 확보해야 한다고 주장했다.

마오쩌둥은 당내에서 중국의 공업화는 반드시 농업 발전의 토대 위에서 세워져야 한다고 거듭 강조했는데, 그 목적은 서구라파와 소련·동유럽의 공업화와 다른 세 번째 공업화의 길을 탐색하자는데 있었다. 서유럽의 공업화의 길은 유럽에서의 산업혁명 이후 인류가 걸어온 첫 번째 공업화의 길이었다. 이 길은 피 비린내가 나는 자본 원시축적을 출발점으로 한 자본주의 공업화의 길이었다. 마르크스는 『자본론』에서 이에 대해 일찍이 심각하게 비판 폭로했다. 마오쩌둥은 중국이 이 길을 걷는 것을 절대 허용하지 않았다. 사회주의 개조를 영도할 때 마오쩌둥은 비록 자본주의 조건하에서도 경제를 발전시킬 수는 있지만, 이는 고통스러운 길이며 양극분화의 길이라고 명확하게 밝혔다. 그래서 마오쩌둥은 사회주의 공업화의 길을 주장했던 것이다. 소련·동유럽 국가의 공업화의 길은 사회주의 공업화의 길이기는 하지만, 마오쩌둥은 한 단계의 실천을 거친 후에는 매우 불만족스러워 했다. 먼저 마오쩌둥은 소련·동유럽의 공업화의 길은 마르크스주의의 기본이론에 부합되지 않는다고 생각했다. 그는 후에 소련의 『정치경제학 교과서』를 읽을 때 생산수단이 우선적으로 성장하는 규칙은 모든 사회에서 재생산을 확대하는 공동법칙이라고 말했었다. 스탈린은 이 법칙을 중공업을 먼저 발전시키는 것으로 구체화했다. 스탈린의 이러한 관점이 부족한 점은 중공업의 먼저 성장을 지나치게 강조했기 때문이며, 그 결과 계획에서 농업을 경시했던 것이다. 중국은 이 법칙을 토대로 중공업을 먼저 발전시킨다는 조건하에서 공농업을 동시에 발전시키는 것으로 구체화했다. 이와 더불어서 마오쩌둥은 소련·동유럽의 방법은 중국의 국정에 부합되지 않는다고 분석했다. 중국은 농업대국으로서 농업을 발전시키지 않고 일방적으로 공업만 발전시킨다면 중국의 광범위한 농촌지역의 낙후한 상황은 결코 국가의 공업화 진전에 영향을 주게 될 것이고, 게다가 중국의 혁명은 공농 연맹을 기초로 해얻은 성과이기에 농민들은 중국혁명에 중대한 기여를 한 것이기 때문에 사회주의 공업화의 길에서 공농 연맹을 강화해야 하며, 농민들의 이익에 손해를 끼쳐서는 안 된다는 것이었다. 이것이 바로 중국의 국가정책이었다. 그래서 마오쩌둥은 1957년『인민 내부 모순을 정확하게 처리하는 데에 관한 문제(關於正確處理人民內部矛盾的問題)』라는 이 유명한 보고를 할 때, 12번째 문제인 바로 전반적인 보고의 귀결점(歸結點)을 '중국 공업화의 길'이라는 문제에 두었다. 이때 그는 '중국의 공업화의 길'이라는 이 중요한 새로운 개념을 제기했을 뿐만 아니라, 문제를 제기하기 전과 후의 마오쩌둥의 이 길에 관한 모든 논술 중에서 이는 서유럽식과도 다르고 소련·동유럽식과도 다른 세 번째 공업화의 길이라는 것을 명확히 볼 수 있는 것이다.

국내외 학자들은 이 길은 "양이 사람을 잡아먹는 방식"으로 농민을 고용 노동자로 핍박하는 것을 통해 공업화의 길을 발전시키는 것이 아니고, 농부산품 가격의 협상가격차로써 많은 축적을 쌓는 것도 아닌 즉 농업과 농민의 이익에 손해를 주는 방식으로 공업화의 길을 실현하는 것은 아니라고 했다. 이 길은 공업화를 실현할 수 있을 뿐만 아니라, 농업생산도 발전시켜 농민들의 생활을 끊임없이 개선시킬 수 있는 신형의 공업화의 길이라고 보았던 것이다. 마오쩌둥은 "여기서 말하는 공업화의 길에 관한 문제는 주로 중공업, 경공업과 농업의 발전 관계 문제를 가리킨다. 중국의 경제건설이 중공업을 중점으로 발전시키는 이 점에 대해서는 반드시 인정해야 한다. 그러나 동시에 농업과 경공업을 발전시키는데도 반드시 충분한 관심을 기울여야 한다"고 말했다.[69] 그는 또 지난날 우리는 언제나 중국을 공업국으로 건설해야 한다고 말했는데, 기실 여기에는 농업 현대화도 포함되었다고 특히 강조했다. 마오쩌둥의 이 모든 것은 중국의 국정에 부합되는 공업화의 길에 대한 설계이고, 마르크스주의 이론과 중국의 현실을 상호 결부시킨 또 하나의 본보기였다. 우리가 오늘 강조하는 중국식 현대화의 길을 걷고 중국 특색의 사회주의를 건설한다는 것은 모두 여기서 발단한 것이다.

이와 더불어 마오쩌둥의 이 탐구에는 한 가지 심각한 결점이 있다는 것을 보지 못해서는 안 된다. 그는 비록 중국이 농업대국이고 농촌인구가 전국 인구의 80%를 차지하기 때문에 공업은 이러한 현실에서부터 출발해야 한다는 점은 알아차리기는 했지만, 만약 농촌의 이러한 상황을 변화시키지 않고 전국 노동력 구조 중 공업인구와 농업인구의 이 비례를 변화시키지 않으면, 즉 조치를 취해 농업노동력을 이전시키지 않는다면 중국은 공업화를 실현할 수 없다는 것을 깊이 생각

---

69) 마오쩌둥, 「인민 내부의 모순을 정확히 처리하는 데에 관한 문제」 (1957년 2월 27일),
    『마오쩌둥문집』 제7권, 1999, 인민출판사, 240-241쪽.

해보지 않았던 것이다. 당연히 마오쩌둥의 사고 방향은 이 점에 대해서 전혀 생각하지 않았던 것은 아니었다. 예를 들면, 그는 공업과 농업 간의 관계에 대해 논술할 때, 농업은 공업의 발전에 노동력 내원을 제공할 수 있다고 말한 적이 있다. 사실 국가에서 경제발전계획을 제정할 때, 농촌에서 노동자를 모집해 노동자대오를 충실히 하는 문제도 고려했었다. 하지만 이러한 생각과 이러한 방법은 서구라파와 소련·동유럽 공업화 길의 낡은 모식으로, 도시공업을 발전시켜 농촌의 잉여노동력을 끌어들이는 모식에서 벗어나지 못해 아직 이렇게 많은 농업인구를 이전시키는 문제를 완전히 해결할 수 없었던 것이다. 이 문제를 잘 해결하지 못하면 중국은 공업화를 실현하기 매우 어려웠던 것이다. 이 문제는 중공 11기 3중 전회 이후에 이르러서야 출로를 점차 찾게 되었는데, 이것이 바로 향진(鄕鎭)기업을 발전시키고 농업생산의 잉여노동력을 향진기업으로 이전시키는 "농토는 떠나지만 고향을 떠나는 것은 아니다(离土不离鄕)"라는 것이었다. 즉 서구라파나 소련·동유럽처럼 도시공업으로 이전시키는 것과는 달랐던 것이었다. 이때에 와서 마오쩌둥이 제기한 "중국 공업화의 길"은 점차 성숙되기 시작했다. 그래서 마오쩌둥은 "중국 공업화의 길"을 제기한 사람이고, 전 세계 세 번째 공업화의 길에 관한 이론의 창시자라고 말할 수 있는 것이다. 중공 11기 3중 전회는 마오쩌둥이 가리키는 이러한 정확한 방향에 따라 새로운 실천을 바탕으로 하여 이 중요한 이론을 보완하고 이를 실천하는 현실로 바꾸어놓았던 것이다.

제3절
기술혁명의 사상과 실천

'중국 공업화의 길을 걷다'라는 명제는 이론과 현실을 결부시킨 것이라는 점에는 의심의 여지가 없다. 일반적으로 모두 이는 마르크스주의의 사회주의 건설 이론과 중국의 구체적 현실을 상호 결부시킨 문제로서 정확하다고 인정하고 있다. 그러나 이는 또 다른 뜻이 있다는 것을 반드시 보아야 한다. 즉 세계 공업화, 현대화의 이론과 중국의 구체적인 현실상황을 상호 결부시킨 명제라는 의미도 있다는 점이다. 이러한 의미에서 보면, 마오쩌둥이 "중국의 공업화의 길을 걷는다"는 명제를 제기한 것은 바로 공업화·현대화 이론의 중국화를 실현하기 위한 것이었다.

제2차 세계대전이 끝난 후 특히 50~60년대의 세계의 정치형세는 사회주의가 번영 발전하고 민족해방운동이 활기차게 일어나는 새로운 모습이 나타나고 있었으며, 지난날의 식민지·반식민지 국가가 잇따라 독립을 선포했다. 일부 신흥 국가들은 사회주의 길에 들어서거나 독립을 선포한 후 모두 공업화 혹은 현대화를 분투목표로 삼았다. 이 임무를 제기한데는 복잡한 배경이 있다. 하나는 신흥국가들은 본국 인민들이 부유하고 행복한 생활을 누릴 수 있도록 하기 위해서는 반드시 현대화한 생산력을 발전시켜야 했다. 다른 하나는 역사적 경험이 그들에게 알려주듯이 과거의 식민지 또는 종주국이 강대할 수 있었던 것은 그들이 공업혁명을 거쳐 공업화와 현대화를 실현했기 때문이었다. 따라서 독립된 신흥국가가 진정으로 독립하려면 또 반드시 공업화 혹은 현대화를 실현해야 했다. 이러한 경제적·정치적인 종합적 계기로 공업화와 현대화 문제는 1950년대 이후 전 세계가 주목하는 포인트가 되었다. 하지만 50~60년대 신흥국가에서 공업화·현대화 운동이 일어난 초기 사람들 마음속의 모델 혹은 본보기는 다른 것이 아니라 바로 서방 자본주의국가의 공업화와 현대화 경험이었다. '공업화', '현대화'는 매우 많은 정도에서 사람들에 의해 '서방화'로 이해되었다. 비록 경제건설 중의 이러한 교조주의 경향은 60년대 후기 70년대 초기에 이르러서야 많은 사람들에 의해 발견되었지만, 당시 비교적 많은 국가에서는 모두 공업화와 현대화를 유럽국가의 발전노선을 인습하는 것으로 간주했다.

중국이 50년대에 제기한 공업화 임무는 중국이 제국주의 열강들에 의해 분할될 때 준비되기 시작했으며, 민족역사의 내재적 동인이 있는 동시에 또 이러한 세계 범위의 대 추세와도 밀접한 관계가 있었다. 이러한 시대성을 띤 역사적 사명 앞에서 마오쩌동은 어떻게 선택했을까? 그는 서방 자본주의 국가의 경험을 배척하지 않고 "외국을 따라 배우자"는 슬로건을 명확하게 제기했으며, 동시에 여기서 말하는 '외국'은 자본주의 국가를 포함한다고 지적했다. 『10대 관계를 논하다』에서 그는 "외국 자산계급의 모든 부패 제도와 사상 작풍은 우리가 끝까지 배척하고 비판해야 한다. 그러나 이는 우리가 자본주의 국가의 선진적인 과학기술과 기업관리 방법 가운데서 과학에 부합되는 것을 따라 배우는 것을 방해해서는 안 된다. 공업이 발달한 국가의 기업들은 노동력을 적게 채용하고 효율을 높이며 장사를 할 줄 안다. 이러한 것들을 당연히 원칙적으로 잘 배워옴으로써 우리의 업무개선에 도움이 되어야 한다. 현재 영문을 배우는 사람들도 영문을 연구하지 않고, 학술 논문도 영어, 프랑스어, 독일어, 일본어로 번역해 서로 교환하지 않는다. 이것 역시 미신이다. 외국의 과학·기술과 문화에 대해 분석하지 않고 일률적으로 배척하고, 앞에서 말한 바와 같이 외국의 것을 분석도 하지 않고 일률적으로 그대로 옮겨오는 것은 모두 마르크스주의적 태도가 아니며, 이는 모두 우리의 사업에 불리하다"고 지적했다.[70] 그가 세계 더욱이 서방자본주의의 공업화·현대화의 경험을 매우 중요시하는 것은 분명하다. 하지만 50년대 기타 신흥국가의 방법과 다른 것은 마오쩌동은 "비판적으로 참고하고", "분석하여 섭취하는 것"을 강조했으며, 세계의 공업화, 현대화의 이론을 '중국화' 즉 중국의 현실과 결부시키기 위해 힘썼다. 마오쩌동의 "중국 공업화의 길"에 관한 명제는 바로 마르크스주의와 중국의 현실을 결부시키고 세계의 공업화와 현대화 이론을 중국의 현실과 결부시키는 이러한 '이중 결합'의 명제였다.

이러한 '이중 결합'은 마오쩌동이 제기한 '기술혁명'의 사상노선에서 명백하게 구현되었다.

1955년 당시 마오쩌동의 구상은 제1차, 제2차 두 개의 5개년 계획 기간에 사회개혁을 중심으로 하고, 기술개혁을 부차적으로 하며, 세 번째 5개년 개획기간에 사회개혁과 기술개혁을 동시에 진행하는 것이었다. 그는 중국은 사회경제 제도 면에서 사회주의 개조를 철저하게 완성하고 또 기술면에서 기계로 다룰 수 있는 모든 부문과 지역에서

---

70) 마오쩌동문집』 제7권, 1999, 인민출판사, 43쪽.

모조리 기계를 사용해야 만이 사회 경제면모를 모두 일신할 수 있다고 강조했다. 이 관점은 마르크스주의 유물사관의 기본원리에 부합하였다.

1956년 1월 1차 회의에서 마오쩌둥은 기술면에서의 개혁과 혁명을 정식으로 '기술혁명'이라고 불렀다. 그 후 영국을 따라 잡는 전략적 구상을 준비하고 제기할 때 기술혁명의 필요성에 대해 일층 강조했으며, 또한 생산수단 소유제 면에서의 사회주의 개조가 앞당겨 완성된 상황에 근거해 기술혁명을 제2차 5개년 계획기간에 실현할 것을 제기했다. 그는 우리의 혁명은 끊임없는 혁명이지만 트로츠키(托洛茨基)의 끊임없는 혁명론과는 다르다고 말했다. 우리 혁명의 절차는 (1) 정권을 쟁취하고 적을 타도하며, (2) 토지혁명을 하며, (3) 생산수단 사유제에 대한 사회주의 개조를 진행하고, (4) 사상과 정치 전선에서 사회주의 혁명을 하며, (5) 기술혁명을 하는 것이다. 이 가운데 앞의 4 가지는 모두 경제기초와 상부구조의 성질을 띠고 있다. 기술혁명은 생산력, 관리방법, 조작 방면에 속하는 문제로서 제2차 5개년 계획으로 완성해야 한다. 앞의 3가지는 향후 없어지고, 사상전선과 정치전선 상의 혁명은 여전히 남을 것이며, 그러나 중점은 기술혁명에 두어야 한다. 바로 이러한 전략성적인 사고에 근거해 마오쩌둥은 『업무방법 60조 초안(工作方法六十條草案)』(1958년 1월)에서 다음과 같이 말했다.

"사회주의 3대 개조 즉 생산수단 소유제 면에서의 사회주의 혁명은 1956년에 기본적으로 완성했다. 뒤이어 또 1957년 진행한 정치전선과 사상전선 상의 사회주의혁명은 1958년 7월 1일 전에 기본상 한 단계 마무리 지을 수 있다. 그러나 문제는 완전히 해결되지 않을 것이기에 향후 상당히 오랜 기간 내에 매년 공개적으로 시정하는 방법으로 계속해서 이 방면의 문제를 해결해야 할 것이다. 15년 또는 보다 많은 시간 내에 영국을 따라잡거나 초월하기 위해 지금 기술혁명을 해야 한다.… 기술혁명을 제기하는 것은 바로 모두가 기술을 배우고 과학을 배우라는 것이다. 우파들은 우리가 소 지식분자로서 대 지식분자를 영도할 수 없다고 말한다. 또 일부 사람들은 원로 간부들은 과학과 기술을 모르고 싸우기만 하고, 토지개혁을 할 줄만 안다면서 원로 간부들에 대해 '속매(贖買)'를 실시하고 돈을 주고 퇴직하도록 해야 한다고 말한다. 우리는 힘을 내 반드시 배우고 또 이 역사가 부여한 우리의 위대한 기술혁명을 완성해야 한다."[71]

이 전략적 사고에 근거해 마오쩌둥은 전 당 업무의 중심을 1958년 7월 1일부터 기술혁명으로 옮겼다. 반드시 주목해야 할 것은, 단지 경제건설로 이전하는 것이 아니라 기술혁명으로 이전하는 것이다. 바로 이때 그의 '대약진'사상도 갈수록 성숙되어 갔다. 마오쩌둥이 당의 업무의 중점을 기술혁명으로 옮긴 것은 경제의 '대약진'을 실현하기 위해서라고 말할 수 있다. 그의 '대약진'사상에는 기술혁명을 통해 경제발전을 가속화시킨다는 내용이 포함되어 있다. 그리하여 1958년 3월에 열린 청두(成都)회의에서 '대약진'의 서막을 열었다. 마오쩌둥은 이 문제를 논할 때 열의를 북돋우고 주관적 능동성을 발휘할 것을 강조한

---

71) 위의 책, 349·350쪽.

한편, 또 기술혁명을 잘 이끌어야 한다고 강조했다. 그는 또 난닝(南寧)회의에서 결정한 시간의 한계를 타파하고 기술혁명은 7월 1일까지 기다리지 않아도 된다고 말했으며, 또 중국 농업기계화도 낡은 관념을 타파하고 시간을 단축시킬 수 있다고 말했다. 어떤 의미에서 말하면 그는 기술혁명을 통해 경제의 대약진을 실현하려 했다고 할 수 있다.

중국공산당 8기 2차 회의에서 사회주의 건설의 총 노선을 통과시키고, 농업생산의 대약진이 시작됐으며, 베이다이허(北戴河)회의에서는 또 공업 대약진의 분투목표를 더 일층 제기했다. 이러한 약진의 목표 또는 주관적인 염원은 모두 객관 현실을 심각하게 이탈했으나 그 가운데 한 가지 타당한 점이 있었다면, 바로 독립 자주적으로 기술혁명을 해야 한다는 것이었다.

기술혁명 문제를 둘러싸고 마오쩌둥은 또 두 가지 중요한 사상을 제기했다.

1. 과학을 향해 전진해야 하며 세계 과학의 선진적 수준을 신속히 따라 잡아야 한다.

마오쩌둥은 과학에 의거해 생산력을 발전시켜야 한다는 사상을 일찍부터 갖고 있었던 것이다. 옌안(延安)에 있을 때 마오쩌둥은 이러한 논단을 내렸었다. "자연과학은 인류가 자유를 쟁취하는 무기이다", "사람들이 자연계에서 자유를 얻기 위해서는 자연과학으로 자연을 이해하고, 자연을 극복하고 자연을 개조해야 한다"[72] 제1차 5개년 계획을 실시할 때 마오쩌둥은 또 마르크스주의 이론을 학습해야 할뿐만

---

72) 『신중화보(新中華報)』, 1940년 3월 15일.

아니라, 소련의 선진적인 과학기술도 따라 배워 중국을 건설해야 한다고 전 당에 호소했다. 1955년 3월 중국공산당 전국 대표대회에서 그는 "우리는 이러한 시기에 진입했다. 바로 우리가 현재 종사하고 사색하고 깊이 연구하는 것은 사회주의 공업화를 연구하고 사회주의 개조를 연구하며, 현대화의 국방을 연구할 뿐만 아니라 원자력을 연구하기 시작한 역사적 새로운 시기이다"라고 진일보적으로 지적했다.[73] 그는 객관세계의 법칙을 아는 데는 두 가지면의 내용이 포함되는데, 하나는 마르크스 레닌주의(나는 사회과학으로 이해한다)를 알아야 하고, 둘째는 자연과학을 알아야 하는 것으로서 이래야만 주관주의적 착오를 적게 범할 수 있다고 분석했다. 따라서 당 중앙은 전당과 전국인민에게 "과학을 향해 진군하자"고 호소했다. 1956년 마오쩌둥은 중국 공업화의 길에 관한 문제를 연구할 때 과학을 배워야 한다고 일반적으로 호소했을 뿐만 아니라, 과학발전계획을 제정해야 하며, 저우언라이(周恩來), 녜룽전(聶榮臻)이 계획 제정한 사업을 구체적으로 지도해야 한다고 제기했다. 그리하여 중국의 수 백 명 과학기술계 엘리트들이 모여 12년 과학발전계획을 세웠다. 지금에 와서 과학기술계의 원로 동지, 노전문가들은 아직도 그것이 중국 과학기술발전의 중요한 전환점이라고 인정했다. 마오쩌둥은 이번 회의를 매우 중요시했으며, 회의에 참석한 과학자를 만나고 그들의 보고를 청취했다. 계획을 세운 후 마오쩌둥은 웅대한 포부와 장엄한 뜻을 세우고 이 웅대한 계획을 신속히 실현하기 위해 분투해야 한다고 호소했다. 마오쩌둥과 당 중앙은 과학을 향해 전진하자고 호소했고, 과학발전계획을 세울 때에는 세계

---

73) 『마오쩌둥문집』 제6권, 1999, 인민출판사. 395쪽.

과학발전의 최전방을 내다보았다. 1956년 당 중앙이 지식분자 문제회의를 전문적으로 열었을 때, 마오쩌둥은 연설에서 과학지식을 열심히 배우고 당 외 지식분자들과 단결해 세계과학의 선진수준을 신속히 따라 잡기 위해 분투해야 한다고 전 당에 호소했다. 여기서 말하는 '세계과학 선진수준'은 무엇을 말하는가? 바로 우리가 지금 항상 말하는 '신과학기술혁명', '제3의 물결(第三次浪潮)' 등을 가리키는 것이었다.

현대의 과학기술은 비약적으로 발전하고 있다. 생산과정은 점차적으로 기계화·자동화와 원거리 조종을 실현해 노동생산율이 전례 없는 수준으로 제고되었다. 각종 고온, 고압, 고속과 초고온, 초고압, 초고속 기계가 설계되고 생산되고 있다. 육상, 수상과 항공 운수수단들의 운행거리와 속도가 갈수록 제고되고 비행기 속도는 이미 음속을 초과했다. 기술상의 이러한 진보는 각종 새로운 특수 성능을 갖춘 원자재들이 필요하며, 그리하여 각종 새로운 금속과 합금 원자재, 그리고 화학적 방법으로 인공 합성한 원자재들이 끊임없이 생산돼 새로운 수요를 만족시키고 있다. 모든 생산부문의 생산기술과 공예 절차가 나날이 변화 발전해 생산과정의 진일보 가속과 강화, 자원의 유용한 성분의 가장 충분한 이용, 원자재의 최대한 절약과 제품 품질의 끊임없는 제고를 확보했다.

과학기술의 새로운 발전 중의 최고봉은 원자력의 이용이다. 원자력은 인류에게 무한한 새로운 동력의 원천을 제공하고, 과학 각 부문에 혁신의 원대한 전망을 개척해 주었다. 동시에 전자학과 기타 과학의 진보로 하여금 나타난 전자자동통제기계는 조건부로 부분 정신노동을 대체할 수 있게 되었다. 그리하여 자동화기술의 수준을 대대적으로 제고시켰다. 이러한 최신 성과로 인해 인류는 새로운 과학기술과 공업혁명의 전야를 맞이하게 되었다.…

사실 '대약진'의 고조가 다가올 무렵은 바로 중국이 과학을 향해 전진하고 세계 과학수준을 적극적으로 따라잡는 중요한 시기였다. 중국은 과학기술혁명에서 피어난 '오타금화(五朶金花)' 즉 반도체, 원자력, 전자계산기, 제트기술(噴氣技術), 무선전자학 기술은 모두 12년간의 과학발전계획을 제정할 때 확정한 것이며, 마오쩌둥과 당 중앙이 제기한 '대약진' 후 신속히 착수해 발전시킨 것이었다. 1958년 10월 27일 마오쩌둥은 친히 중관촌(中關村)을 방문해 중국과학원 내 각 연구소의 성과전시회를 참관하고 매 전시품을 모두 자세히 둘러보았으며, 2시간 반이나 참관했다. 참관을 마친 후 그는 각 학부와 각 연구소의 책임자와 과학자들을 만나 새로운 길을 개척하고 미신을 타파하며, 사상을 해방시켜 세계과학의 선진수준을 따라잡기 위해 노력하도록 격려했다.

2. 과학지식을 배우고 사상 각성도 높고 실무에도 능한 간부와 지식분자를 양성해야 한다.

건국을 앞두고, 마오쩌둥은 "심각한 경제건설 임무가 우리 앞에 놓여 있다. 우리에게 익숙한 것들이 일부는 곧 한가해지게 되고 우리에게 익숙하지 못한 것들이 우리를 강요하고 있다"고 말했다. 이른바 '익숙하다'는 것은 바로 전투·투쟁을 가리키고 "익숙하지 못하다"는 것은 경제건설에 필요한 자연과학과 기술이 망라된다. 1955년 3월 그가 우리는 "원자력을 연구해야 하는 이러한 역사의 새로운 시기"에 진입했다고 제기할 때, 이러한 새로운 상황에 적응하고 과학기술을 배우며 전문가가 되기에 노력해야 한다고 당 간부들에게 명확하게 요구했다.

마오쩌동은 경제건설을 잘 하려면, 반드시 정치방향이 정확하고 과학기술에 능숙한 골간 대오가 있어야 한다고 생각했다. '따라잡기' 전략을 준비하고 '대약진' 사상이 형성될 때 그는 기술혁명을 중심으로 한 차례 그리고 또 한 차례나 이 중요한 문제를 제기했다. 그는 이 골간 대오에는 반드시 두 가지 방면의 역량이 포함되어야 한다고 강조했다.

한 가지 방면의 역량은 사상 각성이 높고 실무에 정통한 간부이다. 중국공산당 8차 회의의 예비회의에서 마오쩌동은 "우리는 새로운 과학기술에 대해 아직 잘 알지 못하기 때문에 매우 큰 노력을 기울여야 한다. 현재 중앙위원회는 하나의 정치 중앙이지 아직 과학 중앙이 아니다. 앞으로 중앙위원회는 바로 과학위원회가 되어야 한다"는 논점을 제기했다. 이는 매우 기백 있고 전략적 안목이 있는 관점이었다. 이를 위해 그는 친히 앞장서서 과학지식을 배우는데 열중했다. 당시 중앙은 지도자 동지들이 과학지식과 생산기술을 장악하고 배우도록 하기 위해 중난하이(中南海), 잉타이(瀛台)에서 일부 과학기술에 관한 전시회를 열었다. 관련 자료의 소개에 따르면 마오쩌동은 1956년 4월 12일부터 17일까지 연속 6일간, 그리고 7월에 또 나흘간을 택해 여러 차례 전시회를 관람했으며, 1958년 6월과 7월 사이에는 4차례나 관람했다. 전시회를 관람하고 돌아온 후 또 책을 찾아보았는데, 예를 들면 1958년 7월 2일 선반(旋盤) 전시를 관람하고 돌아온 후 「무선전신국은 어떻게 공작하는가(無線電台是怎樣工作的)」「1616형 고속 일반 선반(1616型高速普通車床)」 등의 책을 찾아보았다. 그는 또 로켓, 인공위성과 우주비행 등에 관한 통속적인 저서들도 읽었다. 1958년 9월 장쯔종(張治中)이 마오쩌동을 배동해 시찰을 나갔을 때 마오쩌동이 열차에서 금속공업에 관한 책을 집중하여 읽는 것을 보고는 매우 놀라워 "당신도 과학기술에 관한 책을 깊이 연구합니까?"하고 물었는데, 당시 마오쩌둥은 "그렇습니다, 사람은 지식 면이 넓어야 합니다"라고 대답했다고 한다. 마오쩌둥은 자기 혼자만 배우는 것이 아니라 중앙 지도간부들이 앞장에 서서 배울 것을 요구하고 전 당 간부가 모두 사상 각오가 높고 업무에 능숙한 전문가가 되기를 요구했다. 1957년 10월 중국공산당 8기 3중 전회에서 그는 정치와 업무 사이의 대립 통일의 변증법적 관계에 대해 논할 때 "우리의 동지들은 공업을 하던, 농업을 하던, 상업을 하던, 문화교육을 하던 어떤 것을 하던 간에 모두 기술과 업무를 배워야 한다.… 우리 각 분야의 간부들은 모두 기술과 업무에 능통하고 스스로 전문가가 되고 사상 각오가 높고 업무에 익숙해야 한다"고 제기했다.[74]

다른 한 방면의 역량은 노동자계급의 지식인들이다. 민주혁명시기 마오쩌둥은 지식인이 참가하지 않으면 혁명은 성공할 수 없다고 강조했었다. 사회주의 사회에 진입한 후 평화건설시기, 지식인들의 역할이 보다 중요했는데 이는 경제건설이 반드시 과학기술에 의거해야 했기 때문이었다. 마오쩌둥은 과학기술을 발전시키지 않으면 생산력을 제고시킬 수 없으며, 과학기술을 발전시키는 데는 반드시 지식인들에 의거해야 한다고 녜룽전에게 명확하게 말했었다. 마오쩌둥은 이러한 이치에 대해 잘 알고 있으며, 1956년 1월 지식인문제회의를 열었던 것은 바로 지식인들을 조직 동원하여 과학을 향해 나아가기 위한 것이었다. 마오쩌둥은 회의 마지막 날 또 "지금은 기술혁명, 문화혁명, 어리

---

74) 마오쩌둥, 「「농업에 관한 문제(關於農業問題)」 (1957년 10월 9일)」, 『마오쩌둥문집』 제7권, 1999, 인민출판사, 309쪽.

석고 무지한 생명을 구조하는 혁명을 하곤 하는데, 어찌되었든 지식인들이 없이는 안 된다. 중국에는 많은 지식인들이 있다"고 말했다. 같은 달 농업발전강요에 대해 논할 때, "이 위대한 목표를 실현하기 위해서는 먼저 모든 것을 결정하는 데 간부가 있어야 하고, 인원수가 충족되어야 하고, 우수한 과학기술 전문가가 있어야 한다"고 말했다.[75] 1956년 9월 중국공산당 8차 예비회의에서 그는 '인원수가 충족되어야 한다'는 이 설명을 "3차 5개년 계획기간 내 고급 지식인이 100만 명 내지 150만 명에 달하도록 노력해야 한다"고 구체화했다.

반 우파투쟁 후 마오쩌동의 지식인들에 대한 견해가 매우 크게 변화하기는 했지만, 지식인들을 필요로 하지 않았던 것은 아니었다. 국내외 많은 사람들은 마오쩌동이 포퓰리즘적 사상을 가진 학자라고 분석했는데, 주요한 근거 중 하나가 바로 마오쩌동이 1957년 반 우파투쟁에서 "지식과 지식인을 배척"했기 때문이었다. 마오쩌동의 지식인문제에 대한 모든 논술을 총괄해 보면, 그는 지식인을 받아들이지 않은 것이 아니라, 노동자계급의 지식인을 받아들이는 것이었다. 이 사상이 틀렸다고는 할 수 없다. 틀렸다고 한다면 노동자계급의 지식인과 자산계급 지식인을 정확하게 구분하지 않은 것이다. 따라서 반 우파투쟁 후 그는 '따라잡기'전략을 준비하고 '대약진'을 제기하는 과정에서 여전히 지식인 즉 노동자계급 스스로의 지식인을 양성해야 한다고 강조했던 것이다.

1957년 여름 그는 다음과 같이 지적했다. "사회주의 건설을 위해 노동자계급은 반드시 스스로의 기술 간부 대오가 있어야 하고, 반드시

---

75) 『인민일보』 1956년 1월 26일.

스스로의 교수, 교원, 과학가, 매체 기자, 문학가, 예술가와 마르크스주의 이론가 대오가 있어야 한다. 이는 웅대한 대오이기 때문에 인원 수가 적어서는 안 된다. 이 임무는 마땅히 향후 10년 내지 15년 내 기본적으로 해결해야 한다. 10년 내지 15년 후의 임무는 바로 생산력을 진일보 발전시키고 노동자계급의 지식인 대오를 진일보 확대해야 하며, 사회주의에서 공산주의로 이행하는 필요한 조건을 점차적으로 준비하고, 8개 내지 10개 5개년 계획으로 경제적으로 미국을 따라잡거나 넘어설 수 있도록 준비해야 한다"[76] 중국공산당 8기 3중 전회에서 그는 한편으로 사회주의 건설 '추진'을 고려하고, 다른 한편으로는 여전히 "우리는 이 10년 내(과학 계획 역시 12년, 아직은 10년) 프롤레타리아 지식인 대오를 구성해야 한다"고 강조했다.[77]

지식인 문제에서 마오쩌둥은 많은 착오가 있었지만, 자연과학과 기술업무에 종사하는 지식인에 대해서는 여전히 보호하고 양성하고 중용했으며, 기술혁명에서 세계 과학 선진수준을 신속히 따라잡고, 중국의 '대약진'을 실현하기 위해 분투할 것을 지식인들에게 요구했다.

그렇다면 무엇 때문에 '대약진'이 실패했던 것인가?

이는 '대약진'이 주관주의 사상노선의 지도하에 맹목적으로 '따라잡기'전략을 실현하려는 경제건설 사상으로, 비록 이 가운데 일부 정확하거나 또는 합리적인 사상이 망라돼 있기는 했지만, 그 기본 면에서는 착오적이었기 때문이었다. 마오쩌둥은 비록 기술혁명에 관한 문제

76) 중공중앙문헌연구실 편, 『건국 이후 중요문헌선편(建國以來重要文獻選編)』 제10권, 1994, 인민출판사, 491쪽.
77) 마오쩌둥, 『농업문제에 관하여(關於農業問題)』 (1957년 10월 9일), 『마오쩌둥문집』 제7권, 1999, 인민출판사, 309쪽.

를 제기하고 이를 중심으로 과학의 중요성과 지식인대오 양성의 필요성을 논했지만, 그는 동시에 정치성적인 정신 격려를 통해 기세 높은 군중운동을 일으켜 '대약진'을 실현할 것을 보다 강조했던 것이다. 이 이후의 사상은 기술혁명의 전개를 심각하게 충격을 가했을 뿐만 아니라 원래는 마땅히 과학법칙에 따라 진행해야 할 기술혁명을 험난한 길로 인도했던 것이다.

마오쩌둥의 원래 계획에 따르면 먼저 12년 과학발전계획을 제정하고, 한편으로는 과학기술면에서 세계 새로운 과학기술혁명의 조류에 접근하거나 따라잡고 기술혁명을 실현해야 한다는 것이었으며, 다른 한편으로는 과학기술을 발전시키는 실천 가운데서 노동자계급 지식인대오를 형성하고, 그 다음으로 과학기술을 생산력으로 전환시켜 경제면에서 선진적인 자본주의 국가를 따라잡거나 혹은 초월해야 한다는 것이었다. 이는 과학적으로 길을 개척하고 기술혁명을 중심으로 하는 '대약진'의 사상노선이다. 그러나 1958년 1월 난닝(南寧)회의에서 "3년간 악전고투해 전국의 면모를 기본상 변화시키자"는 슬로건을 내건 후 실천과정에서 다른 '대약진'사상노선 및 조작방법이 나타났다. 이것이 바로 정치 격려에 의거해 사람들의 적극성을 동원하고 인해전술식 군중운동을 벌이는 것이었다. 먼저 농촌에서 "철야 작업하고", "남녀노소 천군만마가 모두 나서야 한다"는 등의 사람들을 격동시키는 장면이 나타났으며, 그 후 또 도시로 확산돼 부녀들도 생산에 뛰어들고 가가호호 폐기된 쇠붙이를 모두 수집하여 곳곳에 용광로를 쌓고 강철을 녹이는 현상이 나타났다. 더욱이 베이다이허(北戴河)회의에서 강철 연간 생산량 1,070만 톤을 실현하기 위해 분투할 것을 전 당에 정식으로 호소했지만, 8월 말까지 450만 톤 밖에 생산하지 못한 상황에서 전

국민이 일어나 재래식 방법을 동원해 강철을 대대적으로 생산할 것을 호소했다. 이때 당 중앙이 제기한 "미신을 타파하고 사상을 해방시키자"라는 슬로건이 "조건을 타파하고 규칙을 창조하자", "일을 완성하지 못할까봐 두려운 것이 아니라, 생각조차 하지 못하는 것이 두렵다"는 등의 슬로건으로 바뀌었고, 유심주의 관념이 전 중국을 뒤덮었으며, 전국이 허황한 꿈을 가지고 무모하게(狂想蠻幹) 행동하는 시대로 들어섰던 것이다. 이러한 군중운동 앞에서 그 무슨 "기술혁명", "과학을 향해 진출한다"는 등의 말을 할 가치가 있었겠는가?

더 안타까운 것은, 기술혁명조차 비과학적 궤도에 휘말려든 것이었다. 농촌에서는 보다 높은 생산량을 창출하기 위해 객관법칙을 완전히 어긴 밀식(密植)과 심경(深耕)을 추진했다. 그 결과 밀식으로 인해 모종들이 대량으로 병이 들어 죽고 깊은 땅속에서 파낸 생땅에는 근본적으로 농작물을 심을 수가 없었다. 공장의 '기술혁신'도 '영구기관(永動機, 영원히 멈추지 않는 기계)'식과 유사한 발명 창조의 웃음거리들이 하나씩 터져 나왔다. 여기서 과학이 우매해지고 왜곡된 것이 분명했다.

무엇 때문에 기세 드높은 군중운동이 이러한 심각한 후과를 초래하게 되었던 것일까?

이는 먼저 중국이 경제가 낙후하고 문맹인이 많은 나라이며, 군중 속의 절대 다수가 과학문화지식과 전문기술지식이 부족했기 때문이었다. 1964년 7월 1일 제2차 전국인구조사 자료에 따르면, 그때 당시 전국의 인구가 6억9122만 명인 가운데, 대학 학력을 가진 인구는 288만 명으로 전 인구의 0.4%를 차지했고, 고등학교 학력 인구가 912만 명으로 13%를 차지했으며, 중학교 학력 인구가 3235만 명으로 47% 차지했고, 문맹과 반 문맹(만 12세 이상)이 2억 6340만 명으로 38%를 차지했다. 비록 이는 1958년의 데이터는 아니지만 당시 중국 인구의 문화구조가 기본적으로 이와 비슷했다. 이와 동시에 1960년 전국 통계에 따르면 당시 1만 명 중 자연과학기술 인원이 평균 297명에 지나지 않았는데, 1만 명 노동자 가운데 자연과학기술 인원이 평균 390명에 불과한 셈이었다. 이러한 인구 문화구조와 기술구조 상황에서 "천군만마가 동시에 나서는 식"의 군중운동을 일으키는 것이 어떻게 과학기술 수준면에서 세계 선진수준의 기술혁명 목표에 도달할 수 있었겠는가? 기술혁명의 과정은 마땅히 선진적인 과학지식을 공정기술과 생산기예(技藝)로 전환시키고, 더 나아가 물질적인 생산력으로 전환시키는 과정으로서 그 활동의 주체에 비록 광범위한 노동자·농민이 있기는 하지만 골간 또는 중견 역량은 선진적 과학지식을 습득한 지식인과 기술자로 이루어져야 했던 것이다. 이 조건이 부족할 경우 기술혁명의 목표와 '대약진'의 목적을 달성하기란 어려운 일이었다. 과학문화지식이 부족한 문맹·반 문맹들을 동원해 기술혁신을 한다는 것은 과학에 대한 조롱일 뿐만 아니라, 과학과 기술혁명을 파괴하는 후과를 가져다주게 될 것이 뻔했던 것이다. 이러한 조건 하에서 '대약진'이 실패하는 것은 필연적인 결과였다.

그 다음으로는, 군중운동이 일어나서부터 고조에 이르기까지 모두 과학적인 보급과 발전 법칙을 이탈했다는 점이다. 문화와 기술정도가 비교적 낮은 국가에서 기술혁명을 할 수 없는 것은 아니지만, 다만 과학발전 법칙에 부합되어야만 기술혁명의 목표를 실현할 수 있다는 조건은 필요했다. 예를 들면 중국이 원자탄, 수소탄, 로켓, 미사일, 인조위성 등 연구개발에 있어서 세인의 주목을 받는 성과를 거둔 것은 바로 과학발전 법칙을 존중하고, 군중과 기술인원, 과학자들이 협력해 난관을 타파하고 풍성한 결실을 거두었기 때문이다. 그러나 '대약진'은 그렇지 못했다. 광범위한 군중에게 과학지식을 보급하지 못했고, 전문 기술인원을 통해 광범위한 군중들을 합리적으로 조직하지 못했으며, 과학보급과 발전법칙에 따라 기술혁명을 질서 있게 점차적으로 추진하지 못했고, 제멋대로 무모하게 했기 때문에 이러한 비극을 낳을 수밖에 없었던 것이다.

마오쩌둥이 발동한 '대약진'은 군중운동과 기술혁명의 이중주(二重奏)였다. 군중운동과 기술혁명은 또한 '대약진'을 재래식과 현대식으로 결합시킨 '두 다리'라고 할 수 있었다. 그러나 이중주 악보라고 보면 그렇게 조율적이지 못했고, 약진을 '두 다리'라고 하면, 또 하나는 길고 하나는 짧았다. 군중운동은 기술혁명의 막심한 패배를 초래했다. 이는 하나의 심각한 교훈이 아닐 수 없었다!

제4절
'따라잡기' 전략의 교훈

　중국이 생산력을 발전시키고 공업화와 현대화를 실현하겠다는 사상은 틀린 데가 없고, 중국의 공업화는 중국 국정에서 출발해 중국 특색의 공업화의 길을 걸어야 한다는 사상도 틀린 데가 없으며, 기술혁명을 통해 중국과 세계와의 거리를 단축시키고 중국의 공업화를 실현한다는 사상은 더구나 틀린 데가 없었다. 그러나 정확한 사상이 정확한 실천으로 옮겨지지 못할 줄은 전혀 생각하지 못했던 것이다. 중국 특색의 공업화의 길을 걸으려고 시도했던 '대약진'으로 인해 건국 후 이미 거두었던 경제건설의 성과가 거의 매장되었고, 당의 위상도 큰 손해를 입었던 것이다.

　마오쩌둥이 스스로 여러　차례 자아비판을 하면서 한 말에 의하면, 그의 경제업무 가운데서의 착오는 제도 방면의 문제, 생산관계 방면의 문제에 비교적 많은 관심을 기울였고, 생산력 방면의 지식에 관해 아는 것이 너무 적었기 때문이라고 했다. 이 자아비판은 매우 진실했으며 프롤레타리아 혁명가의 고상한 품질을 보여주었다. 그러나 경제 업무를 지도하는 면에서의 착오 원인에 대해서는 확실히 인식하지 못했다고 하겠다.

　그것은 이 자아비판 중에 아래와 같은 두 가지 문제가 존재했기 때문이었다.

하나는, 마오쩌둥은 생산력 면에서의 지식을 중요시하지 않았거나 학습하지 않았던 것이 아니며, 전혀 모르는 것은 더구나 아니었다. 그는 언제나 틈을 타서 농업, 토양, 기계, 물리, 화학, 수문, 기상 등 자연과학 면에 관한 서적들을 읽었고, 노동자들의 기술혁신 성과와 과학자들의 최신 연구 성과에 관심을 가졌으며, 생산력 면에 관한 지식을 풍부히 쌓기 위해 노력했다. 게다가 그는 중국 공업화의 길에 관한 문제를 제기한 후, 또 1957년 『1956년부터 1967년 사이 전국 농업발전요강(수정안)(一九五六年到一九六七年全國農業發展綱要)(修正草案)』을 제정했었는데 주로 생산력 면에서의 문제에 대해 설명했다. 사실 정치 지도자로서 생산력과 관련한 여러 방면의 지식에 관해 전문가처럼 정통할 수는 없었으며, 한 국가의 경제건설을 잘 지도할 수 있었는가 하는 것은 정치적 영도자가 생산력 방면의 지식 정도에 의해 결정되는 것이 아니었던 것이다.

다른 하나는 마오쩌둥이 생산관계면의 문제인데, 제도면의 문제에 비교적 많은 관심을 가진 것은 사실이었다. 그러나 그의 착오는 바로 생산관계의 변혁문제에 있었다. 이 때문에 생산력면의 지식구조가 문제이지, 결코 마오쩌둥이 경제건설을 지도하는 면에서의 착오가 있었던 것이 주요 원인은 아니었다.

경제건설 문제에서 마오쩌둥은 매우 많은 고려를 했으며, 그 기본 구상은 시종일관 중국식 공업화와 현대화의 길을 개척하는 것이라는 것을 우리는 알 수 있다. 그러나 이 문제를 고려할 때 그는 '속도'문제를 특히 강조했으며, 나아가 '가속'하는데 노력을 기울였다.

원래 마오쩌둥은 중국에서 공업화를 실현하는 속도에 대해 비교적 현실적이고 신중하게 예측했다. 그는 1954년 6월 『중화인민공화국 헌법 초안』에서 다음과 같이 말했다. "우리는 6억 인구를 가진 대국으로서 사회주의 공업화를 실현하고, 농업의 사회주의화·기계화를 실현하여 위대한 사회주의 국가를 건설하는데 도대체 얼마만한 시간이 필요한가? 지금 단언하는 것은 아니지만 대략 3개의 5개년 계획, 즉 15년 정도면 기반을 닦아놓을 수 있을 것이다. 그때가 되면 우리는 매우 위대해 질 것이 아니겠는가? 그러나 반드시 그렇지만은 않을 것이다. 내가 보기에 우리가 위대한 사회주의 국가를 건설하려면 대략 50년, 즉 10개의 5개년 계획기간이면 비슷하고 제격에 맞는 발전이 있을 것이며, 지금과는 많이 다를 것이다".

그 후 그는 비교적 오랜 기간에 줄곧 이 구상에 따라 연설했다. 1955년 3월 중국공산당 전국대표대회에서 한 연설에서 처음으로 "세계에서 가장 강대한 자본주의 국가를 따라잡거나 초월하자"는 목표를 제기할 때, "대략 수 십 년 내"라고 말했다. 그 해에 농업의 합작화 문제를 논의할 때, 그는 또 중국의 경제조건이 비교적 낙후하고 기술개혁 시간이 사회개혁 시간보다 길어질 것이라고 했으며, 강대한 사회주의 국가를 건설하는 시간을 "50년에서 대략 50년 내지 75년 내 즉, 10개의 5개년 계획에서 15개의 5개년 계획 기간 내"로 연장해야 할 것이라고 말했다. 동시에 그는 '미국을 초월'하는 시간을 50~60년 내로 정했다.[78]

이 속도에 관한 구상을 마오쩌동은 주로 당시 강철 생산량을 지표로 예상했다. 예를 들면, 그는 50~60년 내로 미국을 초월한다고 말할

---

78) 마오쩌동, 「당의 단결을 강화하고, 당의 전통을 계승하자(增强黨的團結, 繼承黨的傳統)」 (1956년 8월 30일), 『마오쩌동문집』 제7권, 1999, 인민출판사, 89쪽.

때, 강철 생산량의 지표를 2억 톤 내지 3억 톤으로 정했는데, 이는 당시 사람들이 '공업화'에 대한 이해가 전면적이지 못했기 때문이라고 볼수 있다. 그러나 마오쩌둥이 후에 서둘러 목적을 달성하려던 '가속'이론과 '추월'전략을 비교해보면 이 구상은 비교적 신중한 것이었다.

마오쩌둥이 제기한 '가속'이론과 '추월'전략은 중국의 사회주의 개조를 앞당겨 완성하는 것과 직접적인 관계가 있다. 그는 원래 사회주의 개조는 3개의 5개년 계획(즉 15년)에 걸쳐야 완성된다고 생각했다. 그러나 1955년 5월 농촌 합작화 속도에 대한 중앙의 태도에 변화가 발생했다. 이에 앞서 중앙은 덩쯔훼이(鄧子恢)가 영도하는 중앙농촌업무부의 의견에 동의하고 맹목적으로 발전시키는 합작사를 축소 정돈했다. 5월에 이르러 마오쩌둥은 합작화를 발전시켜야 한다고 제기했고, 덩쯔후이는 '안정된 발전'을 주장했다. 마오쩌둥은 6월에 중앙농촌업무부의 문서를 열람하고 노선 방침에 관한 내용을 검토한 후, 덩쯔후이와 중앙농촌업무부가 합작화 문제에 있어서 '우'적인 착오를 범했다고 분석했다. 1955년 7월 말 소집한 성위 시위 서기회의에서 중앙은 이러한 우경기회주의에 대헤 "전족한 여자들처럼 비틀거리며 걷는다"고 비판했다. 10월 중국공산당 7기 6중 전회에서 마오쩌둥의 보고에 근거해『농업합작화 문제에 관한 결의(關於農業合作化問題的決議)』를 통과시키고 농업합작화의 고조를 촉구했다. 이러한 사회주의 개조의 '가속' 전략은 표면상으로는 성공을 거둔 것처럼 보였기에 마오쩌둥을 매우 흥분시켰다. 그는 농민들 속에는 막대한 적극성이 숨어 있다고 거듭 말하면서 업무의 출발점을 이러한 예측에 두어야 한다고 주장했다. 바로 이러한 배경 하에서 그는 1955년 말『중국농촌의 사회주의 고조 (中國農村的社會主義高潮)』라는 책의 서언에서 사회주의 건설도 속도를 내야 한다는 발상을 제기했다.

 마오쩌둥의 '가속'이론과 '추월'전략은 사상에서 실천에 이르기까지 두 개 단계를 거쳤다. 1955년 말 경제건설 규모와 속도를 확대하고 촉구해야 한다고 제기한 것이 사상단계의 시발점이었다. 이 사상은 바로 당의 방침으로 전환되었다. 1956년 1월 1일 『인민일보』는 『5개년 계획을 전면적으로 앞당겨 완성하고 초과 완성하기 위해 분투하자(爲全面地提早完成和超額完成五年計劃而奮鬥)』는 사설을 발표하고, 전국 인민에게 마오쩌둥이 제기한 "더 많이, 더 빨리, 더 좋게, 더 절약하자"는 사회주의 건설 방침을 전달하고 해석했다. 관련 자료에 따르면 마오쩌둥은 사회주의 건설은 "더 많이, 더 빨리, 더 좋게"를 먼저 제기했다. 당 중앙은 이 논법에 동의했으며 리푸춘(李富春)이 "더 절약하자"는 뜻을 보탤 것을 건의했다. 그리하여 "더 많이, 더 빨리, 더 좋게, 더 절약하자"는 사회주의 건설 방침이 제기되었던 것이다. 당시 사설은 "더 많이, 더 빨리"를 보수주의를 반대하는 것으로 해석했고, "더 좋게, 더 절약하자"를 일처리가 허술하고, 맹목적으로 급진적이고, 겉치레나 낭비하는 등의 현상에 반대한다는 뜻으로 해석했다. 이 방침은 제기되자마자 당내·외에서 신속히 확립되었으며, '노선'으로 진일보 승격되었다. 1956년 2월부터 마오쩌둥은 사회주의 건설을 지도하기 위해 한 달 반의 시간을 들여 중앙 공업, 농업, 운수업, 상업, 재정 등 34개 부서의 업무보고를 청취하고 조사연구를 진행토록 했다. 그리고 4월에 사회주의 경제건설은 반드시 10대 관계를 잘 처리해야 한다고 제기했다. 후에 그가 한 말에 따르면 사회주의 건설 총 노선의 사상은 바로 '10

대 관계'에서 형성되었음을 알 수 있다.[79] 1956년은 중국의 사회주의 개조와 사회주의 건설이 신속하게 발전하는 한해였고, 첫 5개년 계획의 주요 지표가 거의 앞당겨 완성되었다. 거대한 성적은 당과 인민을 고무시켰으며 마오쩌둥까지도 고무시켰다. 6월 4일 저우언라이, 천윈(陳雲)의 건의에 따라 류사오치(劉少奇)가 당 중앙회의를 주재하고, 보수주의를 반대할 뿐만 아니라 급진주의도 반대하면서 종합적으로 균형을 이루는 가운데 안정되게 나아가는 경제건설 방침을 제기해 당시 이미 나타난 급진적인 문제를 제지시키려고 시도했다. 이러한 형세에 의거하여 6월 20일 『인민일보』는 중앙의 이러한 정신을 전달하기 위해 중앙정치국의 의견에 따라 『보수주의를 반대하고 조급정서도 반대해야 한다(要反對保守主義, 也要反對急躁情緒)』는 사설을 발표했는데, 결국 이는 마오쩌둥의 비판을 받았다. 그 후 마오쩌둥은 "급진을 반대한다"는 것을 여러 차례 비판했고, 1958년 3월 청두(成都)회의에서 "급진을 반대"하는 것을 반대하면서, "열의를 북돋우어 더 높은 목표를 위해 노력하며, 더 많이, 더 빨리, 더 좋게, 더 절약하면서 사회주의를 건설하자"는 총 노선을 제기했다. 5월 중국공산당 8기 2차 회의를 열어 이 총 노선을 받아들이고 그 기본 점에 대해 논술했다.

이 사상(방침, 노선)이 형성되는 과정에서 더욱 돌출된 것은, 1957년 말 마오쩌둥이 "15년 내에 영국을 추월하자"는 유명한 슬로건을 제기한 것이다. 이 슬로건은 마오쩌둥의 '가속'이론을 실천으로 옮기는데 있어서 소홀히 할 수 없는 부분이다. 당해 11월 마오쩌둥은 소련에 가

---

79) 마오쩌둥, 「소련〈정치경제학 교과서〉의 담화(초록)를 읽고(讀蘇聯〈政治經濟學敎科書〉的談話) (節選)」, 『마오쩌둥문집』 제8권. 1999, 인민출판사, 103—148쪽.

서 10월 혁명 40주년 경축대회, 그리고 경축기간에 열린 사회주의 국가의 공산당 및 노동자 당대표대회, 64개 공산당 및 노동자당대표 대회 등 일련의 중대한 회의에 참석했다. 회의기간에 마오쩌둥은 국제 공산주의 운동이 취득한 역사성적 진보에 대해 높이 평가하고, 세계 정세는 서풍이 동풍을 압도하는 것이 아니라, 동풍이 서풍을 압도한다는 것을 논증했다. 회의기간 흐루시초프의 자유분방한 사상이 마오쩌둥에게 큰 영향을 미쳤다. 흐루시초프는 11월 6일 열린 최고 소비에트회의에서 연설하면서 경제면에서 선진적인 자본주의 국가와 경쟁을 벌이는 웅대한 포부가 들어있는 목표를 제기했다. 즉 "동지들, 우리 계획 설계사들의 계산에 따르면, 향후 15년간 소련은 미국의 현재 중요한 제품의 생산량을 따라잡을 수 있을 뿐만 아니라 추월할 수 있는 것으로 나타났다."고 했다.[80] 이에 대해 18일 마오쩌둥은 64개 공산당 및 노동자 당대표대회에서 "흐루시초프 동지는 우리에게 15년 후 소련이 미국을 추월할 수 있다고 말했는데 나도 15년 후 우리가 영국을 따라잡거나 추월할 수 있다고 말할 수 있다"고 말했다. 마오쩌둥은 "15년 후 우리 진영 중에서 소련이 미국을 추월하고 중국이 영국을 추월할 수 있다. 그때 가면 우리는 천하무적일 것이며, 그 누가 감히 우리와 싸우려 하지 못할 것이고, 세계도 항구적인 평화를 유지하게 될 것이다"라고 말했다. 당시 마오쩌둥의 사상은 경제면에서의 경쟁을 통해 선진적인 자본주의 국가를 추월하고, 세계의 지속적인 평화를 유지하려는 것이 분명했다. 이는 후루시쵸프의 사상과 비교적 일치했으

---

80) 후루시쵸프, 『소련 최고 소비에트회의에서의 보고(在蘇聯最高蘇維埃會議上的報告)』 (1957년 11월 6일).

며, 중국공산당 내부에서도 반대 의견이 없었다.

그리하여 15년 내 영국을 추월한다는 사상이 형성된 후, 신속히 당 중앙에 접수되었다. 12월 2일 류사오치는 중화 전국총공회 제8차 전국대표대회에서 "15년 내 소련이 여러 중요한 공업제품과 농산품 면에서 미국을 따라잡거나 추월할 수 있듯이 같은 시간 내에 우리도 마땅히 강철 그리고 기타 중요 공업제품 면에서 영국을 따라잡거나 추월해야 한다"고 공개적으로 선포했다.[81] 이와 동시에 국가 경제계획 업무를 주관하는 리푸춘이 이 회의에서 구체적으로 논증했다. 그는 15년 후 중국의 강철 생산량은 4천만 톤에 달하게 될 것이지만, 영국은 현재 강철 생산량이 2천여 만 톤으로서 그 지표에 도달하지 못할 것이라고 분석하고 나서, 또 석탄, 금속 절삭 공작 기계, 시멘트, 화학비료 등 면에서의 생산량도 15년 내 영국을 추월할 수 있을 것이라고 예측했다.

이를 통해 볼 때 이 발상과 슬로건이 당시에는 전혀 근거가 없는 것이었다고 말할 수는 없는 것이다. 먼저 소련의 40년간의 사회주의 건설의 성과는 사회주의 제도가 생산력을 해방시키고 발전시키는 우월성이 있다는 것을 확실히 증명했다. 다음으로 신 중국이 창립된 후 경제가 시종일관 고속 발전단계에 처해 있었다. 1949년 사회 총 생산량이 557억 위안 이던 데서부터 1952년에는 이미 1,015억 위안에 달했고, 1956년에는 또 1,639억 위안으로 증가했다. 첫 5개년 계획기간에 사회 총생산량이 매년 평균 113%나 성장했던 것이다. 이러한 발전 속도는 중국 역사상 매우 보기 드문 일이었다. 따라서 당시 상황에서 말하

---

81) 『신화반월간(新華半月刊)』 1958년 제1호.

면 15년 내 영국을 추월한다는 것은 모종의 현실적 가능성이 있었던 것이다. 그 다음으로 이 슬로건은 중국 인민의 절박한 요구를 확실하게 반영하고 있었다. 그러나 이러한 형세는 중국의 국정(중국은 기초가 약하고 현실적으로 낙후하다)을 벗어난 것이었고, 경제건설의 객관법칙성을 위배한 것이었으며, 현실 가능성을 추월했기 때문에 이 웅대한 포부는 결국 마오쩌동의 중국 공업화의 길에 대한 모색을 잘못된 방향으로 들어서게 했다.

바로 "15년 내 영국을 추월한다"는 이 중간 단계를 거쳐 마오쩌동의 경제건설을 "촉구해야 한다"는 사상이 '대약진'의 실천단계로 점차 전환되어 갔던 것이다.

'약진'이라는 단어는 저우언라이가 1957년 6월 제1회 전국인민대표대회 제4차 회의에서 한 정부업무보고에서부터 나오기 시작했다. 저우언라이는 1956년 경제건설 계획이 '전면 급진'하고, 1957년 또 '전면 급퇴'했다고 말 하는 일부 사람들의 말을 비평하면서 "이러한 상황은 모두 우리가 건설 속도를 필요할 뿐만 아니라 촉구할 수도 있다는 것을 설명한다. 1956년의 계획은 바로 이러한 상황에 적응해 약진하는 절차를 취했으며, 또한 여러 방면에서 앞서 말한 것과 같은 거대한 성과를 거두었다"고 지적했다. 마오쩌동은 이에 대해 매우 극찬했으며 이 발명에 "1호 박사칭호"를 증여할 수 있다고까지 말했다. 그해 9월 열린 8기 3중 전회에서 마오쩌동은 1956년의 '급진'반대가 "더 많이, 더 빨리, 더 좋게, 더 절약"이라는 슬로건, 농업발전 강요 40조, '촉진회' 등을 날려버렸다고 비평하면서 회복시켜야 한다고 말했다. 이는 마오쩌동의 '가속화'사상이 발전해 '대약진'의 실천으로 전환하는 출발점이라고 말할 수 있다. 11월 13일 『인민일보』는 마오쩌동이 모스크바에서 수정한 『전 국민을 동원해 강요 40조를 논의하고 농업발전의 새로운 고조를 불러일으키자(發動全民, 討論四十條綱要, 掀起農業生産的新高潮)』는 사설을 발표했다. 이때 마오쩌둥은 흐루시초프가 제기한 15년 내 미국을 추월하자고 제기한 발상으로부터 자극을 받아 중국은 15년 내 영국을 따라잡거나 추월한다는 사상(18일 선포)이 이미 형성되어 있었던 것이다. 이로 인해 이 사설 중에서 처음으로 '대약진'이라는 말을 제기했고 "일부 사람들은 우경 보수 병을 앓고 있어 달팽이처럼 아주 느리게 기어가고 있다. 그들은 농업생산 합작화 이후 우리가 생산 전선에서 대약진을 일으킬 조건부도 있고 필요성도 있다는 것을 모르고 있다"고 지적했다. 『홍기(紅旗)』 1979년 제1기에서. '대약진'을 제기한 것은 마오쩌둥의 '급진'을 반대하는 것과 직접적인 연계가 있으며, 경제건설의 속도를 '가속화'하고 "더 많이, 더 빨리, 더 좋게, 더 절약"이라는 사상에 대한 구체적인 실시이고, 아울러 15년 내 영국을 추월하는 전략적 발상의 직접적인 전개이기도 하다는 것을 쉽게 볼 수가 있다. 따라서 '대약진'은 '가속화'이론이 실천단계로 전환되었다는 것을 의미하는 것이다.

1958년 일련의 회의를 거쳐 이 단계로 신속히 들어섰다.

제1차 회의는 1958년 1월에 열린 난닝회의였다. 회의의 주제는 1차 5개년 계획을 종합하고 2차 5개년 계획과 장원한 계획을 논의하는 것이었다. 회의에서 "당의 업무 중점을 기술혁명에 두어야 한다"고 제기한 것은 정확한 면이었지만, 회의의 기본정신은 "급진을 반대하는 것"을 비판하는 것이었다. 마오쩌둥은 자신이 '급진'의 주모자라고 하면서 "'급진'에 대한 반대로 인해 6억 인민이 용기를 잃었다"고 말했다. 마오쩌둥의 목적은 바로 영국을 따라잡는 것이었다. 업무의 중점을 기술혁명으로 옮긴 것을 포함해 역시 이 목표를 실현하기 위해서였다. 그는 "15년 혹은 보다 긴 기간 내에 영국을 따라잡거나 추월하기 위해 지금 기술혁명을 해야 한다"고 말했다.[82]

제2차 회의는 1958년 3월에 열린 청두회의(成都會議)였다. 회의의 주제는『1958년 계획과 두 번째 장부 예산에 관한 의견(關於一九五八年計劃和預算第二本賬的意見)』『지방의 공업을 발전시키는 데에 관한 의견(關於發展地方工業問題的意見)』 등 37개 문건을 논의 통과시키는 것이었다. 마오쩌둥은 회의에서 여러 차례 연설하면서 '급진 반대'를 계속 비판하였고, '급진'은 "마르크스주의의 것"이고 "급진을 반대하는 것"은 "비마르크스주의의 것"이라고 지적했으며, 이와 더불어 그는 "열의를 북돋우어 더 높은 목표를 실현하기 위해 노력하며 더 많이, 더 빨리, 더 좋게, 더 절약하자"를 사회주의 건설시기의 총 노선으로 재차 제기했다. 그리하여 회의가 끝난 후 얼마 지나지 않아 중앙은 야금부의 한 책임동지의 보고를 비준하고, 강철 생산량을 10년 내에 영국을 따라잡고, 20년 또는 더 긴 시간을 들여 미국을 따라잡으며, 1977년을 전후하여 연간 생산량을 1억 톤에 도달시키기로 구상했다. '대약진'은 이러한 격정 속에서 서막을 열었던 것이다.

제3차 회의는 1958년 5월에 열린 중국공산당 8기 2차 회의였다. 회의는 중공중앙이 마오쩌둥의 제안에 따라 제기한 "열의를 북돋우어 더 높은 목표를 실현하기 위해 노력하며 더 많이, 더 빨리, 더 좋게, 더 절약하면서 사회주의를 건설하자"는 총 노선 및 기본원칙을 통과시켰다. 회의에서 마오쩌둥은 "미신을 타파하고 사상을 해방시켜야 한

---

82) 『인민일보』 1957년 11월 13일 사설.

다"는 것을 특히 논증하고 "대담하게 생각하고, 대담하게 말하며, 대담하게 행동하자"는 슬로건을 제기했으며, 심지어 15년 내 영국을 따라잡을 수 있을 뿐만 아니라, 미국을 따라잡을 수도 있다고 흥분해서 제기했다. 이렇게 전국에서 '대약진'이 시작되었던 것이다.

제4차 회의는 1958년 8월에 열린 베이다이허회의이다. 이번 중앙정치국 확대회의에서 논의할 주제는 1959년의 국민경제계획 및 목전 공업생산, 농업생산과 농촌업무 등 문제였다. 회의에서 전국의 농촌에서 "농업생산이 비약적으로 발전하는 시세가 나타나 농산품 생산량이 배로, 몇 배, 십여 배, 수 십 배로 성장했다"는 것을 인정했다. 또한, 1958년 양곡 총 생산량이 3천 억kg 내지 3천500억kg으로 증대되어 그 전해에 비해 60% 내지 70%가 늘어날 것으로 예측하고, 1959년 양곡 생산계획 지표를 4천억kg에서 5천억kg으로 결정했다. 그리하여 회의에서는 양곡문제가 이미 해결된 것으로 인정하고, 주요 임무를 공업발전으로 돌려 1958년 강철 생산량을 그 전해보다 배로 늘릴 것, 즉 1,070만 톤에 도달시키고, 1959년 더 노력해 2,700만 톤 내지 3천만 톤에 도달시켜 2년 내 영국을 초월하는 것에 대해서 결정했다. 회의는 『농촌에서 인민공사를 설립하는 데에 관한 문제에 대한 결의(關於在農村建立人民公社問題的決議)』를 통과시키고 농촌에 '1대 2공'의 인민공사를 설립할 것을 결정했다.

회의가 끝난 후, 전국에서 전 국민이 강철을 제련하고 '인민공사화 운동'을 일으키는 고조가 매우 빠르게 형성되었다. 9월 전국적으로 강철 제련에 참가한 인구가 5천만 명, 작은 용광로가 60만 개에 이르렀고, 10월에는 강철 제련에 참가한 인구가 6천만 명에 이르렀으며, 12월에는 또 9천만 명으로 늘어났다. 통계에 따르면 총 300만 톤에 달하는 강철을 생산했다. 이와 함께 두 달도 안 되는 사이에 전국의 74만여 개 농업생산합작사를 2만6천여 개 인민공사로 합병시키고, 전국의 99%에 달하는 농민이 모두 인민공사에 가입했다. 1958년 말 중앙은 논의를 거쳐 총 노선, 대약진, 인민공사를 중국의 '삼면홍기(三面紅旗)'로 부르고, '삼면홍기만세'라는 유명한 슬로건을 제기했다. 하지만 이러한 맹목적으로 낙관하는 배경 하에 지표를 높이 세우고(高指標), 터무니없이 지휘하고(瞎指揮), 허위 보고 기풍(浮誇風)과 '공산풍(共産風)'을 주로 상징하는 '좌'경 착오가 전국의 도시와 농촌에서 심각하게 범람하고 있었다.

'삼면 홍기'의 타이틀은 총 노선이었다. 이 총 노선에 대해 우리는 한편으로 경제문화가 낙후한 중국의 상황을 변화시킬 것을 요구하는 광범위한 인민 군중들의 보편적인 염원을 반영했다는 점과 인민들에 대한 관심, 그리고 중국의 빈곤한 면모를 변화시키려고 결심하는 의지를 구현한 점은 마땅히 인정해야 한다.

마오쩌동의 '가속'이론과 '따라잡기'전략이 중국의 빈곤 낙후한 면모를 신속히 변화시키기 위한 것이고, 억만 인민의 행복을 위한 것은 확실하다. 그러나 그는 경제건설은 하나의 극히 복잡한 시스템공정이라는 것을 소홀히 했으며, 경제건설의 객관법칙을 소홀히 했다. 주관적인 격정과 주관적인 의지가 객관법칙을 이탈할 경우 결국에는 객관세계를 개조하려는 양호한 염원을 평생 유감으로 남기게 될 것이다. 마오쩌동이 제기한 사회주의 건설의 총 노선이 예기한 목적을 달성하지 못한 그 원인은 바로 여기에 있었다.

여기서 우리는 신민주주의 혁명의 총 노선, 과도시기의 총 노선과 사회주의 건설의 총 노선 이 세 가지 총 노선의 이론 내용을 비교해보는 것도 무방하다고 본다. 앞의 두 총 노선은 모두 국정에 대해 과학적인 분석을 거친 기초 상에서 제정한 것으로서 모두 완전한 이론적 근거가 있다. 예를 들면 신문주주의혁명의 총 노선을 제기하기 전 마오쩌동은 대량의 조사연구를 거쳐 중국이 완전한 봉건사회도 아니고, 독립된 자본주의 사회도 아니며, 반식민지·반봉건사회이기 때문에, 혁명의 대상은 국제주의·봉건주의와 관료 자본주의이며, 혁명의 동력은 프롤레타리아가 영도하는 인민대중이라는 등의 문제들에 주목했다. 이로부터 중국공산당의 신민주주의 혁명시기의 총 노선은 프롤레타리아가 영도하는 인민대중들의 반제국주의·반봉건주의와 반 관료 자본주의 혁명이라는 것이 확정되었다. 또 예를 들면 과도시기 총 노선을 제기하기 전, 마오쩌동은 역시 먼저 나라의 형편에 대한 분석을 거쳐 중국은 낙후한 농업대국으로서 국영경제, 합작사경제, 민영자본주의경제, 개체경제와 국가자본주의경제 등 다양한 경제성분이 존재하기 때문에 정권을 장악한 후, 한편으로 업무 중점을 경제건설에 두어야 하고, 다른 한편으로는 절차 있게 자본주의 경제와 개체 경제에 대해 사회주의 개조를 진행해야 한다는 것을 알았다. 바로 이러한 분석을 거쳐서야 마오쩌동은 '1화 3개조(一化三改造, 공업화와 농업, 수공업, 공상업을 개조하는 것을 의미)'를 당의 과도시기 총 노선으로 결정했다. 하지만 사회주의 건설의 총 노선은 이러하지 못했다. 비록 마오쩌동은 중국이 '매우 가난한'국가라는 것을 알고 경제건설 중에 존재하는 많은 모순에 대해 조사를 했으며, 목표는 사회주의 강국을 건설하는 것이었지만, 그는 나라 형편의 변화 상황에 대해 깊이 있고 세밀하게 조사하지 못했으며, 계통적인 사회주의 건설 이론을 형성하지 못했다. 그리하여 사회주의 건설의 총 노선이 제기되기 전 충분한 기반 혹은 전제가 결핍했다. 또한 마오쩌둥은 사회주의 개조가 다그쳐 완성되고 국제 공산주의운동이 중대한 성과를 거둔 상황에서 격려를 받아 사회주의 건설을 어떻게 다그칠 것인가 하는 문제에 대해 사색했다. 이로 인해 이 사회주의 건설의 총 노선에서 제기한 내용들이 대부분 주관적 요인에 치우쳤다. 예를 들면 "열의를 북돋우어 더 높은 목표에 도달하자"는 것은 사람들의 정신 상태와 주관적인 능동성에 대해 말한 것이고, "더 많이, 더 빨리, 더 좋게, 더 절약하자"도 역시 주관 능동성에 대한 요구이다. 바로 이 심각한 부족으로 인해 총 노선이 지도하는 대약진, '인민공사화운동'이 경제발전의 객관법칙을 이탈하고, "고삐 풀린 말"이 되어 중국의 이 빈곤하고 낙후한 땅에서 마구 날뛰었으며, 이로 인해 마오쩌둥의 경제를 고속 발전시키려는 목적에 도달하지 못했을 뿐만 아니라, 반면에 오히려 여러 방면에서 경제 비례관계를 심각하게 망쳐놓아 경제를 파괴했다.

마오쩌둥이 "중국의 공업화의 길"을 제기한 후 첫 실천은 바로 이렇게 본의를 멀리 벗어나 통제력을 잃은 상황에서 비참하게 실패했다. 이것이 바로 '가속'발상과 '따라잡기'이론이 후세에 남겨놓은 침통한 교훈이다. 하지만 교훈을 종합하는 것은 후세 사람들에게 훈계하기 위해서이고 법칙을 탐구하기 위해서이지 역사를 말살하고 중국의 사회주의 건설의 성과를 전반적으로 부정하자는 것이 아니었다. 다만 설명하고 싶은 것은 만약 '가속'발상과 '따라잡기'이론의 실수가 없었더라면, 중국의 사회주의 건설은 보다 큰 성과를 얻었을 것이고, 중국식 사회주의 공업화의 길을 보다 잘 걸을 수 있었을 것이라는 것이다. 사실 비록 경제건설에 있어서 이러한 또는 저러한 실수가 있었지만, 여전히 거대한 성과를 거두었다고 하겠다. 마오쩌둥이 우리에게 남겨준 것은 교훈뿐만 아니라 초보적으로 번영 번성한 사회주의 국가라는 이 거대한 성과도 있었다.

　역사를 거슬러 올라가면, 마오쩌둥이 중국공산당과 중국 각 민족 인민들은 영도해 정권을 쟁취하고 중화인민공화국을 창립할 때, 전국의 국면은 형편없이 퇴락하고 어수선했다. 마오쩌둥은 이러한 국면을 "가난하여 아무것도 없다(一窮二白)"라고 형용했는데, 이는 사실 조금도 과언이 아니었다. 관련 경제 통계자료의 시스템에 따르면, 1949년 전국 사회 총생산 가치는 557억 위안으로 1인당 평균 국민소득이 66위안에 지나지 않았다. 주요 공업제품 중에서 강철 생산량이 158만 톤, 석탄 생산량이 0.32억 톤, 원유 생산량이 12만 톤, 발전량이 43억 도에 지나지 않았으며, "농업으로 나라를 일으켜 세운다"라고 불리던 중국의 주요 농업생산품 중 양곡 생산량이 1억1,318만 톤, 면화 생산량이 444만 톤에 지나지 않았다. 뿐만 아니라 국고와 민간자금도 장제스 국민당에 의해 모조리 강탈당했다. 그들은 대륙을 떠나기 전 중앙, 중국, 교통, 농민 이 4대 은행의 금고를 계속 대만으로 옮겨갔는데, 중앙은행에서만 황금 5만 냥, 은화 1,520만 위안을 실어갔으며, 또한 수 천만 달러를 미국연방은행에 예금했다. 인민정부가 국민당 중앙은행을 인계받을 때, 금고에는 황금 6,180냥 밖에 없었다. 그리고 장제스를 따라 대만으로 간 300만 명 가운데 빈곤 사병 50만 명을 제외하고 그 나머지 대부분이 대소 관료, 지주, 자본가였으며, 그들이 가지고 간 황금, 달러와 각종 재화, 그리고 국고 자금을 다 합치면 500억 달러에 달한다고 한다. 중국공산당은 바로 이러한 "가난하여 아무것도 없는" 어수선한 나라를 인수했다. 그러나 마오쩌둥과 중국공산당의 영도 하에 매우 빠르게 기적이 극동에서 나타났으며, 단지 3년간의 시간을 거쳐 1952년에 이르러 사회 총 생산가치가 1,015억 위안으로 늘어났고, 1인당 평균 국민소득이 104위안에 달했다. 주요 공업제품 가운데서 강철 생산량이 135만 톤, 석탄 0.66억톤, 원유 44만 톤, 발전량이 73억도에 달했다. 주요 농업생산품 중에서 양곡 생산량이 1억6,392만 톤으로 늘어나고, 면화 생산량이 130.4만톤으로 증가됐다. 중국혁명을 지지하는 인사든지 적시하는 인사든지를 막론하고 모두 중국공산당이 겨우 몇 년이라는 시간 내에 자본주의 국가가 비교적 오랜 시간을 거쳐서야 다 걸을 수 있었던 경제 회복의 길을 다 걸었다는 점에 대해 감탄하지 않을 수 없었다. 이 기초 상에서 마오쩌둥은 당과 인민을 영도해 사회주의 개조와 대규모의 경제건설을 시작했다. 이 과정에 비록 이러 저러한 시련과 우여곡절이 있었지만 어쨌든 중국은 크게 발전 변화했으며 독립 자주적 공업구조와 국민경제체계가 이미 형성되었고, 농업·경공업이 중공업의 발전으로 인해 위축되지 않았으며, 원자탄 폭발과 위성 발사는 과학과 기술이 거대한 진보를 가져왔음을 보다 의미하고 있다. 더욱이 민풍이 건전하고 인간관계가 조화로운 것은 지금에까지도 여전히 사람들의 감탄을 자아내고 있다. 파탄된 중국이 이미 세계 거인으로, 초보적으로 번영하는 사회주의 대국으로 변화했다. 1976년 마오쩌둥이 서거한 그해에 사회 총 생산가치가 이미 5,433억 위안에 달했고, 1인당 평균 국민소득이 261위안에 달했다.

사람들은 언제나 사회주의 중국이 공업화와 현대화의 길에서 진전이 빠르지 않다고 비난하고, 극단적인 인사는 심지어 "자본주의보다 못하다"고 말한다. 하지만 그들은 이 두 가지 기본 사실을 잊고 있다. 첫째, 중국의 공업화와 현대화를 시작한 시간이 먼저 공업화를 실현한 국가에 비해 100년 내지 150년 뒤떨어졌다. 중국은 마오쩌둥의 영도 하에 사실상 1950년대에야 공업화 궤도에 들어서기 시작했지만, 선진국들에서는 18세기 말 또는 19세기 말엽에 이미 공업화의 궤도에 들어섰다. 둘째, 중국이 공업화의 궤도에 들어설 때 경제 출발점이 거의 모든 선발 공업화 국가보다 낮았으며, 그들의 1인당 생산가치가 대부분 200달러 내지 250달러 사이였고, 일부는 400달러 내지 500달러에 달했지만 중국은 100달러에도 미치지 못했다. 공명정대한 사람들은 알 수 있듯이, 중국을 공업화·현대화의 길로 이끈 사람은 바로 마오쩌동이고 중국공산당이며, 1950년대에 낙후한 중국을 이끌어 농업화에서 공업화, 현대화의 길로 나아가기 시작했다. 중국공산당 11기 3중 전회는 업무의 중점을 사회주의 현대화 건설로 돌려 불후의 업적을 쌓았으며, 사람들은 이 과감한 행동을 역사서에 기록했다. 하지만 사람들은 마오쩌동 만년의 착오를 시정할 때, 바로 마오쩌동을 핵심으로 한 당 중앙 제1대 지도 그룹이 후인들을 위해 이러한 전환을 실행하고 물질적 기초를 잘 닦아 놓았다는 것을 잊어서는 안 될 것이다. 후난(湖南)의 한 농민은 "공사에서 47개 댐을 건설하지 않았다면 당신들이 부유해질 수 있겠는가?" "지난날의 기초가 없다면 지금의 책임제를 실시할 가능성이 없다"고 말했다. 이 소박한 말 한마디가 바로 역사유물주의 진리를 말해주는 것이다.

제4장
경제체제 개혁론

　사회주의 개조가 기본적으로 완성되고 중국의 경제발전 규모가 갈수록 커짐에 따라 원래 자본주의 공상업을 제한하고 개조하기 위해 취했던 일련의 조치들이 더는 새로운 형세에 적응하지 못했으며, 경제체제면의 일부를 너무 많이 너무 고정적으로 통합시킨 폐단이 점차 드러나기 시작했다.

　　　－『중공중앙의 경제체제 개혁에 관한 결정(中共中央關于經濟体制改革的決定)』

제1절
'독립왕국'론

중국의 경제체제 개혁사상은 1956년 사회주의 제도가 갓 설립된 초기에 싹이 트기 시작했다. 중국의 사회주의 개조는 중국공산당이 마르크스주의의 일반 원리에 따라 중국의 구체적 실정과 결부시키고 특유의 평화 개조의 방식으로 실현한 것이다. 그러나 수립된 사회주의 경제체제는 일부분이 스스로 창조한 것 외에는 적지 않은 부분이 소련으로부터 배워온 것이다. 이는 우리가 기존의 경험이 없기 때문이다. 소련의 경험을 간단하게 부정해서는 안 되지만 확실히 많은 폐단이 있었다. 제1차 5개년 계획 실시과정에서 일부 모순들이 이미 드러났다. 1956년 4월 사회주의 사회의 10대 관계문제를 연구할 때, 마오쩌둥은 처음으로 사회주의 경제체제를 개혁하는 데에 관한 문제를 제기했다. 마오쩌둥은 『10대 관계를 논하다(論十大關系)』에서 사회주의 경제체제를 개혁하는 데에 관한 논술에서 사회주의 경제체제에 대한 자신의 구상을 충분히 구현했다.

기존의 경제체제에 대해 마오쩌둥이 가장 불만족해 한 것은 권력이 지나치게 중앙에 집중되었다는 점이다. 『10대 관계를 논하다』에서의 앞 세 가지 문제는 중공업과 경공업, 농업 간의 관계, 연해 공업과 내지 공업 간의 관계, 경제건설과 국방건설 간의 관계를 논술했으며, 모두 경제건설에 관한 문제에 대해 설명했다. 네 번째, 다섯 번째 문제는 국가, 생산단위와 생산자 개인 사이의 관계 문제와 중앙과 지방 사이의 관계 문제에 대해 제기했으며 경제체제 문제에 대해 설명했다. 그러나 경제체제 문제는 주로 권력이 중앙에 지나치게 집중되고 지나치게 통일되었으며, 지방 단위와 개인의 독립성이 부족한데 있었다. 1956년 4월 중공중앙정치국 확대회의에서 한 연설에서 마오쩌동은 "사회주의 전반 경제체제 문제"에 대해 연구해야 한다고 명확하게 지적했다. 그는 최근 몇 년간 비정상적이고 좀 많이 집중되었는데 도대체 공장, 향촌, 합작사, 지방에 얼마만한 자결권이 있어야 하는지 소련에서도 40년 동안 아직 경험이 없고 우리도 경험이 없기 때문에 연구해야 한다.

이 중대한 문제를 제기한 것은 첫째, 실천과정에서 중앙에 권력이 지나치게 집중되어 지방이 적극성이 없을 뿐만 아니라, 단위(기업, 합작사)와 개인(노동자, 농민)도 적극성이 없기 때문이다. 더욱이 공농연맹 가운데서 농민들의 정서는 예로부터 마오쩌동이 관심을 두어온 초점이다. 그는 통일 구입판매문제에서 1954년 중국의 부분지역이 수재로 감산됐는데, 국가에서는 오히려 양곡 35억㎏을 더 많이 구입해 1955년 봄 "많은 지방에서 거의 사람마다 양곡문제에 대해 논하고 가구마다 통일 판매에 대해 논하는" 현상이 나타나 "농민들이 의견이 있다"는 것을 발견했다. 이 문제를 발견한 후 1955년 양곡 35억㎏을 적게 구입하고, "생산량과 수매, 판매 가격을 모두 확정한다(定産定購定銷)"고 선포했는데, 그 결과 '3정(三定)'이 '4정(四定)'으로 변해 농민들은 "생산량과 수매, 판매가격이 모두 확정되니 우리도 안심이 된다"고 했으며, 나아가 적극성도 높아졌다. 비록 이 일이 정책의 적당성과 안정성 문제를 반영했을 뿐이지만, 마오쩌동은 이는 체제상의 문제와도 관련

된다고 분석했다. 그는 인민들의 이익과 질곡에 관심을 두지 않는 관료주의 작풍은 사람뿐이 아니라 체제문제도 포함되기 때문에 체제문제를 해결해야 한다고 강조했다.

둘째, 중국공산당의 역사상의 경험교훈을 바탕으로 했다. 민주혁명 기간 천두슈(陳獨秀)의 '학부모제'로부터 왕밍(王明)의 "민주를 논하지 않는다"에 이르기까지 조직제도 상에서 '좌'경, '우'경 기회주의 노선을 확보함으로써 당과 혁명에 매우 나쁜 후과를 가져다주었다. 마오쩌동이 당의 영도권을 장악한 이후에야 민주집중제 원칙을 전면적으로 관철시키고, 각 '산터우(山頭, 근거지의 속칭)'에 여러 특수 상황을 기동적으로 처리할 수 있는 권리를 주어서야 정확한 노선을 실현할 수 있게 되었다. 역사의 경험자로서 마오쩌동은 사회주의 경제건설을 영도할 때 이 경험 교훈을 마음에 두고 한시도 잊지 않았다. 1953년 당내 까오깡(高崗), 라오수스(饒漱石)의 반당연맹사건이 일어난 후, 당은 기율 감찰을 강화하고 당의 집중 통일을 강조했다. 마오쩌동은 중국공산당 7기 4중 전회에서 까오라오(高饒)문제를 해결한 후, 당내에서 지나치게 소심하고 신중하며 감히 국가 대사를 논하지 못하는 일방성이 나타났다는 것을 알아차렸다. 이로 인해 그는 파괴성적인 국가 대사와 건설성적인 국가 대사 등 두 가지의 국가 대사를 명확하게 가려내야 한다면서 건설적인 국가 대사에 대해서는 입에 침이 마르도록 논해야 한다고 강조했다. 마찬 가지로 이는 언로가 막힘없이 잘 통하는가 하는 문제만이 아니라, 당내·국내에 집중 통일을 지나치게 강조한 까닭이라는 것도 알았다. 따라서 지나친 집중 통일 문제를 변화시켜야 한다고 제기했다. 그는 이 문제를 논할 때 경제체제에 국한하지는 않았지만 지향점은 주로 경제체제에 두었다.

셋째, 소련의 교훈 때문이다. 그는 권력이 지나치게 중앙에 집중되고 개인에 집중된 것은 소련의 경험과 매우 큰 관계가 있다고 여러 차례 말했다. 특히 소련의 '일장제(一長制)'는 중국공산당의 집단지도체제 전통과는 다르지만, 제1차 5개년 계획기간에 중국은 그대로 가져와 채용했다. 비록 현대 광공업기업에서 공장장의 권리를 강화하는 것은 그 필요성과 합리성이 있지만, 공장장이 당위, 근로자 간의 관계를 잘 처리하지 못할 경우 근로자들의 생산 적극성에 영향을 미치게 된다.

마오쩌둥은 합리적인 사회주의 경제체제는 마땅히 모든 적극적인 요인을 동원시킬 수 있는 체제여야 한다고 보았다. 저명한 『10대 관계를 논하다』에서 마오쩌둥은 우리는 반드시 당내 당외, 국내외 모든 적극적인 요인과 직접·간접적인 적극적 요인을 모두 동원시켜 중국을 강대한 사회주의 국가로 건설하기 위해 노력해야 한다고 말했다.[83] 그리하여 마오쩌둥은 매우 중요한 개혁사상 즉 지방과 기업이 '독립왕국'을 건설하는 것을 허용해 국가 생산단위와 개인 3자 간의 이익을 다 같이 돌보도록 해야 한다고 제기했다.

먼저 지방이 '독립왕국'을 건립하는 것을 허용했다. 중앙과 지방의 분권을 실시하는 것은 마오쩌둥의 중요한 개혁사상이다. 『10대 관계를 논하다』에서 그는 다음과 같이 지적했다. "중앙통일 영도를 공고히 하는 전제하에 지방의 권리를 조금 확대하고 지방에 보다 많은 독립성을 줌으로써 지방이 보다 많은 일을 하도록 해야 한다. 이는 우리가 강대한 사회주의 국가를 건설하는데 있어서 비교적 유리하다. 우

---

83) 『마오쩌둥문집』 제7권. 1999, 인민출판사, 31·41쪽.

리나라가 이렇게 크고 인구가 이렇게 많으며 상황이 이렇게 복잡하기 때문에, 중앙과 지방의 적극성을 모두 동원하는 것이 하나의 적극성을 동원하는 것보다 훨씬 낫다. 우리는 소련과 같이 모든 것을 중앙에 집중시키고 지방에 기동권을 조금도 주지 않아서는 안 된다". 마오쩌둥은 중앙의 집중 통일은 지방이 자결권을 갖춘 기초 상에서 이루어져야 한다고 생각했다. 그가 지방에서 '독립왕국'을 건립하는 것을 허용한다고 제기한 그 실질적인 목적은 지방의 자결권 문제를 해결하려는 것이었다. 그가 생각하는 사회주의는 집중 통일되고 또 민주적이고 자결권이 있는 사회였다. '문화대혁명시기' 그는 에드가 스노우(斯諾)와 담화하는 과정에서 미국과 마찬 가지로 권력을 각 주에 나눠줌으로써 지방에 자결 자주권이 있도록 하겠다고 말한 적이 있다. 이를 위해 그는 철학변증법, 경제이익과 정치민주 등 여러 층면에서 비교적 충분한 논증을 했다. 표면상으로 볼 때, 통일성과 독립성은 대립되는 양극인 것 같다. 그러나 변증법적으로 볼 때면, 이들은 대립되면서도 통일되는 관계였던 것이다. 전통 철학에서 '하나(一)'와 '다(多)'는 예로부디 매우 중요한 범주에 속하는 한 쌍이다. 사물의 존재는 다양한 특징을 지니고 있으며 절대 천편일률적일 수가 없다. 그러나 '많은' 것만 알고 '많은' 것 중의 '하나'에 대해 모른다면, 사물의 총체 및 그 내재적 본질에 대해 명확히 인식할 수가 없다. 사물의 총체는 다양성이 유기적으로 연결돼 형성된 통일체이며, 사물의 본질은 다양성에서 구체적 특징을 제외한 후의 공동의 질을 말한다. 그렇지만 그 어떠한 구체적인 사물도 모두 '많음'과 '하나'의 통일이고 '하나'는 '모두'를 떠날 수 없고, '모두' 중에 '하나'가 포함돼 있는 것이다. 이러한 철학 변증법을 바탕으로 그는 활력적인 경제체제는 마땅히 지방으로 하여금 자결권이 있고, 또 중앙통일 영도에 복종하는 체제여야 한다고 주장했다. 이러한 체제를 건립하려면, 반드시 지방의 이익을 보장해야 한다. 사람들의 적극성은 이익과 직접적인 관계가 있다. 때문에 마오쩌둥은 지방과 중앙의 모든 적극성을 논할 때 항상 이익 차원에서 문제를 제기했다. 하나의 통일된 국가는 언제나 통일된 전반적인 이익이 있다. 그러나 이 전반적인 이익은 지방의 이익을 고려하지 않는 기초 상에서 형성된 것이 아닐까? 마오쩌둥은 이러한 관점에 대해 부정했다. 그는 지방의 이익을 보장하지 않으면 지방의 적극성이 없게 되고, 국가의 전반 이익도 보장하기 어려울 것이라고 분석했다. 이 때문에 그는 중앙은 "지방의 이익을 돌보아 한다"고 강조했을 뿐만 아니라, 중앙으로부터 이익을 쟁취하도록 지방에 호소했다. 그는 "성, 시, 지, 현, 구, 향 등에서는 모두 정당한 독립성과 정당한 권리가 있어야 하고 또 쟁취해야 한다. 이러한 전국의 전반적 이익에서 출발해 권리와 이익을 다투는 것은 본위 이익에서 출발 한 것이 아니기에 지방주의라고 해서도 안 되고 독립을 위해 소란을 피운다고 해서도 안 된다"고 지적했다.[84] 이익이라는 것은 권력과 제도로 보장해야 한다. 지방의 이익을 보장하는 과정은 마땅히 지방의 권력을 확대하는 제도화의 과정이어야 한다. 따라서 마오쩌둥은 지방에서 '독립왕국'을 세우는 것을 허락하는 것을 사회주의 민주를 확대하는 과정 즉 분권의 과정으로 간주했다. 저우언라이는 1956년 6월 23일 국무원에서 소집한 체제회의에서 마오쩌둥의 분권사상에 대해 비교적 집중적으로 논술했다. 그는 "사회 생산력의 대대적인 발전은 집권에만 의거해서는 안 된다. 과거 소

---

84) 『마오쩌둥문집』 제7권, 1999, 인민출판사, 34쪽.

련에서 중앙에 권리가 지나치게 집중되고 지방의 권리가 적었는데 이것이 하나의 경험 교훈이고 하나의 거울이다", "우리의 제도는 민주집중제로서 바로 광범위한 민주 기초 상에서의 집중이야말로 역량이 있고 집중의 지도하에 민주를 널리 발전할 수 잘 발양할 수 있다. 이는 서로 의존하고 서로 제약하고 대립 통일된 것이며, 해결하지 못하는 모순이 발생하지 않을 것이다. 지방의 민주를 많이 발양하면 중앙의 영도를 대대적으로 공고히 할 수 있다. 그렇지 않으면 중앙집권 역시 관료주의적이고 실속이 없는 것이다."라고 지적했다. 이른바 분권이라는 것은 지방에 당권·정권을 제외하고, 또 인권·재권이 있어야 한다는 것을 가리키는데, 여기에는 과거 중앙이 주관하던 기업의 일부분을 지방에 넘겨 경영하도록 하는 것이 망라된다. 마오쩌둥은 이렇게 해야 만이 생산력의 발전을 추진할 수 있다고 생각했다. 그는 "과거에 우리가 광주리를 짊어졌다면, 지금은 멜대를 메고, 과거 50근(25kg)을 짊어졌다면, 지금은 100근(50kg)을 짊어질 수 있으며, 더 많이 짊어질 수도 있다. 과거에 중앙이 60근(30kg)을 짊어지고 지방에 권리를 나누어 주어 40근(20kg)을 짊어지게 한다면, 보기에는 중앙의 권리가 적어진 것 같지만, 양쪽을 합하면 역시 100근(50kg)이고 40근(20kg) 더 많아졌다"고 비유해서 말한 적이 있다. 이것이 바로 그의 지방 '독립왕국론'이다.

다음으로 기업이 '독립왕국'을 세우는 것을 허락한다는 것이다. 마오쩌둥은 "모든 것을 다 중앙 혹은 성·시에 집중시키고, 공장에 권력이나 기동적인 여지, 이익을 조금도 주지 않는 것은 타당하지 않다. 중앙, 성·시와 공장에서 도대체 어느 만큼의 권익이 있어야 적당한가 하는데 대해 우리는 경험이 많지 않기 때문에 더 연구해야 한다. 원칙상에서 말하면 통일성과 독립성은 대립적인 통일로서 통일성도 있어야 하고 독립성도 있어야 한다"고 말했다.[85] 1956년 4월 중공중앙정치국 확대회의에서 그는 생산과정의 기업과 유통과정에서의 기업 이 두 가지 유형의 기업에 대해 분석하고, 이 기업들이 마땅히 '독립왕국'을 세우는 것을 허락해야 한다고 분석했다. 그가 여기서 말하는 '독립왕국'은 "반 독립성 또는 어느 정도의 독립성이 있고, 공개적이고 합법적인 '반독립왕국'"을 가리킨다고 지적했다. 이 사상은 매우 중요하며 사실상 경영권과 소유권의 상대적인 분리 문제를 제기했다. 전통적인 공유제 이론에 따르면 전민소유제가 바로 국영제이기 때문이다. 생산수단을 전민 소유로 하는 기업은 국가를 대표하는 전민이 경영할 수밖에 없다. 마오쩌둥은 여기서 전민소유제 기업은 일정한 독립성이 있어야 한다는 문제를 제기했는데, 이러한 독립성은 소유권 의미에서의 독립성이 아닌 것이 분명하므로 전민소유제를 개인 또는 집체 소유제로 전환시키려는 것은 아니다. 소유권이 변하지 않는 상황에서 어느 정도의 독립성을 가진다는 것은 경영권면에서의 독립성일 수밖에 없다. 즉 기업은 마땅히 정책과 법률이 허락하는 범위 내에서 자주 경영해야 한다는 문제이다. 아쉽게도 마오쩌둥은 이 문제에 대해 논술할 때 철학의 차원에서 즉 통일성과 독립성의 대립 통일관계 차원에서 문제를 제기한 것이지, 보다 구체적으로 경제학의 차원에서 이 문제를 제기하고 논증한 것은 아니다. 그렇기 때문에 그는 기업의 독립성 문제로부터 소유권과 경영권이 상대적으로 분리되는 이 중대한 문제를 끌어내지 못했을 뿐만 아니라, 장래에 경영권과 소유권이 분리되어 공유제에 해

---

85) 『마오쩌둥문집』 제7권, 1999, 인민출판사, 29쪽.

를 끼치고 노동계급의 지도적 지위를 파괴할까 우려돼 잠재적인 모순을 남겨놓았다.

그 다음으로, 노동자 군중이 기업 관리에 참여하고, 기업 내부의 민주권리를 향유할 것을 제창했다. 비록 이 문제를 그가 제기한 '독립왕국'론과 동일시 할 수는 없지만, 기업이 '독립왕국'을 건립할 수 있다는 데 대해 논술할 때, 그는 항상 노동자가 관리에 참여하는 문제를 함께 제기했다. 사람들이 다 주목했듯이 마오쩌동은 '대표 1인 관리체제(一長制)' 하에서의 기업의 '독립왕국'을 바라지 않았으며, 기업의 '독립왕국'은 마땅히 노동자계급의 '독립왕국'이어야 한다고 생각했다. 제1차 5개년 계획기간에 중국은 소련의 경험을 따라 배워 '대표 1인 관리체제'를 시행했었다. 실천이 증명했듯이 이러한 지도체제는 비록 일정한 적극적인 역할을 일으키기는 했지만 부족한 면도 있었다. 1956년 4월 중공중앙정치국 확대회의에서 마오쩌동은 "대표 1인 관리체제는 의심할 것 없이 버리겠다"고 제기한 후, 중국공산당 제8차 대표대회에서 광공업 기업에서 당위가 지도하는 공장장 책임제를 실시하는 한편, 당위가 지도하는 노동자대표대회제를 건립하기로 결정했다. 덩샤오핑은 중국공산당 제8차 3중 전회에서 「정풍운동에 관한 보고(關於整風運動的報告)」를 할 때, "당위에서 지도하는 노동자대표대회는 기업의 민주를 확대하고 노동자 군중을 기업의 관리에 참여시키고 관료주의를 극복하는 양호한 형식이다"라고 강조했다. 그 후 마오쩌동은 『안강헌법(鞍鋼憲法)』에 대해 종합하면서 한편으로 "당위 지도하에서의 공장장 책임제"를 "당위 지도하에서의 공장장 분공책임제"로 바꾸었으며, 다른 한편으로 노동자 군중을 기업 관리에 참여시킨다는 이 근본 내용을 명확하게 제기했다. 즉 간부를 노동에 참가시키고, 노동자를 관리에 참여시키며, 불합리적인 규장제도를 개혁하고 노동자 군중과 지도 간부, 그리고 기술인원 등 3자를 결합시키는 것이다("兩參一改三結合")

상술한 3가지 점에서 알 수 있듯이 마오쩌둥의 사회주의 경제체제에 관한 기본사상은 국가·생산단위와 개인 등 3자 권익을 아울러 돌보는 사상이다. 그가 구상하는 사회주의는 바로 이러한 갈등을 조율하는 것을 통해 공평하고 민주적인 사회를 실현하는 것이었다.

그러나 이러한 극히 중요한 사상은 완전히 현실로 바뀌지 못했거나 또는 한 결 같이 견지함으로써 진일보적으로 보완하지 못했다.

노동자를 기업 관리에 참여시키는 사상에 관해 1960년 '안강헌법'을 제기한 후, 1961년에는 『국영공업기업의 업무조례(초안)(國營工業企業工作條例)(草案)』의 형식으로 확정했다. 그러나 기업 노동자대표대회는 사실상 별로 민주관리로서의 역할을 발휘하지 못하고, 형식적으로만 존재했을 뿐이었다. '문화대혁명'시기는 보다 더 처참하게 파괴되었다.

기업이 일정한 자주권을 향유해야 한다는 사상에 관해 이론상에서 구체적으로 깊이 있게 전개하지 못하고, 소유권과 경영권 사이의 복잡한 관계를 해결하지 못했기에, 기업의 이른바 '독립왕국' 또는 '반독립왕국'이 실현되지 못했다. 오랜 기간 중국의 국영기업은 자금·원자재로부터 인사배치에 이르기까지, 계획에서부터 생산·경영관리에 이르기까지 각종 대권이 모두 국가와 성·시 지방정부의 수중에 철저히 통제되어 있어 자주권이 별로 없었다. 따라서 기업의 활력과 생산발전에도 영향이 미쳤던 것이다.

지방이 일정한 자결권을 향유하도록 한다는 사상은 '중앙과 지방에서 동시에 병행할 방침'으로서 사회주의 건설 총 노선의 '기본원칙'

에 포함되었을 뿐만 아니라, 국무원의 경제체제 개혁의 내용으로서 시행되기 시작했다. 50년대 말 60년대 초, 마오쩌둥은 소련의 『정치경제학교과서(政治經濟學敎科書)』(제3판)를 읽고 있을 때 기뻐하며 말했다. "유럽의 장점 중 하나는 나라가 많고 각 나라가 제각기 일을 처리하기 때문에 유럽의 경제가 비교적 빠르게 발전할 수 있었다. 중국은 진나라 때 대제국이 형성되고 그 후부터 한동안은 분열, 분할상태에 처해 있었으며 대부분 시기는 통일 국면을 유지했다. 결점 중의 하나는 관료주의이고 통치가 매우 엄하며 통제가 지나치게 심하고 지방은 독립성이 없어 독립적으로 발전할 수 없었다. 그리고 사람들이 나태하고 산만하며 일처리가 시원스럽지 못하고 꾸물거리며 하루하루 되는대로 살아가고 경제 발전이 매우 느리다는 점이다. 그러나 지금 중국의 상황은 완전히 다르다. 전국 각 성이 모두 통일되고 또 독립되었다. 정치상에서나 경제상에서 모두 그러하다. 정치면에서 볼 때 각 성은 중앙의 통일 영도에 복종하고, 중앙의 결의에 따르며, 중앙의 통제를 받고, 독립적으로 본 성의 문제를 해결한다. 중앙의 중대한 결의는 또 모두 중앙이 각 성과 상의하여 공동으로 결정을 내린 것이다. 경제면에서 볼 때, 중앙은 지방의 적극성을 충분히 동원시켜야 하며 지방의 적극성을 제한하거나 속박해서는 안 된다. 우리는 전국적으로 통일 계획 하에 각 성이 될수록 모두 스스로 해결할 것을 제창한다. 원료가 있고 판로가 있으며 현지에서 재료를 조달할 수 있다면, 현지에서 판로를 넓히며 해결할 수 있는 모든 일은 될수록 지방에서 스스로 모두 해결하도록 한다. 해결할 수 없는 일은 물론 무리하게 하지 말아야 한다. 여기서 주의할 점은 원료 공급과 제품 판매로서 지방은 마땅히 중앙의 배정에 따라야 한다". 이러한 말은 '지시'라고 하기보다는 마오쩌동의 당시 중국 경제개혁 상황에 대한 찬미라고 하는 것이 낫겠다. 이로 인해 1958년 이미 '통일 계획하고 분급 관리하며'·'대권을 독점하고 소권은 분산시키는' 원칙에 따라 경제체제에 대해 개혁했다. 이번 개혁은 확실히 지방의 공업 발전에 일부 추진 역할을 했다. 그러나 개혁 후의 경제관계 가운데 여전히 적지 않은 모순이 존재하는 것을 점차 발견했는데, 예를 들면 '티아오티아오(條條, 중앙 각 부서)'와 '콰이콰이(塊塊, 지방)' 사이에 갈등이 존재함으로써 발전이 비교적 복잡하며, 또 행정관리 권한 이양만 강조하고 이익상의 조정에 대해 비교적 적게 고려했기 때문에, 역시 일부 소극적인 영향이 존재했다. 이에 대해 마오쩌둥은 곤혹스러워했으며 당 중앙과 국무원도 보다 좋은 방법을 찾지 못했다. 따라서 1961년 경제 조정을 위해 중앙은 이양했던 일부 권한을 회수했다가 1964년 재차 권한을 이양했다. 이것이 바로 60년대 사람들이 개괄한 "권한을 이양하면 적극성이 살아나고, 적극성이 살아나면 발전이 복잡해지며, 발전이 복잡해지면 권한을 회수하고, 권한을 회수하면 적극성이 떨어지며, 적극성이 떨어지면 또 권한을 이양하는" '기이한 현상(怪圈)'이었다. 이는 아마도 이 유익한 탐구가 시종일관 견지해 나가지 못했던 중요한 원인이었다.

제2절
계획경제에 대한 철학적 사고

주목할 만한 것은 마오쩌둥은 경제체개 개혁문제에 대해 고려할 때, 비록 주요 정력을 집권과 분권 문제에 두었지만 기존의 계획 사업 및 관리체제의 폐단에 대해 이미 언급했다.

먼저 그는 지방에서 '독립왕국'을 세우는 것을 허락해야 한다고 제기하고 지방이 일정한 자결권을 갖도록 했으며, 경제계획 제정과 실시하는 권한을 모두 중앙정부에 집중시키는 것을 반대했다. 그는 지나친 집권은 첫째 현실을 떠나기 쉽고, 둘째 여러 상급기관이 동시에 지방의 사업을 장악하게 되어 지방정부가 상급기관에 대응하느라 바쁘고 아무런 주도권이 없으며, 셋째 지방의 적극성에 타격을 줄 수가 있어 생산력의 발전을 저해할 수 있다고 분석했다. 그는 분권문제에 대해 논술할 때 계획관리 체제문제에 대해 비교적 많이 다루었다.

다음으로, 그는 계획업무부문이 경제계획을 절대화하는 것에 반감을 가졌으며, 이를 변화를 용납하지 않는 것, 반드시 그대로 옮겨오는 것으로 간주했다. 그는 계획은 이론과 마찬 가지로 실천에 중대한 지도적 의의가 있으며, 경제건설의 청사진 또는 강령이지만 반드시 실천을 하는 것에 의해 결정되며, 고정불변한 것이 아니라는 것을 인식했다. 이와 더불어 그는 계획사업 중의 부족한 점은 장기적인 영향을 미칠 수 있다고 지적했다. 제1차 5개년 계획에 대해 논평할 때 그는 이 계획은 기본적으로는 좋지만 부족점도 있으므로, 즉 '뼈'와 '살' 간의 관계를 잘 처리하지 못하고, 기본건설을 중요시하고 시정 건설과 생활서비스 시설에 대한 건설을 소홀히 했다고 지적했다. 그는 이 문제는 아직 바로 반영되지는 않았지만 장래에는 하나의 큰 문제로 될 것이라고 강조했다. 이에 대해 그는 매우 중요하게 생각했다. 그러나 그는 이 사업 중의 문제는 체제 중의 문제가 아니라고 생각했다. 마오쩌동이 볼 때, 계획경제를 실시하는 것은 인류가 필연 왕국으로부터 자유 왕국으로 매진하는 중요한 조건이기 때문에, 계획경제와 계획사업을 매우 중요시했다. 그는 계획경제에 대해 자신의 관점이 있으며, 어떻게 계획 사업을 잘 할 것인가 하는데 대한 자신의 구상도 있었다.

먼저 그가 『중국 농촌의 사회주의 고조(中國農村的社會主義高潮)』라는 책에 부연해서 쓴 내용 가운데 계획경제와 계획사업에 관한 일부 논술을 고찰해 볼 필요가 있다. 『매 사람이 수전 1무씩 소유하도록 해야 한다(應當使每人有一畝水地)』는 문장에 부연해서 쓴 내용 중에 마오쩌동은 "매개 현마다 전면 계획 중에 적당한 수리 계획이 있어야 한다"고 했다.

『합작 화에 의거해 대규모의 수토 보호 사업을 벌이는 것은 완전히 가능하다(依靠合作化開展大規模的水土保持工作是完全可能的)』라는 문장에 부연해서 마오쩌동은 전면 계획에 마땅히 "합작화를 포함해 농업, 임업, 목축업, 부업, 어업, 공업 또는 수공업, 수리, 화학비료, 농기구, 개량 경작기술, 개량종자, 상업, 금융, 문화, 교육, 위생 등 여러 가지 내용이 망라되어야 한다"며 "계획에 포함된 시간은 3년, 5년 또는 7년 모두 된다"고 지적했다.

『따취안산의 변화한 모습을 보라(看, 大泉山變了樣子)』는 글에서 마오쩌둥은 또 "문제는 전면 계획해야 하고 영도를 강화해야 한다"고 지적했다. 『황안타 농목생산합작사의 전망계획 계획(黃安坨農牧生産合作社的遠景規劃)』이란 문장에서 마오쩌둥은 전망계획에 대해 언급할 때 "이러한 계획은 하나의 장기적인 목표가 있어 사람들의 시야를 넓혀준다. 이러한 계획은 큰 방향만 있어 또 매개 5개년 계획과 매년 년도계획으로 구체화해야 한다. 몇 개의 몇 년 계획을 실시하는 과정에서 전망계획은 거듭 수정을 거쳐야 하기 때문이다"고 설명했다.

『홍성집체농장의 전망계획(紅星集體農莊的遠景規劃)』라는 문장에서 마오쩌둥은 "무엇 때문에 이러한 장기적인 계획이 있어야 하는지 사람들은 그 내용을 보면 다 알 것이다. 인류의 발전은 수 십 만년의 역사가 있으며, 중국이라는 이 땅에서 지금에 와서야 계획에 따라 경제와 문화를 발전시킬 조건을 갖추게 되었다. 이 조건을 갖춘 후부터 중국의 면모는 한 해 한 해 변화를 가져오고 있다. 매 5개년마다 비교적 큰 변화를 가져올 것이며, 몇 개의 5개년을 합하면 보다 큰 변화를 가져오게 될 것이다"고 말했다. 『이타오향의 전면 계획(沂濤鄉的全面規劃)』이린 문장에서 마오쩌둥은 이 향에서 제정한 2개년 계획을 예로 들면 "일부 사람들은 계획을 실시하기 어렵다고 하는데, 어째서 이 향에서는 실시할 수 있었겠는가?"라고 질문했다. 그는 "설령 좀 조잡하고 현실에 부합되지 않는다 하더라도 없는 것 보다는 좀 낫기 때문이다"라고 지적했다.

『한개 합작사의 3년 생산계획(一個合作社的三年生産規劃)』이란 문장에서 그는 "본 문의 작자가 한 말이 맞다: '생산계획을 제정하는 전반 과정은 바로 선진사상과 보수사상이 투쟁하는 과정이다' 보수사상은 지금 거의 곳곳에서 훼방을 놓고 있다. 이러한 보수사상을 극복하고 생산력과 생산을 앞으로 한걸음 더 발전시키기 위해 모든 지방과 모든 합작사는 모두 스스로의 장기적인 계획을 제정해야 한다"고 밝혔다.

「까우란현의 3년 발전 계획(皐蘭縣的三年發展計劃)」이란 문장의 부연에서 마오쩌동은 "국가와 성(구)의 계획이 허락하는 범위 내에서 현지의 현실 상황에 따라 실시 가능한 전면 계획을 제정한 후 성(구)의 비준을 거쳐 시행할 것"을 각 현에 요구했다.

이상에서 초록한 8개 부연한 문장은 마오쩌동의 경제와 사회의 발전계획 문제에 관한 기본사상을 비교적 완전하게 반영했다. 즉 (1) 사회주의 경제는 반드시 계획성 있게 진행해야 한다. (2) 계획은 마땅히 종합적이고 전면적이어야 한다. (3) 장기적인 계획이 있어야 할뿐만 아니라 중기 계획과 연도별 계획도 있어야 하며, 이를 통해 큰 방향이 구체화되어야 한다. (4) 계획 실시는 실천과정이며 계획은 실천과정에서 수정되고 보완되어야 한다. (5) 계획을 제정하는 과정은 선진사상과 보수사상이 투쟁하는 과정이다. (6) 계획은 반드시 객관 현실에 부합되고 현실적으로 실행할 수 있어야 한다.

마오쩌동은 시종일관 철학적 각도에서 경제계획문제에 대해 담론하며, 마르크스, 레닌, 스탈린처럼 경제학의 각도에서 계획경제문제를 연구하지 않았다는 것을 쉽게 엿볼 수 있다. 1959년 말부터 1960년 초까지 소련의 『정치경제학교과서』(제3판)를 읽을 당시, 그는 계획은 의식형태라고 명확하게 지적했었다. 의식은 현실의 반영이고 또 현실에 반작용을 일으킨다. 계획이라는 이러한 의식형태는 경제발전, 경제발전 속도에 매우 큰 역할을 한다고 보았던 것이다.

철학적 각도에서 계획문제를 논의하는 것은 본질적으로 경제계획과 경제 현실 간의 변증관계를 명확히 밝히는데 유리하고, 객관적으로 과학적 계획관리 체제를 연구 토론하는데 유리하다. 이러한 장점은 마오쩌둥이 사회주의 계획경제를 연구하고 중국의 계획관리 체제 중의 문제를 개혁하는데 큰 영향을 주었다.

첫째, 마오쩌둥이 제기한 경제계획은 상대적으로 균형적인 계획이다. 『중국공산당 제8기 중앙위원회 제2차 전체회의에서의 연설(在中國共産黨第八屆中央委員會第二次全體會議上的講話)』(1956년 11월)에서 그는 "우리의 계획경제는 균형적이면서도 또 균형적이지 못하다. 균형적이라고 하면, 올해는 균형적이었다 하더라도 내년에 가서는 또 불균형적이 될 수도 있다. 또한 모두 균형적이라면 이 균형을 타파하지 않으면 안 된다"고도 말했다. 그는 변함없이 절대적으로 균형적인 경제계획은 반대했다. 그는 균형은 모순의 잠시적인 상대적 통일이라고 생각했다. 「인민 내부의 모순을 정확하게 처리하는 데에 관한 문제(關於正確處理人民內部矛盾的問題)」(1957년 2월)에서 계획경제의 우월성은 바로 자각적으로 기존의 균형을 타파하고 불균형 가운데서 새로운 균형을 이루는 것이라고 특별히 지적했다. 이러한 논설은 전통 계획경제 이론과 매우 많이 다른 것이다. 전통적 계획경제이론에 따르면 국가 경제발전계획은 국민경제의 내재적 객관 비율의 반영이다. 따라서 계획은 모두 지령성적인 계획이고, 각급 정부기구와 경제부문이 모두 엄격하게 집행해야 하며, 조금도 위반해서는 안 되는 것이다. 그러나 마오쩌둥은 "사물은 모두 천차만별이고 모두 각자의 독특한 개성이 있으므로, 이는 객관적인 상황이고 자연법칙"이며 사회주의 공유제의 건립은 우리들로 하여금 계획성 있게 비율에 따라 경제를 발전시키고 불균형을 조절할 수 있도록 했지만, 불균형을 해소해서는 안 된다고 분석했다. 그는 또 "사물의 운동과정에서 불균형은 절대적이고 균형은 상대적이다. 그렇기 때문에 계획을 제정함에 있어서 사물의 운동이라는 이 변증법적 법칙에 부합되어야 하고, 자각적으로 절대적인 불균형 가운데서 상대적으로 균형된 계획을 제정해야 한다"고 지적했다. 마오쩌동의 이 사상에 따르면 계획경제는 반드시 강성 구조에서 탄성 구조로 전환되어야 하며, 다시 말하면, 지나치게 완고해서는 안 된다는 것이다. 여기까지 해낸다면 계획의 지령적 성질은 도전에 부딪치게 된다. 그러나 마오쩌동은 그때 당시 이 차원의 문제에 대해 제기하지 않았으며 계획경제이론의 내면에 더 깊이 파고들어가 이 창의적인 사상을 추진하고 지도성적인 계획 등의 문제를 연구 토론하지 못했음을 알 수 있다.

다음으로 그는 경제계획은 종합 균형을 실현함으로써 전반 국민경제를 중점적으로 조율 발전시켜야 한다고 제기했다. 마오쩌동은 계획을 제정하는데 있어서 줄곧 '전면 계획'을 주장했다. 이는 반드시 '전면'가운데서 여러 방면을 어떻게 종합적으로 균형을 이루도록 하겠는가 하는 문제를 이끌어 내게 된다. 「10대 관계를 논하다(論十大關系)」에서 제기된 농업, 경공업, 중공업 간의 관계와 연해 공업과 내지 공업 간의 관계, 축적과 소비 간의 관계, 경제건설과 국방건설 간의 관계 등의 문제가 바로 종합 균형의 문제이며, 장기계획, 중기계획과 연도별 계획 간의 관계문제 역시 종합 균형의 문제였다. 철학 변증법의 전면적인 원칙으로 인하여 마오쩌동은 경제계획은 반드시 비율에 따라 종합적으로 균형을 이루어야 한다는 문제에 비교적 많이 봉착하게 되었다. 마오쩌동은 소련 『정치경제학교과서』(제3판)를 읽던 그때 당시, 1959년 루산회의(廬山會議) 직전 '대약진'의 교훈에 대해 종합할 때, 종합 균형을 잘 이루지 못한 점을 국민경제 계획업무가 실수한 주요 교훈으로 간주했다.

그 다음으로, 그는 업무계획은 먼저 사회주의경제의 기본법칙에 의거하고, 다음으로 가치 법칙에 의거해야 한다고 주장했다. 즉 경제계획의 균형과 불균형의 변증법적 관계를 "어떻게 파악하고, 어떻게 종합 균형을 이룰 것인가?" 하는 관건은 업무계획의 근거를 확실하게 이해해야 한다는 것이다. 마오쩌동은 현실적인 사회주의 사회에서 인민 군중의 갈수록 늘어나는 물질문화 수요를 만족시키는 것을 생산목적으로 하는 사회주의 경제 기본법칙이 이미 역할을 하기 시작했지만, 상품생산과 상품교환이 서로 연결된 가치법칙은 여전히 역사무대에서 퇴출되지 않았다는 것을 알게 되었다. 이 두 가지 다른 경제법칙은 사회경제생활 가운데서 모두 사람들의 의지에 의해 이전되지 않고 객관적으로 존재하고 있다. 이러한 사실 앞에서 마오쩌동은 업무계획은 이 두 가지 방면의 법칙을 모두 객관적 근거로 삼아야 한다는 것을 인식했다. 그러나 그는 또 "가치 법칙을 업무계획의 주요 의거로 해서는 안 된다"고 강조했다. 그는 "우리의 대약진은 바로 가치법칙의 요구에 따른 것이 아니라 사회주의 경제의 기본법칙에 따르고 중국의 확대 재생산의 수요에 따른 것이다"라고 지적했다.

철학적 관점에서 계획경제 문제에 대해 분석한다면, 비록 그 독특한 장점이 있기는 하지만 결점도 있기 마련이다. 민주혁명시기, 마오쩌동이 그렇게 능숙하게 혁명전쟁을 지휘한데는 그가 철학지식이 비교적 풍부한 덕일 뿐만 아니라, 실천과정에서 군사과학지식을 진지하게 연구하고 철학을 구체적 과학지식과 결부시켰기 때문이다. 구체적인 과학이 없고 철학만 있는 것은 마오쩌동이 재삼 비평한 것과 마찬 가지로 일반성만 강조하고 특수성을 무시하는 그러한 추상적이고 공허한 교조주의인 것이다. 철학은 그 본성으로 인해 사물의 가장 일반적인 법칙과 본질만을 언급하지만 실천이 직면하는 것은 바로 매개 분야의 구체적 문제이다. 철학의 일반적 안내가 없으면 실천은 방향을 잃게 되고 구체 과학의 직접적인 참여가 없으면 실천도 구체적 방안이 없게 된다. 마오쩌동이 계획경제문제에 대해 철학적 분석을 하는 것은 필요 하지만 철학과 경제학을 결부시킨 분석이 부족했기 때문에 문제가 발생할 수밖에 없었으며, 철학 상에서 오차가 생겼다면 문제는 보다 심각해졌을 것이다.

마오쩌동의 계획경제에 대한 철학적 분석은 검토해 볼 만한 문제가 확실히 존재하고 있는 것이다.

1. 경제 업무 중의 균형과 불균형 문제를 어떻게 볼 것인가?

사물의 운동과정에서 모순의 투쟁성은 절대적이고 동일성은 상대적이기 때문에 운동형태에서 나타날 때 불균형은 절대적이고 균형은 상대적이다. 혁명전쟁을 지도하든 경제건설을 지도하든 모두 이 객관법칙을 존중해야 한다. 그러나 전쟁과 건설 과정에서 사람들의 실천 목적이 다르기 때문에 가치 성향도 다르다. 전쟁 가운데서 불균형은 주체에 불리한 상황과 유리한 상황, 즉 적이 강하고 우리가 약하거나 우리가 강하고 적이 약하다는 등의 두 가지 상황이 있다. 전쟁의 목적이 바로 적을 이기고 자신이 살아남아야 하는 것이기 때문에, 전쟁을 지도하는 사람은 일률적으로 불균형 상황에 대한 연구를 중요시하면서 가능한한 조건을 창조해 적이 강하고 우리가 약한 식의 불균형을 우리가 강하고 적이 약한 식의 불균형으로 전환시켜 적아 쌍방이 상대적으로 균형을 유지하고 있다고 하더라도 주관적으로 이러한 상태를 타파하고 우리에게 유리한 불균형으로 전환시키는 조건을 적극적으로 창조해야 한다. 사회주의 경제건설은 이와 달리 생산수단 생산과 소비자료 생산이라는 2대 부류가 상호 조율과 균형을 이룸으로써 거대한 생산력을 창조해 인민 군중들의 갈수록 늘어나는 물질문화 수요를 만족시키는 과정이다. 건설과정에서 확실히 불균형 상황이 나타나지만 주체의 가치 성향은 가능한 이 불균형이 균형을 이루도록 해야 한다. 경제건설을 지도하는 착안점은 불균형이 아니라 균형을 이루는데 두어야 한다. 물론 경제건설은 사람들이 능동적으로 자연계를 개조하고 각종 경제관계를 조율하는 과정이다. 따라서 이러한 균형은 기본상 동태적인 균형이다. 그러나 마오쩌둥은 계획경제문제를 논할 때 항상 중점을 균형에 두는 것이 아니라 불균형에 두었다. 그가 불균형을 강조하는 것은 경제계획을 응고화시키는 것을 반대하고 경제계획이 현실을 이탈하거나 또는 현실의 변화에 적응하지 못하는 것을 반대하기 위한 것으로서 이는 정확한 것이다. 그러나 그는 균형을 잡는데 중점을 두는 것이 아니라 항상 계획을 수정하고 계획을 돌파하면 경제건설이 필요로 하는 동태 균형을 파괴시키게 된다고 강조했다. 마오쩌둥이 경제발전을 '가속화'하고 '대약진'을 하려고 한데는 균형을 만족해하지 않았을 것이다. 따라서 오랜 기간 국가에서 제정한 5개년 계획은 시행할 수가 없었다. 2차 5개년 계획이 제정한 방침, 임무는 비록 주요 지표는 모두 정확했지만 '불균형'을 선호하는 마오쩌둥에 의해 타파되고 양곡생산지표, 강철 생산량 지표는 거듭해서 올려 져 결국 '대약진' 때문에 5개년 계획이 아무런 효력이 없는 문서로 되어 버렸던 것이다. 제3차 5개년 계획을 제정하던 초기 마오쩌둥은 과거의 교훈을 받아들여 중국의 실정에서 출발해 먹고 입고 쓰는 것을 중점으로 농업, 경공업, 중공업의 순서에 따라 경제계획을 조치할 것을 주장했지만, 시행 과정에서 또 타파되자 임전태세를 강조하고 중공업을 강조하면서 건설의 중점을 1, 2선에서 3선으로 옮겨 결국 불균형 가운데서 또 한 차례 재력·물력의 거대한 낭비를 초래했다. 1970년에 초안을 작성한 제4차 5개년 계획 요강은 더군다나 정치동란 때문에 시행할 수 없게 되었다. 이로써 계획은 비록 상대적으로 균형을 잡았지만 마오쩌둥이 불균형과 균형을 타파하는데 중점을 두었기 때문에 중국의 계획경제는 지령이 있고 계획이 없는 상태에 빠져들게 되었다. 이런 의미에서 우리는 오랜 시기 계획경제를 제대로 실시하지 못했다고 말할 수 있다.

둘째, 종합균형 문제를 어떻게 볼 것인가?

마오쩌둥은 철학적 차원에서 전면 계획과 종합균형을 강조했는데, 이는 경제발전의 객관법칙에 부합된다. 그러나 이 문제는 다만 철학의 차원에만 머물러 있기에 여전히 뜻밖의 변고가 생길 가능성이 있었던 것이다. 왜냐하면 종합균형은 또 어떻게 종합균형을 이룰 것인가 하는 문제가 있기 때문이다. 예를 들면 한 가지 첨예한 문제는 "장기적으로 종합균형을 이룰 것인가?" 아니면 "단기적으로 종합균형을 이룰 것인가?" 하는 문제이다. 당시 국내에서 성행한 것은 장기적인 종합균형이었으며 또한 적극적인 균형으로 자칭했다. 마오쩌둥은 경제계획 사업 문제를 담론할 때 장기적인 계획에 착안점을 두었다. 그는 먼저 큰 방향을 명확히 함으로써 사람들이 멀리 앞을 내다볼 수 있게 한 다음 5개년 계획(중기 계획)과 연도별 계획으로 구체화할 것을 주장했다. 그는 이렇게 계획문제를 고려하지 않는 것은 바로 보수적인 사상이라고 생각했다. 이른바 장기적으로 종합균형을 잡는다는 '적극적인 균형론'은 바로 업무계획의 지도사상이었다. 이 문제에 있어서 천원(陳雲)의 사상은 마오쩌둥과 달랐다. 천원은 철학면에서 문제를 생각했을 뿐만 아니라, 철학 유물주의 과학성과 철저성을 견지하고, 철학과 경제학을 결부시키는 면으로부터 종합균형에 대한 연구를 지속했다. 철학적 입장에서 말하면, 종합 균형은 단지 변증법적 명제인 것만이 아니라 유물론적 명제이기도 하며, 바로 현실에서부터 출발해야 했던 것이다. 경제학적으로 말한다면, 종합 균형은 현실의 생산력을 기초로 계획한 균형량이기 때문에, 천원은 "먼저 몇 개 원대한 지표를 제정한 후 여러 가지 데이터를 추산하고 건설 방안을 제정하는 종합균형 방법"을 반대했다. 그는 "종합균형은 반드시 지금부터 시작해야 하며, 올해의 연간 계획은 종합 균형을 이루어야 하기 때문에 시작부터 종합균형을 이루어야 한다"면서 "지금 종합균형의 경제수준으로부터 출발해 착실하게 연구하고 계산한 후 전망하는 계획이 어느 수준에 도달할 수 있는지를 예측해야지 절대 순서가 뒤바뀐 방법을 취해서는 안 된다"고 말했다.[86]

천원이 말하는 종합균형은 실질적이고 안정적인 종합균형인 것이 분명하고, 마오쩌둥이 말하는 경제계획은 부족한 부분이 있는 명의상의 종합균형 계획으로서 '대약진'을 통해서만이 이룰 수 있고, '대약진'은 바로 균형을 돌파한 불균형이었다. 그리하여 마오쩌둥은 이 '악순환'을 지켜보고만 있을 수밖에 없었던 것이다. 마오쩌둥의 계획경제문제에 대한 사고를 종합 분석해 보면 비록 부족한 부분이 있고, 심지어

---

86) 천원, 「중앙재경소조회의에서의 연설(在中央財經小組會議上的講話)」 (1962년3월7일), 『진운문선(陳雲文選)』 제3권, 1993, 인민출판사, 210-211쪽.

심각한 결함이 있기는 하지만, 그는 문제를 분석하고 있었으며, 권리가 지나치게 집중된 계획관리 체제와 지나치게 절대화한 계획경제의 폐단을 어떻게 극복할 것인가 하는데 대해 분석하고 있었다는 것을 잊어서는 안 될 것이다.

제3절

상품경제의 곤욕

　1956년 생산수단 사유제에 대한 사회주의 개조가 기본적으로 완성된 후, 국영시장이 이미 주도적 지위를 차지하고 국영상업이 사회 상품거래의 주요 경로가 되었다. 그러나 새로운 문제가 잇따라 나타났다. 마오쩌둥이 사회주의 경제체제 개혁의 임무를 제기한 후 천원은 이 임무가 공상업 관리라는 중요한 분야를 포함시켜야 한다는 것에 비교적 일찍 주목했다.

　중국공산당 8차 전국대표대회에서 천원은 『사회주의 개조를 기본상 완성한 후의 새로운 문제(社會主義改造基本完成以後的新問題)』(1956년 9월)를 주제로 "자본주의 공상업의 사회주의 개조가 결정적인 승리를 거둔 후 국가경제부문이 지난 수년간 자본주의 공상업을 제한하기 위해 일련의 조치를 취했는데, 지금에 와서 이러한 조치들은 이미 필요 없다"고 분석했다. 천원이 말하는 '불필요'한 조치에는 국영상업이 자본주의공업에 대해 가공 주문하고 일괄 구입 판매하는 방법, 국영도매회사의 물품 하급 배송하는 방법과 예전의 민영상점의 구입 운송을 제한하던 시장관리방법 등이 포함된다. 천원은 이러한 조치를 새로운 형세 하에 전부 또는 부분적으로 취소하고 "인민에 유리한 사회주의 경제"를 형성시켜야 한다고 주장했다.

　주목할 만한 것은 천원은 이러한 "인민에 유리한 사회주의 경제"는

"3개 주제, 3개 보충"을 특징으로 한 경제라고 말했다. 그는 "우리 사회주의 경제의 상황은 앞으로 공상업 경영면에서 국가경영과 집체경영이 공상업의 주체이지만, 일정한 수량의 개체 경영이 첨부되게 될 것이다. 이러한 개체경영은 국가경영과 집체경영의 보충이다. 생산 계획 면에 있어서 전국 공업 제품과 농산물의 주요 부분은 계획에 따라 생산한다. 그러나 이와 더불어 일부 제품은 시장의 변화에 따라 국가 계획이 허락하는 범위 내에서 자유 생산한다. 계획 생산은 공농업 생산의 주체이고 시장변화에 따라 국가의 계획이 허락하는 범위 내에서 자유 생산하는 것은 계획 생산의 보충이다. 따라서 중국의 시장은 절대 자본주의 자유시장이 아니라 사회주의의 통일시장이다. 사회주의 통일시장에서 국가시장이 주체이고, 일정한 범위 내에서 국가에서 지도하는 자유시장이 첨부되어 있다. 이러한 자유시장은 국가 지도하에서의 국가시장의 보충으로써 사회주의 통일시장의 구성부분이다"라고 설명했다.[87] 이 사상은 중국공산당이 80년대 제기한 "공유제를 기초로 한 계획 상품경제"의 초기 형식이라는 것을 사람들은 쉽게 알 수 있을 것이다. 이는 전통적인 사회주의 경제체제 모식을 크게 돌파한 중국의 실정에서 출발한 창조성적인 새로운 구상이었다.

유감스러운 것은 이 새로운 구상이 그 후에 한층 더 보완되고 발전하지 못했다는 것이다. 반면에 1958년 '대약진'과 "인민공사화운동" 가운데서 오히려 이와 배반(背反)되는 상품생산을 폐지시키고, 완전제품 경제를 시행하자는 극좌 사조가 나타났다. 이러한 국면이 나타나게 된 것은 바로 마오쩌둥의 잘못이었지만 마오쩌둥 자신도 안심할 수는

87) 위의 책, 제3권. 1995, 인민출판사. 13쪽.

없었다.

1958년 마오쩌둥은 처음으로 상품생산 문제 때문에 곤혹스러움을 느꼈다. 공농업 생산의 비약적인 발전을 추진하기 위해 8월 하순 마오쩌둥의 지지 하에 중공중앙정치국은 베이다이허회의에서 「농촌에서 인민공사를 설립하는 데에 관한 문제에 대한 결의(關於在農村建立人民公社問題的決議)」를 통과시켰다. 회의 후 전국 범위에서 기세 드높은 '공산풍(共產風)'이 신속하게 일어났다. 이때 천바이다(陳伯達)가 인민공사에서 바로 공산주의로 이행할 수 있으므로 공급제를 시행하고 상품생산을 폐지해야 한다고 제기했다. "3년간 열심히 노력해 공산주의로 진입하자"는 군중들의 열정에 대해 마오쩌둥은 매우 높이 평가했다. 그러나 중국이 곧 공산주의에 진입하게 된다든가 상품생산을 폐지하게 된다는 등 중대한 이론과 실천문제에 대해 마오쩌둥은 또 다시 곤혹스러움을 느꼈다.

곤혹 앞에서 마오쩌둥은 두 가지 일을 했다.

하나는 베이징을 벗어나 중국의 '공산주의'를 현지 시찰하는 것이었다. 한 지도동지의 소개에 따르면 조사 과정에서 마오쩌둥은 한 가지 문제로 당시 유명한 쉬수이현(徐水縣) '공산주의신촌'의 진상을 알아냈다. 마오쩌둥은 쉬수이현 현위 서기에게 "자녀 한 명에 부부 모두가 강한 노동력인 가정과 가족 6명 중 노동력이 한 명인 가정, 이 두 가정에는 어떻게 분배할 것인가"하고 물었다. 현위 서기는 "공급해야 하는 것은 일률적으로 균등하게 공급한다"고 대답했다. 이에 마오쩌둥은 "이렇게 되면 노동력이 강한 가정은 손해를 보고 노동력이 약한 가정은 이익을 본다"며 "이러한 제도는 우리의 생산에 유리하지 못할뿐더러 오히려 불리하게 된다"고 말했다. 허베이성에서 징한선(京漢線, 베이징-한커우[漢口])을 따라 남쪽으로 가면서 마오쩌동은 조사할수록 걱정이 많아졌다. 여러 가지 '공산주의'로 불리는 방법들 가운데서 어느 것이 과학적 공산주의에 부합되는 것인지 그의 머릿속에서 소용돌이쳤다. 그는 상품생산을 무시하면 목전의 경제발전에 불리하다는 것을 의식하기 시작했다.

다른 하나는 중국의 실정과 결부시켜 사회주의 경제이론을 공부했다. 그는 레닌의 『국가와 혁명(國家與革命)』이라는 사회주의와 공산주의 구별에 관한 논술을 읽었고, 스탈린의 『소련 사회주의 경제문제(蘇聯社會主義經濟問題)』와 소련 『정치경제학교과서(政治經濟學敎科書)』(제3판) 등 저작을 읽었다. 마오쩌동은 1953년에 『소련 사회주의 경제문제』라는 저작을 읽고 앞표지에 연필로 큰 동그라미를 그려 이미 읽었다고 표시해 놓았다. 그러나 지금에 와서 다시 읽으면서 그는 "과거에 이 저작을 읽을 때는 흥미를 못 느꼈는데 지금은 다르다. 우리의 사업을 위해 목전의 현실 문제와 결부시켜 경제이론 저작을 학습하니 현실을 벗어나 전문 책을 읽을 때보다 훨씬 좋고 쉽게 이해할 수 있다"고 말했다. 이 저작의 "사회주의 제도하에서의 상품생산 문제에 관하여"라는 한 장절을 읽으면서 마오쩌동은 거의 모두 직선, 쌍직선, 원, 삼각 등의 기호를 달아놓았다. 정권을 쟁취하고 아울러 생산수단을 국가소유로 회수한 후 마땅히 상품생산을 폐지시켜야 한다고 단정하는 일부 동지들을 비판한 스탈린의 관점 부분에 마오쩌동은 "우리도 이러한 동지들이 있다"고 평어를 달았다. 독서를 통해 그는 "보건대 역시 상품 생산을 해야 한다"는 것을 느꼈던 것이다.

조사 시찰과 독서 연구를 거쳐 마오쩌동은 '대약진'과 인민공사화 가운데서 나타나는 상품생산 폐지에 관한 논의는 마르크스주의를 위배했을 뿐만 아니라 중국의 실정에서 벗어난 것으로 사회발전단계를 초월한 착오적인 주장이라는 것을 의식했다.

1958년 11월 2일부터 10일 사이에 마오쩌둥은 중국 사회주의 역사상 유명한 제1차 정저우회의(鄭州會議)를 열고 당시 이미 인식한 착오를 시정하는데 착수했다. 회의에서 그는 한편으로 총 노선, '대약진'과 인민공사운동에 대해 여전히 충분히 인정하면서 다른 한편으로는 '공산풍' 등을 비평하고 천바이다(陳伯達) 등이 제기한 "상품생산을 폐지하고 제품을 평균 조달하자"는 착오적인 주장을 반박했다. 회의기간 그는 현 이상 각급 당위에 『독서에 관한 건의(關於讀書的建議)』(1958년 11월 9일)라는 서한을 써서 보냈다.

서한의 내용은 다음과 같다.

"동지들! 이 서한은 중앙, 성 시 자치구, 지구, 현 등 4급 당 위원회 동지들에게 보냅니다. 다름 아니라 단 한 가지에 관한 일인데 동지들에게 책 두 권을 읽을 것을 건의합니다. 한 권은 스탈린의 저작 『소련의 사회주의 경제문제(蘇聯社會主義經濟問題)』이고, 다른 한 권은 『마르크스-레닌, 스탈린이 공산주의 사회를 논하다(馬恩列斯論共産主義社會)』입니다. 모든 사람이 책 한 권을 세 번씩 열심히 읽어야 하는데, 읽으면서 어느 부분이 정확하고(내 생각에 이것이 주요한 것), 어느 부분이 정확하지 않은지, 혹은 그다지 정확하지 않은지, 영향이 모호한지를 생각하고 분석하며 작자가 말하려는 문제에 대해 어떤 점에서 자신이 그다지 잘 알지 못하겠는지 등을 기입하기를 바랍니다. 3명 내지 5명이 한 개 조를 나누어 매 장절에 대해 논의하면서 읽으면 두 달 내지 석 달이면 그 내용을 잘 이해할 수 있을 것입니다. 중국 사회주의 경제혁명, 경제건설과 결부시켜 이 두 책을 읽으면 두뇌가 명석해져 우리의 위대한 경제업무를 지도하는데 유리할 것입니다. 지금 많은 사람들의 사상이 혼란해 있는데, 이 책 두 권을 읽고 나면 분명해질 것입니다. 마르크스주의 경제학가로 불리는 일부 동지들이 최근 몇 달 내 바로 그러했습니다. 그들은 마르크스주의 정치경제학을 읽을 때는 마르크스주의자였지만, 목전 경제 실천 가운데서 일부 구체적 문제에 직면하게 되면 마르크스주의를 소홀히 했습니다. 지금 책을 읽고 변론하는 것은 모든 동지들에게 유익합니다. 이 목적을 달성하기 위해 이 두 권의 책을 읽을 것을 여러분들에게 건의합니다. 앞으로 시간이 있을 때 소련의 동지들이 편찬한 『정치경제학교과서(政治經濟學敎科書)』를 한 권 더 읽으면 좋겠습니다. 향급 동지들도 흥미가 있다면 읽기를 바랍니다. 대약진과 인민공사 시기 이러한 유형의 책이 가장 재미있다고 봅니다. 동지들은 어떻게 생각하십니까?"

마오쩌동이 1958년 11월 9일 정저우(鄭州)에서,[88] 뒤이어 11월 말 부터 12월 초 사이에 중공중앙정치국 확대회의와 중공 8기 6중 전회가 우창(武昌)에서 열렸다. 회의에서 마오쩌동은 한편으로는 '대약진'

---

88) 『마오쩌동문집』 제7권, 1999, 인민출판사, 432—433쪽.

과 "인민공사화운동" 과정에서 확실히 부족한 점이 있었다고 지적하면서 아울러 경제이론 즉 "도대체 상품생산이 왜 필요한지?" "상품 범위에 어떤 것이 포함되어야 하는지?" 등에 대해 연구할 것을 재차 강조했다. 중공 8기 6중 전회에서 통과시킨 『인민공사 약간 문제에 관한 결의(關於人民公社若幹問題的決議)』는 정치적 결의의 형식으로 이에 대해 간명하게 대답하고 다음과 같은 내용에 대해 치중하여 지적했다.

> "향후 필요한 역사시기 내에, 인민공사의 상품생산은 국가와 공사, 공사와 공사 사이의 상품교환이 반드시 매우 큰 발전을 가져와야 한다. 이러한 상품생산과 상품교환은 자본주의 상품생산 그리고 상품교환과 다르다. 이는 사회주의 공유제 토대 위에서 계획적으로 진행하는 것이지 자본주의 사유제 토대 위에서의 무정부 상태에서 진행하는 것이 아니기 때문이다. 상품생산을 계속해서 발전시키고 노동에 의한 분배원칙을 계속 유지하는 것은 사회주의 경제에 있어서 두 가지 중대한 원칙문제로서 전 당은 반드시 통일적인 인식을 가져야 한다. 너무 조급하게 '공산주의에 진입'하려고 시도하고, 너무 조급하게 상품생산과 상품교환을 취소하려고 시도하며 너무 이르게 상품, 가치, 화폐, 가격의 긍정적인 역할을 부정하는 이와 같은 생각은 사회주의 건설을 발전시키는데 불리하기 때문에 정확하지 못한 것이다."[89]

---

89) 『인민일보』, 1958년12월19일.

이때부터 시작해 마오쩌둥과 그의 전우 류사오치·저우언라이 등은 사회주의 상품경제이론에 대해 진정으로 심혈을 기울여 모색하기 시작했다. 1959년 말부터 1960년 초까지 마오쩌둥, 류사오치, 저우언라이 등은 3개 독서소조를 구성했으며, 저명한 경제학가 왕쉐원(王學文)·쉐무차오(薛暮橋), 후성(胡繩)·덩리췬(鄧力群)·톈자잉(田家英) 등이 이 독서 연구 활동에 참가했다. 그들은 독서과정에서 중국의 경제건설 실정과 결부시켜 논의하면서 일련의 중요한 사상을 형성했다. 그 가운데 사회주의 상품경제에 관한 사상 내용이 특히 풍부했는데 이는 중국 80년대 경제체제 개혁에서 보면 깊이 있는 사상 준비였다.

마오쩌둥의 탐구는 아래와 같은 주요 사상을 형성했다.

첫째, 중국은 매우 오랜 시기의 상품생산 발전단계가 필요하다.

마오쩌둥은 원래 상품생산을 언급하는 경우가 매우 드물었다. 그는 1956년부터 1958년 8월까지의 논저 가운데서 「10대 관계를 논하다」「인민 내부 모순을 정확하게 처리하는 데에 관한 문제(關於正確處理人民內部矛盾的問題)」에서든지 「업무방법 60조(工作方法六十條)」에서든지를 막론하고 모두 '상업'이라고 일반적으로만 언급했을 뿐이었다. 하지만 1958년 '공산풍'가운데서 상품생산 폐지에 관한 논란과 그 후과는 마오쩌둥을 놀라게 했으며, 이로부터 마오쩌둥은 '상(商)'은 간단하게 유통 영역의 '상업'문제뿐이 아니라, 생산, 유통, 분배, 소비 각 분야와 모두 밀접한 연관이 있는 '상품생산' 문제라는 것을 인식하게 되었다. 스탈린의 『소련 사회주의 경제문제(蘇聯社會主義經濟問題)』, 소련 『정치경제학 교과서(政治經濟學敎科書)』(제3판)를 공부하는 담화기록에서 중국의 현실과 결부시켜 이론을 연구하는데 능숙한 마오쩌둥은 극히 중요한 사상이 형성되었는데 바로 중국은 상품생산을 발전시키는 단계를 거쳐야 한다는 사상이었다. 그는 중국은 원래 상품생산이 매우 후진적인 국가로서 인도·브라질보다 뒤떨어졌기 때문에 상품생산을 발전시키는 단계가 매우 필요하다고 지적했다.

스탈린의 상품 존재 조건에 관한 논평 등을 논술할 때, 마오쩌동은 상품생산 존재 조건을 "사회주의 사회에 전민 소유제와 집체 소유제가 존재하기 때문에 상품과 상품생산이 있어야 한다"는 데로 겨우 귀결시키는 것을 못마땅하게 생각했다. 그는 "이 두 가지 소유제의 존재는 상품생산의 주요 전제이다. 그러나 상품생산의 운명은 결국 사회 생산력의 수준과 밀접한 관계가 있다. 때문에 단일한 사회주의 전민 소유제로 넘어갔다고 해도 상품이 아직 풍부하지 않을 경우 일부 범위 내에서의 상품생산과 상품교환은 여전히 존재할 것이다"라고 말했다. 이로부터 알 수 있듯이, 마오쩌동은 단지 생산수단 소유제와 소유권 측면에서만 상품현상을 설명해서는 안 되며, 생산력이라는 것이 가장 기본적인 문제에서 출발해 상품현상을 해석해야 한다고 생각했다. 중국의 상품생산이 얼마 동안의 역사단계를 거쳐야 하는가 하고 물으면, 마오쩌동은 여기서 사회제도에 대한 생산력 수준이 '매우 풍부한' 수준에 이르렀을 때, 다시 말하면 공산주의 고급단계가 다가올 때까지라고 대답했다. 하지만 이러한 논단이 어떻게 나온 것인가에 대해 마오쩌동은 설명하지 않았기에, 이 논단의 정확 여부는 후인들이 검증해야 할 것이다. 여기서 우리에게 남겨진 것은 골드바흐의 추측과 같은 상품운명에 대한 추측, 곧 '마오쩌동의 추측'인 것이다.

둘째, 상품생산을 발전시키는 것은 공농 연맹을 공고히 하는데 필요하다. 마오쩌둥의 기본 발상은 "농민을 착취해서는 안 되며 상품생산을 발전시키는 것을 통해 공농 연맹을 공고히 해야 한다"는 것이었다. 그는 "중화인민공화국 창립 후 사회주의 개조를 완성하기 전까지 우리는 상품생산과 상품교환을 이용해 수 억명의 농민들을 단결시켰고, 사회주의 개조가 기본상 완성된 후에도 우리는 여전히 상품생산과 상품교환을 이용해 5억 농민을 단결시켜야 한다"고 말했다. 그는 또 "대약진과 인민공사운동 중 한 가지 착오가 있는데, 바로 농민을 공인보다 더 선진적으로 간주하고 앞당겨 공산주의에 진입할 수 있는 것으로 여긴 것"이라고 여러 차례 지적했다. 그는 사람들에게 농민은 여전히 농민이라고 일깨워주었다. 그는 상품생산과 상품교환을 폐지하고 물자 조달을 실시하는 것은 바로 농민을 착취하는 것이라고 강조했다. 그러나 단지 공농 연맹의 수요로부터 출발해 상품생산문제를 제기한다면 적어도 두 가지 문제는 해결할 방법이 없었다. 하나는 국영기업은 상품생산을 발전시킬 것인가 하는 문제를 해결할 수가 없고, 다른 하나는 논리적으로 문제가 있었다. 즉 상품교환은 당연히 교환 쌍방이 모두 상품생산자여야 하지만, 지금 농민들이 국가에 파는 제품은 상품이고 국가(전민소유제기업)의 제품은 오히려 농민을 포함해 '전민'이 소유한 것은 상품으로 간주할 수 없는데, 이는 일방적인 상품생산과 상품 '교환'이 아닌가 하는 문제였다. 물론 스탈린의 저작 가운데는 이미 이 모순에 대해 언급한 바가 있다. 마오쩌둥은 두 가지 공유제 조건하에서는 반드시 상품생산과 상품교환이 존재한다는 스탈린의 이론에 대해 탄복했었다. 그러나 이 이론은 철저하지 못한 상품생산이론이었다. 즉 전민소유제 하에서도 상품생산이 있다는 것을 인정하지 않은 것으로 반드시 농민, 공사와 국가, 국영기업 쌍방이 모두 상품생산자라는 것을 인정하지 않았기 때문이었다. 마오쩌둥은 두 가지 공유제 조건하에서 상품생산과 상품교환이 반드시 존재한다는 스탈린의 이론에 만족하지 않고, 전민소유제 기업이 트럭 등 농공 생산수단을 통해 생산하여 농민들에게 상품으로 팔 수 있다고 생각했으며, 심지어 국가가 공업생산수단을 공사에 팔아 공사에서 공업을 경영할 수 있다고 생각했다. 하지만 그는 스탈린의 이론 앞에서 곤혹을 느꼈다. 그는 "스탈린은 상품이 소유권을 양도할 수 있는 제품이라는 이 이론에 근거하여 소련의 생산수단을 상품 범주에 넣을 수 없다고 말했는데, 이는 연구할 가치가 있다"고 말했다. '연구할 가치'는 있지만 아직 국영기업의 교환제품을 어떻게 상품으로 만들 수 있겠는가 하는 데 대한 보다 상세하게 설명할 수 있는 답안은 찾지 못했다. 그는 스탈린의 이론을 초월하고자 했지만 초월하지를 못했다. 하지만 마오쩌둥은 후에 이 문제를 발견하고 또 문제점을 제기했다.

셋째, 우리가 발전시키려는 상품생산은 사회주의 상품생산이다.
"지금 우리 일부 동지들은 상품을 두려워하는데, 이는 단지 자본주의를 두려워 할뿐이다. 상품을 왜 두려워하는가? 두려워 할 필요가 없다." 이는 마오쩌둥이 당시 한 말이다. 그는 상품을 두려워하는 심리는, 하나는 소생산의 자급자족을 숭상하기 때문에 나타나는 현상이라고 분석했다. 그는 "우리의 인민공사는 지금 집체소유제인데 도대체 자연경제를 확대해야 하는가, 아니면 상품경제를 확대해야 하는가? 혹은 양자를 모두 확대해야 하는가?"라고 하면서 이러한 후진적인 가치성향에 대해 명확하게 반대했다.
"지금 이러한 동지들이 보건대 인민공사 경제는 자연경제이다. 그들은 인민공사는 자급자족해야만 명예스럽고, 상품생산을 할 경우 명예스럽지 못하다고 여긴다. 이는 틀린 생각이다." 마오쩌동은 상품을 두려워하는 심리의 다른 하나의 원인은 상품경제와 자본주의의 경계선을 명확히 가리지 못하기 때문이라는 것을 또한 발견했던 것이며, 이에 대해 많은 분석을 했다. 스탈린은 『소련 사회주의 경제문제(蘇聯社會主義經濟問題)』에서 상품생산과 자본주의 생산 이 두 가지 서로 다른 경제 범주에 대해 명확하게 구분하고, 사회주의 상품생산과 자본주의 상품생산 사이에 본질적인 차별이 존재한다고 지적했다. 마오쩌동은 이에 대해 매우 흡족해 했다.

> "지금 일부 사람들은 상품생산을 폐지하려는 기세가 높아 상품생산이라는 말만 나오면 고민하면서 이는 자본주의의 것이라고 여긴다. 그들은 공산주의를 동경하고 상업을 반대하는 경향이 있는데 적어도 수 십 만 명이 상업을 반대한다. 마르크스주의 경제학가로 불리는 일부 사람들이 더 '좌'적 경향을 보이고 있는데, 그들은 지금 당장 상품생산을 폐지하고 제품조달을 시행해야 한다고 주장한다. 이런 관점은 착오적이며 객관법칙을 위반한 것이다. 그들은 사회주의 상품생산과 자본주의 상품생산의 본질적인 차별을 구분하지 못하고, 사회주의 제도 하에서의 상품생산의 중요성에 대해 알지 못하며, 사회주의 현 단계에 있어서 상품생산과 상품유통 과정에서의 가치, 가격과 화폐의 긍정적인 역할에 대해 알지 못하고 있다."

당시 마오쩌둥은 이 문제를 분석할 때 두 가지 기본 관점을 특별히 지적했다. 첫째, 상품생산의 성질을 알려면 상품생산과 경제와의 상호 연계성을 보아야 한다. 상품생산이라는 말만 나오면 자본주의와 연결시켜서는 안 된다. 상품생산을 자본주의와 연관시키는 것이야말로 자본주의 상품생산이며, 상품생산을 사회주의와 연결시키는 것은 사회주의 상품생산이다. 둘째, 상품생산의 주체가 상품생산의 본질을 결정한다. 마오쩌둥은 "우리의 상품생산이 사회주의 상품생산인 것은 당시 상품생산과 상품유통 영역에서 지배적 지위를 차지하는 것이 국가와 인민공사이기 때문이다"라고 분석했다. 자본가는 이미 상품생산의 주체가 아니기 때문에 우리는 국가의 역량, 사회주의 기업의 역량에 의거해 상품생산을 발전시키고 사회주의 건설을 위해 복무할 수 있고, 이러한 상품생산은 바로 우리가 발전시켜야 하는 사회주의 상품생산이라는 것이었다.

넷째, 사회주의 상품생산은 계획적인 상품생산이다.

마오쩌둥은 사회주의경제는 계획적으로 비율에 따라 발전시키는 경제로서 이러한 경제와 상호 연관되는 사회주의 상품생산도 계획적인 궤도에 올려야 한다고 주장했다. 즉 "먼저 상품생산을 계획적으로 진행해야 한다."는 것이었다. 인민공사의 생산 특징에 대해 언급할 때 마오쩌둥은 "인민공사는 사회의 수요를 만족시키는 원칙에 따라 계획적으로 두 개면으로부터 생산을 발전시켜야 하는데, 본 공사의 수요를 직접 만족시키는 자급적인 생산을 대대적으로 발전시켜야 할뿐만 아니라, 국가, 기타 공사의 수요를 만족시키는 상품성 생산도 될수록 광범위하게 발전시켜야 한다"고 말했다. 따라서 상품성 생산도 '계획적'

으로 진행해야 한다는 것이었다. 둘째, 상품교환도 계획적으로 진행해야 한다고 했다. 그는 "사회주의 상품교환은 계획적으로 진행해야 하며 국가와 공사의 상품교환을 계획의 궤도에 올려야 한다"고 명확하게 지적했다.

그렇다면 상품생산·상품교환과 계획경제를 어떻게 연결시켜야 하는가? 마오쩌둥은 이에 대해 두 가지 주장이 있다고 했다. 하나는 가치법칙을 경제계획을 제정하는 의거로 삼고, 따라서 광범위한 인민 군중들의 물질문화 수요를 만족시키는 것과 시장 변동상황의 토대 위에서 계획을 세워야 할뿐만 아니라, 상품생산 처음부터 계획에 따라 진행하도록 해야 한다는 것이었다. 1959년 3월 30일 한 문건에 대한 서면 지시에서 마오쩌둥은 "가치법칙은 위대한 학교이며, 이를 이용해야만 우리 수 천만 간부와 수억의 인민을 가르칠 수 있고, 우리의 사회주의와 공산주의를 건설할 수 있다. 그렇지 않을 경우 모두 불가능하다"고 말했다. 여기서 그는 사회주의 경제건설 과정에서 가치법칙의 중요한 역할에 대해 더는 강조할 수 없는 상황이라고 강조했다. 다른 하나는 경제계약을 상품생산과 상품교환을 계획적으로 배치하는 매개 수단으로 이용할 수 있다고 했다. 그렇다면 "생산단위로 하여금 어떻게 사회의 수요를 알게 하겠는가?" "생산단위가 어떻게 유통부문과 조율해야 하는가?"하는 문제가 대두했다. 이에 마오쩌둥은 계획과 시장을 연결시키는 매개 수단은 경제계약이라고 분석했다. 이 때문에 마오쩌둥은 "계약제도를 점차적으로 보급시켜야 한다"고 지적했다.

마오쩌둥이 생각하는 "계획적인 상품생산" 모델은 광범위한 군중들의 물질문화 수요와 시장의 수요에 따라 경제계획을 제정하고, 계획에 따라 국가가 공사와 생산계약을 체결하고 상품생산을 진행하며,

그 다음에는 공사가 계약에 따라 상품을 국가에 판다는 것이었다. 이 모델의 특징은 시장이 직접 생산에 조정 역할을 하지 못하도록 한다는 것이었다. 이 문제에 있어서 마오쩌둥은 여전히 스탈린의 이론에 영향을 받아 가치법칙이 생산에 대해 조정하는 역할을 해서는 안 된다고 생각했다. 그들은 모두 시장 메커니즘이 생산에 직접 역할을 발휘해 생산에 대한 통제력을 잃을까봐 우려했다. 이러한 우려는 별다른 방법이 없다고는 말할 수 없다. 그러나 생산에 대한 시장의 직접적인 조정역할을 제한했기 때문에, 시장 정보는 많은 도경을 거쳐서야만 중앙계획부문에 전달되고, 그 다음에는 중앙계획부문이 계획을 확정하고 그 계획이 아래로 점차 하달된 후 최종 계획이 체결되게 마련이라, 그 소극적인 역할을 가히 짐작할 수가 있다. 게다가 이러한 경제 활동이 관료화, 저효율 현상을 피할 수 없는 것은 둘 째 치고 중앙계획부문이 정말로 제 때에 전면적으로 시장정보를 파악하는 것도 매우 어려운 일로서 시장 수요의 변동에 따라 즉시 생산계획을 조정한다는 것은 보다 어려운 일이었다. 이를 통해 알 수 있듯이 이러한 상품생산은 완전하지 못한 것이며, 심지어 명의상의 상품생산 또는 약간 느슨한 계획경제라고 할 수 있는 것이었다.

다섯째, 상품생산이 가져오는 부정적인 역할을 제한해야 한다.

상품생산을 두려워하지 말라는 논술에서 마오쩌둥은 또 상품생산이 가져오는 부정적인 역할을 두려워하지 말라고 지적했다. 사람들이 상품생산을 두려워하는 것은 인식 상의 문제 외에 상품생산과 상품교환이 가져오는 여러 가지 부정적인 역할을 보다 우려했다. 마오쩌둥은 '부정적인 역할' 문제에 대해 자신의 견해가 있었는데 바로 두려워하지 않는다는 것이었다. 그는 먼저 상품생산과 상품교환이 부정적인 역할이 있다고 해서 법칙을 위반하고 인위적으로 상품생산을 폐지해서는 안 되며, 둘째, 우리는 이러한 부정적인 역할을 해결할 수 있다고 생각했다. 그는 "상품생산이 부정적인 역할이 있는가, 없는가? 있으면 제한하고 부정해야 한다. 과거 자본주의의 귀신이 이미 그 부정적인 역할을 제거했으며, 앞으로 다시 나타나면 자본주의 귀신이 또 나타나 제거할 것이다"라고 시원스럽게 말했다.

유의해야 할 점은 '제한'이라는 이 단어인데 이는 '제거', '폐지'와 마찬 가지로 부정적 의미가 있다. 그러나 '제한'은 전부를 부정하는 것이 아니기에 '제거', '폐지'와는 다른 점이 있다. '대약진'과 "인민공사화 운동" 과정에서 마오쩌동은 상품생산과 상품교환을 '제거', '폐지'하는 문제에 대해 고려했으며, 경험 교훈에 대한 종합을 거쳐 그는 상품생산과 상품교환이 중국이 공산주의로 이행하기 전까지 오랜 기간 존재하게 될 것이므로, '제거', '폐지'는 객관법칙을 위반하는 것이라는 것을 알게 되었다. 그러나 상품생산과 상품교환은 스스로의 부정적인 역할이 있기 마련이기 때문에, 마오쩌동은 상품생산과 상품교환이 존재하는 과정에서 그 부정적인 역할을 '제한'해야 한다는 사상을 제기했다. 그렇기 때문에 사람들은 마오쩌동이 상품생산을 '제거', '폐지'하려던 생각이 있었다고 해서 그 후의 비교적 과학적인 '제한' 사상을 '제거', '폐지'와 동등하게 취급해서는 안 되는 것이라고 했다.

그러나 마오쩌동은 상품생산의 부정적인 역할을 두려워하지 말라고 지적할 때, 그가 생각하고 있는 '부정적인 역할'은 여전히 그가 반론하는 '상품생산이 자본주의 악귀를 끌어낼 것'이라는 것이었다. 그는 한편으로는 상품생산을 사회주의와 연결시키면 바로 사회주의 상품생산이며, 자본주의와는 필연적인 연계가 없다고 주장하면서, 다른 한편으로는 또 "앞으로 자본주의 귀신이 재차 나타나면 또 그 귀신을 잡아치워야 한다"고 말했다. 이것이야말로 관념상의 '징크스(怪圈)'가 아닐까 생각되며, 이러한 인식에는 거대한 위험성이 도사리고 있음을 알 수 있다.

마오쩌둥의 사회주의 상품경제에 대한 탐구는 곤혹스럽던 데로부터 귀중한 발걸음을 크게 내딛기 시작했다. 그러나 그는 매 한걸음 내디딜 때마다 일련의 새로운 형식으로 나타나는 곤혹이 뒤따랐다. 그가 이러한 곤혹스러운 탐구과정에서 거둔 성과는 비록 많은 모순이 존재하기는 하지만 모두 중국공산당 인들이 '대약진'과 "인민공사화운동" 중의 착오를 시정하고 사회주의 경제체제를 개혁하는데 있어서 이론적 근거가 되었다.

제4절
생산관계 조정

마오쩌동은 경제체제 개혁문제를 제기한 후, 사회주의 소유제 형식과 분배방식 등 생산관계 문제를 탐구하는 과정에서 많은 우여곡절을 겪었다.

1956년 말 생산수단 사유제의 사회주의 개조를 기본적으로 완성하고부터 1966년 5월 '문화대혁명'이 시작되기 전까지 생산수단 소유제와 분배방식 문제에 있어서 마오쩌동의 사상은 세 가지 발전단계를 거쳤다.

제1단계에서 마오쩌동은 사회주의 사회에서 "자본주의를 소멸할 수도 있고, 자본주의를 실시할 수도 있다"고 창조성적으로 제기했는데, 이는 바로 비사회주의 생산관계가 사회주의 사회에 존재하는 것을 허용한다는 것이었다.

중국공산당 제8차 전국대표대회에서 중국은 생산수단 사유제에 대한 사회주의 개조를 승리적으로 완성하고 사회주의 사회에 진입했다고 선포했다. 전국 각 민족 인민들이 북을 치고 징을 두드리며 기뻐서 경축하는 장면은 공산주의 이상을 위해 수 십 년을 분투해온 노전사들의 심정을 격동시켰다. 그러나 경제가 후진적인 중국에서 객관적으로 자본주의와 기타 비사회주의 생산관계를 완전히 소멸시킬 수는 없었기 때문에 지나치게 낙관해서는 안 되었다. 마오쩌동은 중국공산당

제8차 2중 전회 연설에서 이 문제에 이미 유의하고 있었다. 중국공산당 제8차 전국대표대회가 끝난 후 일부 민주당파들도 회의를 소집하고 사회주의에 진입한 것을 경축했다. 공상업자들에게서 얻은 정보에 따르면 전 업계에서 공사합영(公私合營) 이후 대부분 공상업자들의 표현은 좋았지만, 소수 소극적인 사람도 있었으며 "낮에는 사회주의, 밤에는 자본주의"를 하는 사람도 있었고, 또 지하공장, 지하상점 등도 나타났다. 민주건국회 황옌페이(黃炎培) 선생은 1956년 11월 30일 마오쩌둥에게 이러한 새로운 상황을 반영하는 편지를 써서 보냈다. 후에 류사오치의 소개에 따르면 당시 상하이에는 100여 개의 지하공장이 있었고, 톈진에도 지하공장이 있었는데, 비교적 큰 지하공장에는 5천여 명의 노동자가 있었다. 12월 7일 마오쩌둥은 민주건국회(民建), 공상연합회(工商聯) 책임자 황옌페이, 천수통(陳叔通) 등과 좌담회를 열고 이에 대해 중요한 의견을 발표했다. 먼저 그는 비록 지하공장, 자유시장의 기본성격은 자본주의이지만, 사회적 수요가 있기 때문에 발전한 것으로써 이들을 '지하'에서 '지상'으로 올려와 합법화해야 한다고 실사구시적으로 지적했다. 다음으로 그는 현재 옷을 만드는데 3개월이 걸리고 합작공장에서 만든 옷은 옷깃의 길이가 같지 않고, 단추구멍도 없고, 품질도 차질이 있는데, 민영공장을 세워 지상의 공유제 기업과 경쟁할 수 있다고 대담하게 말했다. 그 다음으로 그는 사회주의 사회에서 비교적 오랜 기간 내에 자본주의 기업을 보류시키고 발전시켜야 한다는 점을 고려했다. 이른바 비교적 오랜 기간이라고들 하는데 민영대공장은 10년, 20년 몰수하지 않고, 화교들이 투자한 공장은 20년, 100년 몰수하지 않을 수 있다고 말했다. 마지막으로 그는 서둘러 국유화하는 것은 생산에 불리하다고 지적했다. 그는 이러한 의견을 담론할 때 깊은 이론적 사고를 했다. "나는 러시아 신경제정책이 너무 빠르게 끝나지 않았나 의심이 간다. 2년 밖에 시행하지 않고 퇴각한 후 공세로 전환해 지금까지도 사회 물자가 부족하고 있는 것이 아닌가 하고 말이다."

이 문제는 스탈린에 대해 제기한 것이라고 말하기보다는 중국공산당 스스로(더욱이는 중공 8차 대회)에 대해 제기했다고 하는 것이 나을 것 같다. 그때 좌담회에서의 마오쩌둥의 사상을 보면 당시 그는 이미 중공 8차 대회의 결론에 대해 '의구심'을 보였다. 이 '의구심'이 옳고 그른지는 후세 사람들의 분석이 필요하며, 후에 그가 8차 대회에서의 주요 모순에 관한 논단을 부정하고 계급투쟁을 재차 제기한 것과 어떤 관계가 있는지에 대해서도 깊이 있게 연구했다. 그러나 당시 그는 마음속으로 잘 알고 있었다. "중국 땅에서 자본주의는 그렇게 간단하게 근절되지 않을 것이며, 생산력 발전수준이 아직 자본주의를 근절할 조건에 이르지 않은 상황에서 군중들의 계급투쟁을 통해 자본주의를 '소멸'시킨다고 해도 자본주의는 여전히 '지하'에 존재하고 있을 것이라는 것을 말이다." 때문에 그는 자본주의를 소멸시킬 수도 있고, 자본주의를 실시할 수도 있다고 말했던 것이다. 이것이 중국의 신경제정책이었다.

당 중앙과 국무원은 마오쩌둥의 이 의견을 매우 중요시했다. 류사오치는 1956년 12월 29일 전국인대 상무위원회 제52차 회의에서 몇%의 자본주의는 사회주의 경제의 보완이 될 수 있다고 말했다. 저우언라이는 1957년 4월 6일 국무원 전체회의에서 국영경제, 합작사경제, 민영경제 등 발전을 모두 허용하는 사회주의를 주류로 하는 경제구조 구상을 제기하고, 이렇게 하면 사회주의 발전에 도움이 될 것이라고 설명했다. 사회주의 사회의 생산관계 구조에 관한 마오쩌동과 당 중앙의 이 새로운 구상은 마르크스주의와 중국의 실정을 결부시킨 산물로서 매우 중요한 이론적 의미가 있다. 아쉽게도 1957년 여름 반 우파투쟁으로 인해 이 방면에 대한 탐구는 중단되었다.

제2단계에서 마오쩌동은 처음단계(超階段)의 공상에 빠져들어 중국이 머지않아 공산주의에 진입할 수 있다고 인식함으로 말미암아 중국에서 생산관계 문제에서 매우 큰 혼란이 일어났다.

'대약진'사상이 배태되는 과정에서 마오쩌동이 주로 생각한 것은 기술혁명으로 영국을 따라잡는 것이었으며, 당시 생산관계에 대한 조정을 고려하고 있었지만 비교적 신중했다. 1958년 1월『공작방법 60조(초안)工作方法六十條(草案)』제17조에서 "집체경제와 개체경제 간의 모순을 해결해야 하고 적당한 비율을 정해야 한다. 지금 상황은 일부 지방, 일부 농가의 수입에서 개체경제와 집체경제 비율은 60%, 70%(즉 가정 부업과 자류지 경영 수입이 총 수입의 60%, 70%)를 차지한다. 이러한 상황은 기필코 사회주의 집체경제에 대한 농민들의 적극성에 영향을 주게 될 것이다. 이러한 상황은 변화되어야 한다. 각 성에서는 널리 변론하고 통제 방법을 연구해 경제관계를 적당히 조절함으로써 농민들의 생산 적극성을 격려하고 생산을 전면 발전시키는 기초 상에서, 농민들의 수입 중 개체경제와 집체경제 비율이 몇 년 내에 점차 3대 7 혹은 2대 8(즉 농민들이 합작사에서 얻는 소득이 가정 총 수입의 70% 혹은 80%)에 도달하도록 해야 한다"고 지적했다.

'대약진'이 농촌에서 보급된 후 "홍기를 꽂고 백기를 뽑는다(揷紅旗, 拔白旗)"는 분위기 속에서 선동된 소자산계급의 열성은 농업생산 합작사라는 이러한 생산관계 형식에 만족하지 않았으며, 고급농업생산합작사(大社), 연합합동조합(聯社), 인민공사 등 대형 경제단체들이 분분히 나타났다. 1958년 8월 9일 마오쩌동은 산동(山東)을 시찰할 때 "역시 인민공사가 좋다"고 흥미진진하게 말했다. 그리하여 인민공사가 "공산주의로 나아가는 금다리"로 간주되었으며, 전국 곳곳에서 인민공사를 건립하기 시작해 이른바 '인민공사화운동'이 일어났다. 이때 과거를 돌이켜 보면서 신중해 하던 마오쩌동의 풍격은 중국사회의 진보에 대한 이상화한 격정으로 넘쳐났다. 마오쩌동 뿐만 아니라 당 중앙전체도 이때 대부분 공상에 빠져들었다. 이는 1958년 8월 29일 통과된 「중공중앙의 농촌에서 인민공사를 건립하는 데에 관한 결의(中共中央關於在農村建立人民公社問題的決議)」에서 드러났다.

『결의』는 총 6개 조항으로 이루어졌다. 제1조항에서는 "인민공사는 형세 발전의 필연적 추세다"라고 강조하면서 "목전의 형세 하에서 농림목부어(農林牧副漁)를 전면 발전시키고 공농상학병(工農商學兵)을 상호 결부시킨 인민공사를 건립하는 것은 농민들을 지도해 사회주의 건설을 가속화시키고, 사회주의를 앞당겨 완성하고, 점차 공산주의로 이행하는 과정에서 반드시 취해야 할 기본방침이다"라고 지적했다. 제2조항에서는 인민공사의 규모에 대해 설명했는데 "지금으로 말하면 일반적으로 한 개의 향에 한 개의 사를 설립하여 2천 가구 정도가 비교적 적합하다", "인민공사가 더한층 발전하면 현을 단위로 한 개의 연합합동조합을 구성하게 될 것이다"라고 분석했다. 제3조항에서는 고급농업생산합작사를 합병하고 공사로 전환하는 방법과 절차에 대해 설명했는데 "단숨에 일을 해치우면 물론 더 좋다"고 강조했다. 제4조항에서는 합작사 합병과정에서의 경제정책에 대해 규정하고 합작사 합병 전 공공적립금을 남기지 않거나 적게 남기는 것을 방지해야 하며, 각 합작사의 재산 차이와 재무에 대해 세밀한 계산을 하지 말며, 자류지, 소량의 과일나무, 주식 펀드 등을 서둘러 처리하지 말고 점차적으로 공유로 바꿀 것을 지적했다. 제5조항에서는 "고급농업생산합작사를 인민공사로 정하고 소유제를 집체소유제로 하지만, 그중 약간의 전민소유제 성분은 끊임없이 발전하는 과정에서 계속해서 늘어나 점차 집체소유제를 대체하게 될 것이다"라고 밝혔다. 그리고 "집체소유제가 전민소유제로 이행하는 것은 하나의 과정으로서 일부 지방에서는 비교적 빠를 것으로 3, 4년 내에 완성하게 될 것이고, 또 일부지방에서는 비교적 늦어져 5, 6년 혹은 보다 긴 시간이 걸릴 것이다. 전민 소유제로 넘어가면 국영공업과 마찬가지로 그 성질은 여전히 사회주의로서 각자는 능력에 따라 일하고 일한만큼 보수를 받게 된다.

그 다음 또 수년이 지나 사회적 제품이 매우 풍부해지고 전체 인민들의 공산주의 사상 각오와 도덕품질도 모두 매우 제고될 것이며, 전민교육이 보급될 뿐만 아니라 향상되고 사회주의시기 또 보존할 수밖에 없는 구사회로부터 남겨놓은 공농 격차, 도시와 농촌 격차, 정신노동과 체력노동과의 차별 등 모두가 점차 소멸될 것이다. 이러한 격차를 반영하는 불평등한 자산계급 법권의 잔여도 점차적으로 소멸되고 국가의 직능은 다만 외부 적의 침략에 대처하고, 대내적으로 이미 역할을 하지 않을 때, 이때 중국사회는 각자가 능력에 따라 일하고 각자가 필요한 것을 가지는 공산주의 시대에 진입하게 될 것이다"라고 분석했다. 이에 부합하여 이 결의는 분배제도는 일반적으로 기존의 분배제도를 변화시키는데 서두르지 말고, 조건이 성숙되는 지방에서 "노임제도를 바꿀 수 있다"고 규정했다. 제6조항에서는 당 중앙과 마오쩌둥의 종합적 지도사상은 "현 단계 우리의 임무가 사회주의를 건설하는 것"이라고 지적했다. 인민공사를 건립하는 것은 먼저 사회주의 건설을 가속화시키기 위한 것이고, 사회주의를 건설하는 것은 공산주의로의 이행을 위해 적극적으로 준비하는 것이었다. 중국에서 공산주의를 실현하는 것은 이미 먼 장래의 일이 아니었다. "인민공사의 형식을 적극적으로 운용해 공산주의로 나아가는 구체적 경로를 모색해야 한다"고 했던 것이다. 이 『결의(決議)』의 기본사상은 1956년 말 사회주의 사회에서 자본주의를 발전시키는 것을 허용하는 데에 관한 '신경제정책'과는 두 가지 문제 상에서 근본적으로 달랐다. 첫째는 1956년 말의 관점은 "국유화를 서두르는 것은 생산에 불리하다"는 것이었고, 1958년 8월의 사상은 "사회주의 전민소유제와 공산주의 전민소유제로 앞당겨 이행해야만 사회주의 건설을 가속화할 수 있다"는 것이었다.

둘째, 1956년 말의 관점은 신경제정책 시기를 너무 이르게 끝내서는 안 되며, 중국은 수 십 년에서 100년이란 비교적 긴 기간 안에, 또 여러 가지 경제가 존재하고 발전하는 것을 허용해야 한다는 것이었다. 그런데 1958년 8월의 사상은 이르면 3, 4년, 늦으면 5, 6년, 또는 보다 오랜 기간에 걸쳐 집체소유제가 전민소유제로 전환될 수 있으며, 공산주의도 "먼 장래의 일이 아니다"라는 관점이었다. 이렇게 급격하고 근본적인 전환은 어떻게 나타난 것일까? 그 이유를 밝힌다면 먼저 반우파 투쟁과 관련이 있었다. 1957년 여름에 나타난 자산계급 우파문제는 마오쩌동에 대해 중대한 영향을 미치지 않을 수 없었다. 반 우파 투쟁을 거쳐 마오쩌동은 정치상에서 자산계급 및 그 사상 영향이 여전히 존재하고 계급투쟁이 여전히 존재한다는 결론을 얻었으며, 경제상에서는 사회주의 공유제를 공고히 발전시키고 자본주의로 나아가는 것을 반대해야 한다는 것을 인정했다. 이로 인해 1956년 4월 이후 마오쩌동이 제기한 많은 경제체제 개혁문제, 그리고 이전에 그가 제기한 지식분자문제는 1956년 말 자본주의 존재와 발전을 허용해야 한다는 관점과 함께 1957년 반 우파투쟁을 거친 후 모두 갑자기 중단되거나 또는 제기되지 않았다. 이것이 하나의 주요 원인이었다. 그 다음은 이론적 착오와도 관계가 있었다. 중국혁명이 승리하는 과정에서, 더욱이 사회주의 개조과정에서 그는 생산관계와 생산력의 모순 가운데서 생산력에 대한 생산관계의 반작용을 특히 중시했다. 그는 생산관계의 변혁은 생산력의 대대적인 발전을 추진할 수 있다고 생각했다. 마오쩌동의 소원은 중국에서 경제대약진이 나타나는 것이기 때문에, 그는 생산관계가 1대2공(一大二公, 인민공사 규모가 크고 인민공사 공유화 수준이 높다)인 상황에서만이 인민 군중의 적극성을 가장 널리 동원시켜 기술혁명을 완성하고 대약진을 실현할 수 있다고 분석했다. 1958년 9월 후 마오쩌동이 『공산주의 선언(共産黨宣言)』을 읽을 때 주목한 점으로부터 이 문제를 볼 수가 있다. 당시 그는 마르크스, 엥겔스의 공유제를 건립하는 데에 관한 논술에 대해 특히 주목하고 중요한 부분에 방점을 찍었다. 예를 들면, 무산계급은 자신의 정치적 통치를 이용해 한 단계씩 점차적으로 자산계급의 모든 자본을 전부 빼앗을 것이며, 모든 생산수단을 국가에 집중시켜 통치계급인 프롤레타리아 수중에 장악하고(방점), 더불어 생산력의 총량을 최대한 빨리 늘린다. (직선, 쌍직선, 곡선, 단락 끝에 방점 3개, 본 단락 우측에 방점 3개). 마오쩌동은 『공산주의 선언』을 읽으면서 많은 단락에 직선, 곡선을 그려놓았을 뿐만 아니라, 쌍 직선 또는 동그라미를 쳐놓은 부분도 있었는데 이러한 부분이 바로 그가 '대약진'과 '인민공사운동' 중에서 발표한 내용과 유사한 부분들이라는 것을 사람들은 알 수가 있다. 당시 마오쩌동의 구상은 바로 공유화의 발전을 가속화해야 만이 생산력의 발전을 가속화할 수 있다는 것을 이론적으로 증명하려고 했다. 그러나 생산관계가 생산력에 반작용을 일으킬 수 있다는 문제에 주목했을 때, 그는 이러한 반작용이 생산관계가 생산력에 적응하는 상황에서만 적극적인 능동 작용을 일으킨다는 것을 잊고 있었다. 이 이론상의 편면성 또는 착오가 바로 마오쩌동이 극히 중요한 문제에서 근본적인 전환을 일으키게 된 심층적 원인이 되었던 것이다.

세 번째 단계, 마오쩌동은 '대약진'과 "인민공사화운동'의' 경험교훈을 종합하는 것을 통해 공상에서 점차적으로 현실로 돌아왔으며, 초급단계 공유화 이론으로부터 끊임없이 후퇴해 사회주의 생산관계를 다시 조정했다.

1958년 말 제1차 정저우회의는 또 하나의 전환점이 되었다. 마오쩌동은 그때부터 생산관계 초급단계에서 발전한 '공산풍' 등 착오에 대해 시정하기 시작했다. 제1차 정저우회의에서 그는 "인민공사가 집체소유제에서 전민소유제로 넘어가는 것을 서두르고, 사회주의에서 공산주의로 이행하는 것을 서두르는 것은 모두 착오적이다"라고 명확히 지적했다. 뒤이어 우창(武昌)에서 열린 중공중앙정치국 확대회의와 중공 8차 6중 전회에서 당 중앙과 마오쩌동은 경험 교훈에 대해 더한층 종합하고, '대약진'과 '인민공사운동' 중의 주요 착오가 "사회주의 단계를 추월해 공산주의 단계로 들어서는 공상에 빠진 것"이라는 것을 인식했다. 중공 8차 6중 전회에서 통과한 「인민공사 약간 문제에 관한 결의(人民公社若幹問題的決議)」에서 다음과 같이 지적했다. "모든 마르크스주의자는 반드시 사회주의에서 공산주의로 이행하는 과정은 상당히 오래고 상당히 복잡한 발전과정이며, 이 전반 과정에서 사회의 성질은 여전히 사회주의라는 것을 명확히 인식해야 한다.… 설령 이미 집체소유제에서 전민소유제로 이행했다 하더라도 사회 제품이 아직 공산주의를 실현할 수 있을 만큼 풍부하지 못하기 때문에, 인민공사는 필요한 역사시기 내에 여전히 노동에 따라 분배하는 제도를 보류하게 될 것이다. 노동에 따라 분배하는 원칙을 너무 일찍 부정하고 수요에 따라 분배하는 원칙으로 대체하려 하는 것은 다시 말하면 조건이 아직 성숙되지 못한 상황에서 무리하게 공산주의에 진입하려고 시도하는 것은 성공할 수 없는 공상이라는 것이 틀림없다". 당시 '공상론'에 대한 비평은 주로 사회주의 단계를 추월하고 서둘러 공산주의에 진입하려는 문제에 제한되었으며, 인민공사의 생산관계(주로 소유제와 분배형식을 가리킴)는 사회주의 성질이라고 지적했다. 이러한 사회주의 생산관계가 초보적 단계인지 아니면 고급단계인지, 생산수단은 어느 집체조직에 소유되어야 하는지, 분배는 어느 급 단위를 기준으로 해야 하는지 등에 대해 당시에는 모두 언급하지 않았다.

　초보적인 조사연구를 거쳐 중공중앙은 1959년 2월 17일부터 3월 5일까지 열린 제2차 정저우회의에서 인민공사 소유제와 분배제도 문제를 깊이 있게 연구하고 '공산풍' 오류를 시정할 것을 결정했다. 마오쩌동은 회의에서 "6중 전회 결의는 집체소유제에서 전민소유제로 바뀌고 사회주의에서 공산주의로 이행하는데 반드시 거쳐야 하는 발전단계에 대해 명확히 밝혔지만 공사의 집체소유제도 발전과정이 필요하다는 점에 대해서는 밝히지 않았는데 이는 하나의 단점이다. 그때 당시 우리는 아직 이 문제에 대해 인식하지 못했기 때문이다"고 말했다. 재미있는 것은 마오쩌동은 생산대대, 생산소대에서 생산량을 숨기고 개인적으로 나누어 가지는 문제에서 이 문제점을 발견했다는 점이다. 생산량을 숨기고 개인적으로 나누어 가지는 것에 대해 중앙, 성, 지구, 현, 사 이 5급 당위는 본위주의라고 비평하고, 생산대대, 생산소대는 오히려 반대로 위에서 평등주의를 한다고 비평했다. 마오쩌동은 1958년 말, 이러한 문제에 대해 전면적으로 분석해야 한다는 것을 느꼈다. 당시 그는 우렁시(吳冷西)에게 말할 때 "모순은 정면적인 것이 있고 측면적인 것이 있다. 문제는 반드시 모순의 여러 면을 다 보아야 한다.… 좋은 일을 다 믿어서는 안 되고, 나쁜 일도 그의 부정적인 면만 보아서는 안 된다. 생산량을 숨기는 문제를 예로 들면 나는 이에 동정이 간다"라고 말했다.[90] 당시 마쩌동이 생산량을 숨기는 현상을 동정한 것은 생산량을 숨기는 것이 객관적으로 존재하는 식량에 영향이 미치지 않았고, 허위적인 보고보다 나았기 때문이라고 한다면, 1959년 제2차 정저우회의 때 그는 더 나아가 소유제가 부적절해 조성된 것이며, 생산대대·생산소대의 부적절한 권리가 제도적으로 보장을 받지 못했기 때문이라고 생각했다. 인민공사 체제에 대한 연구를 거쳐 그는 인민공사 내부에 현실적으로 공사, 생산대대, 생산소대 등 3급 소유제가 존재하는데, 이 3자 간의 관계를 반드시 정확하게 처리해야 한다는 것을 알게 되었다. 이를 위해 마오쩌동은 아래와 같은 해결방안을 제기했다. "통일적으로 지도하고 대를 기본 단위로 하며, 분급 관리하고 권력을 하급에 이양하며, 3급이 정산하고 이익과 결손을 각자 계산한다. 적당히 축적하고 합리적으로 조절하며, 수입 분배는 사에서 결정하며 일한만큼 얻고 격차를 인정하며, 가치법칙에 따라 등가

---

90) 마오쩌동, 『기자는 냉정한 두뇌가 있어야 한다(記者頭腦要冷靜)』(1958년 11월 21일), 『마오쩌동문집』 제7권, 1999, 인민출판사, 443쪽.

교환해야 한다."

하지만 이때 말한 '대를 단위'로 한다는 것은 주로 생산대대를 가리켰다. 이와 더불어 '공산풍'을 처분할 때 '옛 장부'는 일반적으로 계산하지 않는다고 규정했다. 문제 해결이 여전히 철저하지 못했던 것이다.

두 번째 정저우회의 후, 마오쩌동은 이 문제에 대한 연구를 중단하지 않고, 계속해서 한편으로는 조사하면서, 한편으로는 검토했다. 3월에는 당내 통신을 4차례나 연이어 발표했다. 4월 2일부터 5일까지 상하이에서 중공 8기 7중 전회를 소집하는 기간 '옛 장부'도 계산해서 모두 반환해야 한다고 결정했으며, 또한 인민공사에서 생산소대의 부분 소유제를 시행하는 데에 관해 보충 규정했다. 그러나 생산소대를 인민공사의 3급 경제의 기본 결산단위로 해야 하는지에 대해 당시 여전히 의견이 일치되지 못했다.

하지만 불행하게도 생산관계를 끊임없이 조정하고 착오를 점차적으로 시정하며 공상에서 현실로 되돌아오는 과정에서 또 루산회의(廬山會議) 후기 펑더화이(彭德懷)를 반대하는 '우경 기회주의'문제가 나타났다. 이 실수는 '좌적 착오'를 시정하는 진전을 중단시켰을 뿐만 아니라 1960년 초 '공산풍'이 부활하는 국면을 나타나게 했다. 그 결과 국가가 내외 모순이 엇갈린 복잡한 형세 하에서 공농업 생산이 대폭 줄어들고 식량, 부식품, 그리고 일용품 공급이 갈수록 부족했다. 중국은 극히 어려운 시기에 들어서게 되었던 것이다.

1960년 11월 당 중앙과 마오쩌동은 이 엄준한 현실 앞에서 농촌 업무과정에서의 '좌'적 착오에 대해 재차 시정하기로 결정하고, 「농촌 인민공사의 당전 정책문제에 대한 긴급 지시 서한(關於農村人民公社當前政策問題的緊急指示信)」('12조'지시)을 발부했다. 지시 서한은 "인민공사는 3급 소유제를 실시하는데 대(대대)를 기본단위로 최소한 7년은 바뀌지 않으며, '1평2조 (一平二調, 인민공사 내부에서 실시한 평등주의의 공급제, 식당제와 생산대의 노동력, 재물 무상 조달)'의 착오를 철저하게 시정하며, 사원이 소량의 자류지와 가정부업을 경영하는 것을 허용하는" 등의 문제에 대해 규정했다. 농민 군중들은 이 지시 서한을 받은 후 마침내 불만정서를 기본적으로 진정시키게 되었다.

진정으로 문제를 해결하기 위해 1960년 12월부터 1961년 1월까지 당 중앙은 베이징에서 중앙업무회의와 8기 9중 전회를 연이어 소집했다. 마오쩌둥은 회의에서 조사연구문제에 대해 치중하여 제기하고 1961년을 '실사구시의 해(實事求是年)'로 할 것을 전당에 요구했다. 회의 후 그는 조사팀을 친히 조직하고 영도해 저장(浙江), 후난(湖南), 광둥(廣東) 등 성의 농촌에 내려가 조사를 진행하는 가운데서 인민공사에 존재하는 체제, 규모, 분배 등 문제를 포함한 많은 생산관계 면에 있어서 시급히 해결해야 할 문제들을 발견했다. 1961년 2월 하순 그가 영도하는 각 조사팀은 광저우에 모여 일부 지방 책임자 동지들과 함께 농촌 인민공사 조례 초안 작성에 착수했으며, '조례'의 형식으로 이러한 문제를 해결하려 했다. 3월 중순 중앙은 광저우와 베이징에서 각각 '산난(三南)' (중난[中南], 시난[西南], 화난[華南])지역의 책임자 참가] 회의와 '산베이(三北: 東北·華北·西北 책임자 참가)회의를 소집하고, 「농촌인민공사 업무조례[초안](農村人民公社工作條例[草案])」 즉 '농업 60조(農業六十條)'를 검토하고 제정했다. 뒤이어 광저우에서 소집한 중앙업무회의에서 이 조례에 대해 진지하게 검토했다. 이후 또 반복적인 검토, 수정을 거쳐 마오쩌둥은 최종 인민공사의 기본 결산단위를 초급사에 상당하는 생산소대로 이양할 것을 건의했다. 1961년 9월 29일 정치국상무위원회 및 관련 동지들에게 보내는 서한에서 마오쩌둥은 "우리는 농업 방면의 심각한 균등주의 문제에 대해 지금까지 아직 완전하게 해결하지 못하고 문제를 남겨놓았다. 농민들은 60조례 가운데서 이 조항이 부족하다고 말하는데 이 조항은 무엇인가? 바로 생산권은 소대에 있는데 분배권은 오히려 대대에 있는 즉 이른바 '삼보일장(三包一獎, 생산임무를 도급 맡아 생산목표를 실현하고 모든 비용을 부담하며 초과 생산하면 장려)'하는 문제이다. 이 문제를 해결하지 않으면 농업, 임업, 부업, 어업의 대대적인 발전이 여전히 속박 받고, 군중들의 생산 적극성이 여전히 영향을 받게 된다. 1961년에 비해 1962년의 농업생산이 많은 성장을 가져오자면 올해 12월 업무회의에서 이 문제를 해결해야 한다. 나의 의견은 3급 소유는 생산대를 기초로 즉 기본 결산단위를 대대가 아닌 생산대로 해야 한다. 이 문제에 있어서 우리는 지난 6년이란 오랜 기간을 멍청하게 보냈는데(1956년 고급사 성립 때부터 시작) 7년째는 마땅히 깨어나야 하지 않는가?"하고 말했다. 마오쩌둥의 건의에 따라 당 중앙은 10월 7일 농촌 기본 결산단위 문제에 관한 지시를 내리고 각지에서 기본 결산단위를 도대체 생산대대로 하는 것이 좋은지, 아니면 생산대로 하는 것이 좋은지에 대해 진지하게 연구할 것을 요구했다. 각지에서 바로 조사하고 시범하고 검토했다. 그 결과 농민들은 생산대를 기본 결산단위로 하는 것을 환영했다. 그리하여 1962년 2월 13일 중공중앙은 『농촌 인민공사 기본 결산단위 변경문제에 관한 지시(關於改變農村人民公社基本核算單位問題的指示)』를 내리고 생산대를 인민공사의 기본 결산단위로 확정했다. 뒤이어 이 중요한 변화도 『농촌 인민공사 업무조례(수정초안)農村人民公社工作條例(修正草案)』에 써넣었다. 1962년 9월 말 중공 8기 10중 전회에서 이 수정초안을 통과시켰다.

이 우여곡절의 발전과정을 통해 우리가 볼 수 있듯이 마오쩌둥은 생산관계의 변혁에 관해 갖추어진 방안이나 교과서가 없었고 그 성공과 착오는 모두 탐구하는 과정에서 얻어낸 결과였다. 그의 착오는 주관된 염원이 객관적 현실을 탈리해 초래된 것이었고, 조사연구와 실사구시에 의거해 착오를 시정했던 것이다. 사상노선의 정확 여부는 착오와 성공의 관건이다. 객관현실 앞에서 실수에 처한 그는 남의 충고를 듣지 않고 자기 고집대로 한 것이 아니라, 객관 현실을 존중하고 객관법칙에 복종하면서 중국 사회주의 생산관계의 적당한 형식을 진지하게 모색했다. '대약진'과 '인민공사화운동' 이후, 인민공사의 기본 결산단위가 공사에서 생산대대로 돌아가고, 재차 생산대로 넘어가는 특이한 과정을 거쳐 마오쩌둥은 끝내 '우리'가 1956년 '고급농업생산합작사를 설립할 때부터' 이미 '헷갈렸(糊涂)는데' 이는 대단한 진보라는 것을 느끼게 되었다. 비록 그 기간 1956년 루산회의 후기에도 "충언도 귀에 거슬리게 들리는 상황"이 나타났었지만, 전반적으로 보면 당시 마오쩌둥은 역시 실사구시하고 민주적인 마르크스주의자였던 것이다.

마오쩌둥의 사회주의 생산관계에 관한 정확한 구상과 착오적인 구상 가운데는 두 가지 심층 사상이 포함돼 있었다. 하나는 반드시 공평해야 한다는 것이었다. 큰 공평을 실현하지 못할 경우 중 공평을 실현할 수 있고, 중 공평을 실현하지 못할 경우 소 공평(생산대 범위 내의 공평)을 실현할 수 있다. 이러한 공평은 균등주의도 아니고 빈부격차가 심한 것도 아니다. 다른 하나는 반드시 민주적이어야 한다. 인민 군중들이 불만족해 하는 것은 반대해야 하고, 인민 군중이 만족해 하는 것은 견지해야 한다는 것이었다. 이것은 마오쩌둥이 문제를 고려하는 출발점이었다. 그렇기 때문에 생산관계 형식을 고려할 때 그는 비록 비교적 지혜로웠지만, 공유화의 원칙을 반드시 견지했으며, "농가별 생산 책임제" 이러한 생산력 발전에 보다 유리한 지혜로운 형식은 절대 허용하지 않았다. 그는 "농가별 생산책임제"를 반 공평원칙인 개체가 "단독으로 일하는" 자본주의 길로 나아가는 것으로 간주했다. 이로 인해 중국공산당 8기 2중 전회 60조를 통과시킬 때, 처음에는 '농가별 생산책임제'를 비판하고 계급투쟁을 강령으로 삼아야 한다고 재차 제기했던 것이다. 이는 그의 심층 관념이 있는 사회주의 이상과도 직접적인 연계가 있는 것이다. 마오쩌동은 기존의 사회주의 경제체제를 개혁하려고 했다. 그는 탐구하고 실천했으며 성공도 있고 착오도 있었다. 하지만 그는 어디까지나 중국 인민의 이익을 위해 중국이 일어서는 길을 찾고 있었던 것이다.

제5장
민주론

    마오쩌동은 독재는 단지 혁명계급의 독재라는 레닌의 논단을 초월한 것이며, 그는 중국 인민을 전체로 하는 혁명의 성격을 강조하려고 했다.

— [영국] 데이비드 스콧 매클렐런

제1절

건국 강령: 인민민주독재론

인민민주독재의 이론은 마르크스주의 프롤레타리아 독재론을 중국에서 응용하고 발전시킨 것으로서 명확한 중국 특색이 있고 중국화 사회주의 이론의 정수이다.

프롤레타리아 독재론은 마르크스가 창립한 과학적 사회주의 이론의 정수이다. 마르크스는 웨더마이어(魏德邁)에게 보내는 편지(1852년 3월 5일)에서 현대사회에 계급과 계급투쟁이 존재하는 것을 발견한 것은 자신의 공로가 아니며, 그의 '새로운 공헌'은 세 가지 면에 있다고 말했다. "⑴ 계급의 존재는 생산발전의 일정한 역사적 단계와 관련이 있을 뿐이며, ⑵ 계급투쟁은 필연적으로 프롤레타리아 독재를 가져오게 되며, ⑶ 이 독재는 모든 계급을 소멸하고 계급이 없는 사회로 넘어가는 목적을 달성하는데 불과하다.···"[91] 레닌은 이 편지를 특별히 중시했으며, 오직 계급투쟁을 인정하고 더불어 프롤레타리아 독재도 인정하는 사람이야말로 진정한 마르크스주의자이며, 이 문제는 진짜와 가짜 마르크스주의를 구별하는 시금석이라고 생각했다. 레닌의 10월혁명은 이 사상을 실천에 옮겼으며, 러시아 프롤레타리아 계급이 자산계급을 반대하는 투쟁과정에서 프롤레타리아 독재를 실시하는 소비

---

91) 『마르크스 엥겔스 선집(馬克思恩格斯選集)』 제4권, 1995, 인민출판사, 547쪽.

에트정권을 건립했다.

한 서류가 증명하고 있듯이 마오쩌둥도 레닌의 저작『국가와 혁명(國家與革命)』을 통해 마르크스의 이 사상을 이해했다. 마오쩌둥은 제6기 농민운동강습소에서 중국 농민문제에 대해 강의하는 노트에 "레닌 동지는 저서『국가와 혁명』에서 국가에 대해 명확히 밝혔다. 국가는 혁명 이후 모든 제도를 바꿔야 한다. 파리 코뮌이 조직한 정부가 실패한 원인 중 하나가 바로 낡은 제도를 바꾸지 않았기 때문이다. 모든 것을 새로 건설하는 중국 현재의 국민정부는 정권을 쟁취한 후 기필코 모든 것을 개혁하고 새로 건설할 것이다. 국가는 한 계급이 다른 계급을 압박하는 도구이다. 우리 혁명 민중은 정권을 수중에 장악하게 되면 반혁명분자에 대해 전제 수단을 사용하고 스스럼없이 반혁명분자를 압박함으로써 그들을 혁명화하고 혁명화 되지 않을 경우 잔혹한 수단을 써야 한다. 그래야만 혁명정권을 공고히 할 수 있다."고 밝혔다. 한 전문가는 이 노트에 대해 분석하고 나서 마오쩌둥이 이 말을 한 시기는 1926년 5월에서 9월 사이로서 비록 이 말이 마오쩌둥이 마르크스가 웨더마이어(魏德邁)에게 보낸 편지를 읽었다는 것을 증명할 수는 없지만, 그는 이미『국가와 혁명』의 부분 장절에서 마르크스의 이 사상에 대해 이해했고, 이 사상을 찬동하는 동시에 이 사상을 중국혁명을 지도하는 현실에 응용했다고 생각했다.

마오쩌둥이 프롤레타리아 독재론을 찬동하는 심층 원인은 역시 실천이었다. '5.4'신문화운동시기, 서방의 인도주의·민주주의와 무정부주의, 그리고 중국 전통의 유가논리 중심주의의 영향으로 인해 마오쩌둥은 비폭력주의 관점으로 마르크스의 프롤레타리아계급 독재론을 평가하고 나서, 이는 하나의 강권으로 다른 하나의 강권을 대체하는 것으로서 중국의 독재통치문제를 해결하기 어려우며, 강권은 방향을 잃은 통치계급의 인성을 변화시킬 수 없다고 생각했다. 그러나 실천을 통해 인식한 마오쩌동은 마르크스주의의 프롤레타리아 독재론을 받아들이게 되었다. 그는 1920년 말 "내가 보건대 러시아식 혁명은 어쩔 방법이 없고 모든 길이 다 통하지 않는 막다른 골목에 이르러 할 수 없이 세운 대책이지, 보다 좋은 방법이 있는데도 택하지 않고 이 공포적인 방법을 택한 것은 아니다"라고 선포했다.[92] 이는 마오쩌동이 마르크스주의 세계관을 접수하기 시작한 출발점이었다. 이러한 접수는 그 자신이 그전에 접수했거나 또는 신앙했던 '주의(主義)'에 대한 청산을 통해 실현한 것이었다. 1920년 말부터 1921년 초까지 그는 개량주의사회 정책, 사회민주주의, 길드사회주의와 무정부주의 등을 여러 차례 치열하고 첨예하게 비판했다. 그는 이렇게 부정을 한 후 "치열한 방법의 공산주의, 즉 이른바 노농주의(勞農主義)는 계급독재의 방법으로서 그 효과를 예측할 수 있기 때문에 가장 채용하기 쉽다"고 제기했다.[93]

우리는 이러한 부정은 반동통치계급에 기대하는 인도주의 환상을 부정한 것이라는 것을 발견했다. 다시 말하면 반동통치계급은 도덕에 감화될 수 없으며, 그들은 계급 본성에서 출발해 반드시 완고하게 자신들의 통치지위를 수호하려 할 것이기 때문에, 치열한 계급투쟁과 계급독재를 통해서만이 그들의 전제통치를 뒤엎을 수 있다는 것이었다. 이는 사상인식 상에서 마오쩌동의 비약이 분명하며 긍정적이고 찬동

92) 중공중앙문헌연구실 편, 『마오쩌동 서신 선집(毛澤東書信選集)』, 1983, 인민출판사, 3-5쪽.
93) 마오쩌동, 『신민학회 창사회원대회에서 한 발언(在新民學會長沙會員大會上的發言)』 (1921년 1월 1일, 2일). 『마오쩌동문집』 제1권, 1993, 인민출판사, 1993년, 2쪽.

할 만한 논리였다. 하지만 그는 당년 마르크스를 책망할 때 제기한 "강권으로 강권을 타도한 결과 여전히 강권을 얻었다", "강권은 방향을 잃은 강권자의 인성을 회복시킬 수 없다"는 이 두 가지 문제에 대해 대답하지는 않았다.

마오쩌동은 이 두 가지 문제를 잊지 않았다. 혁명실천이 철저해짐에 따라 특히 그의 마르크스주의 이론에 대한 수양이 제고됨에 따라 그가 마르크스주의의 프롤레타리아독재론을 중국 특색의 인민민주독재론으로 전환시키는 과정에서, 그는 끝내 이 두 가지 '책망'을 반 정립으로부터 정립으로 전환시켜 인민민주독재론에 결부시켰다.

인민민주독재론은 '강권'으로 강권을 타도하는 것은 강권을 소멸하는 필요한 방법이다. 그중 하나는 우리가 타도하려는 것은 독재자의 강권과 반동통치계급의 강권이며, 우리 수중의 '강권'은 인민이 반동파독재를 반대하는 국가권력이고 새로운 강권이다. 다른 하나는 인민독재의 국가권력은 극소수의 적에 대해서만 독재를 실시하고 인민에 대해서는 민주를 실시한다. 예전의 그러한 강권에 비해 이는 이미 하나의 '반강권(半強權)'이다. 셋째, 강권에서 '반강권'에 이르기까지는 인민민주독재를 실시하는 최종 목적이 아니며, "이러한 것들을 소멸시키기 위한 마련한 조건"일뿐이다. 마치 마오쩌동이 『인민민주독재를 말하다』에서 선포한 것과 마찬 가지로 "전 인류가 모두 계급을 소멸시키고, 국가권력을 소멸시키며, 당을 소멸시키는 이 길을 걸어야 하는데, 다만 시간과 조건이 문제라는 것을 반드시 알아야 한다"[94]는 이 사상은 마르크스주의 변증법에서 도움을 받았다. 『모순론(矛盾論)』을 쓸 때

---

94) 『마오쩌동선집』 제4권, 1991, 인민출판사, 1468쪽.

그는 더한층 이 사상을 발휘하여 "프롤레타리아계급의 독재 또는 인민의 독재를 공고히 하는 것은 바로 이러한 독재를 소멸시키고 모든 국가제도를 소멸시키는 보다 높은 단계로 가는 조건을 준비하는 것이다.… 이 많은 반대되는 것들은 동시에 오히려 서로 보완하는 것들이다"라고 말했다. 마오쩌동은 이것이 바로 모순의 대립되는 쌍방 사이의 동일성이라고 지적했다.[95] 바로 이러한 변증법으로 인해 마오쩌동은 "강권으로 강권을 타도하면 결과는 '강권을 얻는 것'을 피할 수 있다"는 것을 인식했다. 여기서 중요한 것은 다른 것이 아니라 민주이다. 그렇기 때문에 그는 인민의 국가를 '인민민주독재' 즉 인민에 대한 민주와 적에 대한 독재를 서로 결부시킨 국가정권이라고 말했던 것이다.

인민민주독재론은 또 이런 새로운 국가정권은 단순한 정치 강제적 정권일 뿐만 아니라, 교육 개조를 중요시하는 정권이라고도 지적했다. 그중 하나는, 인민에 대해 민주 방법을 채용하고 그들이 스스로 자신을 교육하고 자신을 개조하며 내외 반동파의 영향에서 벗어나고 구사회로부터 가져온 나쁜 습관과 낡은 사상을 변화시키도록 한다는 것이고, 다른 하나는 적에 대해서 그들이 소란을 피우거나 파괴활동을 하지 않을 경우, 토지를 주고 일자리도 주고 그들이 살아갈 수 있도록 함으로써 그들이 노동과정에서 자신을 새로운 사람으로 스스로 개조시키도록 하게 하는 것이다. 그들이 노동을 싫어한다면 인민의 국가는 그들에게 강박적으로 노동을 시켜야 한다. 동시에 그들에게 장기적이고 충분한 선전교육을 진행함으로써 그들이 반동진영에서 벗어나 입장을 바꾸고 점차 인민의 일원으로 되도록 해야 한다. 재미있는 것은,

---

95) 『마오쩌동선집』 제1권. 1991, 인민출판사. 329쪽.

마오쩌둥은 이 두 가지 다른 성격의 교육개조 업무를 모두 "선정을 베푸는 것(施仁政)"이라고 했다. 『인민민주독재를 논하다』에서 그는 이 점에 대해 두 번이나 언급했다.

첫째로 그는 "군대, 경찰, 법정 등 국가기구는 계급이 계급을 압박하는 도구이다. 적대 계급 입장에서 말하면 그는 압박 도구이고 폭력이며 '인자한' 것이 아니다. 우리는 반동파와 반동계급의 반동행위에 대해 절대 선정을 베풀지 않는다. 우리는 인민 내부에서만 선정을 베풀고 인민 외부의 반동파와 반동계급의 반동행위에 대해서는 선정을 베풀지 않는다"고 밝혔다.[96] 두 번째로 그는 "반동계급과 반동파들에 대해서는 그들의 정권이 뒤집힌 후 그들이 반란을 일으키거나 파괴활동을 하거나 소란을 일으키지 않으면, 그들에게 토지를 주고 일자리를 주고 그들이 살아나갈 수 있도록 하며, 그들이 노동과정에서 자신을 새로운 사람으로 개조하도록 한다. 그들이 노동을 싫어한다면 인민의 국가는 그들에게 강박적으로 노동을 시킨다. 그리고 그들에 대해 선전교육을 진행하고 우리가 포로 군관들을 대한 것처럼 그렇게 열심히 그리고 매우 충분하게 선전교육을 한다. 이것도 '선정을 베푸는 것'이라고 말할 수 있겠지만, 그러나 이는 우리가 적대계급인 사람들에게 강박적으로 시행하는 것으로서 혁명인민 내부에 대한 자가 교육업무와는 함께 논할 수 없는 것이다."라고 했다.[97] 여기서 최소한 말할 수 있는 점은, 바로 마오쩌둥은 '계급' '파별' 이러한 사회집단과 이러한 사회집단 중의 성원과 개인에 대해 조건적으로 구분을 했다는

96) 『마오쩌둥선집』 제4권, 1991, 인민출판사, 1467쪽.
97) 『마오쩌둥선집』 제4권, 1991, 인민출판사, 1476—1477쪽.

점이다. 비록 양자는 모두 독재 대상에 속하지만 '반동계급' '반동파'는 소멸시켜야 하는 것이 틀림없으나 그 중 '사람들'의 절대 다수는 개조·교육을 통해 '새로운 사람'으로 만들 수 있다는 것이었다. 이는 확실히 "선정을 베푸는 것"이었다. 『나의 전반생(我的前半生)』을 읽은 사람들은 모두 중국의 마지막 황제 부의의 실례(實例)로부터 이러한 '선정'의 기능을 엿볼 수 있을 것이라고 했다.

이러한 사상과 방법은 전통적인 '독재'이론과는 큰 차이가 있다. 그들의 서로 다른 점은 바로 마오쩌동의 인민민주독재론에 있는데, 이미 중국 전통의 도덕적 감화와 형정강제(刑政强制)를 서로 결부시킨 '선정'사상이 융합되었으며, 마오쩌동의 인민민주독재론은 비폭력주의적 인도주의와 무정부주의에 대한 부정의 기초 상에서 형성된 것이며, 또한 인도주의의 합리적 요소를 계승하고 포용했다고 할 수 있다.

마오쩌동이 5.4운동 과정에서 신봉한 비폭력주의적 인도주의·무정부주의를 긍정적으로 본다면, 그가 1920년 말 계급투쟁과 프롤레타리아 독재설을 받아들이고, 역사유물론을 신앙한 것은 부정적으로 보아야 할 것이다. 그래서 30년대 이후 중국의 현실상황을 출발점으로 한 이론연구를 거쳐 그가 유물변증법의 도움으로 얻은 인민민주독재론이 바로 부정의 부정인 것이라 하겠다. 이 "부정의 부정"은 중공 7기 2중 전회 보고와 『인민민주독재를 논하다』에서 최고의 경지에 이르렀다. 이 "부정의 부정" 과정이 바로 마르크스주의의 중국화의 과정이었던 것이다.

마오쩌동은 중국공산당 및 그 엘리트들을 거느리고 '과거 보러 도시로 진출(進城趕考)'했는데 준비한 것이 바로 이러한 한 장의 중국화한 마르크스주의의 시험지였다. 즉 중화인민공화국의 건국 강령인 것이다. 그렇기 때문에 당대 중국을 이해하려면 반드시 이 강령을 이해해야 한다. 이 건국 강령에 대해 중외 학자들은 모두 예외 없이 마오쩌둥이 사용한 '인민민주독재' 개념 및 그 내면의 의미에 대해 주목했다.

다른 점은 국내 학자들은 "이는 마르크스-레닌주의의 프롤레타리아독재설과 중국의 현실을 결부시킨 산물"이라고 강조했다. 간단히 말하면 인민민주독재의 실질은 프롤레타리아독재라는 것이다. 그중 일부 사람들은 1956년 생산수단 소유제의 사회주의 개조를 기본적으로 완성하기 전에 인민민주독재는 실질적으로 각 혁명계급이 연합 독재하는 신민주주의 정치이고, 사회주의 사회에 진입한 후의 인민민주독재야말로 실질적인 프롤레타리아독재라고 강조했다. 다른 일부 사람들은 1949년 신 중국의 창립은 신민주주의 혁명이 끝나고, 사회주의 혁명이 시작되었음을 의미하며, 신 중국의 인민민주독재는 시작부터 노동자계급이 영도하고 공농 연맹을 기반으로 한 신형 국가정권으로서 프롤레타리아독재와 본질적으로 일치하며 형식만 다른 것이라고 강조했다.

외국학자들은 마오쩌둥의 인민민주독재사상은 마르크스주의 프롤레타리아독재설의 이단(異端)이라고 강조했다. 데이비드 스콧 매클렐런은 "마오쩌둥은 독재가 다만 한 혁명계급의 독재일 뿐이라는 레닌의 논단을 초월했는데, 그가 강조하려던 것은 중국 인민을 전체로 하는 혁명의 성격이다. 혁명의 부르주아 성격을 강조함으로써 사회주의에 대한 열정이 부족한 농민들이 만족을 느끼게 하도록 하려는 것이다. 그가 프롤레타리아를 생각했을 때 그의 진정한 뜻은 '아직 부족한' 노동자계급을 대표한 중국공산당을 가리킨다. 사회주의로의 신속한 이행과 1949년 이후 중국이 프롤레타리아독재를 중심으로 한 성격

을 발전시킨 것은 당시 마오쩌둥의 사상에 없었던 것이다"라고 말했다.[98]

사실, 국내외 학자들 사이의 차이는 주로 주목하는 점이 다르다. 국내 학자들이 주목하는 것은 마오쩌둥의 인민민주독재사상과 마르크스주의의 프롤레타리아독재론이 서로 통하는 면이 있다는 것으로써 마오쩌둥 사상이 본질적으로는 마르크스주의라는 것을 설명하려 했다. 그러나 외국 학자들이 주목하는 것은 마오쩌둥의 인민민주독재사상과 프롤레타리아독재론의 서로 다른 면으로서의 마오쩌둥 사상은 마르크스주의 전통 중의 '이단'이라는 점을 돌출시키려 했던 것이다.

이 사상을 변증법적으로 고찰하면, 마오쩌둥의 인민민주독재사상은 프롤레타리아독재론과 본질적으로 일치하는 면이 있는가 하면, 또 내용상에 다른 점도 있다는 것을 공정하게 인정해야 한다. 이는 연구하는 사고방향·방법과 직접적인 관계가 있다. 근본적인 사고방향과 방법으로 부터 연구하면 프롤레타리아독재론은 계급분석방법에 의거해 구성된 것이고, 인민민주독재사상은 마오쩌둥이 계급분석방법에 따라 진일보적으로 형성된 적아분석 방법에 의거해 구성한 것이라는 점을 쉽게 알 수 있다. 우리는 반드시 이 특징에 주목해야 한다.

계급분석방법은 역사 유물주의 방법 체계 중의 매우 특색이 있는 하나의 중요한 방법이다. 역사유물주의는 매개 사회의 상부구조는 모두 특정된 경제관계를 기반으로 건립된 것이며, 경제기초의 성질은 생산력과 상호 연결된 생산관계의 특징에 의해 결정된다고 분석했다. 계

---

98) 데이비드 스콧 매클렐런, 『마르크스 이후의 마르크스주의(馬克思以後的馬克思主義)』, 1982, 동방출판사, 277쪽.

급사회에서 서로 다른 사회단체는 생산관계 중에서 서로 다른 지위에 처해 있으며, 특유의 관계가 발생한다. 이러한 단체와 단체 사이의 관계가 바로 계급과 계급 사이의 관계이다. 생산관계에 대한 분석을 바탕으로 진행한 계급에 대한 분석은 우리에게 부르주아사회에는 근본적으로 대립되는 두 가지 계급, 즉 프롤레타리아와 부르주아가 존재한다는 것을 알려준다. 공산주의 사상의 물질적 담당자로서의 프롤레타리아는 사회를 자본주의에서 공산주의 혁명으로 전환시키는 추진과정에서 프롤레타리아 독재를 실시할 수밖에 없다. 그 주체는 프롤레타리아이고 객체는 부르주아이다. 농민 등 기타 노동자계급은 프롤레타리아의 동맹 역량으로 주체 대오에 가입한 것이다. 여기서의 모든 것이 모두 '계급'을 세포로 해서 이루어 진 것으로 주체가 계급이고 객체도 계급인 것이다.

마오쩌동은 1920년 말에서 1921년 초 사이에서 마르크스주의를 받아들일 때, 역시 이러한 역사적 유물주의의 계급분석방법을 받아들였다. 그는 "유물사관은 우리 당의 철학적 근거이다. 이는 사실이며 입증될 수 없고 쉽게 동요하는 유리론(唯理觀)과 다르다"고 말했다.[99] 20년이 지난 후 당시의 상황에 대해 회억할 때 마오쩌동은 또 "1920년 내가 처음으로 카우츠키(考茨基)의 저서『계급투쟁(階級鬥爭)』, 천왕다오(陳望道)가 번역한『공산당선언(共産黨宣言)』과 한 영국인의 저작『사회주의사(社會主義史)를 읽고 나서야 나는 인류에게 역사가 생긴 후부터 계급투쟁이 있었으며, 계급투쟁은 사회발전의 원동력이라는 것을

---

99) 마오쩌동,『차이허선에게 보내는 편지(給蔡和森的信)』(1921년 1월 21일).『마오쩌동문집』 제1권. 1993, 인민출판사, 4쪽.

알게 되었고, 문제를 인식하는 방법론을 초보적으로 얻게 되었다. 그러나 이러한 책에는 중국의 후난(湖南)·후베이(湖北)가 없었으며, 중국의 장제스와 천두슈(陳獨秀)도 없었다. 나는 '계급투쟁'이란 네 글자만 선택해 현실적인 계급투쟁을 착실히 연구하기 시작했다』고 말했다.[100] 이러한 방법이 있었기 때문에 마오쩌둥은 마르크스주의를 받아들이는 초기에 프롤레타리아독재의 학설을 받아들이고, 그가 고집스럽게 신봉하던 비폭력주의의 인도주의와 무정부주의 사상을 포기했던 것이다.

그러나 확실히 마오쩌둥 자신이 말한 것과 마찬 가지로, 그가 읽은 책에는 중국의 현실 계급 상황에 관한 자료가 없었으며, 중국사회 각 계급에 대한 과학적 분석은 더구나 없었다. 게다가 중국의 계급과 계급관계 문제가 언급되기만 하면 어려움이 뒤따랐다. 첫째, 중국사회는 비록 당시 이미 일정한 수량의 자본주의 생산관계가 있었지만, 대량 존재한 것은 여전히 봉건주의 생산관계로서 이 생산관계와 서로 연결된 사회단체의 상황은 매우 복잡했다. 『공산당선언』에서 묘사한 유럽의 상황과 비교해 보면 유럽에서 자본주의 이전의 각 역사시대에는 "거의 매 계급 내부에 또 일부 특수한 계층"이 있었는데, 예를 들면 "중세기 봉건주지, 신하, 동업조합의 사부, 품팔이꾼, 농노"가 있었지만, "부르주아 시대에는 한 가지 특점이 있었는데 이는 계급 대립을 간단하게 되도록 했다. 전 사회가 갈수록 두 개의 큰 적대 진영으로 분열되었고, 두 개의 큰 상호간 직접 대립되는 계급인 부르주아와

---

100) 『마오쩌둥문집』 제2권, 1993, 인민출판사, 378쪽.

프롤레타리아로 분열되었다".[101] 그러나 중국에서는 그때도 좋고, 후에도 좋고, 계급 대립이 '간단화'된 적이 없으며, 봉건사회와 자본주의 사회의 각종 계급이 존재했을 뿐만 아니라, 각종 계급 내부에 또 서로 다른 계층이 존재했다. 왜냐하면 중국은 1840년부터 반식민지·반봉건사회에 진입했기 때문이다. 이러한 사회에서 생산관계는 매우 복잡했으며, 이는 계급 상황의 복잡성과 계급분석방법을 응용하는데 있어서 막중함을 가져다주었다. 둘째, 중국사회의 생산력이 극도로 낙후했기 때문에, 일부 비교적 선진성을 띤 근대 공업생산력이라고 할지라도 상당히 낙후해 있었다. 이는 바로 생산력과 서로 연결된 여러 생산관계 및 이로부터 생성된 여러 계급의 분화를 격렬하게 했으나 외부와의 격차는 그리 뚜렷하지 않았다. 이로 인해 객관 상에서 중국의 사회단체에 대한 계급 구분을 진행할 때 어려움이 더해졌다. 셋째, 게다가 근대중국은 외국 자본주의 침입과 노역 하에서 반식민지·반봉건사회에 진입하였기 때문에 사회적 위기를 조성한 원인은 국내의 계급착취 외에 또 민족착취·민족 압박 문제도 있었다. 그리하여 각 사회단체 및 성원들은 생산관계 중의 지위에 따라 집결하거나 혹은 단합했을 뿐만 아니라, 민족모순 중에 처해 있는 지위에 따라 서로 다른 역할을 했다. 민족 존망의 중요한 시각에 각 큰 단체들은 항상 많은 계급으로 이루어졌다. 이러한 상황에서 마르크스주의의 고전 저작 중에 중국의 계급문제가 언급되지 않았다고 말할 필요가 없으며, 언급했다고 해도 유럽의 상황과 완전히 같을 수는 없었다. 마오쩌둥은 그가 이

---

101) 마오쩌둥,『농촌 조사에 관하여(關於農村調査)』 (1941년 9월 13일), 마르크스·엥겔스선집
(馬克思恩格斯選集)』제1권, 1995, 인민출판사, 2773쪽.

러한 고전 저작을 읽고 그 단어나 구절을 그대로 옮긴 것이 아니라, 그 가운데서 정신적 실질적 즉 '계급투쟁'이라는 네 글자에 대해 이해한 후 "현실적인 계급투쟁에 대해 성실하게 연구하기 시작했다"고 말했다. 이는 매우 고명한 행동이었다!

마오쩌동은 마르크스주의의 유물사관의 계급분석방법을 받아들였지만 그 점에만 머무르지 않았다. 그는 중국 현실의 계급문제를 연구하는데서 출발해 매우 특색 있는 적아분석방법을 만들어냈던 것이다.

적아분석방법 역시 유물사관의 한 중요한 방법이며, 계급분석방법과 직접적인 연계가 있다. 하지만 이는 계급분석방법과 4가지 다른 점이 있다. 첫째, '계급'은 생산관계와 연결되는 경제 범주에 속하며, '적''아'는 정치 범주에 속한다. 다음으로 계급분석방법은 경제에서 출발해 생산관계 중의 각 사회단체의 지위 분석으로부터 계급 속성과 계급 지위에 대해 구분하지만, 적아분석방법은 계급분석의 기초인 정치에서 출발해 각 계급의 정치적 태도와 정치적 역할을 구분한다. 셋째, 계급분석방법은 사실적으로 판단하고, 객관사실에 대해 분석하며, 각 사회단체가 어떤 계급속성을 가지고 있는지는 시종 사람의 의지에 의해 전이되지 않는다. 그러나 적아분석방법은 사실 판단을 전제로 가치를 판단하는데, "누가 우리의 적이고 누가 우리의 친구인지"를 구분하는 것이 목적인 것으로 항상 주체의 이익과 의지에 의해 전이된다. 넷째, 계급분석방법의 결론은 어떠한 역사시기에도 변화할 수 없으며, 오랜 역사과정에서 상대적으로 안정적인 의미를 가진다. 그러나 적아분석방법의 결론은 매개의 역사시기가 변화할 뿐만 아니라 필연적으로 다르며, 이 시기에는 적아의 사회단체로 간주되지만 다른 시기에는 인민의 일원으로 간주될 수가 있다. 귀납하면 이렇게 말할 수 있다.

적아분석방법은 계급분석방법을 바탕 또는 전제로 한 역사적 제한성이 있는 정치투쟁의 주체와 객체를 구분하는 방법이라고 할 수 있다.

사람들은 이렇게 질문할 수 있다. 마오쩌동은 스스로 자신이 채용하는 방법이 '계급분석방법'이라고 하는데 그렇다면 여기서 무엇 때문에 그가 채용하는 방법이 '적아분석방법'이라고 하는가? 문제는 명칭에 있는 것이 아니고, 당사자 자체의 선언에 있는 것도 아니며, 현실에 있었다. 예를 들면 마오쩌동의 계급분석방법의 대표작으로 불리는 『중국 사회주의 각 계급에 대한 분석(中國社會各階級的分析)』에서, 비록 '계급분석'에 대해 말했지만 현실적으로 중국의 각 계급을 나누는데 머무르지 않고, 마오쩌동은 문장 첫 시작부터 결말에 이르기까지 모두 어떻게 적아를 구분하는가 하는 문제에 대해 서술했다. 따라서 이렇게 말할 수도 있다. 적아분석방법은 계급분석방법을 배제하지 않았을 뿐만 아니라, 계급분석방법을 바탕과 전제로 한 것이다.

이에 대해 일부 학자들은 이 저작을 연구하는 과정에서 항상 마오쩌동이 '정치태도'를 분석기준으로 한다고 비평하고, 마르크스주의 유물사관을 위배했다고 질책했다. 이는 계급분석은 경제를 기준으로 해야 하고 적아분석은 반드시 정치기준을 더해야 한다는 것을 전혀 모르고 한 말이다. 마오쩌동은 서재형의 사상가가 아니라 실천형의 이론가이고 혁명가이며, 그는 각 사회단체에 대한 계급분석에만 머물러 있지 않고, 적아분석을 진일보적으로 진행함으로써 혁명의 대상, 동력과 임무에 대해 명확히 했다. 이것이 바로 마오쩌동이 언제나 말하는 '적아를 명확히 구분해야 한다'는 원인이었다.

적아분석방법 가운데서 가장 기본적인 범주는 바로 '인민'과 '적'이다. '인민'이라는 개념은 마르크스가 그리 좋아하지 않는 단어였다. 그러나 마오쩌동은 '인민'이라는 개념을 특히 사용하기를 좋아했다. 물론 그는 라사얼(拉薩爾)처럼 그렇게 '인민'으로 계급 경계선을 말살하지 않았고, 계급분석의 기초 상에서 인민으로 동일 정치목표가 있는 각 계급을 규범화했다. 그가 보기에 '인민'은 정치이익을 바탕으로 한 계급의 집합으로서 정치활동 주체를 표하는 범주에 속했다. 마오쩌동 저작을 마르크스 저작과 비교해 볼 때, 마오쩌동 저작 중에서 가장 특색이 있는 기본 범주는 바로 '인민'이라고 할 수 있다. '인민의 이익', '인민군대', '인민공화국' 이같은 개념들이 즐비했다. 오늘에 이르기까지, 중국에서 '인민'이라는 이 범주는 사용빈도가 가장 높은 범주 중의 하나이다. 이것이 바로 마오쩌동 사상이 이미 중국인의 사유구조에 깊숙이 스며들어 특정된 문화적 심리로 축적된 일종의 표현이었던 것이다.

이와 대응되는 것이 '적'이라는 개념이다. '적'이라는 것도 계급과 연결되지만 또한 계급과 다른 하나의 정치적 개념이다. '적'이 표하는 것은 정치활동 또는 정치투쟁의 대상으로 즉 객체이며, 국가 이론 중에서 더구나 독재 정치의 대상을 전적으로 가리키는데, 바로 독재의 객체였던 것이다. '적'이라는 개념은 마오쩌동에게서 역시 하나의 역사적 개념이나 서로 다른 역사시기에서는 서로 다른 적도 있었다. 게다가 적도 단일한 한 개의 계급이 아니라 흔히 일부 계급, 계층과 사회단체의 집합을 말하는 것이었다.

적아분석방법은 바로 '인민'과 '적'이라는 이 두 기본개념, 기본 범주에 따라 사회 정치단체를 규범화하고 분석하는 방법이었다. 이러한 방법이 있었기에 '인민민주독재'는 부르기만 하면 다가오게 되었는데, 『인민민주독재를 논하다』에서 마오쩌동은 중국사회 각 사회단체의 계급 속성에 대해 분석하면서 아래와 같은 결론을 내렸다. "반식민지·반봉건의 중국사회 매커니즘 가운데 노동자계급, 농민계급, 도시 소자산계급, 민족자산계급, 지주계급, 관료자산계급 등 몇 개의 큰 사회단체가 있다. 이 가운데 노동자계급, 민족자산계급, 관료자산계급은 사회화 대 생산과 서로 연결된 자본주의 생산관계 중의 3대 계급이며, 농민계급, 도시 소자산계급, 지주계급은 소생산과 연결된 사회생산관계 중의 3대 계급이다".

마오쩌둥의 방법은 "계급분석은 바로 사실적 판단이고 경제를 기준으로 했으며, 적아분석은 바로 가치적 판단이고 정치를 기준으로 했다"는 점이다. 그는 6대 주요 계급을 구분한 후, 제국주의와 봉건주의에 대한 이들 각자의 태도에 따라 다음과 같이 지적했다. 인민은 무엇인가? 중국에서, 현 단계에 인민은 바로 노동자계급이고, 농민계급이며, 도시 소자산계급이고, 민족자산계급이다. 이러한 계급들은 노동자계급과 공산당의 지도하에 단결하여 자신들의 국가를 설립하고 자신들의 정부를 세워 제국주의 앞잡이 즉 지주계급과 관료 자산계급 및 이러한 계급을 대표하는 국민당 반동파 그리고 그 앞잡이들에 대해 독재를 실시한다.… 인민내부에 대한 민주와 반동파에 대한 독재를 상호 결부시키는 것이 바로 인민민주독재정치였던 것이다.[102] 인민민주독재와 프롤레타리아독재의 조직 구성상에서의 공통점은 주로 세 개면에서 나타난다. 첫째, 노동자계급이 국가정권에서 지도적 지위를 차지하고, 둘째, 공농 연맹이 국가정권의 정치적 초석이며, 셋째, 부르주아 계급 중의 일부분이 독재의 대상이다.·

---

102) 『마오쩌둥선집』 제4권, 1991, 인민출판사, 1475쪽.

양자의 조직 구성상에서의 다른 점도 매우 돌출적이다. 인민민주독재 중에서 민족 부르주아계급은 독재의 대상이 아니라 인민의 일원이며, 독재의 대상에는 지주계급, 관료자산계급 등 극소수 반동계급과 집요하게 저항하는 국민당 반동파가 포함된다. 간단하게 말하면 인민민주독재의 주체는 '인민', 즉 일부 공동 정치이익을 지닌 계급의 집합이며, 객체 또는 대상은 '적', 바로 또 다른 일부 공동의 정치이익을 지닌 계급의 집합이다.

따라서 인민민주독재이론은 인민민주 면을 최대한 확대하고, 독재 면을 최대한 축소한 국가 학설이라고 말할 수 있다. 이 이론은 제기되자마자 매우 빠른 시일 내에 실시되었다. 마오쩌동은 혁명전쟁에서 거듭 승리를 거두고 장제스 정권이 무너지는 관건적 시기에, 1949년 9월 21일부터 30일 사이에 중국공산당을 영도하여 각 민주당파, 각 인민단체, 각 민족 인민대표들과 함께 중국 인민정치협상회의 제1차 전체회의를 소집했다. 이는 한 차례의 민주적인 성회였다. 회의에서 전국인민대표대회의 직권을 대행하고, 임시헌법 역할을 하는『중국 인민정치협상회의 공동강령(中國人民政治協商會議共同綱領)』을 통과시켰으며, 마오쩌동을 주석으로 주더(朱德)·류사오치·송칭링(宋慶齡)·리지선(李濟深)·장란(張瀾)·까오강(高崗) 등을 부주석으로, 저우언라이 등 56명을 위원으로 선거하고 중앙인민정부위원회를 설립했다. 10월 1일 30만 군민이 베이징 톈안먼광장에 집결해 개국대전을 성대히 거행했다. 마오쩌동은 전 세계에 중화인민공화국의 탄생을 장엄하게 선고했다.

공화국은 민주적인 국가제도이다. 인민공화국은 노동자계급, 농민계급, 소부르주아계급과 민족 부르주아계급 등 사회단체로 이루어진 중국 인민이 민주적인 국체와 정체로 국가를 관리한다는 것을 의미한다. 이는 봉건전제제도와 근본적으로 대립되는 국가제도이며, 또 캉유웨이(康有爲)·량치차오(梁啓超)가 추구하던 군주입헌제, 손중산이 창립하려던 중화민국 등과 같은 부르주아계급 공화제(장제스 통치하에 제국주의, 봉건주의가 지지하는 관료매판자산계급독재 통치)와도 완전히 다른 국가제도이다. 중화인민공화국의 창립은 인민민주독재 이론이 생생한 현실로 되고, 중국공산당이 쟁취한 민주적 선언이 이미 사실로 되었음을 의미한다.

중국공산당은 국호를 '중화인민공화국'으로 정했을 뿐만 아니라, 처음부터 착실한 조치를 취해 인민의 공화제를 중국 정치생활의 현실로 만들었다. 1949년 개국해서부터 1954년 제1차 전국인민대표대회를 소집할 때까지 마오쩌둥은 중국공산당과 중국 인민을 영도하여 착실하게 민주제도를 수립하고 건설하기 위해 10가지 큰일을 했다.

1. 당내의 민주감독을 강화했다. 1949년 11월 9일 「중앙 및 각급 당의 기율검사위원회를 설립하는 데에 관한 결정(關於成立中央及各級黨的紀律檢查委員會的決定)」을 발표하고 덕망이 높은 주더(主德)를 제1기 중앙기율검사위원회 서기로 결정했다.

2. 지방 민주제도를 수립했다. 전국인민대표대회를 소집하기 전의 지방의 민주건설 문제를 해결하기 위해 마오쩌둥과 당 중앙은 지방군관회(地方軍管會)와 인민정부에서 각계 대표를 불러 각계 대표회의를 소집하는 형식으로 민주를 실시하기로 결정했다. 1949년 8월부터 12월 사이, 마오쩌둥은 각지 군관회와 인민정부에서 각계 대표회의를 소집하도록 지시하고 독촉한 전보문(文電)만해도 19편이 넘었다. 1949년 12

월 2일 중앙인민정부위원회 제4차 회의에서 각 지방의 여러 면에서의 경험을 종합하고, 성, 시, 현 각계 인민대회 조직 통칙을 통과시켰다. 이후 각 지방의 각계 인민대표대회는 점차 인민대표대회의 직권을 대행함으로써 인민대표대회를 소집하기 전의 비교적 좋은 과도형식으로 되었다.

3. 기층 국영기업 민주 관리제도를 수립했다. 생산을 복구 발전시키는 이 중점임무를 신속히 완수하기 위해 중앙은 국영, 공영공장 기업 가운데 원래 관료자본 통치시기에 남겨놓은 불합리적인 제도에 대해 민주개혁을 진행하기로 결정했다. 1950년 2월 28일, 정무원 재정위원회는 「국영, 공영공장에서 공장관리위원회를 설립하는 데에 관한 지시(關於國營, 公營工廠建立工廠管理委員會的指示)」를 발부하여 노동자들이 기업행정인원과 동등한 수량의 노동자대표를 선거하고 공장관리위원회를 설립하여 공장의 민주관리에 참여하도록 결정했다. 이 조치는 노동자들이 진정으로 공장의 주인이 되도록 했으며, 노동자들의 생산 적극성을 불러 일으켰다.

4. 공회 건설을 강화했다. 광범위한 민영기업에 대해 중앙은 자본가가 국가경제와 국민생활의 수요에 따라 생산을 발전시킬 것을 요구하고, 또 공회는 노동자를 대표하여 기업의 민주관리에 참여고 노동자들의 합법적인 권리를 수호할 권리가 있다고 규정했다. 1950년 6월 29일 중앙인민정부는 이를 위해 『중화인민공화국공회법(中華人民共和國工會法)』을 반포했다.

5. 토지개혁 임무를 완성했다. 토지개혁은 농촌에서 봉건주의 제도를 소멸하는 경제기초일 뿐만 아니라, 농민들의 농촌에서의 주인공 지위를 확립하는 중대한 조치이며, 공농연맹을 공고히 하고 인민민주독재를 강화하는 절박한 수요이기도 하다. 1950년 6월 14일 부터 23일까지 열린 전국 정협 제1기 2차 회의에서 봉건토지제도를 개혁하는 데에 관한 문제에 대해 중점적으로 논의했다. 마오쩌동은 회의에서 각계층 인사들이 토지개혁을 적극적으로 지지하고 토지개혁관을 잘 넘기며 완전한 혁명파가 될 것을 호소했다. 회의에서 류사오치가 「토지개혁문제에 관한 보고(關於土地改革問題的報告)」를 하고 토지개혁의 방침정책, 그리고 중공중앙이 건의한 토지개혁법 초안에 대해 천명했다. 28일 중앙인민정부위원회 제8차 회의에서 「중화인민공화국 토지개혁법(中華人民共和國土地改革法)」을 통과시켰다. 농촌인구가 90%를 차지하는 중국입장에서 말하면, 『토지법(土地法)』을 반포한 것은 중국의 민주건설에 있어서 특히 중대한 사건이었다.

6. 개성 해방을 속박하는 봉건혼인제도를 폐지시켰다. 1950년 4월 13일, 중앙인민정부위원회 제7차 회의에서 「중화인민공화국 혼인법(中華人民共和國婚姻法)」을 검토해 통과시키고 혼인강요, 남존여비, 자녀이익 무시 등의 내용으로 하는 혼인제도를 폐지시키며, 남녀혼인 자유, 부녀와 자녀의 합법이익을 보호하는 신 혼인제도를 시행할 것을 선포했다. 이 일은 『토지법』을 반포한 것과 마찬 가지로 유구한 역사가 있는 봉건전통의 국가 입장에서 보면 그 의미가 특히 중대했다.

7. 노동보험제도를 시행했다. 1951년 2월 26일 정무원은 『중화인민공

화국 노동보험조례(中華人民共和國勞動保險條例)』를 발표했다. 원래는 사회복지와 사회보장 면에 속하는 업무이지만 장기적인 압박과 착취, 노역을 당한 중국 인민들로 놓고 말하면 인권을 보장하고 민주를 건설하는 정치적 가치를 갖고 있었다. 노동자와 군중들은 스스로 가장 고통스럽게 느껴지는 생, 로, 병, 사, 상(傷), 잔(殘) 등의 어려움을 해결하는 과정에서 주인공의 지위를 감수해야 했다.

8. 반혁명을 진압하고 민주제도를 보위했다. 신 중국이 창립된 후 대륙에 남아있는 정치 토비(土匪)와 스파이, 악질, 반동당과청년단 등의 골간들은 적대 입장에 서서 파괴활동을 벌이고 인민민주의 발전을 교란시켰다. 그리하여 인민해방군과 공안경찰들이 함께 군중들에 의거해 대규모의 반혁명 진압운동을 벌였다. 1950년 10월 중앙의 지시가 하달된 후 1951년 2월 21일 중앙인민정부는 또『중화인민공화국 반혁명 단속 조례(中華人民共和國懲治反革命條例)』를 공포하고, 반혁명 진압운동을 법제 궤도에 올려놓음으로써 인민민주독재를 공고히 했다.

9. '3반(三反)', '5반(五反)'운동을 벌였다. 1951년 말 중공중앙은 탐오를 반대하고 낭비를 반대하며 관료주의를 반대하는 대규모 투쟁을 벌였다. 이 투쟁은 한편으로 구사회로부터 내려온 오독(汚毒)이 국가기관 사업인원들에게 침습되는 것을 저지시키는데 취지를 두었으며, 다른 한편으로는 인민들이 갓 얻은 민주권리와 인민 군중의 근본이익을 수호하는데 취지를 두었다. '3반'운동 발전 과정에서 인민들은 부르주아 계급의 불법분자와 국가기관의 탐오분자들이 서로 결탁해 인민을 해치는 등의 심각한 상황을 적발했으며, 1952년 1월 26일 중공중앙은

또 뇌물수수, 누세탈세, 국가재산절도, 부실시공, 국가경제정보 절취를 반대하는 투쟁을 벌일 것을 지시했다. 이 투쟁은 건국 후 노동자계급과 부르주아계급 불법분자 사이의 한 차례의 중대한 대결인 동시에 건국 후 한 차례 비교적 큰 숙당운동이었으며, 인민 군중의 근본이익을 수호했다.

10. 보통선거를 거행하고 전국인민대표대회를 열어 헌법을 제정했다. 『중국 인민정치협상회의 공동강령(中國人民政治協商會議共同綱領)』은 군사행동이 이미 완전히 결속되고 토지개혁이 이미 철저하게 실현되었으며, 각계의 인민이 이미 충분하게 조직된 모든 지방에서는 바로 보통선거를 진행하고 지방 인민대표대회를 소집해야 한다고 제기했다. 중국공산당은 이를 위해 대량의 준비사업을 진행했다. 1953년 1월 13일 중앙인민정부위원회는 중국공산당의 제의에 따라 「전국인민대표대회 및 지방 각급 인민대표대회를 소집하는 데에 관한 결의(關於召開全國人民代表大會及地方各級人民代表大會的決議)」를 통과시키고, 그 후 또 2월 10일에 『선거법(選擧法)』을 통과시켰으며, 4월에는 또 「보통선거 준비를 위해 전국 인구조사 등록을 진행하는 데에 관한 지시(爲准備普選進行全國人口調查登記的指示)」를 발표했다. 중국공산당의 착실하고 세밀한 조치 하에 중국 인민은 처음으로 주인공의 자세로써 규모가 거대한 보통선거운동에 참가했다. 이와 동시에 『중화인민공화국 헌법』초안 작성 작업도 진행되었다. 1954년 9월 15일 제1회 전국인민대표대회가 베이징에서 개막되고, '전국 정협'이 '전국 인대' 직권을 대행하던 사명을 마무리했으며, '전국 인대'가 최고 국가권력기구의 성스러운 사명을 떠맡게 되었다. 9월 20일 인민대표들이 『중화인민공화국 헌법』을 통과시

켰다. 뒤이어 또 국가기구 구성과 관련된 법률들을 통과시켰다. 이는 중국 정치생활에 있어서의 하나의 대사였으며, 중국공산당이 인민민주를 위해 30여 년간 분투한 결정이었고, 중국 민주정치 건설의 획기적인 성과이기도 했다.·

상술한 10대 대사는 중국공산당이 민주를 위해 분투했던 성의를 보여주었고, 중국 민주건설의 진실한 기록이다. 물론 이러한 어렵고 복잡한 사업을 진행할 때, 중국공산당은 사업과정에서 이러 저러한 결점도 있었다. 예를 들면 숙반, '3반' '5반'운동과정에서 투쟁을 확대화하고 자백을 강요하는 등의 문제들이 나타났지만, 중앙은 문제를 발견한 후 즉시 잘못을 바로잡았다. 더불어 중국의 민주건설 과정에서도 중국의 국정으로 인해『혼인법』등의 법규를 시행하는데 일정한 어려움이 있었다. 그러나 민주제도는 결국 중국에서 수립되었으며, 이 또한 사실이다!

제2절
공산당과 민주당파

정당정치가 가족정치를 대체한 것은 민주정치 발전의 중요한 특징이다. 어떠한 정당정치체제를 실행하는가에 있어서는 민주의 성질, 그리고 발전과정과 관련될 뿐만 아니라 각 나라의 역사 전통, 국정과도 관련된다. 중국이 사회주의 사회에 진입한 후, 인민민주독재의 국가제도도 새로운 단계에 들어섰다. 이때 중국은 어떠한 정당체제를 선택해야 할 것인가? 특히 생산수단 사유제에 대한 사회주의 개조가 기본상 완성되고, 착취자들이 이미 점차 자신의 노력으로 생활할 수 있는 노동자로 개조된 후, 중국의 사회주의 민주건설은 민주 당파를 존재시켜야 하는지 여부에 대한 새로운 문제에 부딪쳤다.

중국 민주혁명 과정에서 중국공산당이 영도하는 통일전선 가운데 중국 국민당 혁명위원회, 중국민주동맹, 중국민주건국회, 중국민주촉진회, 중국농공민주당, 중국치공당(中國致公黨), 93학사(九三學社)와 타이완 민주자치동맹 등 민족 부르주아 계급과 상층 부르주아 계급 대표인물들이 모두 모였다. 이러한 민주당파 인사들은 중국공산당의 호소 하에 1949년 9월 중국 인민정치협상회 제1회 전체회의에 참가하고 신 중국의 창립에 참여했다.

신 중국이 창립된 초기 마오쩌동은 민주당파는 전쟁관·토지개혁관과 사회주의관 등 3개 관을 잘 넘겨야 한다고 제기했었다. 그리고 말로만이 아니라 행동 상에서 혁명인민 측에 서서 온전한 혁명파가 되도록 그들을 격려했다. 마오쩌둥은 "전쟁관, 토지관을 넘기기만 하면 남은 한 개 관은 쉽게 넘길 수 있는데 그것이 바로 사회주의관이고, 전국 범위에서 사회주의 개조를 실행하는 그 관이다. 혁명전쟁에서 그리고 토지제도 개혁 중에서 공헌이 있고, 또 향후 여러 해의 경제건설과 문화 건설에서 공헌이 있기만 하면 앞으로 민영공업 국유화와 농업사회화를 시행(이러한 시기는 아직 매우 먼 장래)할 때, 인민들은 그들을 잊지 않을 것이며 그들의 전도는 밝을 것이다"고 말했다.[103] 여기서 마오쩌둥은 인민들이 민주당파의 이익을 건드렸을 때도 민주당파들이 시종 인민 측에 설 것을 바라면서 그들에게 밝은 앞날을 지적해주고 자신을 단속할 때에 관한 요구를 제기했다. 하지만 '사회주의관'을 넘긴 후 민주당파의 운명에 대해서는 명확하게 밝히지 않았다.

1956년 2월 16일부터 3월 3일 사이에 중공중앙 통일전선부는 당 중앙의 지시에 따라 제6차 전국 통일전선업무회의를 소집하고 사회주의 개조 임무를 기본적으로 완성한 후의 중국공산당과 민주당파의 관계 문제에 대해 연구했다. 회의에서 통과된 결의는 다음과 같이 지적했다. "새로운 형세 하에 인민민주통일전선 내부의 관계에 중대한 변화가 일어나 각 민주당파는 이미 사회주의를 위해 복무하는 정치단체로 바뀌었다. 교육사업을 통일전선사업의 중심임무로 삼고 대다수 부르주아계급 분자, 민주인사와 고급 지식분자들에 대해 정치 학습과 사상 개조를 진행하여 이미 변화됐거나 또는 변화 중에 있는 그들의 정치

103) 마오쩌둥, 「전국 정협 1회 2차 회의에서의 연설(在全國政協一屆二次會議上的講話)」 (1950년 6월 23일), 『마오쩌둥문집』 제6권, 1999, 인민출판사, 80쪽.

적 지위, 사회적 지위에 점차 적응되도록 한다. 인민정협, 민주당파와 공상연합 등 인민단체의 사회주의 사회에서의 적극적인 역할을 충분히 발휘케 하고, 인민민주통일전선을 계속해서 공고히 하며, 모든 단결할 수 있는 역량을 단결시켜야 한다." 3월 당 중앙은 이 결의 및 제기된 업무방침을 비준하고 동시에 각급 당위가 당내에서 계속해서 통일전선정책 교육을 강화하고 통일전선사업의 지도를 강화할 것을 요구했다. 반복적인 연구와 검토를 거쳐 4월에 마오쩌동은 34개 중앙부서에 대해 조사를 진행한 후 "장기적으로 공존하고 상호 감독해야 한다"는 것을 사회주의시기에 있어서 중국공산당과 각 민주당파 간의 상호관계의 지도방침으로 삼기로 결정했다.

4월 25일 열린 중공중앙정치국회의에서의 『10대 관계를 논하다』는 유명한 보고에서 마오쩌동은 "도대체 한 개 당이 좋은가, 아니면 여러 개 당이 좋은가? 아마 여러 개 당이 좋을 것 같다. 과거에 그러했을 뿐만 아니라 장래에도 그렇게 할 수 있으며 바로 장기적으로 공존하고 상호 감독해야 한다"고 명확하게 지적했다.[104] 당 중앙과 마오쩌동이 이 문제에 대해 이렇게 정중하게 연구하는 것은 이는 중국 사회주의 민주를 어떻게 건전하게 발전시킬 것인가 하는 문제와 관련되는 중대한 문제이기 때문이다. 중국이 소련과 다른 점은 민주혁명 과정에서 통일전선이 중대한 역할을 발휘했다. 그렇다면 정권을 쟁취하기 전 공업화와 사회주의 개조를 진행할 때 통일전선이 필요했다고 한다면, 사회주의 사회가 수립된 후에도 통일전선이 필요한 것일까 하는 문제가 제기되었다. 왜냐하면 신 중국에서 서방 자본주의식의 다당제 시행을

104)『마오쩌동문집』 제7권, 1999, 인민출판사, 34쪽.

주장하고 소련식의 일당제를 반대하는 사람도 있었기 때문이었다. 비록 마오쩌동은 소련을 따라 배우고 소련 쪽으로 기울어져야 한다고 했지만, 어떻게 중국의 구체적 실정에서 출발해 중국 스스로의 정당제도를 세울 것인가에 대해 줄곧 생각해 왔다. 그는 사회주의 시기 공산당과 민주당파는 "장기적으로 공존하고 상호 감독할 수 있다"고 제기했는데, 현실은 서방 자본주의식의 다당제와 다르고 또 소련의 일당제와도 다른 신형 정당제도, 즉 중국공산당이 영도하는 다당합작제를 구축했던 것이다.

이러한 민주적인 정당제도에 대한 마오쩌동의 기본사상은 아래와 같았다.

1. 민주당파의 감독을 통해 중국공산당의 영도를 강화한다. 중국공산당이 악전고투하여 신 중국의 집정권 또는 영도권을 얻었기 때문에 각 민주당파들은 예전에는 집정에 대한 요구가 있었든지 없었든 지를 막론하고 지금에 와서 모두 중국공산당의 지도를 받겠다고 표시했다.

사회주의 사회에 들어선 후 중국공산당의 지도적 지위는 보다 공고해졌다. 그러나 중국공산당의 지도는 1당1파의 이익을 대표해 인민을 통치하는 것이 아니라, 노동자계급이 영도하는 인민대중이 주인 역할을 하는 하나의 구현이고 형식이며 민주의 형식이다. 이는 집정권을 장악한 중국공산당이 정권을 쟁취하기 전 인민의 이익을 대표해야 할 뿐만 아니라 집정 후에도 반드시 시종일관 인민의 이익을 대표하고, 영원히 인민을 위해 복무할 것을 요구한다. 이렇게 하자면, 즉 중국공산당의 지도하에 광범위하고 장기적인 인민민주를 실현하려면, 당이 스스로 엄격하게 다스리고 끊임없이 숙정(肅正)해야 하는 한편, 중국공산당에 대한 인민 군중, 그리고 일부 정치역량의 효과적인 감독이 있어야 하기 때문에, 마오쩌둥은 사회주의 민주에 대한 민주 감독의 의미를 특히 중요시했다. "장기적인 공존과 상호 감독"이라는 방침을 논술할 때, 마오쩌둥은 "무엇 때문에 민주당파들이 공산당을 감독하도록 하는가? 이는 한 개 당은 한 사람과도 같이 귓가에 서로 다른 목소리가 들리는 것이 매우 필요하기 때문이다. 여러분이 알고 있듯이 공산당을 주로 감독하는 것은 노동인민과 당원 군중들이다. 하지만 민주당파가 있으면 우리에게 보다 유익하다"고 여러 차례 말했다.[105]

2. 정치협상회의의 조직 형식을 통해 중국공산당과 민주당파 간의 '장기적인 공존과 상호 감독'을 실현한다. 중국 사회주의 사회에서 민주당파는 집정당이 아니며, 선거를 통해 집권할 수 있는 법률법규도 없는데 어떻게 집권하는 중국공산당을 감독할 수 있겠는가? 마오쩌둥은 한 개 당이 영도하고 다당이 합작하는 정당제도 가운데서 민주당파는 특수한 반대파가 될 수 있다고 생각했다. "그들은 반대파인가하면 또 반대파가 아니기도 하며, 흔히 반대하던 것으로부터 반대하지 않는 것으로 나아간다"[106] 그는 두 가지 '반대' 상황에 대해 다음과 같이 분석했다. 하나는 "선의적으로 우리에게 의견을 제기하는 것", 둘째는 "우리를 욕하는 것." 집정당으로서 이 두 가지 '반대'의 목소리를 모두 진지하게 들어야 하며, "일리도 없이 욕만 한다면 우리는 반박

---

105) 마오쩌둥,「인민내부 모순을 정확하게 처리하는 데에 관한 문제(關於正確處理人民內部矛盾的問題)」(1957년 2월 27일).『마오쩌둥문집』제7권. 1999, 인민출판사. 235쪽.
106) 마오쩌둥,「10대 관계를 논하다」(1956년 4월 25일).『마오쩌둥문집』제7권. 1999, 인민출판사. 35쪽.

해야 하고, 일리가 있다면 받아들여야 한다" 이는 당에 대해, 인민에 대해, 그리고 사회주의에 대해 비교적 유리하다. 그리하여 마오쩌둥은 역사적 경험에 따라 정치협상회의의 조직 형식을 통해 중국공산당과 민주당파 간의 '공존'과 '감독'을 결부시켰다. 원래부터 중국 인민정치협상회의는 신 중국을 기획 창립하기 위해 소집한 것이다. 전국인민대표대회가 열리기 전, 중국 인민정치협상회는 전국인민대표대회의 국가 권력기구의 직권을 대행했던 것이다. 그렇다면 인민민주통일전선의 조직형식으로서의 중국 인민정치협상회의는 착취계급을 소멸시킨 후, 즉 사회주의 개조가 기본상 완성된 후에도 존재할 필요가 있다는 것인가? 마오쩌둥은 사회주의 사회에 아직 민주당파를 남겨두어야 한다고 제기했기 때문에 통일전선도 장기적으로 존재해야 하는 것이 분명하다고 했다. 이렇게 인민정치협상회의라는 이러한 조직형식으로 공산당과 민주당파가 국가의 대사를 함께 논의하도록 하는 것은 가장 좋은 선택이었다. 바로 인민정협이라는 이 중국 특색을 띤 통일전선 조직형식이 중국공산당이 지도하는 다당합작제를 확보하고 객관적 현실이 되게 했던 것이다.

3. 중국공산당과 민주당파의 '장기적인 공존과 상호 감독'을 통해 인민의 이익과 수요를 실현한다. 마오쩌둥은 '장기적인 공존과 상호 감독'은 중국의 구체적인 역사 조건의 산물이라고 분석했다. 인민민주의 요구로부터 출발해 중국공산당이 민주당파와 장기적으로 공존하는 것이 필요하다. 마오쩌둥은 공산당이 언제 소멸되면 민주당파도 언제 소멸된다는 이러한 말을 한 적이 있다. 그러나 더불어 그는 또 이러한 '공존'의 장기성은 각 당파가 "진정으로 인민을 위해 진력하는" 정치 기초 상에서만이 실현될 수 있다고 지적했다. 『인민내부의 모순을 정확

하게 처리하는 데에 관한 문제』에서 그는 "공산당과 민주당파가 장기적으로 공존하는 것은 우리의 염원이며 우리의 방침이기도 하다. 각 민주당파가 장기적으로 공존해 나아갈 수 있을지는 공산당의 일방적인 염원이 결정할 수 있는 일이 아니며, 각 민주당파들의 표현도 보아야 하고 그들이 인민의 신임을 얻을 수 있는지도 보아야 한다"고 말했다.[107] 이는 바로 '장기적인 공존'은 공존하기 위해 공존하는 것이 아니라, 인민민주를 실현하고 인민의 이익과 수요를 만족시키기 위해서라는 것을 말해준다. 따라서 '상호 감독' 방면의 내재적 요구로부터 보나 '장기적인 공존'의 정치적 기초로부터 보나 중국공산당이 지도하는 다당합작제의 목적은 바로 사회주의 민주를 개선하고 강화하기 위한 것이다.

그러나 마오쩌동이 이 방면에 대해 논술할 때 뚜렷한 문제가 하나 존재한다는 것을 우리는 주목해야 한다. 사회주의에 대한 개조가 기본상 완성된 후의 각 민주당파의 계급 성질에 대해 명확히 하지 않았다는 점이다. 중국의 각 민주당파는 역사상에서는 민족 부르주아계급과 상층 소부르주아 계급 성질을 띤 정당이라는 것은 의심할 여지가 없다. 계급으로서의 착취계급이 생존할 경제적 기초를 위해 개조한 후 그 성원이 언젠가는 자립할 수 있는 노동자가 되면 그 때가서 민주당파의 계급 성질도 이치로 따지면 응당 변화되어, 일부 사회주의 노동자, 그리고 애국자와 제각기 연계하는 정치조직으로 될 것이다. 이 점에 대해 명확히 한다면 '장기적인 공존과 상호 감독' 방침은 이론상에서나 정치 실천 가운데서나 보다 효과적으로 견지하기 쉽게 될 것

---

107) 『마오쩌동문집』 제7권. 1999, 인민출판사, 235쪽.

이다. 그러나 마오쩌둥은 여전히 변화된 현실에서 출발해 민주당파의 새로운 성질에 대해 명확히 하지 않았으며, 반면에 여전히 사실상 그들을 민족 부르주아계급과 상층 소부르주아계급의 정당으로 간주했다. 이러한 '상호감독'은 계급투쟁 의미에서의 상호 투쟁으로 해석할 수밖에 없다. 그러나 계급투쟁은 항상 '이판사판' 또는 '누가 누구를 이기는 것'을 취지로 벌이게 된다. 생사, 승부의 모순 운동 가운데서 '장기적 공존'과 '상호 감독'을 어떻게 진정으로 견지할 것인가? 바로 이 중요한 결함으로 인해 결국 마오쩌둥이 선도한 중국공산당이 영도하는 다당 합작, 정치협상회의 등이 계급투쟁을 확대하는 착오가 발생했을 때, 파괴당하고 마땅히 일으켜야 할 민주적 효과를 일으키지 못했던 것이다.

제3절
인민내부의 모순

사람들은 생산수단 사유제에 대한 사회주의 개조가 기본상 완성되고 계급으로서의 착취계급이 소멸된 후, 인민민주를 사회주의 사회에서 전면적으로 실현할 수 있으리라고 이상적으로 기대했었다. 그러나 사실은 사람들에게 사회주의 민주의 실현과 발전은 여전히 장기적인 노력이 필요하다는 것을 알려주었다.

1956년은 평범하지 않은 한해였다. 이 해 2월 14일 소련공산당 제20차 대표대회가 열렸다. 24일 저녁 흐루시쵸프가 회의에서 『개인숭배 및 그 후과(關於個人崇拜及其後果)』라는 기밀 보고를 했다. 스탈린은 만년에 개인숭배, 숙반(肅反)의 확대화 등 착오를 크게 범해 모든 공산당인들을 놀라게 했다. 뒤이어 6월 27일 폴란드(波蘭) 포즈난(波兹南)사건이 발생했고, 10월에는 또 헝가리사건이 발생했다. 사람들은 "사회주의 사회는 모순이 없는 사회가 아니었나?" 하고 사색하기 시작했다.

뒤이어 중국의 일부 지방에서는 노동자 파업, 학생 동맹휴교 등의 사건이 일어났다. 학교, 공장, 그리고 일부 농촌에서 사람들의 의논이 분분하고 사상이 혼란해졌다.

무엇 때문에 인민이 나라의 주인이 된 사회주의 사회에서 이러한 문제들이 발생할 수 있는가? 중공중앙정치국은 1956년 봄에 확대회의를 열고, 이 중대한 문제에 대해 연구했다. 4월 5일, 12월 29일 『인민일보』

편집부는 중공중앙정치국 확대회의에서 논의한 상황에 근거해 「프롤레타리아 계급 독재의 역사적 경험에 관하여(關於無産階級專政的歷史經驗)」와 「프롤레타리아 독재의 역사적 경험 재론(再論無産階級專政的歷史經驗)」이라는 두 편의 중요한 문장을 연속해서 발표했다. 9월 15일부터 27일까지 중국공산당은 베이징에서 제8차 전국대표대회를 열고 류사오치, 덩샤오핑이 각각 「정치보고(政治報告)」와 「당의 강령을 수정하는 데에 관한 보고(關於修改黨的章程的報告)」에서 이 문제에 대해 재차 논술했다. 1957년 2월 27일 마오쩌동은 최고 국무회의 제11차 (확대)회의에서 발표한 「인민 내부의 모순을 정확하게 처리하는 데에 관한 문제」에서 이 중대한 문제에 대한 당시 중국공산당의 인식을 이론상으로 진일보 개괄하고 깊이 있게 분석했다.

이때 당 중앙과 마오쩌동은 3가지 문제에 대해 중점적으로 연구 토론했다.

1. 사회주의 사회에 생산관계와 생산력, 상부구조와 경제기초 간의 모순이 여전히 존재하며 우리가 갓 수립한 사회주의 경제, 정치제도 중의 어떤 부분에는 여전히 부족한 점이 있다. 「프롤레타리아 독재에 관한 역사적 경험(關於無産階級專政的歷史經驗)」이라는 문장에서 당 중앙은 "강대한 적에게 승리하기 위해 프롤레타리아 독재는 권력이 고도로 집중될 것을 요구한다. 고도로 집중된 권력은 반드시 고도의 민주와 서로 결합되어야 한다. 집중제가 편면적으로 강조될 때 많은 착오들이 나타나게 된다"고 지적했다. 민주와 독재의 결합은 민주와 집중의 결합을 전제로 해야 하며, 집중제가 민주제를 벗어난다면 독재는 확대될 수 있다. 하지만 사회주의 사회에서 이들 사이에 항상 모순이

존재한다. 당 중앙은 사회주의 사회에 모순이 더는 존재하지 않을 것이라고 생각하는 것은 '천진난만한 생각'이라고 지적했다. 『프롤레타리아 독재에 관한 역사적 경험』이라는 문장에서 당 중앙은 사회주의 사회의 모순에 대해 보다 깊이 있게 분석하고, "기본제도가 수요에 적합한 상황에서 생산관계와 생산수단과의 사이, 상부구조와 경제기초와의 사이에 여전히 일정한 모순이 존재한다. 이러한 모순은 경제제도와 정치제도의 어떤 부분에서의 결함으로 나타난다"고 지적했다.

이 사상은 후에 「인민내부의 모순을 정확하게 처리하는 데에 관한 문제」라는 문장에서 마오쩌둥이 사회주의 사회 기본모순의 이론으로 개괄했다. 이 이론은 우리에게 "사회주의 기본제도는 민주적이고 생산력의 발전을 추진할 수 있지만, 구체적인 제도의 어떤 부분에 아직 민주가 건전하지 못하거나 혹은 편면적으로 집중을 강조하는 등의 결함이 있는데, 이는 소련에서 발생한 스탈린의 착오, 동유럽에서 발생한 폴란드, 헝가리 사건, 중국에서 발생한 노동자 파업, 학생들의 동맹휴업의 원인 중의 하나다"라는 것을 알려주었다.

2. 사회주의 사회에는 적아 사이 모순과 인민내부의 모순, 이 두 가지 유형의 사회모순이 존재하는데, 이 두 가지 서로 다른 성질의 모순을 반드시 정확하게 구분하고 처리해야 한다. 마오쩌둥은 1956년 12월 4일 황옌페이(黃炎培)에게 보내는 편지에서 처음으로 사회주의 사회에 존재하는 두 가지 모순 "적(스파이 파괴분자)아 사이의 모순과 인민

내부(당파 내부, 당파와 당파 사이 포함)의 모순"을 제기했다.[108]

뒤이어 12월 29일 발표한 『프롤레타리아 독재의 역사적 경험 재론』이라는 문장에서 마오쩌동은 헝가리 사건 등 문제에 대해 분석할 때 "우리 앞에는 두 가지 성질의 서로 다른 모순이 존재한다. 하나는 적아 사이의 모순(제국주의 진영과 사회주의 진영사이, 제국주의와 전세계 인민, 그리고 피압박 민족과의 사이, 제국주의 국가의 부르주아와 프롤레타리아와의 사이 등)이다. 이는 근본적인 모순이며 적대계급 사이의 이해 충돌이 그 기초이다. 다른 하나는 인민내부의 모순(이 부분의 인민과 저 부분의 인민 사이, 공산당 내 이 부분 동지와 저 부분 동지와의 사이, 사회주의 국가의 정부와 인민과의 사이, 사회주의 국가의 상호간 사이, 공산당과 공산당 간의 사이 등)이다. 이는 비근본적인 모순이며 이 모순은 계급 이해의 근본적인 충돌로 인해 발생하는 것이 아니라, 정확한 의견과 착오적인 의견의 모순, 또는 국부적인 성질의 이해 모순으로 인해 발생한다"고 지적했다. 이 분석은 비록 국제문제·국제 모순으로부터 제기됐지만, 더불어 사회주의 사회의 객관적 모순에 대한 분석이기도 하다. 『인민 내부의 모순을 정확하게 처리하는 데에 관한 문제』에서 마오쩌동은 이는 사회주의 사회의 두 가지 다른 성질의 사회적 모순이라고 더한층 단언했을 뿐만 아니라, 인민 내부의 모순을 정확하게 인식하고 처리하는 것은 사회주의 사회의 정치생활의 주제라고 강조했다. 다시 말하면 사회주의 사회에서 비록 인민들이 나라의 주인이 되었지만, 인민내부에는 또 인민정부와 인민

---

108) 중공중앙 문헌연구 편, 『마오쩌동 서신 선집(毛澤東書信選集)』, 2003, 중앙문헌출판사, 474쪽.

군중 사이의 모순을 포함한 여러 가지 이익과 인식 상의 모순이 존재한다. 이러한 모순을 적당하게 처리하지 못하면 인민의 단결에 영향을 미칠 수 있고, 이로부터 사회주의 민주가 파괴될 수 있다. 스탈린의 착오, 중국에서 나타난 노동자의 파업, 학생들의 동맹 휴업 등의 문제는 모두 이와 관련되었다.

3. 사회주의 사회에서 공산당은 집정당의 지위에 처해 새로운 시련에 직면했으며, 당내 민주가 이미 국가 민주의 관건이 되었다. 프롤레타리아 독재의 역사적 경험에 대해 두 차례 논술할 때, 당 중앙은 스탈린의 개인숭배 착오는 제도 상 어떤 부분의 결함과도 관련되는 한편, 사람들의 사상 상황이 결정적인 요인이 되었다고 강조했다. 스탈린은 만년에 소련의 내외정책면에서 모두 심각한 착오를 범했는데, 이는 그때 당시 그가 일련의 승리와 찬미로 인해 판단력이 흐려져 점차적으로 군중과 집체를 이탈하고 당과 국가의 민주집중제를 파괴했기 때문이라고 했다. 그리고 스탈린의 사상 방법상의 이러한 주관주의 착오는 또 소련 당내에서 당시 성행하던 무원칙하게 영수를 찬양하는 나쁜 기풍과도 관계된다고 했다. 또 집정당 내부 민주생활의 파괴는 불가피한 것으로 당이 지도하는 국가의 민주에 위험을 미치게 된다고 했다. 중공중앙 제8차 전국대표대회에서 류사오치와 덩샤오핑은 이 문제에 대해 계통적으로 상세하게 논술했다. 류사오치는 "중국공산당이 향후 계속해서 정확하고 건전한 지도를 유지하자면 근본적인 문제는 당 조직과 당원의 사상인식 상에서의 착오를 힘써 줄여야 한다"고 강조했다. 그는 "사상 인식 상에서의 주관주의는 당의 업무를 순조롭게 전개하고 중대한 실수를 피하게 하는 관건이다. 인식론의 각도에

서 주관주의 반대를 말한다면, 사람들의 인식이 객관적 현실에 보다 잘 부합되도록 해야 하며, 당의 지도 업무 각도에서 말한다면, 지도 간부의 결책이 군중의 실천에 보다 잘 부합되고 군중들의 수요를 보다 잘 만족시켜야 한다. 이렇게 하면 근본적으로 민주를 강화할 수 있다"고 특별히 강조했다. 덩샤오핑은 다음과 같이 지적했다. "중국공산당이 이미 집정당으로 된 조건 하에서, 당 조직과 국가기관의 많은 업무인원들 가운데 형형색색의 관료주의가 쉽게 자라날 수 있다." 집정당이 된 후 중국공산당은 새로운 시련에 직면하게 되었다. 먼저, '집권'으로 인하여 광범위한 인민군중 속에서 생존하고 발전하는 프롤레타리아 정당이 쉽사리 사회의 위층에서 군중을 이탈한 당으로 되었는데, 이는 국가기구 자체가 바로 '사회에서 나왔지만, 또 사회 위층에서 갈수록 사회와 이탈하는 역량(엥겔스의 말, 레닌이 여러 차례 인용)이기 때문이며, 이는 집권한 프롤레타리아 정당을 '위협'한다. 다음으로, '집권'으로 인하여 광범위한 우수 노동자, 농민, 지식분자 출신의 당원 간부가 흔히 점차 실천을 이탈하고 군중을 이탈하게 된다. 이는 당과 당 간부가 반드시 스스로 자신을 엄하게 다스리고 자가 절제하며, 보다 실천하고 군중과 보다 밀접히 연계할 것을 요구한다. 이렇게 해야만 관료주의를 극복하고 국가정치생활이 민주화의 궤도에서 건전하게 발전할 수 있다. 이 세 가지 문제의 중심이 바로 사회주의 사회에서 인민내부의 모순을 정확히 처리하고 민주 건설을 강화해야 한다는데 있다고 한 것이다. 왜냐하면 사회주의 사회의 생산관계와 생산력, 상부구조와 경제기초 간의 모순은 모순 쌍방의 사회적 대표가 당이 지도하는 인민으로, 인민내부의 모순이 집중적으로 나타나기 때문이라는 것이었다. 『인민 내부의 모순을 정확하게 처리하는 데에 관한 문제』를 수정 발표하기 전의 원고에서 마오쩌둥은 이 점에 대해 명확하게 논술했었다. "당내의 모순, 당내의 민주와 관료주의, 개인숭배 간의 모순 자체가 바로 인민 내부의 모순, 또는 인민 군중의 지도핵심 내부의 모순이다." 마오쩌둥은 적아모순과 인민 내부의 모순을 정확하게 구분하는 것은 독재와 민주 이 두 가지 수단을 정확하게 운용하기 위해서라고 제기했다. 즉 "독재의 수단은 인민민주독재의 중요한 수단 이지만, 이는 적을 상대로, 즉 적아 사이의 모순을 해결하는 것으로서 인민 내부에 독재를 실시해서는 안 된다. 민주의 수단은 인민민주독재의 또 다른 중요한 수단으로써 이를 통해 인민 내부의 모순을 해결한다. 따라서 인민 내부의 모순을 정확하게 인식하고 처리하는 문제는 바로 사회주의 민주를 보완하고 강화하는 문제이다. 인민 내부의 모순이 중국 정치생활의 주제가 됐다는 것은 민주건설이 이미 중국 정치생활의 주제가 됐음을 의미한다."고 했던 것이다

　바로 이러한 기초 위에서 마오쩌둥은 민주정치의 건설을 '목표'로써 명확하게 제기했다. 즉 우리의 목표는 집중도 있고, 민주도 있으며, 기율도 있고, 자유도 있으며, 통일된 의지도 있고, 개인의 상쾌한 심정과 생동적인 면도 있는 그러한 정치국면을 조성함으로써 사회주의 혁명과 사회주의 건설에 이롭고, 어려움을 비교적 쉽게 극복할 수 있고, 중국의 현대 공업과 현대 농업을 비교적 빠르게 건설할 수 있으며, 당과 국가가 비교적 공고하고 시련을 견딜 수 있게 하는 것이다. 총체적 목표는 인민 내부의 모순과 적아의 모순을 정확하게 처리하는 것이다. 방법은 실사구시하고 군중노선을 견지하는 것이다. 파생적인 방법은 당내 당 외 모두 함께 국정방침에 관련한 회의를 열고, 공개적으로 기풍을 바로잡고, 당과 정부의 많은 착오 및 결점을 신문에 게재하

여 비평하는 것이다.[109] 마오쩌둥이 사회주의 사회의 두 가지 다른 성질의 사회모순에 관한 학설을 제기하고, 인민 내부의 모순을 정확하게 처리하는 데에 관한 문제를 제기한 것은, 소련 스탈린 시기 민주를 파괴한 교훈을 받아들이고, 중국의 사회주의 민주건설을 강화하는 데 착안점을 두었기 때문이었다. 그러나 아쉽게도 이 목적은 마오쩌둥의 구상에 따라 실현되지 못했는데 그렇게 된 데에는 매우 복잡한 원인이 있었다. (1) 철학적 각도에서 문제를 제기했기 때문에 추상적인 원칙 차원에만 머무르고 철학과 구체적인 사회과학(예를 들면 정치학, 법학)을 결부시켜 연구하지 못했다. 이로 인해 인민 내부의 모순을 정확히 인식하고 처리하는데 필요한 민주를 법률화하고 제도화하지 못했다. (2) '적아모순', '인민 내부의 모순' 이러한 범주는 또 철학적 범주에 속하지 않고, 철학과 정치를 서로 연결시킨 범주에 속하는데다 정치상에서의 '적'과 '인민'은 하나의 역사 범주에 속하고 사회의 주요 모순, 주요 임무와 상호 연결되는 범주에 속한다. 그리고 민주혁명 시기의 주요 모순, 주요 임무가 명백하고 '적'과 '인민'도 비교적 분명하다. 사회주의 사회에 들어선 후의 주요 모순, 주요 임무에 대한 인식에 문제가 생겨 "적아모순과 인민 내부의 모순을 정확히 인식하고 처리하는데" 많은 어려움을 가져다주었으며, 민주 정치를 건설하는 데에 영향을 미쳤다. (3) 보다 중요한 것은 마오쩌둥이 볼 때, 사회주의 민주와 민주혁명시기의 민주는 형식상에서 근본적인 구별이 없으며, 민주의 형식은 바로 군중운동(모두 민주혁명과 같은 그런 지주를 타도하고

---

109) 중공중앙문헌연구실 편, 『건국 이래 중요 문헌 선집(建國以來重要文獻選編)』 제10권, 1994, 중앙문헌출판사, 485쪽.

굶주림과 박해를 반대하는 군중운동)이지, 법제를 통해 질서 있게 실현하는 그런 운동이 아니라고 생각하여, 혁명시기의 민주와 건설시기의 민주 사이에는 중대한 차이가 있는 것을 구분하지 않았다. 그리하여 인민 내부의 모순에 부딪치면 운동으로 해결하는데 습관이 되어, 결국에는 민주를 확대화 하는 계급투쟁을 야기 시키고 사회주의 민주의 정상적인 질서를 파괴하게 되었다. (4) 객관적으로 보면, 중국은 생산력이 뒤떨어지고 교육과학문화가 발전되지 못했으며 광범위한 인민 군중들이 민주적 요구가 있기는 하지만, 현대 민주적 자질과 훈련이 부족하여 흔히 민주를 소생산자들이 요구하는 극단적 민주 또는 무정부주의로 이해하기 때문에, 당 중앙과 마오쩌동이 민주문제를 제기할 때마다 예상치 못했던 문제들이 나타나게 되었다. (5) 사회주의 민주는 그 역사가 비교적 짧고 사람들의 경험이 비교적 적으며, 게다가 과거에 민주에 대한 연구 선전이 모두 따라 가지 못했기 때문에 사실 많은 공민들이 사회주의 민주가 도대체 어떤 것인지에 대해 알지 못하거나 또는 그의 일반 원칙에 대해서만 알고 구체적인 형태, 구체적인 제도와 실시 절차에 대해서는 알지 못하고 있었다. 이러한 조건 하에서 민주건설에 착오가 나타나는 것은 피면하기 어려운 일이었다.

따라서 사람들은 반 우파투쟁을 확대하는 착오가 나타나기 전과 중기에 마오쩌동이 인민 내부의 모순을 정확하게 처리하고 민주건설을 강화하자는데 대해 가장 많이 언급했다는 것을 발견할 수가 있다. 역사는 바로 이렇게 사람들을 조롱하기를 좋아한다. 후세대 사람들이 보건대, 반 우파투쟁을 확대화한 착오는 진언의 길을 막았고, 지식분자에게 타격을 가했으며, 사회주의 민주를 파괴했다. 그때 당시 사람들이 보건대(마오쩌동 뿐만 아니라) 노동자 군중이 일어나 말하고, 인민 군중이 당의 지도하에 군중성적인 반 우파투쟁을 벌인 것은 사회주의 민주를 수호하기 위한 목적이었을 뿐만 아니라, 형식도 극히 민주적이었다. 그렇기 때문에 문제는 일부 사람들이 경솔하게 단언하는 것처럼 마오쩌동이 민주를 싫어하고 민주를 파괴하려 한 것이 아니었으며, 사람들이 민주에 대한 이해가 다르고 여러 가지 복잡한 주관·객관 조건의 제약을 받은데 문제가 있었다.

즉 중국의 사회주의 발전 역사 가운데 항상 이러한 기이한 현상이 나타나는데, 현대화된 생산력을 고속도로 발전시키려 한다면 결국 생산력의 발전을 파괴하게 되고, 사회주의 공유제를 강화하려 하면 결국 사회주의 공유제를 약화시키게 되며, 사회주의 민주를 발전시키려 하면 민주 발전과정에 곡절을 초래하게 되었던 것이다. 따라서 중국의 역사경험을 종합하면 반드시 과학적이고 침착해야 하며, 결과로써 그 원인을 밝히려 하면 복잡한 문제를 간단화 하게 되어 역사가 전혀 논할 가치가 없게 되는 것이다.·

제4절
'쌍백(雙百)방침'과 지식계의 민주

중국의 사회주의 민주정치 건설 과정에서 지식계의 민주문제가 가장 민감하다. 이른바 지식분자문제는 가장 중요한 것이 바로 지식분자의 사회적 위상과 역할과 지식분자의 노동 특점을 어떻게 정확하게 취급할 것인가 하는 문제에 있는데, 이 두 가지 면을 종합하면 바로 지식계의 민주문제이다.

지식분자의 위상·역할문제를 놓고 보면, 중국이 사회주의 사회에 들어선 후 매우 복잡한 변천 과정이 있었다. 이 문제에 관해 아래의 관련 장절에서 논술하고자 한다. 여기서는 당의 '쌍백방침'을 제기한 과정 및 지식분자의 노동특점과의 관계에 대해 치중하여 연구하고자 한다.

'쌍백방침'을 제기한 과정에 관해 공위즈(龔育之),류우성(劉武生)이 "백화제방, 추진출신(百花齊放, 推陳出新)"에 대해 구체적으로 소개했는데, 이는 마오쩌둥이 1951년 중국희곡연구원 성립을 위해 제사한 것이다. 1942년 마오쩌둥은 옌안(延安)평극연구원의 성립을 위해 '추진출신(推陳出新, 낡은 것을 버리고 새로운 것을 내놓자—역자 주)'이라는 제사를 했었다. 1951년의 제사에서 하나는 대상이 경극(평극)에서 희곡으로 확대되었으며, 다른 하나는 '백화제방(百花齊放, 갖가지 학문, 예술, 사상 등이 발표되어 각기 자기의 주장을 펴는 모습을 비유적으로 이르는 말-역자 주)'이라는 내용을 새로 보탰다. 마오쩌동은 1956년 4월 28일 정치국 확대회의에서 "'백화제방'은 군중 속에서 제기된 것인데, 누가 제기했는지는 모르겠다(앉아있던 사람 중에 누가 말참견을 했었는데 저우양(周揚)이 제기했다고 했다). 누가 나에게 글로 쓰라고 해서 '백화제방, 추진출신'이라고 썼다"고 말했다. 알아본 바에 의하면 '백화제방'은 희곡회의에서 제기된 것이며, 매우 좋다고 여겨 마오쩌동에게 보고했다고 저우양이 누구에게 말한 적이 있다는 것이다.

그러나 '백가쟁명(百家爭鳴)'은 마오쩌동이 1953년 중국역사문제에 대한 연구에서 제기한 말이다. 루딩이(陸定一)는 글에서 이 배경 중의 중요한 상황인 궈모러(郭沫若), 판원란(範文瀾) 두 마르크스주의 역사학가의 중국 고대역사 분기(分期)문제에 관한 논쟁에 대해 설명했다. 루딩이의 문장은 바로 『광명일보(光明日報)』 1986년 5월 7일자에 발표된 「'백화제방, 백가쟁명'의 역사 회고('百花齊放, 百家爭鳴'的曆史回顧)」이다. 1953년 중앙은 중앙선전부가 중국역사문제, 중국문학개혁문제, 어문교학문제 등에 관해 3개 위원회를 조직해 연구하기로 결정했으며, 7월 26일 중앙선전부가 3개 위원회 명단을 제기했다. 8월 5일 중앙이 비준했으며, 마오쩌동이 또 매 위원회 주임 입후보자에 대한 의견을 제기했다. 당시 중국역사문제연구위원회 주임은 마오쩌동에게 역사연구업무방침을 청구했으며, 마오쩌동은 백가쟁명을 제창해야 한다고 말했다.

1956년 '백화제방, 백가쟁명'을 우리 당의 과학문화업무 중의 기본방침으로 확정하고, 그 의미에 대해 계통적으로 논술하고 선전하여 관철시켰다. 당 중앙은 정치국확대회의에서 마오쩌동의 「10대 관계를 논하다」라는 보고에 대해 검토하는 과정에서 이 결책을 내렸다. 이 보고는 마오쩌동이 4월 25일에 한 보고였다. 보고에서는 이미 이러한 뜻을 포함시켰지만 전개시키지 않았고, 이 두 가지 슬로건에 대해서도 언급하지 않았다.

보고에 대해 토론할 때 루딩이는 발언에서 학술성격, 예술성격, 기술성격에 대한 문제는 자유롭게 내버려 두어야 한다고 제기했다. 루딩이는 당해 1월의 지식분자문제회의에서 "학술, 예술, 기술 등의 발전에 있어서 우리는 '덮개'를 씌우지 말고 '학술문제, 예술문제, 기술문제는 당 내외 지식분자들이 토론하고, 그들이 각자의 의견을 발표하고, 개인의 재능을 발휘하며, 스스로의 풍격을 취하도록 놓아두어야 하며, 서로 다른 학파의 존재와 신학파의 수립(부르주아 사상의 자유발표를 용인하는 것과 엄격하게 구별)을 허락해야 한다. 그들 사이에서 서로 비판할 수 있지만 비평할 때는 큰 모자를 씌워서는 절대 안 된다"고 말한 적이 있다. 정치국확대회의에서 루딩이는 또 이러한 의견을 내놓았다.

4월 28일 마오쩌둥은 정치국확대회의에서 종합 발언을 했다. 그는 발언의 다섯 번째 부분에서 "'백화제방, 백가쟁명'은 내가 보건대 우리의 방침으로 삼아야 한다. 예술문제 상에서 백화제방하고 학술문제 상에서 백가쟁명을 벌여야 한다. 학술상에서는 이런 학술도 좋고 저런 학술도 좋으니 한 가지 학술로 모든 것을 압도하지 말아야 한다. 진리라면 믿는 사람이 반드시 갈수록 많아질 것이다"고 말했다. 공위즈·류우성의 『'백화제방, 백가쟁명'에 대한 제기』.[110] 뒤이어 1956년 5월 2일 최고국무회의에서 마오쩌둥이 중공중앙을 정식 대표해 '백화제방, 백가쟁명'을 당의 문예 및 과학 업무의 방침으로 한다고 선포했다. 5

---

110) 『광명일보』 1986년 5월 21일.

월 26일 중앙선전부 루딩이 부장이 화이런당(懷仁堂)에서 소집한 지식계회의에서『백화만발, 백가쟁명』을 주제로 중요한 연설을 발표하고 당의 이 기본방침에 대해 상세히 논술했다.

　이 방침을 제기한 것은 확실히 마오쩌동이 영도하는 중국공산당의 하나의 큰 창조였다. 사회주의 역사과정에서 과학문제 면에 있어서 매우 심각한 교훈이 있었다. 소련에서 변증 유물주의의 당성 원칙을 기계주의적으로 왜곡해서 해석하는 사람들이 있었다. 더욱이 생물학계에서 리썬커(李森科)는 변증법적 유물주의를 견지한다는 구실로 유전학의 모건학파는 이른바 "사회주의를 반대"하는 '위과학(僞科學)'을 난폭하게 선포했다. 마오쩌동은 이에 대해 매우 불만족스러워 했으며 이렇게 하는 것은 과학발전 법칙을 위배하는 것이라고 생각했다. 1956년 8월 칭다오(靑島)에서 열린 유전학좌담회가 끝난 뒤, 베이징대학 리루치(李汝祺) 교수가『유전학으로부터 백가쟁명(從遺傳學談百家爭鳴)을 논하다』라는 제목의 글을 썼다. 마오쩌동은『광명일보』에서 이 문장을 읽고 매우 관심을 기울였다. 그는 작자를 대신해『과학을 발전시키는 데 있어서 반드시 지나가야 할 길(發展科學的必由之路)』이란 긍정적인 제목으로 바꾸고, 후차오무(胡喬木)에게 편지를 써『인민일보』에 전제하도록 했다. 이 제목은 마오쩌동의 '쌍백방침'에 대한 견해를 나타냈으며, 이 문장을 선택한 것은 소련의 방침과 경계선을 가르는 마오쩌동의 뜻을 보다 보여준 것이었다. 마오쩌동이 '쌍백방침'을 제기한 목적은 사회주의 제도 하에서 과학을 발전시키고 예술을 번영시키며, 정확한 지도성적인 원칙을 제정함으로써 소련에서 발생했던 그런 착오를 피하기 위해서였다.

　이 방침은 과학과 민주라는 이중의 성격을 지니고 있었다.

사람들은 일반적으로 모두 이 방침이 과학적 성질을 띠고 있으며, 지식분자의 노동 특징에 부합되고 정신생산의 객관법칙에 부합된다고 인정했다. 이는 정확한 것이었다. 과학과 예술은 모두 스스로 보완하는 과정이 있기 때문에 인위적으로 발전하지 못하게 해서는 안 된다. 하지만 이 방침을 제기한 배경, 목적으로 보든지, 이 방침의 내용 및 정신적 실질로 보든지를 막론하고 이 방침은 민주적인 성질을 띠고 있었다.

　먼저 이 방침은 문화적 전제주의를 상대로 제기한 것이며, 학술과 예술의 자유 발전을 보호하는 방침이었다. 문화적 전제주의는 매우 유해한 사상경향으로써 이는 하나의 학파, 하나의 예술 발전만을 허용하고, 천방백계로 기타 다른 학파와 예술을 말살하려 한다. 마오쩌둥은 사회주의 의식형태 영역의 업무를 지도할 때, 소련이 행정수단으로 과학의 발전을 제압하는 것에 대해 반감을 가졌을 뿐만 아니라, 중국에서 나타난 '작은 인물'을 억압 비평하는 '권위'현상에 대해서도 못마땅하게 생각했다(예를 들면『홍루몽(紅樓夢)』에 대해 토론하는 과정에서 나타난 현상들). 그리하여 그는 과학과 예술은 마땅히 자유롭게 발전하고 자유롭게 논쟁해야 한다고 주장했다. 그는 "백화제방, 백가쟁명의 방침은 예술발전과 과학의 진보를 추진하는 방침이고, 중국의 사회주의 문화 번영을 추진하는 방침이다. 예술 면에서 다른 형식과 풍격이 자유로 발전할 수 있으며, 과학 면에서 다른 학파도 자유로 논쟁할 수 있다. 행정 역량으로 한 가지 풍격, 한 가지 학파를 강제적으로 추진하고, 다른 풍격과 다른 학파를 금지하는 것은 예술과 과학의 발전에 유해하다고 우리는 생각한다"고 말했다.[111] 다음으로 이는 과학과 민주를 일치시키기 위해 힘쓰는 방침이다. 과학은 진리에 복종하고 민주는 다수에 복종한다. 마오쩌동이 깊이 지적했듯이 "옳고 그른 것을 판단하는 데는 항상 검증하는 시간이 필요하다. 역사상 새로운 정확한 것이 처음에는 흔히 많은 사람들의 인정을 받지 못하고, 투쟁 과정에서 우여곡절을 겪으며 발전할 수밖에 없다. 사람들은 옳고 좋은 것도 처음에는 흔히 그가 '향기 있는 꽃'이라는 것을 인정하지 않고 도리어 독초로 간주한다. 코페르니쿠스(哥白尼)의 태양계에 관한 학설, 다윈(達爾文)의 진화론은 모두 그릇된 것으로 간주되어 모두 힘겨운 투쟁을 겪었었다"고 했던 것이다. 마오쩌동은 역사상에서 과학은 항상 독재적 압박을 받는다는 것을 인식했다. 그러나 마오쩌동은 민주제도 하에서 인식상의 한계, 그리고 기타 여러 가지 역사조건의 제한으로 다수 사람들이 진리를 인정하지 않고 과학을 받아들이지 않는 상황이 여전히 나타날 것이라는데 대해 보다 주목했다. 바로 이러한 과학과 민주의 모순으로 인해 마오쩌동은 보다 철저한 민주적 태도로 여러 가지 과학과 예술의 관점, 견해가 장기적인 자유로운 쟁명을 벌여 세월의 시련을 겪도록 결정하게 되었다.

'자유'와 '민주'는 서로 다른 범주로서 마오쩌동이 강조하는 학술자유·예술자유는 학술민주·예술민주라고 말할 수 없다고 말하는 사람도 있을 것이다. 자유와 민주는 확실히 다르지만 아무른 연계가 없고 전혀 다른 것은 아니다. 그 어떠한 자유도 모두 일정한 범위 내의 자

<hr>

111) 마오쩌동, 「인민내부의 모순을 정확하게 처리하는 데에 관한 문제」 (1957년 2월 27일),
『마오쩌동문집』 제7권, 1994, 인민출판사, 229쪽.

유이며 한계가 있는 자유이다. 마오쩌동이 제기한 '쌍백방침'은 사회주의 국가의 '인민'이라는 범위 내에서의 학술과 예술면의 자유, 즉 민주제약 하에서의 자유를 가리키는 것이지 절대적인 자유는 아니었다. 이에 대해 류딩이는 당해 '쌍백방침'에 대해 상세하게 논술할 때 매우 명백하게 지적했다. "우리가 주장하는 자유는 부르주아 민주주의가 주장하는 자유와 다르다. 부르주아가 주장하는 자유는 다만 소수인의 자유로서 노동인민의 몫이 없거나 또는 매우 적다. 부르주아는 노동인민에 대해 독재를 실시한다. 지금 미국의 군국주의자들은 '자유세계'를 표방하는데 그 '세계'에서 군국주의 반동파들은 모든 자유를 누렸으며 평화를 주장하는 룩셈부르크(盧森堡) 부부는 오히려 처형당했다. 우리는 반혁명분자들이 자유를 갖는 것을 반대하며 우리는 반혁명분자들에 대해 반드시 독재를 실시할 것을 주장한다. 그러나 인민 내부에서 우리는 반드시 민주 자유가 있어야 한다고 주장한다. 이는 정치상에서 반드시 적아를 명확히 가르는 하나의 정치적 경계선이다"

우리가 주장하는 '백화제방, 백가쟁명'은 인민 내부의 자유이다. 우리는 인민정권이 공고됨에 따라 이러한 자유를 확대할 것을 주장한다. 류딩이의 『백화제방, 백가쟁명』[112]을 마오쩌동이 '쌍백방침'으로 제기한 것은 중국의 사회주의 민주발전을 진정으로 바라고 중국 지식계에서 건전한 민주적 분위기를 개척할 것을 간절히 바랐다는 것을 엿볼 수 있다.

그런 점에서 아래의 두 가지 일은 모두 매우 설득력이 있었다.

한 가지는 '쌍백방침'을 정식으로 제기하기 전 중국에서 학술강연을

---

112) 『인민일보』 1956년 6월 13일.

하는 소련 학자가 중국인 수행 인원에게 『신민주주의론』에 대한 자신의 견해를 담론할 때, 이 명작 중에서의 손중산의 세계관에 관한 마오쩌동의 논점에는 동의하지 않는다고 표시했다. 이에 대해 그 누군가가 마오쩌동에게 보고했고, 또 이 일을 중국 주재 소련대사 유진(尤金)에게 알릴 것을 주장했다. 마오쩌동은 1956년 2월 19일 류샤오치, 저우언라이, 천윈, 펑전, 덩샤오핑, 천바이다, 루딩이 등에게 편지를 써서 "본인은 이러한 자유 담론을 금지시켜서는 안 된다고 생각한다. 이는 학술사상에 대한 상이한 의견으로서 누구든지 모두 담론할 수 있으며, 위신에 손상을 입힌다고 말할 수 없다. 따라서 유진에게 이 일을 얘기하지 말라. 국내에서 이러한 학술문제 상에서 어느 지도자와 상이한 의견이 있을 경우에도 금지시켜서는 안 된다. 만약 금지시키려 한다면 그것은 완전히 착오적인 것이다"고 말했다.[113]

마오쩌동이 이 일에 대한 처리 의견을 제기한 것은 후에 그가 "백화제방, 백가쟁명"을 당의 방침으로 제기한 것과 직접 연관된다. 그는 몸소 체험하고 힘써 실천했던 것이다.

두 번째 일은 '쌍백방침'을 제기한 후, 1957년 3월 전국선전공작회의에서 일부 사람들이 많은 문제를 제기했으며, 마오쩌동은 이러한 문제를 집결시킨 서류에 많은 평어와 주해를 달았다. 일부 사람들은 당교 내에서 비 마르크스주의 사상을 논쟁하는 것을 허용해서는 안 된다고 주장했는데 마오쩌동은 이에 대해 "옳지 않은 것 같은데 논쟁하는 것을 두려워할 필요가 있는가?"라고 평어를 달았고, 일부 사람들

---

113) 중공중앙문헌연구실 편찬, 『마오쩌동서신선집(毛澤東書信選集)』 2003, 중앙문헌출판사, 471쪽.

은 마르크스주의 고전저작에 대해 의심해서는 안 된다고 주장했는데 이에 대해 마오쩌둥은 "의심하면 안 되는가?"하고 지적했으며, 또 당의 정책에 관한 논쟁을 허락하는가 하는 문제에 대해 "어찌하여 논쟁을 허용하지 않겠는가?"라고 주해를 달았다. 이러한 사람들의 흥미를 불러일으키는 평어와 주해들은 마오쩌둥의 '쌍백방침'에 대한 인식의 과학성과 철저함을 보여주었을 뿐만 아니라, 마오쩌둥의 민주에 대한 충분한 신심을 보여주었으며, 민주는 결국 마르크스주의와 당 정책의 정확성을 확보하는 중요한 조건이라는 것을 인정한 것이었다.

그러나 중국공산당은 마오쩌둥의 이 중요한 사상을 실천에 옮길 때 오히려 실수를 연발했다. 이는 업무 지도상에서 정확하지 못했던 것 외에도 이론 자체에 어떤 문제가 있었던 것은 아니었을까? 업무 지도상에서 부정확한 점은 주로 정치적 비판으로 학술과 예술의 논쟁을 대체한데서 주로 나타났는데, 이는 심각한 교훈이라는 것을 주목해야 한다. 이론 자체에서 말하자면, '쌍백방침'은 '인민' 범위 내에서 실시하는 방침이고, '인민'과 '적'이라는 이 범주는 동태적인 역사 범주로서 확정적이면서도 또 불확정적이다. 그리고 이들의 구별점은 상당 부분이 정치적 태도에 의해 결정된다. 그리하여 '사람(人)'과 '말(言)'(정치태도) 사이의 순환논증 문제가 나타났던 것이다. 인민의 범주에 속하는 '사람'이야말로 자유롭게 주장하고 발표할 권리가 있으며, 인민의 범주에 속하는 사람은 또 반드시 사회주의 정치 태도를 가진 사람이어야 하며, 마르크스주의와 당의 정책을 의심하는 그 어떠한 언론도 모두 그릇된 정치적 경향의 표현으로서 이러한 사람은 자유롭게 주장하고 발표할 자격이 없기 때문에, 실천 가운데서 '사람을 보고 그 사람의 말까지 무시(以人廢言)'하거나 또는 '그릇된 말을 했다고 해서 그 사람을 무시하는(以言廢人)' 이러한 두 가지 현상이 자주 나타나 '백화제방, 백가쟁명'을 진정으로 행하기 어려운 상황이었다. 특히 정치문제에 있어서 자유 쟁명을 하게 되면 항상 '반당·반사회주의'적인 죄책을 감당해야 하는 측이 있게 된다. 마오쩌둥의 만년에 계급투쟁을 확대하는 등 심각한 착오가 발생하는 상황에서 적아 경계선이 선명하지 못하여 '쌍백방침'을 시행하기는 보다 어려웠던 것이다.

이는 당의 '쌍백방침'이 '딜레마'에서 벗어나기 어려운 막다른 골목에 들어섰다는 것을 말하는 것은 아니었다. 우리의 사회주의 민주가 제도화·법률화되고 법률의 수단으로 민주를 실현하고 법으로 나라를 다스린다면, '공민'의 신분으로 나타난 인민은 법률상에서의 확정성이 있고, 매 공민이 정치적 권리를 향유할 수 있는지의 여부도 법률상에서의 확정성에 있다. 법률상에서의 확정성은 상대적으로 안정성이 있고, 적아의 경계선에 있어서 임의성을 극복할 수 있음으로 '쌍백방침'을 관철하려는 실천을 확보할 수 있다. 법률에 근거해 '쌍백방침'을 실시하는 것은 이미 중국의 사회주의 헌법에서 명확하게 구현되었다. 헌법에 규정된 언론, 출판자유, 과학연구, 문학예술 창작과 기타 문화활동의 자유는 이미 보다 넓은 각도에서 법률적 언어로 당의 '쌍백방침'의 내용을 표현했다. 실천이 알려주듯이 헌법은 국가의 근본 대법이고, 또 일련의 구체적 법률 법규와 조합되어야만 움직이고 감독할 수 있는 것이다. 민주를 보장하기 위해서는 반드시 끊임없이 법제를 건전히 하고 보완해야 한다. 이는 마오쩌둥의 사상과 실천이 우리에게 주는 메시지이기도 하다.

제5절
당의 민주집중제

인민민주독재론에 따라 노동자계급의 선진부대로서의 중국공산당은 사회주의 혁명과 사회주의 건설의 지도핵심이다. 이는 중국공산당이 노동자 계급의 선진분자들로 이루어지고 과학적 지도사상을 갖추었을 뿐만 아니라, 또한 중국 인민의 근본이익을 대표하고 민주의 역량이며 민주의 지도자이기 때문이다. 바로 이렇기 때문에 사회주의 민주를 개선하고 발전시키는 것은 상당 부분에서 당내 민주를 건전히 하고 발전시키는데 달렸다.

마르크스–레닌주의의 전통에 따라 중국공산당은 스스로 내부에서 민주집중제의 원칙을 실행했다. 이 원칙은 현 단계의 국제 상에서 레닌주의를 반대하는 각양각색의 인사들의 맹렬한 반대를 받았다. 그러나 중국공산당은 이 원칙은 당의 전체와 부분, 상급과 하급 등 일련의 변증관계의 객관 요구를 반영한 것으로서 정확한 것이라고 여겼다. 관건은 이 원칙을 포기하는 것이 아니라 이 원칙 내부에 존재하는 민주와 집중 간의 변증관계를 정확하게 처리하는 것이며, 민주를 논하지 않고 집중만 논하는 독재주의를 반대할 뿐만 아니라, 민주만 논하고 집중을 논하지 않는 극단적 민주주의 또는 무정부주의도 반대하는 것이다. 그래서 마오쩌둥, 류사오치 등은 이 중대한 문제에 대해 비교적 깊이 연구하고 탐구했다. 사회주의 사회에 들어선 후, 중공중앙정치국은 마오쩌둥의 주재 하에 스탈린에 의해 민주집중제가 '대숙청'도구로 변질되는 등 심각한 경험교훈에 대해 연구하고, 사회주의 사회에서 민주집중제를 견지해야 하는 필요성과 막중함을 더한층 지적했다. 스탈린 만년의 일부 착오가 전국성적이고, 장기성 적이며 심각한 착오로 발전하고 제때에 시정되지 못한 것은 바로 스탈린이 일정한 범위 내에서 그리고 어느 정도로 군중과 집체를 이탈했고, 당과 국가의 민주집중제를 파괴했기 때문이다. 당과 국가의 민주집중제가 어느 정도로 파괴된 것은 일정한 사회 역사적 조건이 뒤따르고 있다. 다시 말하자면, 국가를 이끌어 나아가는 면에서 당의 경험이 부족하고, 새로운 제도가 아직 모든 구시대의 영향에 저항할 수 있을 정도로 공고화되지 못했으며, 국내외의 긴장된 투쟁이 일부 민주의 발전을 제한하는 등의 문제 때문이었다. 그러나 이러한 객관적 조건만으로 착오를 범할 수 있는 가능성을 현실로 되게 하는 데는 충분하지 못했다. 스탈린이 처한 환경보다 더 복잡하고 어려움이 더 많은 조건하에서도 레닌은 스탈린이 범한 그러한 착오를 범하지는 않았다. 여기서 결정적인 요인은 사람들의 사상 상황에 있다는 것을 말해준다. 스탈린은 후기에 계속되는 승리와 찬송으로 판단력이 흐려졌으며, 그의 사상 방법은 부분적으로 그러나 심각하게 변증유물주의를 이탈하고 주관주의에 빠져들었다.[114] 그러할 뿐만 아니라 당 중앙은 또 소련 당의 경험교훈에 근거하여 우리 자신이 민주 집중제 문제에서 존재하는 부족한 점에 대해 반성하고 중공 8차 전회에서 이미 맞춤형 대책을 연구했다.

---

114) 「프롤레타리아 독재의 역사 경험 재론(再論無產階級專政的歷史經驗)」, 『인민일보』 1956년 12월 29일.

당시 당 중앙은 이미 우리의 부족한 점이 첫째 "목전 당의 상하급 관계에 있어서의 부족한 점, 전반적으로 말하자면 주로 하급조직의 적극성·혁신성을 불러일으키는데 관심이 부족하다"는 것을 알았다.[115] 이 때문에 중앙이 8차 전회에 제기해 토의한 당 규약 초안에서 민주집중제 중의 상하급 관계문제에 대해 일련의 구체적 규정을 정했다. 이를테면 "당의 각급 지도기관은 반드시 하급조직과 당원 군중의 의견을 자주 청취해야 한다", "당의 중앙조직과 지방조직의 직권은 마땅히 적당하게 구분돼야 한다", "당의 정책문제에 관해 당의 지도기관이 결정을 내리기 전, 당의 하급조직과 당의 위원회 성원들은 모두 당 조직 내부와 당의 회의에서 자유롭게, 그리고 착실하게 토론을 벌일 수 있으며, 또한 당의 지도기관에 자신의 건의를 제기할 수 있다"는 등이었다. 둘째, "당의 집체영도 제도는 실천과정에서 여전히 많은 부족점이 있었다. 소수의 당조직 책임자는 여전히 상의 없이 혼자서 일을 처리하는 행위가 있다"[116] 이 문제에 관해 당 중앙은 당위원회제도를 더한층 건전히 하며, 당위원회가 오랫동안 회의를 열지 않는 착오적인 방법을 반대하고 또 형식주의 또는 민주 토론을 벌이지 않는 회의 기풍을 반대한다고 강조했다. 당의 중요한 결정은 모두 반드시 당 대표대회에서 토론 결정해야 한다고 특히 강조했다.

이 모든 것은 중국공산당이 사회주의에 들어선 초기 사회주의 민주를 강화하기 위해 당내 민주집중제를 건전히 하는 문제에 매우 큰 정

---

115) 덩샤오핑, 「당의 규약을 수정하는 데에 관한 보고(關於修改黨的章程的報告)」 (1956년 9월 16일). 『덩샤오핑 문집』 제1권. 1994, 인민출판사. 227쪽.
116) 덩샤오핑, 「당 규약을 수정하는 데에 관한 보고」 (1956년 9월 16일). 『덩샤오핑 문선』 제1권. 1994, 인민출판사. 231쪽.

력을 쏟아 부었는데 이는 정확한 것이었으며, 사회주의 민주건설의 중점과 난점을 장악했다는 것을 말해준다. 하지만 이 문제를 더 잘 처리하기 위해서는 반드시 인식을 바로잡고 실천을 강화하는 한편, 또 반드시 실천경험을 바탕으로 당의 이러한 구체적 처리 방법 및 감성적 경험에 대해 이론적으로 종합하고 이론적으로 개괄해야 했다. 중공 8차 전회 이후, 마오쩌둥은 드문드문 일련의 이러한 면에서의 이론 연구를 했는데, 이 가운데 『확대된 중앙업무회의에서의 연설(在擴大的中央工作會議上的講話)』이 가장 계통적인 이론이었다.

1962년 1월 당 중앙은 베이징에서 확대한 중앙업무회의를 소집했다. 회의에 중앙과 성, 지방, 현위 등 주요 책임자 및 일부 대공장과 광산, 부대 책임자 등 모두 7,118명이 참가했다. 때문에 이 회의는 당의 역사상에서 또 7천명 대회로 불리었다. 이 대회는 중국 사회주의 민주건설 과정에 있어서 한 차례의 중요한 회의였으며, 마오쩌둥, 류사오치가 회의에서 당의 민주집중제 문제에 관해 중점적으로 논했다.

그들이 민주집중제를 강조하는 직접적인 계기는 비평과 자아비판을 포함한 당내 정상적인 민주생활을 통해 1958년 이래 당이 사회주의 건설을 이끄는 과정에서 존재하는 경험 교훈을 종합하자는데 있었다. 이 회의는 당시 전당의 사상을 통일시키고 국민경제에 대한 조정, 공고, 충실, 업그레이드된 방침을 진일보 관찰시키며, 어려운 경제국면을 되돌리는데 중요한 역할을 한 동시에 당내 민주생활도 활성화시켰다.

류사오치는 중앙을 대표하는 서면 보고에서 '대약진'과 인민공사화 과정 중에서의 당의 주요 결함과 착오에 대해 분석한 후 아래와 같이 지적했다. 즉 "위에서 말한 지표가 지나치게 높고 요구를 너무 서두르는 등 주요 결점과 착오가 나타나게 된 원인은, 한편으로는 우리가 건설 업무 중에서 경험이 아직 매우 부족하기 때문이고, 다른 한편으로 는 수년간 당내 적지 않은 영도 동지들이 신중하지 못했으며, 당의 실 사구시와 군중노선 전통 작풍을 위반했으며, 당내 생활·국가 생활과 군중 조직생활 중에서의 민주집중제 원칙을 어느 정도로 약화시켰기 때문이었다. 지표가 지나치게 높고 요구를 너무 서두르는 등 결점과 착오는 또 현실과 군중을 이탈하고 민주를 이탈하는 착오적인 작풍 을 부추겼다. 이리하여 우리 당이 제때에 그리고 일찌감치 문제를 발 견하고 착오를 시정하는데 방해가 되었다."고 했다.[117] 민주집중제면에 서 '대약진'과 "인민공사화운동"이 실수한 경험 교훈을 종합하고, 민주 집중제 강화를 통해 이러한 '좌적' 착오를 시정하는 것은 당시 당 중앙 지도부가 명확히 한 지도사상이다. 이 때문에 이 서면 보고 외에도 류 사오치와 마오쩌둥은 회의에서 발표한 연설에서 모두 민주집중제 문 제에 대해 전적으로 강조했다. 그들이 이 문제를 돌출시켰다는 것은 우리가 경제건설 면에서 아직 규칙을 알지 못했으며 정확한 길을 찾는 데는 민주집중제에 의거해야 이 난제를 해결할 수 있다는 점을 당이 깊이 느꼈기 때문이라는 것이 분명했다. 사람들이 아직 사물의 발전법 칙을 인식하기 전에 주관과 객관 사이의 모순이 매우 돌출적으로 나 타났다. 주관이 객관을 정확하게 반영할 수 있도록 하기 위해서는 첫 째, 정책을 결정하기 전 민주성을 견지하고 집단의 지혜를 집결시켜야 하며, 둘째, 정책을 결정한 후 민주성을 견지하고 주관이 객관을 이탈 한 방향과 문제를 발견하고 제때에 착오를 시정해야 한다. 이에 회의

---

117) 류사오치, 「확대된 중앙업무회의에서의 보고(在擴大的中央工作會議上的報告)」 (1962년 1월 27일) , 『류사오치 선집』 하권, 1985, 인민출판사, 354쪽.

에서 마오쩌둥은 민주집중제로부터 매우 심오한 철학 명제에 이르기까지 즉 필연 왕국에서 자유 왕국에 이르기까지 과정에 대해 설명했다. 마오쩌둥은 사회주의 건설 법칙에 대한 인식은 반드시 하나의 과정이 필요하다며 다음과 같이 말했다. "반드시 실천에서 출발하고 경험이 없던 데로부터 경험이 있는 데로, 경험이 비교적 적던 데로부터 비교적 많은 경험을 얻는데 이르기까지, 사회주의라는 이 아직 인식받지 못한 필연왕국을 건설하는 데로부터 점차적으로 맹목성을 극복하고 객관법칙을 인식하는데 이르기까지, 이로부터 자유를 얻고 인식상에서 비약이 나타나 자유왕국에 이른다."[118] 이 심층적인 목적에서 출발해 당 중앙과 마오쩌둥은 민주집중제에 관해 비교적 충분하게 설명했다.

첫째, "민주집중제가 없으면 프롤레타리아 독재가 공고히 될 수 없다". 마오쩌둥은 회의에서 이 중요한 명제를 제기했다.

인민민주독재 또는 프롤레타리아독재의 임무 중의 하나가 바로 적에 대해 독재를 실시하는 것이다. 이 점에 대해 적지 않은 사람들이 모두 잘 알고 있다. 그러나 그들은 광범위한 인민민주가 없으면 민주집중제가 있을 수 없으며 이 임무를 실현할 수 없다는 것을 종종 잊고 있었다. 경험 교훈이 우리에게 알려주듯이 인민민주를 무시하고 독재만을 논한다면 인민에 독재 수단을 사용할 수 있고, 조폭한 수단으로 인민 군중의 민주권리를 침범하며, 독단적으로 전횡하면서 과감하게 의견을 제기하는 사람에 대해 사상에 문제가 있거나 '반당분자'라

---

118) 마오쩌둥, 「확대된 중앙업무회의에서의 연설」 (1962년 1월 30일). 『마오쩌둥문집』 제8권. 1999, 인민출판사. 300쪽.

고 마음대로 몰아붙이게 될 것이다. 그리고 지도인원에 대한 당원들의 비평을 당의 지도를 반대하는 것으로 보고 심지어 이러한 군중과 당원에 대해 투쟁하고, 처분하고 재판하며 징벌과 타격보복을 하게 된다. 류사오치는 이러한 모든 행동거지는 "사실 프롤레타리아독재를 국민당독재로 만든다"고 말했다.[119] 따라서 7천명 대회에서 당 중앙과 마오쩌동은 독재는 민주를 떠나서는 안 될 뿐만 아니라, 의식적으로 민주를 중심으로 하고 민주집중제를 중심으로 하여 양자의 변증관계를 논술해야 한다고 강조했다. 이는 사회주의 민주 건설에 있어서 경시해서는 안 되는 중요한 의미가 있다.

둘째, "민주가 없으면 정확한 집중이 있을 수 없다." 이 역시 마오쩌동이 회의에서 제기한 중요한 명제였다. 이 명제는 두 가지 집중을 지적했는데, 한 가지는 정확한 것이고, 다른 한 가지는 정확하지 못한 것이다. 정확한 집중은 반드시 민주를 바탕으로 해야 한다. '공산풍'의 착오 중에서 돌출한 문제가 바로 균등주의와 지나친 집중 이 두 가지 착오 경향이 범람했기 때문이다. 류사오치는 7천명 회의에서 이 교훈을 종합하면서 "수년간 우리 업무 중의 결점과 착오는 모두 일부 부문, 일부 지방, 일부 단위 관계자들의 당과 인민 군중 간의 연계를 파괴하는 경향, 비민주적인 착오 작풍과 연관된다"고 지적했다. 마오쩌동은 회의에서 민주와 집중 간의 관계 문제에 대해 비교적 많이 논술했다. 그는 먼저 "마르스크·레닌주의자가 군중을 두려워하는 이유가 어디에 있는가? 군중들에게 발언권을 주는 것은 마르크스·레닌주의

---

119) 류사오치, 「확대된 중앙업무회의에서의 보고」 (1962년 1월 27일). 『류사오치 선집』 하권, 1985, 인민출판사, 375-376쪽.

의 기본관점이며, 군중이 토론을 전개하는 것을 두려워하고 군중이 상이한 의견을 제기하는 것을 두려워 하는 것은 비마르크스·레닌주의이다"고 지적했다. 다음으로 그는 인민 내부의 모순을 해결하는 데는 민주적 방법, 비평과 자아비판 방법뿐이라고 말했다. 그 다음으로 경제건설 중에서의 어려움을 극복함에 있어서 집중 통일된 영도가 있어야 하고, 그러나 먼저 군중과 간부들의 적극성을 불러 일으켜야 하며, 민주가 없이는 군중의 적극성을 불러일으킬 수가 없고, 민주가 없는 집중 통일도 결코 실속이 없고 착오적인 집중 통일이라고 강조했다. 마지막으로 그는 또 민주집중제와 군중노선을 연결시키는 면에서 민주가 없으면 각 방면의 의견을 수집할 수 없고, 경험을 종합하고 정책을 만들어내는 가공공장 역할을 하는 지도부문이 정확한 집중을 진행할 수 없으며, 정확한 노선, 방침, 정책과 방법을 제정해낼 수 없다고 지적했다. 따라서 프롤레타리아 계급의 집중제는 반드시 민주의 기초 위에서 설립된 집중제여야만 한다고 했다.

셋째, "우리의 태도는, 진리를 견지하고 수시로 착오를 수정해야 한다." 마오쩌동은 회의에서 중국공산당의 이 전통을 재차 천명했다. 민주의 중요한 문제가 바로 진리와 착오를 어떻게 정확하게 대할 것인가 하는 문제였다. 착오를 고집하고 굳건히 고치지 않는 것은, 개인으로 말하자면 단지 인식문제 혹은 개인의 품성과 자질문제이지만, 한 개 집정당으로 말하자면 바로 과학과 민주를 존중하는지의 여부 문제에 속한다. 중국공산당은 줄곧 실사구시를 강조해 왔는데 이것이 바로 과학에 복종하고 민주를 시행하는 것이다. 중국공산당의 사회주의 건설 문제 상에서의 착오에 대해 마오쩌동은 마땅히 군중의 비평을 받아들이고, 자아비판을 진행하며 진리를 견지하고 착오를 시정해야 한다고 생각했다. 따라서 그는 3개의 원칙성 의견을 제기했다. (1) 군중의 비평을 허용하고, 군중들이 비평하도록 계발하며, 군중의 비평을 감당할 수 있어야 한다. (2) 자아비판을 해야 한다. 평상시 군중들이 감히 지적하지 못하는 부분에 대해 영도부문은 보다 주동적으로 자아비판을 해야 한다. (3) 마오쩌동 본인의 착오를 포함해 그 어떤 사람의 착오도 숨겨서는 안 된다. 그는 당시 자신을 예로 들면서 "지난해 6월 12일 중앙 베이징공작회의의 마지막 날, 나 자신의 결점과 착오에 대해 말했으며 여러 분들에게 각 성, 각 지방에 전달하라고 했다. 후에 많은 지방에 전달되지 않았다는 것을 알았다. 마치 나의 착오는 숨길 수 있고 마땅히 숨겨야 하는 것처럼 말이다. 여러분! 숨겨서는 안 됩니다"라고 지적했다. 그는 회의에서 이 3가지 의견을 거듭 선전 설명하면서 이들 진리를 견지하고 착오를 수정하는 기본방법으로 하고, 이로써 당내·당외의 민주건설을 추진할 것을 강조했다. 넷째, 군중노선은 천편일률적으로 군중운동을 하는 것과 다르다. 이는 류사오치가 회의에서 상세하게 논술한 하나의 중요한 문제였다. 군중노선은 당이 지도 업무에서 민주를 발양하는 업무노선이다. 장기간 우리는 줄곧 군중노선은 바로 군중운동을 거창하게 벌이는 것이라고 여겨왔다. 계급투쟁이 이러했고, 인민공사도 이러했으며, 대대적인 강철 제련도 이러했고, 모두가 이러했다. 류사오치는 이 돌출된 문제에 주의를 기울이고 이에 대해 설명했다. 그는 첫째, 군중노선은 "군중 속에서 사상공작과 조직공작을 면밀하게 벌려야 한다"는 것을 가리키는데 "이렇게 하면 겉으로 보기에는 거창하지 않은 것 같지만, 현실은 군중을 보다 동원시키고 교육시킬 수 있다"고 제기했다.[120] 그러나 많은 곳에서, 일상적인 업무 중에서 군중과 연결시키는데 관심을 기울이지 않고, 돌격적인 군중운동에만 의거해 때로는 갑자기 들고일어나 매우 큰 손실을 보기도 하였다. 둘째, 군중노선은 광범위한 군중들의 직접적인 이익과 관계되는 모든 것을 강조하며 반드시 군중들의 자각과 자원에 의거해야 한다. 그러나 일부 동지들이 벌이는 이른바 '군중운동'은 진정으로 군중을 기초로 하지 않고, 오히려 강박적으로 명령하는 상황에서 진행하는 것으로 표면상에서는 기세 드높아 보이지만 사실 실질성이 없다. 사실 '공산풍' 등 착오 가운데서 군중운동의 결과는 모두 군중의 기본 권익을 침범하고, 사회주의 민주에 해를 끼쳤다. 류사오치가 당시 이 문제에 대해 종합한 것은 사회주의 건설 가운데서 민주 건설을 강화하는데 있어서 특히 중요한 의미를 갖고 있었다.

7천명 대회는 중국공산당이 사회주의 건설과정에서 중대한 곡절이 나타난 상황에서 열렸고, 구체적인 경험 교훈이 있으며, 제기한 문제는 중대한 지도적 의의가 있었다. 회의가 끝난 후, 마오쩌둥은 바로 우창(武昌)으로 가서 자신의 연설문 원고를 정리하였고 6차례나 수정했다. 1966년 2월 중남국(中南局)의 책임자들은 마오쩌둥에게 편지를 써서 이 중요 연설문을 인쇄 발행하여 당내 현·단급 이상 간부들이 학습하도록 건의했으며, 마오쩌둥은 이에 동의했다. 당내에 이 연설문을 인쇄 발부할 때, 마오쩌둥은 또 평어와 주해를 달아 "보건데 이는 매우 큰 문제이다. 진정으로 민주집중제를 실현하려면 진지하게 교육

---

120) 류사오치, 「확대된 중앙업무회의에서의 보고」 (1962년 1월 27일) , 『유소기선집』 하권, 1985, 인민출판사, 403쪽.

하고 시범 보급해야 할뿐만 아니라 장기적으로 반복해서 진행해야 실현할 수 있다. 그렇지 않으면 대다수 동지들 가운데서 결국 한마디의 공언에 불과하게 된다"고 지적했다. 중국의 사회주의 민주를 건설하는 굴곡적인 실천과정이 마오쩌동의 이 논단의 진리성을 검증했다.

제6절
개인숭배와 '대민주'

사회주의 민주에 대한 마오쩌둥의 강렬한 추구 중에는 두 가지 배반(背反)되는 기이한 현상이 있는데, 하나는 민주에 대한 추구와 개인숭배에 대한 선호, 다른 하나는 개인숭배 배경 하에서 '대민주 숭상'이라는 두 가지 현상이었다.

개인숭배에 있어서 마오쩌둥의 사상은 변화 발전과정이 있었다.

1958년 이전에 마오쩌둥은 개인숭배 현상에 대해 비교적 경각성을 높였다. 개인숭배 현상은 소생산이라는 경제적 기초 위에서 형성된 봉건전제주의의 산물이다. 소생산 경제의 전형적인 형태는 가정경제였다. 이러한 경제는 세대주가 모든 것을 결정하고 배치하는 농후한 종법(宗法)적 특징을 갖고 있다. 소생산 경제 내부의 세대 주제를 국가 범위로 넓힐 경우는 바로 봉건사회의 황권전제주의이며, 황제는 나라를 단위로 하는 대가족의 세대주이다. 이러한 사회적 존재가 사람들의 머리속에 반영되어 민주관념과 전혀 어울리지 않은 개인숭배 관념이 형성되었다. 이러한 사상관념은 중국에서 유구한 역사가 있을 뿐만 아니라 광범위하고 견실한 기초가 존재했다. 이는 불가피하게 인민 군중에 영향을 미치게 되며, 나아가 광범위한 공산당원에 이르기까지 인민 수령에 대한 개인숭배관념이 형성되었다. 중국의 국정에 익숙한 마오쩌둥은 이러한 부패한 관념의 위해성에 대해 잘 알고 있었으며, 당내·외에서 나타나는 자신에 대한 개인숭배 현상에 항상 경각성을 높였다. 1948년 8월 13일 당시 화뻬이대학(華北大學) 학장으로 있던 우위장(吳玉章)은 저우언라이에게 보내는 전보에서 "화뻬이대학 성립의식에서는 '주로 마오쩌둥주의를 학습해야 한다', '마오쩌둥 사상을 마오쩌둥 주의로 고쳐야 한다'고 제기하려고 하는데, 이렇게 말하는 것이 적절한 것인지 주석과 류사오치 동지께서 상의한 후 지시해 주시기 바란다"고 썼다. 8월 15일 마오쩌둥은 이 전보문에 대해 다음과 같이 답문을 했다. "그렇게 말하는 것은 매우 적절하지 않다. 지금은 마오쩌둥 주의라는 것이 없기 때문에 마오쩌둥 주의라고 말해서는 안 된다. '주로 마오쩌둥 주의를 학습하자'는 것이 아니라, 반드시 학생들이 마르크스, 엥겔스, 레닌, 스탈린의 이론과 중국혁명의 경험을 학습하도록 호소해야 한다. 여기서 말하는 '중국혁명의 경험'에는 중국공산당인(마오쩌둥을 포함)이 마르크스, 엥겔스, 레닌, 스탈린의 이론에 근거해 쓴 일부 소책자 및 당 중앙 각항 규정 노선과 정책에 관한 문서가 망라된 것이다. 한편 일부 동지들은 간행물에 나의 이름과 마르크스, 엥겔스, 레닌, 스탈린을 병렬시키고 그 무슨 '마르크스, 엥겔스, 레닌, 스탈린, 마오쩌둥'이라고 말하는데 이 역시 틀린 것이다. 당신의 견해와 그 다음의 주장은 모두 현실에 부합되지 않으며 유해무익한 것으로서 반드시 단호히 반대해야 한다."[121] 혁명이 잇따라 승리를 거둠에 따라 '마오주석 만세'는 해방구 인민들 속에서 공동의 목소리가 되었다. 그러나 마오쩌둥 본인은 이러한 현상에 대해 기쁘면서도 우려했다. 당이 인민들의 마음속에서 우러나오는 옹호를 받고 있다는 점에

---

121) 중공중앙문헌연구실 편, 『마오쩌둥 서신 선집』, 2003, 중앙문헌출판사, 279쪽.

대해서는 기뻤지만, 자기 자신이 개인숭배의 대상이 된다는 점에 대해 우려했다. 따라서 도시로 진출하기 전야에 열린 중공 7기 2중전회에서 마오쩌둥의 제의를 거쳐 당내에서는 아래와 같은 6가지 규정을 내렸다. 생일잔치를 벌이지 말고, 선물을 주지 말며, 술을 권하지 말고, 박수를 적게 치며, 인명을 지명하지 말고, 중국 동지와 마르크스·엥겔스·레닌·스탈린을 같이 열거하지 말아야 한다. 1953년 여름 전국 재경공작회의에서 그는 또 이 6가지 규정을 재차 제기하고 전 당에 겸손해야 한다고 일깨워주었다. 1954년 여름 중화인민공화국 제1부 헌법을 논의할 때 그는 초안에서 자신을 찬양하는 부분들을 삭제하고 "이는 겸손해서가 아니라, 그렇게 쓰면 적당하지 않고, 합리적이지 않고, 과학적이지 못하기 때문이다. 이러한 인민민주국가에서 그런 부적절한 조문을 써서는 안 된다. 우리는 과학 외에는 모두 믿어서는 안 되며, 다시 말하자면 미신을 믿어서는 안 된다"고 특별히 설명했다.[122] 주목할 만한 것은, 이러한 문제 가운데는 이중성이 포함되어 있다는 점이었다. 한편으로 마오쩌둥은 개인숭배 또는 그가 말한 '미신'문제에 대해 판단력을 잃지 않았으며, 다른 한편으로는 당시 당내와 인민 내부에서 마오쩌둥에 대한 추대와 숭경이 개인숭배 혹은 '미신'으로 나아가고 있다는 점을 말해주었다. 두 번째 경향이 나타난 것은 그 어느 사람의 책임이 아니라 사회의 역사적 현상이다. 경호원의 회억에 따르면, 그때 조선의 김일성이 마오쩌둥에게 사과 24상자를 선물로 보내왔는데 사과마다 '마오 주석 만세'라는 글씨가 새겨져 있었다. 이는 사람

---

122) 마오쩌둥, 『중화인민공화국 헌법 초안에 관하여(关于中华人民共和国宪法草案)』 (1954년 6월 14일) . 『마오쩌둥문집』 제6권. 1999, 인민출판사, 330쪽.

들을 매우 난처하게 했다. 사과에 '마오 주석 만세'라는 글이 새겨져 있었기에 이것을 먹을 수가 없었던 것이다. 이로부터 그때 당시 사람들의 심리상태를 엿볼 수 있었다. 이 문제는 마오쩌동에게 알려 지시를 받고서야 해결이 되었다. 다행히 마오쩌동은 대수롭지 않게 여겼으며 이마를 찌푸리고 고개를 저으며 "나는 이 구호가 마음에 들지 않는다. 사람이 어떻게 만세까지 살 수 있단 말인가? 사과를 먹어버려도 괜찮다"고 말했다.[123] 이 일이 있은 후 마오쩌동은 일부 중요한 회의에서 인명으로 달지 말고, 경의를 표하는 모든 전보를 보내지 말며, 영명한 지도자라는 말을 쓰지 말고, 마르크스·엥겔스·레닌·마오쩌동 순서로 열거하는 표현법을 사용하지 말 것 등을 거듭 강조했다.

소련공산당 20차 대표대회에서 스탈린의 개인숭배문제에 대해 적발한 후 마오쩌동 개인뿐만 아니라 당 중앙단체에서까지 모두 이 문제에 대해 강조하기 시작했다. 1956년 4월 5일 『인민일보』에 실린 「프롤레타리아 독재의 역사경험(關於無産階級專政的曆史經驗)」 중에서 스탈린의 만년의 심각한 착오는 스탈린 자신이 "갈수록 깊이 개인숭배를 흠상(欽賞)하는데 빠져들어 당의 민주집중제를 위반하고 집체영도와 개인책임을 서로 결부시키는 제도를 위반" 했기 때문이라고 지적하면서, 개인숭배의 성질과 이미 나타나고 있는 경제기초와 사회기초에 대해 깊이 있게 분석했다. 그 후 12월 29일 발표한 「프롤레타리아 독재의 역사적 경험을 재론하다(再論無産階級專政的曆史經驗)」에서는 또 "제도의 일부 절차에 부족한 점이 있는 한편, 스탈린이 후에 잇따라 거두는 승

---

123) 취안옌츠(權延赤), 『신단에서 내려온 마오쩌동(走下神坛的毛泽东)』 1989, 중외문화출판회사, 88쪽.

리와 칭송에 판단력이 흐려져 그의 사상방법이 부분적이지만 엄중하게 변증법적 유물주의를 이탈하고 주관주의에 빠져들고 있다. 그리고 그는 개인의 지혜와 권위를 미신하기 시작했으며, 여러 가지 복잡한 현실상황에 대해 성실하게 조사연구하려 하지 않았고, 동지들의 의견과 군중의 목소리를 귀담아들으려 하지 않았다. 그리하여 스스로 결정한 일부 정책과 조치가 흔히 객관적인 실정을 위반하게 되었다"고 지적했다. 귀중한 것은 중국공산당이 소련의 이러한 경험교훈을 종합했다는 것이다. 이는 주로 우리 당내에 문제가 나타나는 것을 방지하고 극복하기 위해서였다. 중공 8차 전회에서 덩샤오핑은 유물주의 역사 관점으로 개인과 군중 간의 변증관계의 중요성과 개인숭배 현상에 대해 깊이 있게 분석하고 "우리의 임무는 개인을 돌출시키는 것을 반대하고, 개인의 업적과 도덕을 칭송하는 것을 반대하는 당 중앙의 방침을 계속해서 견결히 집행하며, 지도자와 군중 간의 연계를 진정으로 공고히 함으로써 당의 민주원칙과 군중노선을 모든 면에서 관찰하여 결론을 내는 것이다"라고 지적했다.[124]

1958년 이후, 마오쩌둥은 개인숭배를 반대하는 문제 상에서 사상이 현저하게 도태되었으며, 개인숭배를 두 가지로 나누어야 한다는 착오적인 관점을 제기했다. 1958년 3월 청두회의가 전환점이 되었다. 그는 회의 연설에서 "일부 사람들은 개인숭배에 매우 관심이 많은데 개인숭배는 두 가지로 나눌 수 있다. 하나는 정확한 숭배이다. 예를 들면, 마르크스·엥겔스·레닌·스탈린의 정확한 관점은 우리가 반드시 숭배하고 영원히 숭배해야 하며, 숭배하지 않으면 큰일이 난다. 진리가 그

---

124) 『인민일보』 1956년 9월 13일.

들의 수중에 있는데 왜 숭배하지 않는가? 다른 하나는 부정확한 숭배로서 분석하지 않고 맹목적으로 복종하는 것인데 이는 잘못된 것이다"라고 말했다.[125] 마오쩌동이 이러한 말을 하게 된 것은 그 원인이 있다. 흐루시초프처럼 개인숭배를 반대한다는 이유로 전반적으로 스탈린을 부정하는 것을 반대한 것이다. 비록 마오쩌동이 숭배에 대해 구분했지만 이 관점은 전반적으로 말하자면 확실히 착오적이었다. 하나는 개념이 틀렸던 것이다. 어떠한 개념이든 모두 그 확정된 내포하는 것이 있기 때문에 성질이 완전히 다른 두 가지 일을 동일한 개념으로 표현해서는 안 된다. '개인숭배'라는 이 개념은 바로 맹목적으로 개인에 복종하는 것을 가리킨다. 이는 특정된 사회현상을 가리키고 소생산경제와 봉건전제주의의 산물이며 부패하고 낙후한 관념이다. 영웅인물에 대한 군중들의 숭경과 애대(愛待)를 '개인숭배'라고 해서는 안 되며, 심지어 모 인물에 대한 숭배를 간단하게 '개인숭배'로 말해서도 안 된다. '개인숭배'라는 이 네 글자는 완전한 개념이며, 비이성적인 종교 정서의 표징이다. 사람들이 영웅인물에 대한 숭경, 애대, 나아가서 숭배는 비록 정서적인 감정이기는 하지만, 오히려 이성을 바탕으로 한 감정이다. 마오쩌동은 사람들이 마르크스 등 걸출한 인물에 대한 이성을 바탕으로 수립된 숭경을 '개인숭배'(앞에 '정확한' 등의 글자를 붙였다고 해도)라고 했는데 이는 이 두 가지 개념의 확정된 내포하는 의미 및 그 경계선을 완전히 혼동시켰다. 다음으로는 지향하는 바가 틀렸다는 점이다. 사람들이 제기하는 그 어떠한 문제이든 모두 가

---

125) 마오쩌동, 『청두회의에서의 연설(在成都會議上的講話)』 (1958년 3월), 『마오쩌동문집』 제 7권, 1999, 인민출판사, 369쪽.

치 지향이 있다. 마오쩌둥의 논술은 지향성이 매우 뚜렷했다. 개인숭배를 완전히 부정해서는 안 된다는 것이었다. 이는 예전의 그의 사상과 매우 크게 달랐다. 과거에 그는 군중들이 수령에 대한 마음속에서 우러나오는 숭경과 애대의 감정에 대해서도 매우 유의하고, 수령에 대한 업적과 도덕적 찬양이 개인숭배로 발전하지 못하도록 했다. 그러나 지금은 비록 개인숭배일지라도 정확한 개인숭배인지 아니면 부정확한 개인숭배인지를 구분하려 했다. 마오쩌둥의 특수한 위상으로 말미암아 그의 지향이 나쁜 후과를 야기 시켰던 것이다.

첫 번째 후과는, 당내 개인숭배 현상에 대한 경계심이 늦추어졌다는 점이다. 청두회의에서 "마오쩌둥을 믿으려면 미신적인 정도로 믿어야 하고, 마오쩌둥에 복종하려면 맹목적으로 복종하는 정도에까지 이르러야 한다"고 말한 사람이 있는가 하면, "주석에 대해서는 무조건 숭배해야 한다"고 말하는 사람도 있었다. 당내 고위급 지도자층에서 이러한 반과학적 언론이 나온다는 것은 비극이 아닐 수 없었다. 류사오치는 1959년 9월 중앙군위 확대회의에서 개인숭배를 주제로 중요 연설을 했으며, 마오쩌둥의 개인숭배를 찬성하지 않는다고 펑더화이를 비평했다. 그는 "나 자신은 예전부터 개인숭배를 제창했다. '개인숭배' 이 단어가 적절하지 않다고 말할 수도 있다. 그러니 이는 마오 주석의 지도적 위상을 높여야 한다는 말이다. 나는 오랫동안 이 일을 해 왔다"고 말했다. 류사오치는 비록 '개인숭배'라는 이 개념을 사용하는 것이 '그리 적절하지 못하다'는 것은 알았지만 여전히 사용했는데, 이는 바로 마오쩌둥의 방향 인도 결과였다. 이러한 방향으로 나아감에 따라 마르크스·레닌주의 세계관과 역사관으로 무장된 한개 당이 유심사관(唯心史觀)의 개념으로 사상을 표현할 정도로 발전되었으며, 개인숭배라는 이 역사 유심주의 관점에 대한 필요한 경계심을 늦추게 되었다.

두 번째 후과로는 사회적으로 개인숭배라는 부패 사상이 복귀되고 만연되었다는 점이다. 마오쩌둥이 친히 '정확한 개인숭배'를 제창했기 때문에 당은 홍보수단을 통해 의식적으로 마오쩌둥의 절대적인 권위를 수립했다. 그리하여 원래 중국 땅에서 널리 존재하는 개인숭배 관념이 지지를 얻고 신속하게 확산되었다. 마오쩌둥의 업적과 도덕을 칭송하는 문구들이 신문 잡지에 즐비했으며, 당 중앙이 7기 2중 전회에서 제기한 6개 규정을 완전히 이탈했다.

세 번째 후과는 당내 일부 음모가·야심가들이 음모 궤책를 꾸미는 데 편리해졌다는 점이다. 마오쩌둥이 개인숭배에 정확한 것과 부정확한 것 두 가지로 구분한다는 논점을 제기한 후, 캉성(康生)과 린뱌오(林彪)가 가장 신명이 나서 선동했다. 이에 앞서 캉성은 마오쩌둥을 개인숭배하는 데에 관한 많은 보고를 했으며, 마오쩌둥이 연설한 후 그는 더 공개적으로 "이른바 개인숭배를 반대하자는 구호는 부적절하고 과학적이지 못하며 심지어 착오적이다"라고 선양했다.[126] 린뱌오는 펑더화이의 이른바 우경기회주의 착오에 대해 비판할 때 심지어 마오쩌둥의 저작으로 마르크스·레닌의 저작을 폄하하면서 마오쩌둥에 대한 개인숭배를 조성했다. 1962년 7천명대회에서 마오쩌둥 본인도 자아비판을 했다. 하지만 린뱌오는 대회 발언에서 "경제적 곤란이 발생한 것은 마오 주석의 지시, 마오 주석의 경고, 마오쩌둥의 사상을 따르지

---

126) 李学昆·张佩航,「당내 개인숭배에 대한 역사 고찰(黨內個人崇拜的曆史考察)」,『당사연구(黨史研究)』, 1981년 제2기.

않았기 때문이다"라고 지적했다. 그들이 이렇게 말하는 것은 류사오치 등과 다르며 인식상의 문제가 아니라 권력을 빼앗으려는 자신의 목적을 실현하기 위해서였다. 그 후 모든 사실이 발전한 결과가 증명했듯이 마오쩌동이 자신에 대한 개인숭배를 허용할 때가 바로 음모가·야심가들이 '출세'하기 시작하는 때였다.

이러한 후과를 귀납해보면 바로 당내와 사회에서 민주집중제 원칙을 파괴하고 사회주의 민주 건설을 파괴했던 것이다.

하지만 문제의 복잡성은 마오쩌동이 만년에 자신에 대한 개인숭배를 수립한 것과 그의 '대민주'사상이 직접 연계됐다는 점에 있다. 그는 자신의 권위를 통해 군중을 널리 동원시키고 민주건설을 가장 효과적으로 강화하기를 기대했다. 그가 보건대, 사회주의 개조가 기본적으로 완성된 후 간부와 군중관계, 당과 군중관계가 예전과 달랐으며, 군중은 지도자의 말을 따르고 하급은 상급의 눈치를 보아가며 일처리를 했다. 그리하여 중국에서는 여전히 진정으로 군중의 이익을 대표하는 영수가 매우 필요하게 되었다. 마오쩌동은 이에 대해 "나는 아직 죽어서는 안 된다, 아직 한동안 계속해야 한다"고 감개무량해 했다고 했다.[127] 마오쩌동은 자신이야말로 민주건설을 추진할 수 있다고 생각했지만, 일단 그의 개인 권위가 군중을 좌우할 수 있을 정도로 높아지면 이러한 민주는 이미 현대적 의미에서의 민주와는 거리가 너무 멀어지게 되었다. 이러한 민주는 바로 마오쩌동 개인을 중심으로 전 국민이 동원한 '대민주'였던 것이다.

---

127) 梅白,「마오쩌동의 몇 차례 후베이 방문(毛澤東的幾次湖北之行)」,『춘추(春秋)』1988년 제1기.

그러면 '대민주'란 무엇인가? 지금까지 확실한 정의는 없다. 마오쩌둥이 1956년 중공 8기 2중전회, 1957년 성시자치구 당위서기회의, 반우파투쟁에서 한 연설에 따르면 대체로 아래와 같은 몇 가지 의미가 있다. 첫째, '대민주'는 서방자본주의 민주를 주장하는 사람들이 사용하는 단어를 인용한 것이지만, 내용은 다른 것으로, "기세 드높은 군중운동"을 말하는 것이며, 둘째, 대명(大鳴, 큰소리로 떠들고), 대방(大放, 크게 논하고), 대자보(大字報, 크게 벽보를 부치고), 대변론(大辯論, 크게 논쟁을 벌이는)은 군중투쟁의 형식이고, 따라서 '대민주'의 주요 형식이며, 셋째, 이른바 '적'에 대해 독재를 실시하는 것은 '대민주'의 목적이다.

  그 실질을 따져보면 '대민주'는 소 부르조아계급의 극단 민주화 경향과 무정부주의 사조였다. 비록 1957년 마오쩌동이 '대민주'는 "프롤레타리아가 영도하는 대민주"라고 말했지만 사실은 그렇지 않았다. 먼저 '대민주'가 숭상하는 것은 군중운동의 자발성이었다. 소생산자 인구가 많은 국가에서 이러한 자발적인 군중운동은 흔히 소농과 소 부르조아계급의 절대적 평등주의와 분산주의를 추구하는 성질을 띠고 있으며, 사회에 대해 매우 큰 파괴성이 있었다. 다음으로 '대민주'는 현대적 민주가 요구하는 질서와 법률을 무시했다. 현재의 민주는 법제건설 및 법정의 절차를 민주의 기본 보장으로 하지만 대명, 대방, 대자보, 대변론은 오히려 무질서한 행위로서 법적 절차가 없고 법적 규정을 지키지도 않으며, 심지어 공개적인 인신 모욕과 날조 비방을 허용했다. 그 다음으로, '대민주'가 최대한도로 발전하면 결코 '프롤레타리아독재'를 구실로 잔혹하게 인신을 박해하고 봉건 파시즘독재의 길로 나아가게 되는 것이었다. 후에 '문화대혁명'에서 이 점이 가장 여실히 폭로되었다. 마지막으로, '대민주'는 법률 규범이 없는 민주로서 발기자와 지휘자는 인민 위에 군림하는 최고 권위자일 수밖에 없었다. 때문에 이는 반드시 개인숭배와 서로 맞물리는 것이었다.

이로부터 우리가 알 수 있듯이, 마오쩌동은 줄곧 인민민주를 기본적으로 추구했다. 하지만 그의 민주관에는 정확한 것도 있고, 소부르주아 계급의 극단민주와 무정부주의의 영향을 포함해 착오적인 것도 적지 않았다. 이러한 착오적인 점들에 대해 그는 냉철할 때는 매우 경계하고 자제했지만, 냉철하지 못할 때는, 예를 들면 스스로 공로가 있다고 여기고 교만하거나 또는 서둘러 일을 끝내려고 할 때는 경계심을 늦추고 방임하여 심각한 후과를 초래했던 것이다. 그러나 마오쩌동의 비극은 절대 개인현상이 아니라 사회현상이었다. 중국은 위대하고 사랑스럽다. 그러나 중국은 또 소생산과 봉건주의의 무거운 보따리도 어깨에 짊어지고 있으며 낙후한 의식의 영향이 사회의 여러 방면에 침투되어 있었다. 마오쩌동이 군중 속에 들어가려고 할 때 군중들은 소리 높이 만세를 부르는 형식으로 마오쩌동의 발걸음을 가로막았으며, 제도도 안전보위공작을 이유로 마오쩌동과 군중 사이에 큰 벽을 쌓아놓았다. 마오쩌동이 민주를 위해 분투할 때 인민들은 마오쩌동이 책임지고 결정하기를 바랐고, 마오쩌동도 자신이 인민을 위해 모든 것을 책임지고 결정할 수 있다고 생각했다. 민주가 중국에서 현실로 변했을 때 마오쩌동이 원하든지 원하지 않든지를 막론하고 마오쩌동이 본 것은 뜻밖에도 수 천 년의 농민기의, 농민운동 그런 형식의 민주였고, 그도 뜻밖에도 이를 위해 기뻐했다. 따라서 마오쩌동은 위대하다고는 할 수 있지만, 그 위대하다는 것은 결코 특정된 사회의 역사적 한계가 없다는 것을 의미하는 것은 아니라는 점을 주지해야 할 것이다.

제6장
계급투쟁론

    인류의 생활 형태에 대한 사고, 그로 인해 그 사고에 대한 과학적 분석은 흔히 실제 발전에 반대되는 길을 선택하는 경우가 많다. 그런 사고는 그 일에 종사하면서부터 시작된다. 그 말인 즉 발전과정에서 얻은 결과로부터 시작된다는 것이다.

—마르크스

제1절
'기쁨(喜)'과 '근심(憂)'의 효과

"1956년 스탈린이 비판을 받았다. 우리는 기쁘면서도 또 한편으로는 근심스러웠다. 내막을 폭로하고 개인숭배주의를 타파하며 압력을 없애고 사상을 해방하는 것은 전적으로 필요하다. 그러나 전면 부정하는 것을 우리는 찬성하지 않는다. 그들이 스탈린의 초상화를 걸지 않는다 해도 우리는 걸어야 한다."[128] 마오쩌동은 1958년 3월 청두회의(成都會議) 연설을 통해 소련공산당 제20차 대회에서 스탈린을 비판한데 대한 자신의 견해를 솔직히 말했다. 여기서 그 당시 마오쩌동의 기쁨 반, 근심 반의 심리상태를 엿볼 수 있다. 이는 곧 흐루시초프가 중국에 가져다 준 역사적인 충격이었다. 중국공산당에게 1956년은 극히 평범하지 않은 한 해였다. 9월 15일부터 27일까지 중국공산당 제8차 전국대표대회가 베이징에서 열렸다. 회의에서는 사회주의 제도가 중국에서 이미 수립되었다고 선포했다. 또 이미 해방되고 조직된 수 억 명의 노동인민에 의지하고 국내외 단결할 수 있는 모든 세력을 단결시키며, 우리에게 유리한 모든 조건을 충분히 살려 중국을 위대한 사회주의국가로 서둘러 건설하는 것이 주요 임무라고 선포했다.

---

128) 마오쩌동의 「청두회의에서 한 연설」 (1958년 3월). 『마오쩌동문집』 제7권, 1999, 인민출판사, 370쪽.

그러나 중국이 사회주의 시대에 들어선 국제배경은 고무적인 국내 형세에 비해 볼 때 너무나도 준엄한 상황이었다. 1956년 2월 14일부터 25일까지 소련공산당 제20차 대회가 모스크바에서 열렸다. 흐루시초프는 종합보고에서 세계 형세에 근본적인 변화가 일어난 만큼 자본주의국가의 노동자계급은 의회제도를 통해 자본주의에서 사회주의로 과도할 수 있다고 주장했다. 그는 또 평화공존을 소련 대외정책의 총체적 노선으로 삼고 평화적인 경제적 경쟁을 통해 자본주의를 이겨야 한다고 제기했다. 아울러 종합보고는 또 개인숭배를 반대함으로써 집단지도와 사회주의 민주 선양문제를 보장해야 한다고 제기했다. 24일 저녁 흐루시초프는 「개인숭배 및 그 후과에 대하여」라는 주제의 비밀보고를 통해 스탈린의 실수를 지적하면서 그를 전면 부정하였다. 소련·동유럽 국가들의 일련의 풍파는 전 세계, 특히 여러 국가의 공산주의자를 깜짝 놀라게 했다. 그것은 그 일련의 풍파가 스탈린의 개인문제와 연관이 있을 뿐 아니라, 스탈린이 이끈 소련과 코민테른의 아주 긴 한 시기의 역사와도 관련되며, 또 스탈린에 대한 그릇된 평가와 관련될 뿐 아니라, 국제 공산주의운동과 여러 국가의 사회주의 실천 운명과도 관련되는 일이었다.

  중국공산당 자체 역사에서도 스탈린과 코민테른의 터무니없는 지휘로 인해 '우'와 '좌'의 실수를 범했었으며, 하마터면 혁명의 실패와 당의 멸망을 초래할 뻔 했다. 마오쩌둥이 중국공산당을 이끌어 독립 자주적으로 농촌에서 도시를 포위하는 길을 걷고 있을 때도, 스탈린은 비록 명확하게는 방해하지 않았고 또 코민테른도 중국공산당 제6기 6중 전회 확대회의 등 관건적인 시기에 마오쩌둥을 지지하였지만, 스탈린의 마음속에 마오쩌둥은 단지 "마가린식의 마르크스주의자"에 지나지 않았을 뿐이었다. 즉 '마가린'이 진짜 버터가 아닌 것처럼 스탈린은 마오쩌동을 진정한 마르크스주의자가 아니라고 여겼던 것이다. 사실상 중국공산당도 동유럽 공산당과 마찬가지로 코민테른이 존재할 때는 국제의 한 지부로서 존재했지만, 마오쩌동을 핵심으로 하는 지도집단이 형성된 후부터는 동유럽 공산당과 비교해 서로 다른 부분이 확실히 있었다. 첫째, 마오쩌동의 지도아래 독립과 자주를 신봉하는 중국공산당은 노선과 정책면에서 스탈린과 그가 이끄는 소련공산당에 대한 명석한 인식을 줄곧 가지고 있었다. 즉 그들을 존중하면서도 다른 사람이 함부로 간섭할 수 있거나 혹은 조종할 수 있는 '아들 당'이 되지 않도록 스스로 노력했다. 둘째, 스탈린과 소련공산당의 지지를 받았던 왕밍(王明)과 같은 사람들이 비록 중국공산당 내에서 일정한 직무를 담당했지만 옌안정풍(延安整風) 후 실제적인 역할을 하지 못하였기에 중국공산당은 조직적으로 전쟁과정에서 형성된 지도핵심을 줄곧 유지하고 있었다. 이런 부분에서 국제적으로 많은 학자들이 마오쩌동을 '탈스탈린주의자'라고 불렀다. 그래서 소련공산당 제20차 대회에서 스탈린을 비판했다는 소식을 전해들은 마오쩌동은 '한편으로는 기뻤던 것'이다.

그리고 중국공산당은 '10월 혁명'의 포성이 울린 후 러시아인의 소개로 마르크스주의를 받아들였고, 레닌이 창건하고 스탈린이 장기적으로 이끈 코민테른의 지도를 받아들였으며, 또 소련의 도움으로 사회주의를 건설하였다. 국민과 세인의 눈에는 중국공산당이 소련과 동유럽 등 공산당과 동일한 유형의 당으로 보였으며, 중국이 소련·동유럽과 동일한 유형의 사회주의국가로 보였을 것이다. 그래서 스탈린과 그로 인해 발생한 연쇄반응을 전면 부정하면 중국 국내에서도 반향을 일으킬 것이며, 중국공산당과 중국의 사회주의 사업에까지 악영향을 미칠 수 있었다. 사실 1956년 말과 1957년 초 중국에서 휴교·파업 등의 문제가 나타났었던 것도 이런 국제적인 대환경과 관련이 있었다. 마오쩌동은 중국공산당의 이익만 생각했던 것이 아니라 전체 국제공산주의 운동의 운명을 더 걱정하였으며, 흐루시초프가 가져다준 충격이 국제공산주의운동의 전도를 망칠까봐 걱정되었기에 그는 "근심스러워 했던 것이다."

'기쁜' 마음이 있었기에 마오쩌동도 스탈린의 실수에 대한 비판에 가담했고, 또 스탈린의 잘못을 정리하는 과정을 통해 그의 마르크스주의 중국화(中國化) 사상을 관철시켰으며, 중국식 공업화의 길을 걸어 중국적 사회주의를 건설해야 한다고 제기하였다. 마오쩌동의 비판은 주로 경제·정치·문화·이론 4개 분야에 집중되었다.

스탈린에 대한 마오쩌동의 비판은 사회주의 경제체제와 정치체제 등 심층 차원의 문제에까지 언급했다는 것을 볼 수 있다. 변증법은 우리에게 부정 속에 긍정이 내포되어 있다는 이치를 알려주었다. 스탈린의 잘못에 대한 부정이 바로 중국공산당이 "중국 특색의 사회주의"를 건설하고 사회주의의 새로운 체제를 탐구하기 시작한 역사적 기점이었다. 80년대에 중국에서 스탈린 체제를 비판한 것은 50년대 중후기 마오쩌동이 스탈린에 대한 비판의 연장이었고, 새로운 차원의 심화였으며, 80년대부터 중국에서 시작한 "중국 특색의 사회주의" 건설과 경제·정치 체제의 개혁은 50년대 중후기 사회주의 건설에 대한 마오쩌동의 탐구의 연장이었고, 새로운 조건 하에서의 심화였다.

그러나 이런 기쁨은 또 마오쩌동의 다른 한 가지 나쁜 사상 효과를 불러일으켰다. 속박 받지 않는 해탈감으로 인해 그는 처사에 신중했던 기풍을 점차 잃어갔던 것이다. 모든 일에는 정면과 반면 두 측면이 존재하는 것처럼, 속박과 굴욕을 받게 되면 사람은 억압감을 느끼는 반면에 신중하고 조심스러워질 수 있으며, 자유와 격정은 사람을 즐겁게 할 수 있는 반면에 실수와 탈선을 초래할 수가 있다. 예전에 스탈린이 있을 때는 마오쩌동이 자기 사상이 있더라도 스탈린의 영향을 고려해야만 했다. 그가 『마오쩌동선집』을 편찬할 때 "마르크스주의 중국화"를 "마르크스주의를 중국에서 구체화하다"라고 수정하였고, 스탈린을 언급하지 않은 곳에도 '스탈린'의 이름을 추가로 써넣었다. 이런 사소한 일들을 통해서도 그때 당시 마오쩌동의 처지와 심정을 충분히 엿볼 수 있다. 바로 그러했기 때문에 마오쩌동은 문제를 대함에 더 신중했고 오해를 사지 않도록 애썼다. 마오쩌동은 머리 위에 누르고 있던 '뚜껑'이 이미 '벗겨지고' '압력'이 '사라져' 자유인으로 되었다고 느꼈을 때, 그의 혁명가의 포부, 시인의 호방한 감정, 철학가의 사고방식들이 모조리 자유롭게 드러났다. 1956년에 소련을 앞지르겠다고 제기한 것, 1957년 말에 15년 내에 영국을 앞지르겠다고 제기한 것, 1958년에 개인숭배주의를 타파하고 사상을 해방시키며 대담하게 말하고 생각하며 거리낌 없이 행동할 것을 호소한 것, '대약진'과 인민공사 등 일련의 정책을 실행한 것 등은 모두 마오쩌동이 스탈린을 비판한 후의 '기쁨'과 어느 정도 관련이 있다. 지금 사람들은 우리가 사회주의 건설 시기에 범했던 실수에 대해 언급할 때면 스탈린 체제 혹은 패턴의 폐단에 대해 말하곤 한다. 사실 스탈린 체제에 결함이 있었던 것은 사실이다. 그러나 중국의 '대약진'과 '인민공사화운동'의 실수, 그리고 많은 경제·정치 체제에 존재했던 문제들이 전부 스탈린으로 인한 것은 아니었다. 그중에는 중국 자체의 문제도 있었다. 한편 '걱정'하는 마음이 있었기 때문에 마오쩌둥은 비판 속에서 지키려는 의미도 포함시켰다. 즉 스탈린의 전반 이미지 및 마르크스주의 발전사에서 스탈린의 지위를 지키고 국제공산주의운동과 중국사회주의 사업을 지키려는 것이었다.

첫째, 마오쩌둥은 스탈린이 과보다 공이 커 전면 부정할 것이 아니라, 공·과를 '7:3'으로 갈라야 한다고 제기했다. 1956년 4월 5일 『인민일보』는 마오쩌둥의 관점에 따라 편집부가 작성한 글 「무산계급 독재에 관한 역사경험」을 발표하여, 처음으로 공산주의자는 공산주의운동 과정에서 저지른 실수에 대해 마땅히 분석적인 태도를 취해야 한다고 지적했다. 글에서 일부 사람들은 스탈린이 완전히 틀렸다고 주장하는데, 이는 큰 오해라면서 스탈린은 위대한 마르크스주의자이긴 하나 또 몇 가지 심각한 실수를 저지르고도 자신이 잘못한 것을 자각하지 못하는 마르크스주의자라고 썼다. 또 우리는 역사적인 관점으로 스탈린을 보아야 하며 그의 바른 점과 그릇된 점에 대해 전면적이고 적절하게 분석함으로써 유익한 교훈을 얻어야 한다고도 썼다.[129] 4월 6일 소련의 아나스타스 미코얀이 중국을 방문했다. 그날 저녁 마오쩌둥은 그를 회견하는 자리에서 스탈린은 "공이 과보다 크다", 그러므로 "전면적으로 평가해야 한다"라고 지적하면서 소련공산당 지도자들의 그릇된 처사를 비판하였다. 마오쩌둥의 '삼칠제' 명언은 전 세계로 널리 퍼졌으며, 역사인물에 대한 마오쩌둥의 공정한 태도 또한 세계 대부분 국가의 공산주의자와 인민들의 찬양을 받았다.

둘째, 마오쩌둥은 레닌주의를 부정하는 기회주의 사조를 경계해야

129) 『인민일보』, 1956년 4월 5일.

한다면서 10월 혁명의 길과 그 경험을 지켜야 한다고 강조하였다. 레닌주의는 제2 국제수정주의와의 투쟁과정에서 탄생했으며, 러시아 10월 혁명의 길이 바로 레닌주의 길이었다. 스탈린 혁명생애의 주요 경력은 레닌의 지도아래 10월 혁명의 길을 걸은 것이고, 또 레닌이 서거한 후에 레닌주의를 지켜낸 것이다. 스탈린을 전면 부정하면 필연적으로 레닌과 레닌주의에게 영향을 미칠 것이다. 사실 소련공산당 제20차 대회에서 흐루시초프가 한 종합보고의 많은 내용은 이미 레닌주의 원칙에서 많이 벗어나 있었다. 이에 대해 마오쩌동은 전 당에 다음과 같이 주의를 주었다. 나는 두 자루의 '칼'이 있다고 생각한다. 그중 한 자루는 레닌이고, 다른 한 자루는 스탈린이다. 지금 러시아인은 스탈린이라는 '칼' 한 자루를 버렸다. 고무우카와 헝가리의 일부 사람들은 그 칼을 주어들고 소련을 죽이려고 이른바 스탈린주의를 비난하고 있다. 레닌이라는 '칼'도 소련의 일부 지도자들로부터 이미 버림받지 않았을까? 내가 보기에는 이미 많은 사람들로부터 버림을 받은 것 같다. 10월 혁명이 아직도 통할까? 아직도 여러 나라의 본보기가 될 수 있을까? 소련공산당 제20차 대표대회에서 흐루시초프는 의회의 길을 통해 정권을 얻을 수 있다고 보고했는데, 그 말은 즉 여러 나라에서 10월 혁명을 본받지 않아도 된다는 말이었다. 이 문만 열면 레닌주의를 기본상 버리는 셈이었다.[130] 마오쩌동은 "스탈린 문제는 전 국제공산주의운동과 관련되며 여러 나라의 당과 관련 된다"고 걱정스레 말하였

---

130) 마오쩌동의 「중국공산당 제8기 중앙위원회 제2차 전체회의에서의 연설」
(1956년 11월 15일).

다.[131] 그중에서도 예전에 스탈린을 아주 적극적으로 떠받들던 사람들이 지금은 스탈린을 비난하는 데 적극 나서고 있는 현상에 더 큰 우려를 표하였다.

셋째, 마오쩌둥은 중국 당 내외에서 나타난 풍파를 더욱 중시하였다. 그는 소련공산당 제20차 대회에 대해 우리 당 내 절대 대부분 간부들이 스탈린에 대한 비난이 너무 지나치다고 불만스레 생각하고 있는 반면에, 소수 사람들 사이에서는 중국에서도 소동을 일으켜 민주를 크게 일으켜야 한다며 흔들리고 있다고 주장했다. 그는 중국의 이런 현상을 "개미들이 굴 밖으로 나오다"라고 말했다. 그는 "헝가리사건의 좋은 점은 중국의 이런 개미들을 굴 밖으로 유인한 것"이라고 솔직히 말했다.

마오쩌둥의 '걱정'은 이중 효과를 나타냈다. 한편으로 그는 이로부터 예전의 사회주의 실천을 냉정하게 생각했고, 실제에서 출발하여 사회주의 사회에 계급투쟁과 두 유형의 사회모순이 존재한다는 새로운 인식을 얻었으며, 그리하여 마르크스주의 과학적 사회주의 이론을 추진하였고, 사회주의 변증법을 풍부히 하였다. 다른 한편으로 그는 또 이로 인해 '좌'적인 안목으로 문제를 판단하는 사유방식을 얻었다. 스탈린과 국제사회로부터 '우'적인 경향으로 간주되었던 마오쩌둥이 이로부터 점차 '좌'적으로 바뀌었고, "개미를 굴 밖으로 유인"하는 사상이 결국 계급투쟁을 극대화하는 후과를 초래했다.

기쁘면서도 또 한편으로는 걱정스러웠다. 총체적으로 마오쩌둥의

---

131) 마오쩌둥의 「성(省)·시(市)·자치구(自治区) 당위서기회의에서의 연설」
    (1957년 1월 18일).

'기쁨'이 '걱정'보다 많았는데, 이 점이 마오쩌둥 만년의 정치 생애에 큰 영향을 미쳤다. 마오쩌둥이 만년에 나타난 복잡한 사상 변동과 저지른 큰 정치적 실수는 1956년 소련공산당 제20차 대회에까지 거슬러 올라가야 한다. 흐루시초프의 진동이 중국에서 아주 복잡한 반응을 일으켰다. 이 반응은 결국 중국을 석권하고 전 세계에 영향을 미친 '수정주의에 반대하고 수정주의를 막는'(反修防修) 기풍이 번지기 시작했다.

소련공산당 제20차 대회 이후 중소 관계가 갈수록 급격한 변화를 가져왔다. 옛날 형제 당 사이에서 격렬한 이데올로기 논쟁이 벌어졌던 것이다.

1960년 6월 전까지 중·소 간 이데올로기 분야에서의 충돌은 내부에서 이제 막 전개되었는데, 공개 장소에서는 단결과 동지식(同志式) 비평만 언급했다. 그 시기 중·소 쌍방은 스탈린 문제, 평화의 과도·평화경쟁·평화 공존 문제, 전쟁과 평화 문제 및 기타 일부 중요한 문제를 대함에 있어서 이미 의견이 엇갈리기 시작했지만, 중국공산당은 불일치를 세계에 드러내지 않고 사회주의국가와 공산당 내부의 단결을 애써 수호하려고 했다.

중·소 논전의 원인은 마오쩌둥이 스탈린의 뒤를 이어 서둘러 국제공산주의운동의 수뇌가 되려고 한 데 있었다고 일부 사람들은 말한다. 이런 견해는 중대한 배경이 있는 이데올로기 분야의 모순을 만화식으로 단순화한 것이다. 중국공산당은 하나의 큰 당인 만큼 마오쩌둥의 견해가 쉽게 사람들의 이목을 끌어 공감대를 가진 많은 공산당원들의 대표가 된 것은 사실이다. 그러나 그 논쟁에서 마오쩌둥이 관심을 두었던 것은 스탈린을 부정하면서 나타날 이데올로기의 위기문제였다. 일부 얕은 견해들은 그 당시 마오쩌둥이 스탈린을 인정한 것은 자신을 인정하기 위해서라고 주장하고 있다. 이것은 더더욱 터무니없는 말이다. 마오쩌둥 자신을 인정하기 위해서라고 말하기보다 레닌주의 원칙에 따라 창립된 중국공산당과 금방 수립된 중국 사회주의 제도를 인정하기 위해서라고 말하는 편이 오히려 낫다. '수뇌'라는 지위를 탐내서가 아니라 레닌주의를 지키기 위해서였다. 이것이야말로 문제의 본질이다. 이는 그 당시 논쟁을 벌였던 내용('평화 공존' '평화 과도' '평화 경쟁')에서 알아볼 수 있을 뿐 아니라, 소련에 대한 마오쩌둥의 방침에서도 엿볼 수 있다.

그러나 사태가 급격히 악화되면서 1960년 6월 이후부터 중·소간의 논전은 공개화 되었다. 6월 24일 부쿠레슈티에서 열릴 예정이던 사회주의국가 공산당과 노동자당 대표대회 전날, 소련공산당 대표단은 6월 21일 중공중앙에 보낸 통지서를 회의에 참가할 대표들에게 배포하였다. 회의에서 흐루시초프는 앞장서서 중국공산당을 비난했다. 펑전(彭眞)을 대표로 한 중공대표단은 이에 대해 엄중하게 투쟁을 벌였다. 그 후로 중·소 관계는 급격히 악화되었다. 8월 소련은 중국에서 모든 학생·전문가·학자를 철수시켰다. 중국도 같은 행동을 취했다. 1961년 10월 17일 소련공산당 제22차 대표대회가 개최되었으며, 회의에서는 형제 당 간의 논쟁을 공개적으로 세계에 드러냈다. 그 후부터 일부 공산당은 자신의 당 대회에서 중국공산당을 대놓고 비난했다.

중국공산당은 소련공산당과 기타 일부 당이 자신을 비난한 글과 언론을 신문에 잇따라 발표하는 한편 1962년 12월 15일부터 1963년 3월 8일까지 소련공산당을 제외한 형제 당들의 비난에 대해 「전 세계 무산자들이 연합하여 우리 공동의 적에 저항하자」 등 7편의 글을 발표하였다. 3월 30일 소련공산당 중앙위원회는 중·소 양 당 회담문제와 관련해 중공중앙에 편지를 보내 소련공산당의 관점을 계통적으로 제기하였으며, 현재 국제공산주의운동의 총 노선은 '평화 공존' '평화 과도' '평화 경쟁' '전민 국가' '전민 당'을 주 내용으로 한 소련공산당의 노선이라고 주장했다. 마오쩌동은 그 총 노선을 거절하였다. 6월 14일 중공중앙은 회신에서 「국제공산주의운동 총 노선에 관한 제안」(즉 '25조례')를 제기하였다. 중국공산당은 "전 세계 무산자들이 연합하고, 전 세계 무산자들이 압박 받고 있는 인민, 압박 받고 있는 민족과 연합하여 제국주의와 각국 반동파에 반대하고, 세계 평화와 민족 해방·인민민주·사회주의를 실현하며, 사회주의 진영을 공고히 하고 강대해지게 하며, 무산계급 세계혁명의 완전한 승리를 점차 이루어 제국주의·자본주의·착취제도가 없는 새로운 세계를 건설하는 것", "이것이 바로 현 단계 국제공산주의운동의 총 노선"이라고 주장했다. 그 후 논쟁은 더 확대되었다.

이번 논쟁의 고조는 1964년 10월 중순에 흐루시초프가 맡은 직무에서 해제되고서야 막을 내렸다. 그 후 쌍방은 모두 상대방이 노선을 변화시키지 않았다고 주장하여, 양국 관계가 아주 비정상적인 상태에 처하게 되었다. 중국 현대사에서 중·소 이데올로기 논전은 줄곧 '수정주의 반대투쟁'으로 간주해 왔다. 왜냐하면 마오쩌동이 흐루시초프를 대표로 한 소련공산당의 '삼화양전(三和兩全, 평화 공존, 평화 경쟁, 평화 과도, 전민 국가, 전민 당—역자 주) 노선을 '현대 수정주의노선'으로 불렀기 때문이었다.

그 논쟁에 대해 평론하자면 아직도 많은 어려움이 있다. 왜냐하면 이것은 그 당시 세계의 모순운동의 특점을 어떻게 정확하게 파악하느냐와 관련되기 때문이었다. 오늘의 시점에서 볼 때 한 가지만은 확정지을 수 있다. 바로 덩샤오핑이 말한 바와 같이 "한 당이 국외 형제 당의 시비를 평론할 경우, 늘 기존의 공식 혹은 모종의 특정된 방안을 근거로 하는데 사실이 증명하듯이 이 방법은 통하지 않는다. 여러 나라의 상황이 천차만별이고, 인민의 각오에도 높고 낮음이 있으며, 국내 계급관계의 상황·계급 역량의 대비 또한 상당히 다른데 어찌하여 고정된 공식에 억지로 맞추어 넣을 수 있겠는가? 설령 마르크스주의 공식을 사용하더라도 각국의 실제와 결합시키지 못하면 실수하기 마련이다."[132] 덩샤오핑은 정확한 방침은 "각국 당의 국내 방침·노선의 옳고 그름은 마땅히 본국 당과 본국 인민이 판단해야 한다. 그 나라의 정황을 가장 잘 알고 있는 것은 오로지 본국의 동지들이다. 그러나 한 당과 그 당이 이끄는 국가의 대외 방침이 타국의 내정을 간섭하고 기타 나라를 침략 전복하였다면, 어느 당이라도 의견을 발표해 비난할 수 있다."라고 지적했다. 우리는 이 논전을 통해 마오쩌둥의 일부 기본 사상을 연구할 수가 있다. 마오쩌둥이 이끈 '수정주의 반대' 투쟁에는 두 가지 정확한 사상과 두 가지 부족한 점이 존재하고 있다는 것에 유의해야 한다.

정확한 사상 중의 하나는 그가 사회주의 사회에 아직도 계급모순과 계급투쟁이 존재하고 있다는 것을 알아차렸다는 점이다. '아홉 번째 논평(九評)'에서 그는 소련이 이미 '전민 국가' '전민 당'으로 되었다는 것을 인정하지 않았고, 흐루시초프가 제기한 20년 내에 공산주의를

---

132) 덩샤오핑의 「형제 당 간의 관계를 처리함에 있어서 한 가지 중요한 원칙」(1980년 5월 31일), 『덩샤오핑 문집』 제2권, 1994, 인민출판사, 318-319쪽.

기본적으로 실현한다는 슬로건은 빈말이라고 주장했으며, 또 소련 신문을 자료로 삼아 소련과 같이 이미 40여 년간 사회주의 제도를 실시한 국가에도 여전히 계급모순과 계급투쟁이 존재한다는 것을 논증하였다. 이 점은 이미 실천에 의해 증명되었다고 말할 수 있다. 두 번째 정확한 사상은 그가 국제공산주의운동에서 '아버지 당' '아들 당'을 만드는 것에 반대했고, 당내의 평등을 주장한 것이었다. 마오쩌둥은 논전을 시작하고부터 이 문제를 제기하였으며, 또한 「국제공산주의운동 총 노선에 관한 제안」에서 다음과 같이 강조하였다. "형제 당 간에 독립과 평등의 원칙을 인정한다면, 자신을 기타 형제 당의 위에 놓는 것은 허용되지 않고, 형제 당의 내부 사무를 간섭하는 것이 허용되지 않으며, 형제 당 간에 가장제를 실시하는 것이 허용되지 않는다." 이는 마오쩌둥이 현대의 평등 관점으로 당내 계층 간의 관계를 처리할 수 있었다는 사실을 보여주며, 이는 봉건 의식과 대립되는 것임을 알 수 있다.

그러나 이론 면에서 그에게는 뚜렷한 결함 혹은 부족한 점이 두 가지 존재했다. 하나는 그에게 새로운 이론 무기가 없다는 것이었다. 그는 레닌주의 논단으로 레닌주의를 지키려고 했는데 알다시피 그것으로는 역부족이었다. 그는 레닌의 논단을 이용하면서 자본주의에서 사회주의(공산주의 첫 단계)로 넘어가는 과도시기의 계급투쟁과 무산계급독재에 대한 레닌의 논술을 대량으로 인용하였다. 그러나 그가 증명하고자 하는 것은 과도시기가 지난 뒤의 사회주의 사회에도 계급투쟁이 존재한다는 새로운 문제였다. 비록 그가 '아홉 번째 논평'에서 레닌이 말한 '과도시기'란 바로 "자본주의사회에서 공산주의사회 고급단계로 넘어가는 시기"임을 애써 증명하려 했지만 설득력이 약했다. 두 번째 부족한 점은 제2차 세계대전 이후, 특히 50·60년대 국제정세에 대한 깊이 있는 분석이 부족했다는 것이다. 국제적으로 두 가지 제도 두 가지 계급 간의 모순과 투쟁이 객관적으로 존재한다는 것을 마오 쩌둥은 발견했다. 흐루시초프처럼 이 문제를 무시하지는 않았다. 비록 이 문제를 발견했지만, 새로운 형세에서 사회주의국가와 자본주의 국가의 '평화공존', '평화경쟁'(경제 분야 경쟁)이 이미 객관적 추세로 되었고, 이 또한 현대세계에서 국제계급투쟁의 새로운 특징이라는 것은 미처 인식하지 못했다.

이 같은 결함과 부족한 점이 결국은 국내 재난으로 번지고 말았다. "수정주의 반대"라는 사고방식은 필연적으로 "수정주의를 막는 실천"을 초래한다. "수정주의 반대"의 중점을 국외에 두었다면, "수정주의를 막는 중점"은 국내로 돌릴 수밖에 없다. "수정주의 반대"는 "현대 수정주의"라는 기존 대상이 있었지만, "수정주의를 막는 것"은 필연적으로 국내에서 "현대 수정주의"를 찾아내야 했다. 성숙되지 못하고 충분하지 못한 사회주의 계급투쟁 이론과 국제·국내 정치형세에 대한 그릇된 판단 혹은 편면적인 인식이 겹치면 그 결과는 계급투쟁과 당내투쟁을 확대시킬 수밖에 없는 것이었다. 이는 사회주의에 대한 마오쩌둥의 탐구에 적지 않는 어둠을 드리워주었다.

제2절
계급투쟁신론

'수정주의에 반대하고 수정주의를 막기' 위해 마오쩌둥은 사회주의 사회의 계급투쟁문제에 대해 체계적인 사고와 창조적인 연구를 진행했으며, 오늘날에 이르러서도 사람들의 중시를 불러일으키고 탐구할 만한 가치가 있는 중대한 논점을 제기하였다. 심지어 그 중의 많은 관점은 오늘날에도 중대한 이론적 가치가 있다고 말해야 할 것이다.

첫째, 마오쩌둥은 사회주의 사회에도 계급모순과 계급투쟁이 존재한다고 명확히 지적했다. 레닌은 사회주의 제도 아래 저항이 사라지고 모순이 계속 존재할 것이라고 지적한 바 있다. 그 사회주의 변증법의 철학적 판단은 무엇일까? 마오쩌둥도 처음에는 생산 자료 소유제에 대한 사회주의 개조를 기본적으로 완성한 다음에도 계급투쟁이 존재할 것이라고는 생각하지는 못했다. 소련·동 유럽에서 발생한 문제, 그리고 이런 배경에서 나타난 중국의 우파문제가 마오쩌둥에게 현실에 직면하고, 사회주의 사회의 계급투쟁이론을 새롭게 상세히 밝혀내도록 했다. 그는 두려움 모르는 이론적 용기와 실무적인 것을 추구하는 철저한 유물주의 정신으로 레닌의 사상을 계승하여 사회주의 제도가 설립된 후에도 여전히 계급과 계급모순·계급투쟁이 존재하므로 절대로 소홀히 해서는 안 된다고 지적했다. 따라서 그가 60년대 초에 "계급투쟁을 절대 잊어서는 안 된다"는 경고를 하였던 것이다.

둘째, 마오쩌동은 사회주의 사회의 계급투쟁은 주로 이데올로기 분야에서 표현된다고 지적했다. 그는 사회주의 사회에서 착취계급과 적대세력이 생존할 수 있는 경제기반이 이미 소멸되었거나 혹은 소멸되고 있기 때문에, 경제 분야에서의 계급투쟁이 비록 존재하지만 이미 이데올로기 분야의 계급투쟁에 주요 지위를 내주었다고 생각했다. 또 사회주의 제도가 확립된 이후 국제 자산계급 적대세력도 점차 '평화적인 변화' 형식으로 사회주의를 공격하였으며, '평화적인 변화'의 주요 전쟁터 혹은 돌파구를 이데올로기 분야로 정한 것도 한 몫 하였다. 그렇기 때문에 사회주의 사회의 계급투쟁에 관한 마오쩌동의 이론은 어떤 의미에서 보면 이데올로기 분야에서 "평화적인 변화"와 "반(反) 평화적인 변화"가 투쟁하는 이론이라고 할 수 있다.

셋째, 마오쩌동은 이데올로기 분야의 투쟁을 주요 형태로 한 계급투쟁이 일반적인 선전전(宣傳戰) 혹은 여론전(輿論戰)이 아니며, 투쟁의 중심은 여전이 정권문제, 즉 복위와 반 복위 문제라고 지적했다. 계급투쟁이 필연적으로 정치투쟁으로 번진다는 것도 마르크스주의가 게시한 객관 법칙이다. 정치투쟁이란 정권을 중심으로 전개하는 전투이다. 무산계급 및 그가 이끄는 수많은 국민에게 있어서 과거의 임무가 정권 쟁탈이었다면, 지금의 사명은 정권을 공고히 하는 것으로 구별은 오직 '쟁취'와 '공고화' 문제에 있다는 것이었다. 바로 이렇기 때문에 마오쩌동은 사회주의 사회에서 계급투쟁의 특수 중요성을 중시해야 한다고 특별히 강조하였다.

넷째, 마오쩌동은 사회주의 사회의 계급투쟁은 장기적이고 복잡다단하며, 때로는 심지어 격렬하기도 하다고 강조했다. 마오쩌동이 사회주의 사회에 여전히 계급투쟁이 존재한다는 문제를 제기한 것은 일시적인 대책이 아니며, 일부 사람들이 말하는 '통치술'(統治術)은 더더욱 아니다. 그것은 사회주의 사회에 계급투쟁이 존재하는 것은 누군가의 의지에 따라 바뀌는 것이 아닌 객관적 원인이 있기 때문이라고 했다. 그가 레닌의 사상을 연구하면서 사회주의 사회의 계급투쟁 문제를 논증할 때, 계급투쟁이 존재할 수 있는 근거를 다음과 같은 4가지 원인으로 종합했다. (1) 무너진 착취자들은 항상 온갖 방법을 다 써가며 그들의 빼앗긴 '천당'을 회복하려고 꾀한다. (2) 소자산계급의 자발 세력은 늘 새로운 자본주의 세력을 낳는다. (3) 노동자계급 대오와 국가기관 직원 중에서도 자산계급 영향과 소자산계급의 자발 세력의 포위와 잠식작용으로 일부 타락한 변질세력과 새로운 자산계급세력이 나타날 수 있다. (4) 국제자본주의의 포위, 제국주의의 무장 간섭으로 생기는 위협 및 평화적인 와해의 음모활동은 사회주의 국가에서 계급투쟁이 계속 존재해야 하는 외부조건이다.

다섯째, 마오쩌동은 계급투쟁은 필연적으로 당내에서 반영되기에 당내에서 특히 중앙에서 수정주의가 나타나는 것을 경계해야 하며, 이는 가장 위험한 것이라고 경고했다. 당이 사회주의 사회의 계급투쟁을 이끌어 가고 있지만, 당 자체 또한 정치조직으로서 하나의 사회인 만큼 계급투쟁은 반드시 그 특별한 '사회' 내부에서 반영될 것이다. 당조직 내부는 절대적으로 순결할 수 없으므로 많은 당원들이 조직적으로만 입당했을 뿐 사상적으로는 아직 입당하지 못한 문제가 존재하며, 당원들이 소자산계급의 꼬리를 달고 있거나 심지어 자산계급 사상에 이미 물들어 있기 때문에 마오쩌동은, 한편으로는 중국공산당을 위대한 당·영광스러운 당·정확한 당이라고 높이 인정하면서도, 다른 한편으로는 당내에 계급투쟁의 반영이 존재하고 현대 수정주의 위험이 존재하고 있다고 명확히 지적했던 것이다. 중국공산당이 집권당으로 정권을 잡고 있고, 또 기업과 농촌인민공사의 간부들이 대부분 공산당원이기 때문에 만약 당내에 자산계급의 이익을 대표하거나 혹은 보호하는 사람이 있다면, 반드시 당의 성질과 국가의 운명을 위험에 빠뜨릴 수 있다는 것이었다.

여섯째, 사회주의 사회의 계급투쟁을 이끌 때 마오쩌둥은 두 가지 서로 다른 성질의 사회모순을 마땅히 정확하게 구분하고 처리해야지, 적아모순과 국민 내부 모순 간의 경계선을 혼돈해서는 안 된다고 여러 번 논술하였다. 마오쩌둥이 두 가지 모순학설과 사회주의 사회의 계급투쟁이론을 제기한 것은 모두 1957년으로서 양자 간에는 내재적 연계성이 있었다. 예를 들면 그는 이렇게 말한 적이 있다. 사회의 일은 모두 대립 통일된다. 사회주의 사회도 대립 통일되므로 국민 내부의 대립 통일이 있고, 적아 사이의 대립 통일이 있다. 중국에서 아직도 적지 않은 사람들이 소란을 피우고 있는데, 그 근본 원인은 바로 사회에 아직도 정면과 반면 등 다양한 대립 면이 존재하며, 아직도 대립되는 계급, 대립되는 사람, 대립되는 의견이 존재하기 때문이라고 했다.[133] 그는 또 이렇게 말했다. 사회주의 사회의 적아모순과 국민내부 모순을 어떻게 처리하는가 하는 것은 하나의 과학 분야로서 잘 연구할 필요가 있다. 중국의 상황으로 볼 때 지금의 계급투쟁에서 적아모순은 소수이고 대부분은 국민 내부의 모순이다. 현재 소수의 사람들만 소란을 피우고 있다는 사실이 이를 반영하고 있다.

사회주의 사회의 계급모순과 계급투쟁에 관한 마오쩌둥의 사상은

---

133) 마오쩌둥 「성·시·자치구 당위서기 회의에서의 연설」 (1957년 1월 18일).

그가 "중국 특색의 사회주의" 사회를 탐구하는 실천과정에서 제기한 것으로 혁신적이고 깊이가 있으며 체계적이라는 특점이 있다. 그가 이 문제에 대한 연구를 매우 중시했기 때문에 사회주의에 관한 그의 모든 논술 중에서 계급투쟁이 차지하는 비중이 가장 크고 가장 뚜렷한 것이다. 그렇기 때문에 우리는 마땅히 과학적인 태도로 진지하게 이를 연구하여 오늘날 우리의 사회주의 현대화 건설과 개혁개방의 실천에 쓰일 수 있도록 해야 한다. 그러나 마오쩌둥의 사회주의 사회의 계급투쟁에 관한 이론에서 그의 실수도 가장 뚜렷하고 심각하게 드러났다. 1957년의 반우파투쟁의 확대에서부터 1966년에 일으킨 '문화대혁명'에 이르기까지 모두 그의 계급투쟁 이론에서 문제가 생겼던 것이다. 그중 가장 큰 이론 문제가 이른바 "무산계급 독재 환경에서 계속 혁명해야 한다"는 이론이었다. 이 그릇된 이론이 얻어진 주요 근거가 사회주의 사회의 주요 모순에 관한 이론이었다. 그가 사회의 주요 모순 문제에서 그릇된 판단을 내리게 된 것은 그가 사회주의 사회의 계급에 대한 분석에서 편차가 생겼기 때문이었다. 그 편차의 중점은 지식인들에 대한 그의 그릇된 소견이었다. 이런 그릇된 소견은 그에게 이데올로기 분야의 계급투쟁 문제를 대함에 있어서 심각한 '좌'경 착오를 범하게 했고, 더 나아가 당의 간부대오에 대해 그릇된 판단(그는 당내에 이미 자산계급이 존재한다고 여김)을 내리도록 영향을 주어 사회주의 사회의 "자산계급 권리"에 대해 이론 면에서 오해가 생기도록 했다. 그 모든 후과는 모두 '문화대혁명'이란 쓰라린 경험에서 반영되고 있다. 한편 마오쩌둥의 이론과 실천에서의 이런 실수는 우리에게 또한 소중한 자산으로 남겨졌다.

제3절
주요 모순의 오류

　마오쩌동의 계급투쟁 이론으로 인해 '문화대혁명'이라는 나쁜 결과를 초래했기 때문에 사람들은 자연적으로 사회주의 사회의 계급투쟁에 관한 마오쩌동의 이론을 전면적으로 부정하게 되었다. 그러나 누구라도 마오쩌동이 그 이론을 제기한 시기의 배경 내용, 그리고 그 후에 실수로 나아가게 된 진짜 원인을 객관적으로 분석한다면 다음과 같은 사실을 발견할 수 있다. 사회주의 사회에 계급투쟁이 존재한다는 것을 본 것은 마오쩌동의 실수가 아니라 업적이었다. 그의 실수는 사회주의 사회의 주요 모순에 대한 그릇된 판단으로 계급투쟁의 대상을 잘못 선택한 것이고, 그리하여 계급투쟁 확대화 과정에서 '계급투쟁을 중심'으로 하는 기본노선을 형성했던 것이다.

　'주요 모순', 이것이 마오쩌동에게 있어서는 단순한 철학적 관념이 아니라, 그가 중국사회의 여러 가지 사회현상을 분석하고, 그 내재적 발전법칙을 찾아내며, 당의 노선·방침·정책을 제정하는 수단이었다. 마오쩌동은 어떤 과정을 연구하든 두 가지 이상의 모순이 존재하는 복잡한 과정이라면 그것의 주요 모순을 찾아내는데 전력해야 한다고 주장했다. 즉 "그 주요 모순을 찾아내면 모든 문제는 저절로 풀린다.… 그러나 수많은 학자들과 실행가들이 그 방법을 몰랐기에 안개 속을 걷듯이 중심을 찾지 못했으며, 따라서 모순을 해결하는 방법도 찾지 못했다."는 것이다[134] 사회주의 사회에 들어선 이후, 생산 자료 사유제도에 대한 사회주의 개조를 기본적으로 완성한 후의 중심 임무를 명확히 하기 위해, 제8차 당 대회에서는 사회주의 사회의 주요 모순 문제에 대해 연구하였다. 회의 결의에서는 다음과 같이 지적했다. 중국 국내의 주요 모순은 선진적인 공업국을 건설하고자 하는 국민들의 요구와 낙후한 농업국 현실 간의 모순이고, 경제와 문화가 빠르게 발전하기를 바라는 국민들의 요구와 현 단계의 경제와 문화가 국민들의 수요를 만족시키지 못하는 상황 간의 모순이다. 그 모순의 본질은 중국의 사회주의 제도가 이미 수립된 상황에서, 다시 말해서 선진적인 사회주의 제도와 낙후한 사회생산력 간의 모순이다. 물론 제8차 당 대회 결의에서 내린 판단이 서술 면에서 일부 문제는 있지만, 이른바 "선진적인 사회주의 제도와 낙후한 사회생산력 간의 모순"이라고 함으로써 중국의 사회주의 제도가 이미 생산력의 발전 수준을 초월했다는 오해를 사게 했지만, 그러나 제8차 당 대회에서 사회주의 사회의 주요 모순에 관한 판단의 기본 정신은 사실에 부합되며 비교적 과학적이었다.

마땅히 강조해야 할 것은 그 판단의 기본정신의 중요한 부분, 즉 두 개의 계급 두 갈래 길에서의 모순과 투쟁이 여전히 존재했지만, 이미 사회주의 사회의 주요 모순이 아니라는 것이었다.

그러나 1957년의 우파문제로 마오쩌둥의 관점이 변하기 시작했다. 1957년 10월 9일 중국공산당 제8차 대표대회 3중 전회(확대)에서 그는 주요 모순에 대한 8가지 판단을 비평하였고, 계급투쟁이 주요 모순이라고 다시 언급했다. 그는 무산계급과 자산계급 간의 모순, 사회주의

---

134) 『마오쩌둥 선집』 제1권 1991, 인민출판사, 322쪽.

길과 자본주의 길 간의 모순이 당면한 중국사회의 주요 모순인 것은 의심할 것이 없다고 말했다. 관점이 왜 이렇게 크게 바뀌었을까? 이것은 마오쩌둥이 제멋대로 내린 결론이 아니며, 또 국외의 일부 학자들이 말하는 것처럼 반역성과 싸우기 좋아하는 마오쩌둥의 개성이 있어서가 아니었다. 주로는 사상적 이론적으로 사회주의를 비교적 이상화시켰고, 예리한 투쟁이 일어나게 될 것을 미처 예상치 못했기 때문이었다. 따라서 국제·국내에서 정치풍파가 일어나자 기존의 관점을 의심하기 시작했다. 후에 마오쩌둥 자신이 말한 바와 같았다.

즉 "1955년은 생산관계의 소유제 방면에서 기본적인 승리를 거둔 한 해였다. 생산관계의 기타 방면 및 상부 구조의 일부 방면, 즉 사상전선과 정치전선면에서는 기본적인 승리를 거두지 못했거나 혹은 완전한 승리를 거두지 못하여 앞으로 노력할 필요가 있었다. 우리는 1956년에 국제적으로 그렇게 큰 풍파가 일어날 줄을 예상치 못했으며, 또 같은 해 국내에서도 대중의 적극성에 타격을 주는 '반 급진 사건'이 발생하리라고는 예상치 못했다. 이 두 사건이 모두 우파의 광폭한 공격에 큰 영향을 주었다."고 했던 것이다.[135] 이 말은 마오쩌둥 당시의 심리 상태 그리고 그로 인한 관점 변화의 원인을 비교적 진실하게 반영하였다고 하겠다.

관건은 '정치사상 전선에서의 사회주의 혁명'이라는 이 문제를 어떻게 보느냐 하는 것이었다. 적지 않는 사람들은 마오쩌둥의 이런 개괄은 실수라면서 "정치사상 전선에서의 사회주의 혁명"이 존재하지 않

---

135) 마오쩌둥이 「'중국 농촌의 사회주의 고조'에 대한 평어」에 대한 설명. (1958년 3월 19일)

는다고 생각했다. 그러나 계급투쟁은 늘 경제적·정치적·사상적 이 세 가지 형태로 표현된다는 마르크스주의의 논술에 따르면, 경제전선에서 사회주의 개조를 기본적으로 완성한 후에 사상전선과 정치전선에서도 사회주의 혁명이 존재한다고 제기한 것은 그릇된 것이라고 말할 수는 없다. 그러나 유물주의 역사관은 우리에게 다음과 같은 이치를 알려주고 있다. 경제와 정치·사상 사이에서 경제가 근본이고 물질생활자료의 생산방식이 사회 존재의 근본 내용이다. 정치와 사상도 경시할 수는 없지만 반드시 경제와 함께 논할 수는 없기에, 정치사상 전선의 사회주의 혁명이 존재한다고 해서 결코 이런 계급투쟁의 지위가 경제 분야의 모순, 즉 낙후한 사회생산과 날로 늘어나는 물질문화에 대한 국민대중 수요 간의 모순을 초과할 수 있다는 것을 의미하는 것은 아니었다. 마오쩌둥이 일부 현실을 보았지만 전반적인 국면 및 그 구성 부분의 중요한 것과 부차적인 것의 위치를 정확하게 판단하지 못한 것만은 분명했다. 이것이 바로 그의 실수의 원인이었던 것이다.

그러나 마오쩌둥은 그 당시 정치사상 전선에서의 사회주의 혁명을 척도로 하여 사회의 주요 모순을 판단하였기에 반 우파투쟁이 끝날 무렵 그의 관점은 또 다시 바뀌었다. 1958년 1월 「업무방법 60조(초안)」에서 그는 정치전선과 사상전선에서의 사회주의 혁명은 1958년 7월 1일 이전에 기본상 마무리 되었다고 말했다. 즉 "마무리 짓지 못한 문제는 앞으로 공개적으로 정리하는 방법으로 해결할 것이다. 지금은 기술혁명에 중점을 두어야 한다. 그는 또 계급투쟁이 비록 아직도 존재하지만, '계급의 적과 싸우는 것은 과거 정치의 기본내용이다'라고 지적했던 것"이다. 그 짧은 기간에 그는 설령 계급투쟁을 언급했더라도 그것이 주요 모순이라고 부각시키지는 않았다. 어쩌면 그는 어려운 문제를 어떻게 해결해야 하는지 생각하고 있었던 것이었는지도 몰랐다.

3개월 후 그는 결론을 내린 것 같았다. 한 방면으로는 경제건설과 기술혁명이 당이 직면한 총체적인 임무라고 끊임없이 강조했고, 또 그것이 바로 사회주의 건설의 총체적 노선이라고 점차 명확히 하였으며, 다른 한 방면으로는 계급투쟁이 주요 모순이라고 다시 제기했다. 특히 1958년 5월 제8차 당 대회 제2차 회의에서 마오쩌둥의 제의에 따라 제8차 당 대회 제1차 회의의 국내 주요 모순과 관련해서 정확한 분석을 정식으로 수정하였으며, 중국의 주요 모순은 두 개의 계급·두 갈래 길의 투쟁이라는 관점을 당의 문건에 써넣었다. 만약 중국공산당 제8기 3중 전회에서 제기한 계급투쟁의 주요 모순된 관점을 마오쩌둥 개인만의 견해라고 한다면, 제8차 당 대회 제2차 회의에서는 그것이 당의 집단 관점임을 정식으로 표명했던 것이다. 이 점에서 제8차 당 대회 제2차 회의는 제8차 당 대회 제1차 회의에 비해 퇴보한 것이라고 할 수 있다.

그 후부터 1962년까지 그 이중 중점론의 관점은 매우 조화롭지 못했다.

마오쩌둥은 분명 그 모순을 발견했을 것이다. 1962년 중국공산당 제8기 10중 전회에서 그는 「계급·형세·모순과 당내 단합에 관한 문제」를 주제로 연설하면서 이렇게 단언했다. "전반적인 사회주의 역사단계에서 계급·계급모순과 계급투쟁이 장기적으로 존재하고 자본주의의 복벽 위험성이 존재하기 때문에, 지금부터 마땅히 해마다 달마다 날마다 그 문제를 강조함으로써 그 문제에 대해 명확히 인식하고, 마르크스주의 노선을 확정해야 한다." 그 "계급투쟁을 기본으로 한다"는 노선은 후에 "당의 기본 노선"으로 불렸다.

그러면 우리는 사회주의 사회의 주요 모순은 계급투쟁이라는 마오쩌동의 그 논점을 어떻게 보아야 할 것이가?

첫째, 사회주의 사회에서도 여전히 계급모순과 계급투쟁이 존재한다고 제기한 마오쩌동의 그 논점에는 일가견이 있다는 것을 인정해야 한다. 마오쩌동도 처음에는 사회주의 사회에 계급투쟁이 존재한다는 논점에 대한 마음의 준비가 부족했다. 그러나 실천이 실리를 추구하는 마오쩌동에게 사회주의 사회가 수립된 후에도 계급모순이 존재하고 계급투쟁도 즉시 소멸되지 못한다는 것을 일깨워주었다. 이는 과학적 사회주의에 대한 마오쩌동의 큰 공헌이었다. 우리는 마오쩌동이 계급투쟁 문제에서 큰 실수를 하였다 하여 이 점까지 부인해서는 안 된다.

둘째, 사회주의 사회의 계급투쟁에 대한 마오쩌동의 인식에는 엄격한 규정성이 없으며 오히려 주관적인 임의성이 컸다. 계급투쟁에 관한 마오쩌동의 논술을 관찰해 보면 4가지 방면과 관련돼 있다. 첫째는 정치사상 전선의 사회주의혁명이 지향하는 "이데올로기 분야의 계급투쟁"이다. 1957년에는 주로 우파의 '공격'을 가리켰고, 1963년 후에는 주로 문예작품과 이론에 관한 논쟁과정에서의 서로 다른 의견을 가리켰다. 여기서 소수의 상황은 확실히 계급투쟁에 속했지만, 절대 대부분은 모두 국민 내부의 모순과 정상적인 토론에 속했다. 둘째는 "당내의 계급투쟁"이었다. 1959년 루산(盧山)회의에서 펑더화이(彭德懷)가 '대약진'과 '인민공사화운동'에서의 "소자산계급의 열광성"에 대해 정확하게 비평하였는데, 그 결과 '우경기회주의'라는 딱지가 붙었을 뿐만 아니라 "외국과 내통한다"는 누명까지 쓰게 됐다. 게다가 마오쩌동은 "루산회의에서 일어난 투쟁은 계급투쟁이며, 지난 10년간 사회주의혁명 과정에서 자산계급과 무산계급 두 대항 계급 간의 사활을 건 투쟁의 연속이다"라고 선포했다. 셋째는 경제 분야에서의 절도 횡령·생활 부패와 관료주의 등 문제와의 투쟁이었다. 마오쩌동은 간부 대오에서 이런 부패현상이 나타난 것을 매우 혐오하였으며, 엄격하게 단속할 것을 주장했다. 이를 위해 1963년 2월에 도시에서 "5가지 반대(五反)운동"을 전개하고 농촌에서 "4가지 정돈(四淸)"을 하기로 결정했으며, 후에 또 이것을 "사회주의 교육운동"으로 총칭하기로 결정했다. 넷째는 경제체제와 생산책임제에 관한 서로 다른 의견이었다. 1963년에 그가 "계급투쟁을 중심으로 해야 한다"고 다시 제기한 직접적인 원인 중의 하나는 바로 그가 경제 조정과정에서 일부지방에서 나타난 '가족도급제도'와 같은 생산책임제는 일종의 '개별화'이고, '자본주의 복위'의 표현이라고 여겼기 때문이었다. 이 때문에 그가 말한 '계급투쟁'은 구체적으로 조사해 보면 엄격한 정의가 부족한 개념으로 그와 다른 의견을 용감하게 제기한 동지에 대해 혹은 불량 현상에 대해 언제 어디서나 기계적으로 적용할 수 있었던 것이다.

셋째, 마오쩌동은 계급투쟁을 사회주의 사회의 주요 모순이라고 강조했는데, 이는 사회주의 사회의 객관 현실과 완전히 동떨어졌던 것이다. 사회주의 사회에 계급모순과 계급투쟁이 여전히 존재하는 것은 사실이었다. 그러나 착취계급이 존재할 수 있는 경제기반이 생산 자료 소유제 방면의 사회주의 개조를 거쳐 이미 총체적으로 존재하지는 않게 되었다. 또 그 후에 존재하고 발전할 수 있도록 허락한 소량의 자류지·자유시장 및 개체 경제도 사회주의 경제의 보충으로 되었으며,

설령 그 중에서 새로운 자본주의 요소가 나타난다 해도 극히 적은 것이었다. 더욱이 이데올로기 분야의 계급투쟁도 제한돼 있었기 때문에, 그 후에 덩샤오핑이 논증한 바와 같이 계급투쟁은 특수 형태의 계급투쟁이었으며, 또한 일정한 범위 내에서만 존재하는 것이었다. 마오쩌동은 국민의 질고와 사회주의 운명에 관심을 두고 있었지만, 그 문제야말로 진정한 주요 모순이라는 것을 알아차리지 못했고, 반대로 계급투쟁을 주요 모순으로 제기하였는데, 이는 객관적 현실, 그리고 실제 상황과는 완전히 동떨어졌던 것이다. 어떻게 이렇게 심각한 실수를 하였을까? 이는 깊은 연구를 거쳐야 할 문제이지만, 적어도 두 가지 원인은 확실하다고 하겠다.

첫 번째 원인은 방법이 부족하였다는 점이다. 마오쩌동이 이 문제에서 주관과 객관이 동떨어진 실수를 한 것은 그가 객관 현실을 소홀히 대해서가 아니었다. 반대로 그는 객관 현실 및 그 변화 상황을 중시하였기 때문에, 계급투쟁의 존재와 그 심각성을 인식할 수가 있었다. 문제는 그가 정량분석을 하지 않았다는 것이다. 그는 각 지방에서 보내온 약보(略報)와 조사 자료를 매우 중시하였는데 그런 끔찍한 계급투쟁 현실을 보면서 매우 우려하였을 것으로 보인다. 그러나 이런 보고는 일부 전형적인 사례를 반영한 것에 불과했다. 과학적인 태도는 마땅히 정성분석과 정량분석을 가일층 결합시켜 전반적인 국면에서 계급모순과 계급투쟁이 차지하는 비중이 얼마인가를 연구해야 하는 것이었다. 마오쩌동에게는 정확한 수량 개념이 없었다. 결국 그는 편면적인 것으로 전면적인을 대체하여 계급투쟁이 여전히 주요 모순이라는 그릇된 결론을 내리고 말았던 것이다.

두 번째 원인은 이론적 틀의 문제였다. 마오쩌동은 자신이 계급투쟁 관점을 받아들인 후로 유물주의 역사관과 마르크스주의를 받아들였기 때문에, 계급투쟁 관점이 이미 오래 전에 그가 여러 문제를 관찰하는 이론적 틀로 되었다고 말한 적이 있다. 이것이 계급투쟁 연대에는 어울렸지만 평화건설 연대에서는 전반적으로 어울리지 않았다. 그가 여전히 계급투쟁의 이론적 틀로 사회주의 사회의 모순을 관찰했다면 반드시 계급투쟁과 탈계급투쟁의 사회모순 간의 경계선을 헷갈리게 되었을 것이고, 적아모순과 인민내부 모순 간의 경계선을 헷갈리게 되었을 것이며, 이로 인해 계급투쟁을 확대했을 것이다. 아울러 확대된 계급투쟁을 '사실' 근거로 한다면, 또한 반드시 계급투쟁이 주요 모순이라는 그릇된 결론을 얻게 되었을 것이다.

마오쩌동이 계급투쟁 문제에서 실수로 얻은 결과는 계급투쟁을 확대했을 뿐만 아니라, 전반적인 사회주의 탐색에 심각한 문제를 일으켰다는 것이다. 먼저 마오쩌동 자신이 제기한 "중국 공업화의 길"에 대한 탐색을 멈추는 결과를 초래했다. 둘째는, 마오쩌동 자신이 설계한 '신 경제개혁'과 경제체제 개혁에서부터 "삼자일포(三自一包, 1960년대 중국의 류사오치가 제기한 정책으로 3 가지의 자[自]를 확대시키고, 하나의 도급 즉, 자류지[自留地]·자유시장[自由市場]·자부영휴[自負盈虧: 손익을 스스로 책임진다는 뜻] 및 포산도호[包産到戶, 생산의 가구당 책임제 정책—역자 주)"의 "자본주의 길"을 비판하는 계급투쟁 방향으로 나가는 결과를 초래했던 것이다. 셋째는, 민주정치 건설과 "백화제방 백가쟁명 방침(雙百方針)"에 관한 마오쩌동의 목표가 왜곡되었고, 이를 '민주'라는 명의로 나타난 대중성 계급투쟁으로 변화시켰던 것이다. 넷째는, 마오쩌동에 대한 개인숭배의 경향을 강화하였다. 그러므로 이는 전반적인 이론 편차를 띠고 있고, 마오쩌동이 1956년 4월부터 시작한 중국 특색의 사회주의 탐색을 반대 방향으로 이끌었으며, 중국 사회주의 경제체제·정치체제 중의 폐단을 나날이 심각하게 드러나게 해 사회주의사업의 발전에 심각한 해를 끼치게 했던 것이다.

제4절
계급분석에서의 편차

　마오쩌동의 계급모순과 계급투쟁 문제에서의 심각한 실수는 계급분석에서의 편차에서도 표현되었다. 계급분석을 중시하는 것은 마오쩌동의 전통이며, 또한 그가 국정을 파악하는 기본 일환이었다. 민주혁명시기 그의 성공은 먼저 과학적인 계급분석에서 체현되었다. 그러나 사회주의시기에 그는 오히려 그가 가장 잘하는 계급분석 문제에서 실패했다.

　제8차 당 대회에서 류사오치가 당 중앙을 대표하여 한 정치보고에서는 생산 자료 소유제 방면에서의 사회주의 개조를 기본적으로 완성한 후의 중국사회의 계급상황에 대해 다음과 같이 분석하였다.

　"제7차 당 대회를 개최한 지도 이미 11년이 지났다. 중국
은 그 11년 사이에 세계적 의의가 있는 위대한 역사 사변을
두 차례나 겪었다. 1949년에 우리 당은 국민을 이끌어 제국
주의·봉건주의·관료자본주의의 반동통치를 뒤엎고 중화인
민공화국을 건립하였다. 지난해 하반기와 올해 상반기에는
또 국민을 이끌어 농업·수공업·자본주의상공업에 대한 사
회주의 개조에서 전면적이고 결정적인 승리를 거두었다. 이
두 차례의 승리로 인해 중국은 내외관계에서 일련의 근본

적인 변화를 가져왔다. 대만이 아직 미국 침략자들에게 강점당한 것을 제외하고는 약 백년 간 중국 국민의 머리 위에 짓누르고 있던 외국 제국주의 세력을 몰아냈다. 중국은 이미 위대한 독립 자주적인 국가가 되었다. 외국 제국주의의 도구인 관료 매판 자산계급은 이미 중국 대륙에서 소멸되었다. 봉건지주계급도 개별적인 지역 외에는 이미 소멸되었다. 부농계급도 소멸되고 있다. 원래 농민을 착취하던 지주와 부농도 자활할 수 있는 신인으로 개조되고 있다. 민족 자산계급도 착취자에서 근로자로 변하고 있다. 수많은 농민과 기타 개체 근로자들이 이미 사회주의 집단 근로자로 변했다. 노동자계급이 이미 국가의 지도계급으로 되었다. 노동자계급의 대오가 방대해졌고 각성과 문화기술 수준도 대폭 제고되었다. 지식인계층 본래의 면모도 변화되었고 사회주의를 위해 봉사하는 대오를 구성하였다. 국내 여러 민족도 단합되고 사이좋은 민족 대 가정을 이루었다. 공산당이 이끄는 인민민주 통일전선이 더욱 커지고 공고화 되었다.[136]

오늘날의 시점에서 보더라도 그 분석은 과학적이고 적절했으며 중국 그 시기의 실제 상황에 부합되었다. 그러나 1957년 6월에 마오쩌둥이 그해 2월에 쓴 「인민 내부 모순을 정확하게 처리하는 데에 관한 문제」라는 제목의 유명한 보고를 발표하면서 다음과 같은 한 마디를 보충하였다. 중국에서 사회주의 개조가 소유제 방면에서는 이미 기본적으

---

136) 『류사오치 선집』 하권, 1985, 인민출판사, 202-203쪽.

로 완성되었고, 혁명시기의 폭풍우식의 대규모 대중계급투쟁도 이미 기본적으로 마무리 되었지만, 뒤집힌 지주매판계급의 잔여세력과 자산계급이 여전히 존재하고 있으며, 소자산계급도 이제 막 개조되기 시작하고 있다. 계급투쟁은 아직 끝나지 않았다.[137] 이와 같은 '보충'은 반우파투쟁과 국제 정치소동의 자극 하에 중국 사회계급의 상황에 대한 마오쩌둥의 견해에서 중대한 변화가 일어났음을 의미한다. 그 중대한 변화가 두 가지 문제의 경계선을 헷갈리게 했다.

첫째는 '계급'과 '계급의 분자' 간의 경계선에 대해 헷갈렸던 것이다. 계급이란 엄밀히 말하자면 경제적 범주로서 사회생산관계에서 생산 자료에 대한 점유형태가 다름에 따라 서로 차이가 생기는 사회그룹을 가리킨다. 물론 계급이 정치적 범주에 속할 수도 있다. 즉 생산관계에서 동등한 지위에 처한 사람들이 정치적으로 함께 모여 하나하나의 정치단체를 구성함으로써 자신의 이익을 위해 분투하는 그룹을 가리킨다. 그러나 정치적 범주에 속하는 계급은 경제적 범주에 속하는 계급을 기반으로 하여 형성된다. 경제적 범주에 속하는 계급은 기본적이고 '자유로운 계급'이고, 정치적 범주에 속하는 계급은 파생된 것이며, '자위계급'이다. 착취계급이 생존할 수 있는 생산관계(생산 자료 사유제)가 바뀌면 경제적 범주로서의 착취계급은 없어지게 되고, 정치적 범주로서의 착취계급도 기반을 잃어버렸기에 더 이상 '계급'이라고 할 수 있는 사회세력이 아니다. 마오쩌둥은 1957년 6월에 아직도 두 '계급 잔여'가 있어 반동적인 생산관계가 아직도 중국에 잔존하고 있다고 사람들이 잘못 믿고 있다고 말했는데, 올바르지 못한 견해

---

137) 『마오쩌둥문집』 제7권, 1999, 인민출판사, 230쪽.

임이 분명했다. 그들의 '분자'가 여전히 존재하고 있는 것은 사실이었다. 그러나 그렇게 말하자면 그들이 착취에 의지하여 생활하는지 아닌지, 여전히 착취계급 범주에 속하는지 아닌지를 가 일층 설명해야 했다. 마오쩌둥이 원래의 지주매판계급 '분자'를 '계급 잔여'로 간주한 것은 이론적인 실수였음이 분명했다.

둘째는 완전한 계급과 소멸과정에 처해 있는 불완전한 계급 간의 경계선에 대해 헷갈렸다는 점이다. 민족자산계급은 고용 노동을 특징으로 하는 자본주의 생산관계의 인격적인 표현이다. 원래 자본주의 생산관계에서 자본 점유와 근로자 착취를 생업으로 하는 것은 일체화 고용착취관계의 두 방면이었다. 중국이 자본주의 상공업에 대한 개조에서 평화환매정책을 취하였기에, 자본주의 생산관계를 변화시키는 것이 중국에서 특수한 과정으로 표현되었다. 첫 단계는 사회주의개조를 통해 고정 금리 할부금의 형식으로 자산계급의 생산 자료 점유권을 환매해 오는 것이었다. 두 번째 단계는 수 년 간의 시간을 들여 자산계급에 '고정금리'를 지불하는 한편 원래의 상공업자들이 자신의 신체와 업무상황에 따라 노동과 일에 참가해 근로소득을 얻어 자립하는 근로자로 되도록 하는 것이었다.

이미 소멸된 착취계급을 '계급의 잔여'라 말하고, 소멸되고 있는 착취계급을 완전한 계급이 아직도 존재한다고 말한다면, 필연적으로 계급상황에 대해 잘못 예측할 수 있는 것이다. 1958년 3월 청두회의에서 마오쩌둥은 사회주의 개조가 기본적으로 완성된 이후의 계급상황에 대해 다음과 같이 평가했다. "중국에는 두 개의 착취계급과 두 개의 노동계급이 존재한다. 착취계급에는 이런 두 가지가 있다. 하나는 사회주의를 반대하는 자산계급 우파가 이미 뒤집어엎은 지주매판계급과 기타 반동파이다.… 다른 하나는 점진적으로 사회주의 개조를 받고 있는 민족자산계급과 그 지식인들로, 그들은 대부분 사회주의와 자본주의 두 갈래 길 사이에서 동요하는 과도 상태에 처해 있다. 노동계급에는 이런 두 가지가 있다. 하나는 농민과 기타 원래의 개체 근로자들로, 이 근로자들의 절대 대부분이 이미 합작화(合作化)에 가입하여 점차 사회주의 열렬한 지지자로 되고 있다. 다른 하나는 노동자계급이다."

당이 사회주의시기에 진행한 이 계급분석은 민주혁명시기의 계급분석과 비교할 때 내용면에서 실제에 부합되지 않을 뿐만 아니라, 논리적인 분석도 매우 엄밀하지 못했다. 이런 '두 개의 착취계급설' '두 개의 노동계급설'은 이미 소멸된 계급과 소멸되고 있는 계급을 전부 과장시켰을 뿐만 아니라, 더욱 심각한 문제점도 두 가지 존재했다. 하나는 "자산계급 우파"를 제국주의·봉건주의·관료자본주의와 연결시켰을 뿐, 개조 중인 민족자산계급의 우파로 간주하지 않은 것이다. 다른 하나는 지식인을 자산계급 대오에 포함시켜 착취계급의 하나로 간주하였으며, 더 나아가 이미 사회주의를 위해 봉사하고 있고 근로 인민의 일원·노동자계급의 일부가 된 지식인의 계급 속성을 잘못 정해 자신의 대립 면으로 밀어붙였던 것이다.

마오쩌둥이 '두 개의 착취계급설'과 '두 개의 노동계급설'을 제기한 것은 사회주의 사회의 주요 모순이 계급모순과 계급투쟁이라는 것을 논증하기 위해서라는 것을 우리는 알 수 있다. 중국공산당 제8기 3중전회에서 그가 계급투쟁이 주요 모순이라고 다시 제기한 것에는 기본적인 이론 문제와 논리 문제가 존재했다. 즉 계급으로서의 착취계급이 중국에서 이미 소멸되었거나 혹은 소멸되고 있는 만큼 어떻게 계급투쟁이 아직도 존재하고, 여전히 주요 모순이라고 설명할 수 있겠는가 하는 것이었다. 그는 청두회의에서 중국에 아직도 두 개의 착취계급과 두 개의 노동계급이 존재한다고 분석함으로서 논리적으로는 통하도록 했던 것이다. 중공 제8기 2차 대회에서 전 당이 계급투쟁이 주요 모순이라는 관점을 받아들이고, 제8기 당 대회의 결의를 수정한 아주 중요한 요인이 바로 여기에 있었다.

제5절
지식인 문제에 대한 인식 변화

계급분석에 대한 마오쩌동의 편차에서 큰 문제점은 지식인의 계급 속성에 대한 인식에 있었다. 그러나 이런 인식 편차의 발생은 과정이 있었는데, 일부 사람들이 비난하는 것처럼 마오쩌동이 원래부터 지식인을 배척한 것은 아니었다. 중국이 사회주의 사회에 들어선 초기에는 마오쩌동이 지식인 문제를 매우 중시하였다는 것을 엿볼 수 있다. 1956년 당 중앙은 대다수 지식인이 이미 노동자계급의 일부분으로 되었다고 선포했다. 「인민 내부의 모순을 정확하게 처리하는 데에 관한 문제」(1957년 2월) 에서 마오쩌동은 장절을 설치하여 '지식인 문제'에 대해 전적으로 논술하였다. 그 당시에는 다음과 같이 평가했다. 지식인 대다수가 사회주의 제도를 찬성한다고 표했고, 그중 일부 사람들이 이미 공산주의자로 되었으며, 소수 사람들은 여전히 사회주의를 의심하거나 혹은 찬성하지 않고 있었다. 한편 마오쩌동은 "세계관의 변화는 근본적인 변화인 만큼 대다수 지식인이 이미 변화를 완성했다고는 아직 말할 수 없다."라고 진심으로 지적하였다.[138] 이런 평가와 분석은 사회주의 제도가 수립된 후의 지식인의 객관적 상황에 전적으로 부합된다고 말할 수 있다.

---

138) 『마오쩌동문집』 제7권, 1999, 인민출판사, 225쪽.

1958년에 마오쩌둥이 '두 개의 노동계급' '두 개의 착취계급' 논점을 제기할 때에는 오히려 지식인에 대해 이런 구체적인 분석은 하지 않았다. 그러나 그 당시에 그는 이미 민족자산계급을 지주·관료매판자산계급과 차별화했다. 그는 민족자산계급과 노동자·농민 간의 모순은 여전히 인민 내부의 모순이며, 지식인은 민족자산계급에 포함시켰기에 마찬가지로 인민 내부의 모순에 속한다고 주장했다. 즉 무산계급독재의 대상이 아니었던 것이다. 60년대 전기 마오쩌둥이 문예 분야에서의 계급투쟁 문제에 대해 엄격히 지시한 후부터 지식인에 대한 그의 견해는 더욱 퇴보하였다. 그의 주요 관점은 이러했다. (1) 지식인은 자산계급의 학술적 권위자들이다. (2) 자산계급 지식인을 포함시킨 후로 그들이 이미 문화부문의 이데올로기 진지를 점령하였는데 이것은 심각한 계급투쟁이다. (3) 중국에서 수정주의가 나타난다면 바로 이 부류의 사람들이다. 이런 의견과 주요 관점에서 우리는 1966년에 와서 마오쩌둥이 신 중국이 건립될 때 제정한 지식인 정책에 대해 처음부터 의심을 품고 있었다는 것을 볼 수가 있다. 당의 지식인 정책을 의심한 것은 그가 지식인에 대해 실망했음을 설명한다. 실망의 결과가 바로 우한(吳晗)과 같은 유명한 사학자를 '문화대혁명'의 대상·이데올로기 분야 무산계급 독재의 대상으로 간주하기로 결정케 했던 것이다.

지식인 문제에서 마오쩌둥의 실수는 주로 3 가지가 있다.

첫째는 인식론 면에서 인식은 실천에서 기원한다는 명제를 단편적으로 이해하고 인식 형성 과정에서 지식인의 가치를 지워버린 것이다.

인식은 사람들이 실천과정에서 객관세계에 대해 반영하는 것으로서 그런 의미에서 인식은 실천에서 기원했다고 말할 수 있다. 가장 기본적인 실천 활동은 생산 활동이다. 물질생산 활동의 주체 노동자와 농민은 인식의 형성 혹은 정신적 재부의 생산에 대해 기초적인 역할을 하고 있다. 이 점은 의심할 바가 없다. 따라서 지식인은 마땅히 이론과 실천을 결합시키는 것을 유지하고, 노동자·농민과 결합시키는 것을 유지해야 한다. 그러나 마오쩌동은 상기 변증유물주의 인식론을 논술할 때 지식인의 지위와 역할을 비하하였다. 먼저 그는 과학실험도 실천의 3가지 기본형식 중의 하나로 과학실험의 주체인 지식인들도 실천자라고 분명히 말했지만, 지식인이 이론과 실천을 서로 결합시켜야 한다고 논술할 때, 이와 같은 고난이도의 실천형태를 빠뜨려버렸다. 다만 지식인은 노동자와 농민대중으로부터 배워야 하고, 과학에 종사하는 이론종사자·학자·교수 모두도 마땅히 노동자와 농민을 스승으로 삼아야 한다고만 강조하였다. 다음으로 인식은 실천에서 오지만 실천에서 직접 생긴 인식은 모두 경험에 불과하므로 경험에서 이론에 이르기까지는 과학적인 가공·추출이 필요하고, 정신적 생산과정이 필요하다고 했다. 지식인의 주요 직책은 바로 정신적 생산을 하는 것으로 고 품질의 정신적 제품을 내오는 것이라고 했다. 그렇기 때문에 전반적인 인식과정에서 지식인도 중요한 사명을 담당하고 있으므로 "지식인이 가장 지식이 없다"고 간단하게 말해서는 안 된다고 했다. 이처럼 마오쩌동이 물질생산 실천 활동과정에서 노동자·농민의 작용을 두드러지게 하고자 할 때, 노동자·농민과 지식인의 역할을 갈라놓은 것이 바로 그가 지식분자 문제에서 실수를 범하게 된 인식론의 근원이었던 것이다.

둘째, 방법론 면에서 지식인의 계급 속성을 판정할 때, 가정 출신과 사회영향의 역할을 단편적으로 과장했다는 점이다.

마오쩌동이 지식인 문제에서 큰 실수를 하였지만, 그가 노동자계급의 지식인 대오 건설을 크게 중시했던 것만은 반드시 인정해줘야 한다. 그는 모든 지식인의 역할을 전부 부정하지는 않았다. 설령 '문화대혁명' 시기에도 스스로의 붉은 수재들을 양성해야 한다고 제기한 바 있다.[139] 이는 그가 지식인을 노동자계급이냐 자산계급이냐 판정하는 주요 근거가 그의 가정출신을 보고 구 사회에서 넘어온 것이냐, 아니면 새 사회에서 양성한 것이냐를 본다는 것을 설명해주고 있다. 이런 방법은 형식주의의 계급분석 방법이 틀림없으므로 그가 예전에 유지해온 마르크스주의 계급분석 방법과는 현저한 차이가 있다는 것을 알 수 있다. 바로 이런 그릇된 방법이 그에게 일련의 그릇된 결론을 내리게 했던 것이다.

셋째, 지식관념 면에서 지식을 생산 자료와 같은 물질재부와 동일시하였고, 이른바 '지식 개인 소유'를 잘못 비판하였으며, 따라서 지식인을 많은 '사유'재산을 점유한 '지적인 귀족'으로 간주하여 타도하는 행렬에 세워놓았다. 지식이 중요한 재부인 것은 사실이다. 그러나 그의 본질로부터 말하자면 예로부터 지식은 인류의 공유 재부에 속했다. 그러나 마오쩌동은 소련의 '수정주의' 변화의 근원을 분석할 때, 오히려 소련에 이른바 '지적인 귀족'이 존재한다는 것을 의거로 삼아 '지식 개인 소유'라는 개념을 만들어냈으며, 따라서 국내에서 "수정주의에 반대하고 수정주의를 막는 운동"을 전개하면서 '지식 개인 소유'와 지식인에 반대했다. 이런 비과학적인 정의가 비과학적인 비판을 이끌어냈고, 그 후과는 지식인을 비하하였을 뿐만 아니라 전 사회적으로 지

---

139) 『인민일보』 1968년 7월 22일.

식을 경시하는 '독서무용론'이 형성되었다. 수 천 년의 문명 전통을 이어온 중화민족이 '문화대혁명'에서 중화 문명의 큰 퇴보를 만들어냈던 것이다.

제6절
이데올로기 분야 계급투쟁의 실수

공정하게 말하자면, 마오쩌동이 사회주의시기 이데올로기 분야에 여전히 계급투쟁이 존재한다고 제기한 것은 마르크스주의 계급투쟁 이론에 대한 마오쩌동의 큰 기여라고 할 수 있다. 따라서 마오쩌동의 실수는 이데올로기 분야에 계급투쟁이 존재한다는 것을 인정한 데 있는 것이 아니라, 아래와 같은 두 가지 방면에서 존재했다.

한 방면으로는 그가 계급투쟁의 관점으로 이데올로기 분야의 모든 문제를 관찰·사고·해결하였으며, 계급투쟁 성질이 아닌 문제도 심각한 계급투쟁으로 인식하고 처리했다는 점이다. 이데올로기란 경제 기반(즉 생산관계의 총합)에 의해 결정되며, 예술·도덕·법률·정치사상·종교와 철학 등을 포함한 정치의 상부구조와 연관되는 사회적 의식형태이다. 이것이 마르크스주의의 고전적 의견이다. 비록 현대 서방학자들이 이에 대해 다양한 해석을 했지만, 이데올로기 이론은 마르크스가 정립한 것이며, 또한 가장 과학적인 것이다.

그러나 이데올로기는 계급성을 띠고 있으므로 계급사회의 이데올로기를 고찰하려면 마땅히 계급과 계급투쟁의 관점을 사용하여야 한다. 그런 의미에서 볼 때 사회주의 사회의 이데올로기 분야에는 계급투쟁이 존재하고 있으며, 그 분야에서 계속하여 계급투쟁의 관점으로 문제를 관찰해야 한다고 마오쩌동이 제기한 사고 방향에는 그릇된 점이 없는 것이다. 그러나 이데올로기 문제를 전부 계급투쟁 문제라고 개괄적으로 말한다면, 그것은 마르크스의 이데올로기 이론을 단순화시킨 것이라고 할 수 있다. 그 원인은 다음과 같다.

1) 인류사회의 운동과 발전과정에는 모두 법칙이 있는데, 사회 진보의 매 단계를 총체적으로 말하자면, 모두 법칙의 단계적 표현이라고 할 수 있다. 이데올로기가 일종의 사회적 의식으로서 결국 이런 법칙성의 단계적인 반영이기 때문에, 어느 사회의 이데올로기든 그 내용으로 볼 때 계급성을 띠고 있을 뿐만 아니라 과학성도 띠고 있는 것이다.

2) 이데올로기는 일정한 계급의 경제제도와 정치제도 관념 형태의 표현으로서 계급성을 띠고 있지만, 동일한 계급의 서로 다른 사람들이 동일한 대상을 객관적으로 반영할 때 객관적 혹은 주관적인 이런 저런 원인으로 서로 다른 결론 혹은 다른 관점을 얻을 수 있다. 그렇기 때문에 인민 내부의 이데올로기 분야에서도 모순과 논쟁이 존재하는 것이다. 두 가지 서로 다른 성질의 사회모순에 관한 마오쩌동 학설의 훌륭한 점은 바로 여기에 있다. 마오쩌동이 "백화제방 백가쟁명 방침"을 제기할 수 있었던 중요한 근거 중의 하나도 바로 이것이었다. 이것은 철저한 변증법적 태도이며 마르크스주의에 대한 마오쩌동의 중요한 기여였다.

3) 이데올로기는 일종의 정신적 재부로 결국은 인민 대중이 창조해낸 것이며, 여러 시대의 이데올로기가 비록 통치 위치를 차지한 통치계급의 이익과 요구를 반영하였지만, 많은 면에서 인민의 추구와 지향을 포함하였기에 일정한 인민성을 띠었다.

4) 이데올로기는 형성 된 후 상대적으로 독립성을 띠고 있어 새로운 의식형태 속에서 계승되고 발전될 수 있기 때문에, 그 내용과 형

식에 대한 가공과 전환을 거쳐 새 사회의 새 계급에게 이용될 수 있다. "천하의 사람들이 걱정하기에 앞서 걱정하고 천하의 사람들이 다기뻐하고 난 다음에 기뻐한다"라는 이 명언도 원래는 봉건통치계급을 위해 봉사하는 것이었는데, 공산당원이 가져와 자신의 요구에 따라바꾸었다.

다른 한 방면은 그가 이데올로기 분야의 계급투쟁을 일반 계급투쟁과 동일시하였으며, 일반 계급투쟁의 방법으로 특수 분야의 계급투쟁을 처리했다는 잘못이다.

계급투쟁을 인정하였다 하여 계급투쟁을 잘 처리할 수 있는 것은 아니다. 중국공산당의 역사에 나타난 천두슈(陳獨秀)·왕밍(王明)과 같은 우경주의자 '좌'경주의자들이 계급투쟁을 몰랐던 것은 아니다. 그러나 그들은 여전히 당을 실패의 위험한 경지로 이끌었다.

'문화대혁명' 시기에 이데올로기 분야의 계급투쟁 문제(절대 대부분은 계급투쟁 성질에 속하는 문제가 아님)를 해결함에 있어서 어떤 방법을 사용하였을까? 첫째는 정치적 대 비판이고, 둘째는 영화 등의 상영 금지와 도서의 훼손(禁演毀書)이고, 셋째는 사람을 괴롭히고 투쟁하는 것(整人鬪人)이었다. 이데올로기 분야의 계급투쟁은 관념형태에서의 대립과 투쟁인데 어찌 그런 방법을 사용할 수 있단 말인가? '문화대혁명'은 또 이데올로기 분야를 포함한 상부구조에서 전면적으로독재를 실시해야 한다고 제기하였는데, 관념 사상에 대해 어찌 독재를 실시할 수 있단 말인가? 이 모든 것은 완전히 그릇된 관점이었다.

그렇다면 이데올로기 분야의 계급투쟁 문제를 어떻게 처리해야 했는가?

'문화대혁명'의 교훈을 살려 우리는 먼저 3가지 상황에 대해 구분한 다음 각각 대응하는 방법을 찾아야 한다고 생각한다.

당과 사회주의에 직접 반대하는 이데올로기, 즉 뚜렷한 계급투쟁의 성질을 가진 이데올로기 분야의 모순에 대해서는 정치적으로 그 본질을 충분히 폭로할 뿐만 아니라, 이론과 사실을 결합시키는 면에서 설득력 있게 사상의 옳고 그름을 가려야 한다.

당과 사회주의에 반대하는 사회사조의 배경에서 나타난 유심주의·형이상학 관점, 혹은 추상인성론의 작품에 대해서는 그들이 당과 사회주의에 반대하는 적대세력에 이용당했건 이용당하지 않았건 간에 어느 것을 막론하고 모두 건전한 논쟁과 평론, 그리고 토론을 통해 해결해야만 했다.

이데올로기 분야의 계급투쟁에 대해서는 물론 법률을 준칙으로 처리해야 하지만, 더욱 중요한 것은 사상적으로 옳고 그름을 구분하고, 마르크스주의·마오쩌둥 사상으로 자산계급의 여러 관점과 형형색색의 봉건주의·소생산의 사상 및 당과 사회주의에 반대하는 여러 가지 여론에 대한 비판을 유지하는 것이다.

'문화대혁명'의 재난을 심층 차원에서 따져보면, 이데올로기 분야에서 마오쩌둥의 계급투쟁 이론의 실수로 빚어낸 막심한 결과라고 할 수 있다. 그렇기 때문에 '문화대혁명'의 진상을 밝히려면 먼저 그것이 어떻게 '문화'에서부터 '혁명'을 시작했는지에 대해 알아봐야 한다.

'문화대혁명'이라는 개념이 마르크스-레닌주의의 사전에는 벌써부터 있었다. 그것은 무산계급이 정권을 탈취하여 사회주의를 건설하는 과정에서 근로 인민들의 어리석고 낙후한 현상을 소멸시키는 것을 포함한 문화교육사업의 낙후한 면모를 변화시키는 것을 스스로의 혁명 임무로 간주하는 것을 말하는 것이었다. 신 중국 창립 전야에 마오쩌둥

은 그 임무를 '문화건설'로 정하였는데, 이는 그의 뛰어난 식견을 보여
주는 것이었다. 그는 이렇게 말했다. "경제건설의 고조가 나타나면서
문화건설의 고조도 불가피하게 나타나게 될 것이다. 중국인이 문명하
지 못하다고 평가받던 시대는 이미 지나갔다. 우리는 높은 수준의 문
화를 가진 민족으로 세계에 나타날 것이다."[140] 1956년 1월에 열린 전국
지식인 문제회의에서 마오쩌둥은 '기술혁명' 문제를 제기함과 동시에
'문화혁명' 임무도 제기하였으며, 그 두 가지 혁명을 "우매하고 무식한
것에 대한 혁명"으로 총칭하였다. 그때까지도 '문화혁명'은 여전히 '문
화건설'을 가리켰다. 1957년 우파문제가 나타난 후 '뜻밖에' 나타난 새
로운 문제에 대해 그는 사회주의 혁명에는 생산 자료 사유제에 대한
경제전선의 개조가 포함될 뿐만 아니라, 또 정치전선과 사상전선의 사
회주의 혁명도 포함된다고 주장했다. 1958년에 "혁명을 꾸준히 깊이
있게 전개해야 한다"는 사고 방향에 따라 점차 "꾸준히 혁명해야 한
다"는 구상이 형성되었으며, 그중 중요한 내용의 하나가 바로 '기술혁
명'과 '문화혁명'을 '사회주의 혁명'의 범주에 포함시킨 것이었다.

　60년대 소련과의 논전을 통해 마오쩌둥은 문화 분야의 문제에 특별
히 관심을 갖게 되었다. 소련 '수정주의' 변화의 근원을 연구할 때, 그
는 소련에서 '수정주의'가 나타난 것은 스탈린이 문화 분야의 계급투
쟁을 중시하지 않았기 때문이라고 생각했다. 마오쩌둥은 흐루시초프
가 '전민 국가' '전민 당' 등의 이론을 논증할 때 인도주의 학설을 사
용하였고, 마르크스주의 계급과 계급투쟁 이론을 사용하지 않았다는

---

140) 마오쩌둥의 「중국인은 이제 일어섰다」 (1949년 9월 21일). 『마오쩌둥문집』 제5권, 1996, 인
　　민출판사, 345쪽.

것에 특별히 주의를 기울였다. 수정주의 반대투쟁 과정에서 중국에는 점차 '봉건주의·자본주의·수정주의'(封, 資, 修) 개념이 형성되었다. 전통적인 옛 문화를 '봉건주의 문화'라고 꾸짖고, 서방 근현대의 문화를 '자본주의 문화'라고 총칭하였으며, 소련의 당대 문화를 '수정주의 문화'라고 깎아 내림과 아울러 전부 부정하였다. 극단적인 세력은 그런 개괄과 부정이 5천년의 중외문화를 전부 버렸다는 것을 미처 생각하지는 못했을 것이다.

1963년 9월 28일 중앙사업회의에서 마오쩌동은 정식으로 문예계에 다음과 같이 제기하였다. "우리가 '10조'(十條)와 '4가지 정돈'운동을 전개하고, 도시에서 '5가지 반대운동'을 전개하는 것은 사실은 국내적으로는 수정주의에 반대하는 것이고, 또 국제적으로는 수정주의에 반대하는 기반을 마련하는 것이다. 수정주의 반대에는 이데올로기 방면의 문제도 포함된다. 문학·예술·오페라·영화 등 면에서 모두 이를 장악해야 한다.

마오쩌동은 결국 새로운 각본의 역사극「해서의 파직」(海瑞罷官)을 돌파구로 '문화대혁명'의 서막을 열기로 결심하게 되었다. 마오쩌동은 이론적으로 문화 분야에 대한 자산계급 사상의 영향이 수정주의가 나타나게 된 중요한 국내 원인이라고 여기기 시작해서부터 문화 인식면에서의 편차에 이르기까지, 전통문화와 외래문화를 모두 '봉건주의·자본주의·수정주의'에 포함시켜 당이 이끄는 문화사업의 노선과 정책에 문제가 있다고 주장했으며, 그런 문제가 1962년 이후부터 류사오치의 이른바 '우경'과 관련이 있으며, 모두 '사령부'의 문제에 속한다고 여겨 '문화대혁명'을 발동하기로 결정했던 것이다.

'문화대혁명'의 미스터리를 풀려면 이론 면에 존재하는 마오쩌동의 결함에 대해 생각하지 않을 수 없다. 왜 문화문제에서 마오쩌둥이 그처럼 엄한 지시를 내렸으며, 이런 그릇된 결론을 얻었을까? 그것은 마오쩌둥이 개인적으로 좋아하는 것과 싫어하는 것이 있어서가 아니었다. 마오쩌둥에 관한 회상 전기 글에서 알 수 있듯이 그는 예로부터 전통적인 경극·평극을 좋아했다. 시가 창작 면에서 그는 사람들이 새로운 시를 많이 쓸 것을 격려했다. 그렇다고 문언시를 배척하지는 않았다. 마오쩌둥 자신도 문언시를 쓰기 좋아했다. 그는 '문화대혁명'의 돌파구로 문예 분야를 선택했으며, 또 자신이 즐겨 보는 경극을 문예의 돌파구로 삼았다. 왜 그랬을까? 분명한 것은 그가 그런 예술형식을 좋아하지 않아서가 아니라 그가 계급투쟁의 시각으로 문제를 보았을 때, 그런 구 문화 혹은 구 문예가 수정주의를 초래할까봐 걱정되었기 때문이었다. 첫째, 이데올로기 등 상부구조는 마땅히 사회주의 경제기반에 적응해야 하고, 또 그것을 반영해야 하며, 무산계급의 계급투쟁을 반영해야 하는데, 낡은 이데올로기는 구 사회의 경제기반을 반영하므로 이미 사회주의 실제와 뒤떨어졌으며, 계급투쟁의 요구에 부합되지 않는다고 여겼던 것이다. 둘째, 낡은 이데올로기는 새 사회에 뒤떨어졌을 뿐 아니라, 또한 지주자산계급이 복위를 노리는 가장 좋은 형식, 혹은 도구이기에 수정주의가 나타날 수 있는 온상이라고 그는 여겼다. 문제는 감정의 동향에 있다고 말하기보다 이론 및 특정된 이론에서 형성된 사유방식에 있다고 하는 편이 낫다고 여겼던 것이다. '문화대혁명'이 폭발하기 전 이론면의 일부 분쟁을 고찰해 보면, 그 '혁명'이 일어나게 된 원인과 존재 문제를 한층 더 인식할 수가 있다. 이런 이론적 비판에는 두 가지 뚜렷한 문제가 존재했다. 첫째는 분석도 거치지 않고 자산계급의 이론 관점과 간단하게 비교하며 정치

딱지를 제 맘대로 붙인 것이다. 둘째는 줄곧 한 가지 중심적인 맥락을 일관시켰다는 것인데, 즉 무산계급 계급투쟁을 부각시키지 않았거나 혹은 계급투쟁을 없애버렸다고 인정되면 모두 자산계급 혹은 수정주의 관점으로 인정했던 것이다.

이런 문제가 발생할 수 있었던 것은 마오쩌둥이 마르크스주의 이론은 결국 계급투쟁 이론이라고 인식하였기 때문이다. 1941년에 그가 마르크스주의를 받아들인 경과에 대해 소개할 때 "제일 처음 받아들인 것이 바로 계급투쟁 학설이다"라고 말한 바 있다.[141]

'516 통지'의 형성을 상징으로 한 '문화대혁명'은 당대 중국에서 세인이 주목하는 중대한 사건이 되었다. 이는 어떤 의미에서의 혁명 혹은 사회 진보도 아니며 그렇게 될 수도 없었다. 이론적 지도와 사유방식에서의 문제로 인해 이른바 '혁명'은 반드시 중화문명과 세계문화를 파괴하는 재난이 될 수밖에 없었다. '문화'와 관련된 지식인들이 그 '혁명'에서 첫 공격의 대상으로 되어 큰 재난을 받은 것도 논리에 부합되었다. 그러나 중국에는 지식인이 많은 것이 아니라 실은 너무 적었었다. 그들은 사회의 정수이며 사회주의 건설의 중요한 핵심 역량이기 때문에, 이데올로기 분야의 계급투쟁 이론의 실수로 발생한 문화의 재난과 지식인들의 재난은 곧 중화민족의 재난이었으며, 사회주의 현대화 건설의 재난이었던 것이다.

---

141) 『마오쩌둥 농촌 조사 문집』, 1982, 인민출판사, 21-22쪽.

제7절
'당내 자산계급'론의 비극

마오쩌둥은 지식인의 계급 속성과 지위·역할에 대한 그 자신의 그릇된 판단으로 인해 사회주의시기 이데올로기 분야의 계급투쟁을 각별히 중시하게 되었다. 이른바 '자산계급 반동 학술 권위'가 강단 무대와 논단을 점령한 것을 본 그는 그들이 당내 자본주의 노선을 추구하는 실권파의 보호를 받고 있다는 극히 그릇된 결론을 얻어냈던 것이다. "당내 자본주의 노선을 추구하는 실권파" 이론, 즉 "당내 자산계급 이론"은 과거에 마르크스주의에 대한 마오쩌둥의 위대한 기여로 인정받았으나, 바로 그 이론으로 류사오치·덩샤오핑 등 오랜 세대 무산계급 혁명가들이 억울한 누명을 쓰고 잔혹한 학대를 받았던 것이다. 중공 제11기 6중 전회에서 통과된 「건국 이래 당의 일부 역사문제에 관한 중공중앙의 결의」(1981년 6월)에서는 다음과 같이 명확히 지적했다. '문화대혁명'이 타도한 '주자파(走資派, 중국의 문화대혁명 때 문혁파[文革派]에 의하여 공산당 내에서 자본주의 노선을 추구하는 실권파[實權派]로 지목되어 숙청되었다가 1967년부터 복권된 간부들 중 여전히 자본주의 노선을 지향하는 자로 비판받은 자들을 가리킴.−역자주)' 는 당과 국가의 각급 조직의 지도간부, 즉 사회주의 사업의 골간 역량들이다. 당내에 이른바 류사오치·덩샤오핑을 대표로 한 '자산계급 사령부'가 애초에 존재하지는 않았다. 이는 역사적으로 이미 정론이 나 있는 결론이다. 그러나 '당내 자산계급' 이론에 대한 역사적 고찰을 통해 이상한 현상을 하나 발견할 수가 있으니, 곧 그와 같이 극히 그릇된 이론도 그 형성과정에는 정확한 부분이 있었다는 것이다.

'당내 자산계급' 이론의 형성에는 두 갈래 노선이 존재했다.

첫 번째 노선의 발자취는 관료주의자—기득권 집단—관료주의자 계급—자본주의 노선을 추구하는 실권파—당내 자산계급으로 개괄할 수가 있다.

당내 관료주의 현상은 혁명근거지 시기에 이미 나타났지만, 당시 상황이 신 중국이 창립된 이후의 상황에 비하면 심각하지 않은 셈이었다. 마오쩌동은 옌안(延安)에 있을 때 특별히 옌안의 관료주의와 시안(西安)의 관료주의를 구분하여, 이는 성질과 정도가 다 각기 다른 두 부류의 관료주의라고 주장했다.

민주혁명이 전국적인 승리를 거둔 후, 마오쩌동은 당내에 존재하는 관료주의가 당의 전투력을 위협할 것임을 날이 갈수록 느끼게 되었다. 그래서 1949년 11월 9일에 중앙 및 각급 당의 기율검사위원회를 설립한다는 결정을 발표함으로써, 대중과 밀접한 연계를 취하고 관료주의를 극복할 것을 강조했다. 1952년 「신년 축사」에서 마오쩌동은 중국의 전 국민과 모든 근무자들이 함께 횡령과 낭비·관료주의에 반대하는 투쟁을 대대적으로 엄격하게 전개함으로써 낡은 사회에서 남아 내려온 더럽고 유독한 것을 깨끗이 씻어낼 것을 호소하였다. 이는 신 중국이 창립된 후 최초로 전개한 대규모 반부패투쟁이었다. 즉 중국 당대에서 역사상 유명한 '3반(三反)운동'이 그것이다. 중국공산당이 정권을 장악한 후 감히 자신을 향해 칼을 빼드는 그런 철저한 유물주의적인 용기를 통해 중국공산당의 특성을 체현하였을 뿐 아니라, 또 중국공산당에 대한 국민의 신임을 얻었던 것이다.

사회주의 사회에 들어선 후, 마오쩌둥은 현실생활에서 관료주의는 한 두 차례의 단속으로 해결될 문제가 아니라 마땅히 장기적인 투쟁을 거쳐야 한다는 것을 느꼈다. 마오쩌둥은 또 인민대중과 국가기관 근무인원의 관료주의 기풍 간의 모순은 인민내부 모순에 속하므로 마땅히 정확하게 처리해야 한다고 생각했다.

그럼 이런 관료주의 현상이 나타난 원인은 무엇인가? 1959년 이전에 마오쩌둥과 당 중앙은 첫째는 착취계급 의식형태의 영향이고, 둘째는 집권당의 지위에서 생겨난 소극적인 작용이라는 두 가지 원인을 종합해냈다. 집권당의 지위가 왜 그런 소극적인 결과를 초래하였을까? 엥겔스의 논점에 따르면, 국가는 우리가 계승할 수밖에 없는 '화근'이며, 국가는 사회 속에서 생겨나 또 사회 위에 군림하는 특별한 힘으로서 권력을 장악한 자들이 대중들에게서 벗어나는 것은 불가피한 일이다. 그런데 대중투쟁 과정에서 생겨나고 발전했으며, 또 장기적으로 대중과 '친밀한 관계'를 유지해온 당에 대해서 국가권력이 왜 그처럼 큰 소극적인 역할을 할 수 있었을까? 마오쩌둥은 1959년 소련의 『정치경제학 교과서』(제3판)를 읽으면서 깨달은 바가 있었다. 그는 '기득권'이 그 중에서 악날하게 추동질을 하는 역할을 했다고 주장했다. 권력은 결국 경제관계에 뿌리를 박고 있으며, 일정한 이익과 서로 연결되어 있다는 것이었다. 노동자 계급의 선진인물들로 구성된 공산당은 이치대로라면 자체의 특수 이익이 아니라, 전 인류의 해방을 위해 분투하는 당으로서 희생정신으로 가득 찬 당이어야 했다. 그러나 당원 개개인의 당성이 강하고 약한 정도가 현저하기에 당원 개개인 모두가 순결한 당성을 가지고 있다고 보장할 수는 없었다. 그런 상황에서 당이 집권한 후, 권력에 따르는 이익이 당성이 강하지 못한 당원과 간부들을 부식시키게 되는 것이었다. 오랜 시일이 지나면서 권력과 '관직'에 집착하는 당원과 간부들은 사람들이 미워하는 관료주의자로 전락하게 되었던 것이다. 소련의 『정치경제학 교과서』(제3판)를 읽으면서 마오쩌둥은 사회주의 사회에 여전히 계급·계급 모순과 계급투쟁이 존재하며, 여전히 보수적인 계층, 그리고 '기득권 집단'과 같은 것이 존재한다는 등의 문제에 대해 인식하게 되었다. 어느 시기에나 기존의 제도가 가져다 준 이익을 보유하는 한편 새 제도로 기존의 제도에 따르는 불리한 점을 대체하려는 사람들이 존재하게 마련이다. 그들은 기존의 제도에 만족하며, 그런 제도를 변화시키는 것을 원치 않는다. '기득권 집단' 문제를 제기하는 것을 전환점으로 하여, 마오쩌둥은 그 후 관료주의 문제를 어느 때보다 심각하게 여겼다. 그래서 사회주의시기에 혁명을 계속한다는 내용에는 사상 기풍 면에서 관료주의에 반대할 뿐 아니라, 또 정치·경제면에서도 관료주의자 계급에 반대해야 한다는 내용도 포함되어 있었다. 그것은 관료주의 기풍은 다만 관료주의자 계급의 외부 표현에 지나지 않았기 때문이었다. 이들 관료주의자 계급은 국가 정권을 장악했기 때문에, 당과 국민의 주된 위험이 되었던 것이다. 그런 사고의 맥락에 따라 마오쩌둥은 날이 갈수록 관료주의자들을 사회주의 사회에 새로 나타난 '이익집단' 즉 '계급'으로 명확히 간주하게 되었다. 만약 1959년에 그가 '기득권집단' 문제를 중시해야 한다고 제기한 것이 이 문제에 대해 사고하게 된 시작점이라고 말한다면, 그럼 1964년 12월에 사회주의 교육운동 관련 일련의 지시에서 '관료주의자 계급'이란 개념을 제기한 것은 논리에 어울리는 필연적인 것이라 할 수 있다.

마오쩌둥은 12월 12일 보이보(薄一波)를 통해 전해 받은 천정런(陳正

人)의 보고서에 다음과 같은 서면 지시를 내렸다. "이런 의견에 나도 찬성한다. 관료주의자계급과 노동자계급·빈하중농(빈농·하층·중농)은 서로 날카롭게 대립되는 관계인 두 계급이다."

그리하여 관리하는 일도 사회교육이다. 만약 관리자가 작업현장에 내려가 "세 가지 함께(三同, 지도자가 대중과 '同吃, 同住, 同勞動[做]'[함께 먹고 자고 일하다]을 하는 것.─역자주)"를 하지 않고, 스승을 모시고 재주를 배우지 않는다면, 평생 노동자계급과 날카로운 계급투쟁 상태에 처해 있게 될 것이며, 결국은 반드시 노동자계급에 의해 자산계급으로 간주되어 무너지게 될 것이라고 했다.[142] 1964년 연말은 평범하지 않은 시기였다. 마오쩌둥은 도시와 농촌의 사회주의 교육운동 과정에서 적발된 당내·간부대오 내의 부패현상을 근거로 삼아, 건국 후 그가 이끈 여러 차례 관료주의 단속투쟁 경험을 지도 삼아, 소련이 '수정주의'로 변한 경험 교훈과 결합하여, 계급투쟁의 중점을 당내·간부대오 내부로 옮겼다. 1964년 12월 15일부터 28일까지 중공중앙정치국이 소집한 전국업무회의에서 사회교육운동의 성질을 둘러싸고 발생한 "마오쩌둥과 류사오치 사이의 논쟁"은 우연이 아니었다. 1965년 초 마오쩌둥의 의견에 따라 제정한 '23조'에서 사회주의 교육운동의 중점을 "당내 자본주의 길을 걷는 실권파에 대한 정돈"으로 확정하였는데, 이것이 바로 마오쩌둥의 사고 맥락의 필연적 결과였다.

마오쩌둥의 그런 사상들이 바로 '문화대혁명'시기에 '4인방'이 개괄한 "당내 자산계급 이론"의 전제였다. "당내 자산계급 이론"은 '4인방'이 개괄했지만, 그 기본 정신은 마오쩌둥이 늘 강조해 왔던 논점들로서

---

142) 『인민일보』, 1976년 7월 1일자에 게재됨.

구체적인 내용은 다음과 같다. "민주혁명이 승리한 후 일부 당원·간부들이 고관이 되었고, 따라서 고관들의 이익을 보호해야 한다. 이들은 현실과 동떨어졌고, 대중과도 동떨어졌으며, 오랜 자본가보다도 그 정도가 더 심각하다. 이들은 사회주의 혁명을 계속 깊이 있게 전개해 나가는 길에 가로놓인 걸림돌로서 자산계급의 이익을 대표하며 당내에서 자본주의 길을 걷는 실권파이다. 때문에 사회주의혁명을 하려면 마땅히 자산계급이 바로 공산당 내부에 있다는 사실을 알아야 한다."

'당내 자산계급'이론이 형성된 이 중요한 단서를 고찰해 보면 우리는 이론 문제가 얼마나 복잡한 것인지를 알 수 있다. 완전히 그릇된 이론이 뜻밖에도 정확한 사고에서 발전해온 것이었다. 마오쩌둥이 당과 간부대오 내부에 존재하는 부패현상에 반대하는 데 주력한 것은 잘못이라고 할 수 없다. 그러나 사고는 올바르지만 얻어낸 결론은 틀린 것이었다. 이는 무엇 때문이었을까?

첫째, 당내와 간부대오 내부의 부패현상을 지나치게 과장하였고, 관료주의와 인민대중 간의 모순을 과장하였던 것이다. 관료주의 등 부패현상은 확실히 심각하게 경계해야 하는 문제였다. 그러나 그것이 당원과 간부대오 내부에서는 주류가 아니었다. 먼저 중국공산당은 산만한 당이 아니라 엄밀한 조직구조가 있는 당이며, 당원마다 입당하기 전에 모두 엄격한 고찰과 선발을 거쳤고, 아울러 대중들의 평의도 있었기에 당원의 기본 자질은 전반적으로 비교적 양호했다. 다음으로 중국공산당의 간부 선발은 학식과 덕성을 겸해야 한다는 기준을 따랐을 뿐만 아니라, 실제 업무과정에서의 단련과 검증도 강조했기 때문에, 모든 간부는 대중투쟁과 업무 실천에서 점차 선발 등용된 이들이었으며, 매번의 선발은 모두 대중의 고찰을 거치곤 했다. 그런 과정을 통해서도 간부들의 양호한 자질이 보장되었다. 그 다음으로 매우 중요한 것인데 중국공산당은 엄격한 기율과 제도를 갖추었을 뿐 아니라, 게다가 건국 후 전개된 매 차례의 정치운동이 간부에 대한 고찰 과정으로서 일단 부패현상이 발견되기만 하면 즉시 처벌을 받도록 되어 있었다. 처벌이 관대한지 엄격한지의 정도를 볼 때, 마오쩌둥이 이끌던 시대에는 엄격함이 관대함보다 더 많은 비중을 차지했다. 따라서 부패현상에 대해 마땅히 중시해야 하지만 지나치게 과장해서는 안 되었다. 그러나 마오쩌둥은 바로 그러한 부분에서 그릇된 평가를 내렸고 심지어 관료주의자들이 이미 '이익집단' 혹은 '계급'을 형성하였다고 주장하였기에 그릇된 방향으로 나아갔던 것이다.

둘째, 아주 중요한 것은 마오쩌둥이 사회주의 기업관리에 대한 편견을 가지고 있었다는 사실이다. 사회주의는 노동자계급이 이끄는 사회로서 사회주의 기업은 마땅히 노동자계급이 주인공이라는 원칙을 체현시켜야만 한다. 기업의 지도자로서 마땅히 대중들과 밀접한 연계를 갖고 노동자들의 목소리에 귀를 기울이며, 그들의 총명한 재질, 그리고 생산에 대한 적극성을 충분히 발휘시켜야 한다. 오직 그렇게 해야만 기업을 잘 경영할 수 있다. 그러나 이는 모든 일을 대중들이 결정할 수 있다는 뜻이 아니며, 공장장과 경리의 명령을 '관료주의'로 삼아 비판해서는 더더욱 안 되는 것이었다. 마오쩌둥이 제기한 "전심전력으로 노동자계급에 의지해야 한다"를 "오직 생산노동자에게만 의지해야 한다"고 편파적으로 이해해서는 안 되었다. 「안산철강공장 헌법」(鞍鋼憲法)에서 "두 가지 참가, 한 가지 개혁, 3자 결합"을 강조한 바와 같이 간부·기술자·노동자의 '3자 결합'은 정확한 것이었다. 간부와 기술자를 노동자계급에서 배제하는 것은 그릇된 것이었다. 동시에 사회주의 기업의 특성에 따르면, 공장장과 경리 등 간부는 노동자계급을 대표해 관리기능을 수행하는 주체이고, 기술자와 노동자는 관리를 받는 대상이므로 이것을 정치적으로 말하는 "노동자계급은 지도계급이다"와 단순하게 구분해서도 안 되며, 단순하게 혼동해서도 안 되었다. 관건은 누가 누구를 관리하느냐가 아니라, 간부의 관리가 정말로 노동자계급의 근본 이익에 부합되는가 하는 것이었다. 그러나 마오쩌동은 현대관리에 대한 필요한 지식이 부족했고, 형식만 보고 본질은 보지 못했으며, 관리자가 수립한 관리권위를 관료주의와 혼동하였던 것이다.

셋째, 또 하나의 중요한 원인은 마오쩌동이 관료주의 등 부패현상의 계급 속성을 혼돈한 것이었다. 마오쩌동은 농촌문제를 아주 중시하였는데, "자본주의 길을 걷는 실권파"의 개념도 농촌계급 투쟁문제를 개괄하는 과정에서 형성된 것이었다. 농촌에서의 관료주의 등 부패 현상은 뚜렷한 '특권' 형태를 갖고 있었다. 소수 농촌간부들이 자신의 권력에 의거하여 수단과 방법을 가리지 않고 빼앗거나 부패 타락하여 마오쩌동과 당 중앙(류사오치를 포함)의 주의를 불러일으킨 것은 우연이 아니었다. 중국과 같은 사회주의 국가에 있어서 이런 현상은 특별한 중시를 일으키기 마련이었다. 그것은 중국이 수천 년의 봉건전제주의 전통을 가진 국가로서 그 영향력이 짧은 시간 내에 없어질 수 없기 때문이었다. 뿐만 아니라 중국혁명은 농촌에서 도시로 전진한 특수한 길을 통해 얻은 성공으로 농민과 도시 소자산계급 출신의 당원과 간부가 적지 않은 비중을 차지하고 있어 당과 간부대오의 비 무산계급 사상은 대부분 봉건주의와 소생산의 사상이라고 할 수 있었다. 그런 낙후한 사상의식은 당이 전국의 정권을 잡은 이후 '벼슬' 혹은 '권력' 추구를 목적('자본' 추구를 목적으로 하는 것이 아님)으로 하는 관료주의 사상으로 쉽게 바뀔 수 있었기 때문이었다. 마오쩌동이 그 문제를 발견한 것은 아주 잘한 일이었다. 그러나 마오쩌동은 그런 관료주의를 "자본주의 길을 걷는 것"과 연결시키고 심지어 그런 관료주의를 "자본주의 길을 걷는 실권파"로 부른 것은 '명'과 '실'이 부합되지 않는 실수를 한 것이었다.

넷째, '계급'의 개념 사용이 적절하지 못한 것도 큰 실수였다. 국제적으로 사회주의와 자본주의 모순이 존재하는 당대 세계에서 국내 모순이 국제계급투쟁과 밀접히 연결되어 있는 것은 사실이었다. 그런 큰 환경 속에서 사회주의 국가에서 자본주의 길을 주장하는 일부 사람들이 나타나는 것도 피할 수 없는 일이었다. 그러나 일부 사람을 계급과 동일시해서는 안 되었다. 계급은 먼저 경제 범주에 속하며, 생산자료 소유제의 표현이었다. 당내에 자본주의 길을 주장하는 사람들이 존재한다고 하여 이를 '계급'이 존재한다고 과장해서는 안 되었다. 이것도 '당내 자산계급' 이론의 그릇된 한 부분이었다.

상기의 노선을 제외하고도 '당내 자산계급' 이론의 형성에는 더욱 기본적인 두 번째 노선이 존재했다. 그 궤적은 우경기회주의분자-당내민주파-수정주의분자-자본주의 길을 걷는 실권파-당내자산계급이었다.

'관료주의자'에서 '당내 자산계급'까지의 노선은 '하층 노선'(下線路)이라고 부를 수 있다. 즉 마오쩌동이 기층 계급투쟁의 특성에서 개괄해 낸 당내에 자산계급이 존재한다는 노선이었다. '우경기회주의'에서 '당내 자산계급'까지의 노선은 '상층노선'(上線路)이다. 이는 건국 이후 당내 서로 다른 사상 인식 간의 투쟁에 대한 마오쩌동 두뇌의 반영이었다. 그 노선의 종점은 류사오치와 덩샤오핑을 '최대의 주자파(走資派,

자본주의 길을 걷는 실권파)'로 몬 것이고, 혹은 "주자파가 아직도 걷고 있다"는 그릇된 결론을 얻어낸데 있었다. 그 노선의 궤적에서 매 단계의 인식 혹은 개괄은 전부 그릇된 것이었다.

마오쩌둥이 자산계급은 "바로 공산당 내부에 있다"고 서술할 때, 첫 번째로 열거한 논거가 바로 "합작화 시기부터 당내에 반대하는 사람이 있었다"는 것이었다. 이로부터 합작화 시기 마오쩌둥이 주도해 비판했던 이른바 '우경기회주의'가 바로 당내에 자본주의 길을 걷는 실권파가 존재하는 최초의 표현이라고 그가 생각하고 있었음을 알 수 있다. '문화대혁명' 시기의 '비판적'인 글들에서도 언제나 마오쩌둥과 '주자파' 간의 이른바 '두 갈래 노선' 사이의 투쟁에 대해 거론하면서, 합작화 시기에 합작화의 발전 속도를 어떻게 판단하느냐는 문제를 둘러싼 논쟁을 돌이키곤 했다. 사실 그 당시의 논쟁은 다만 지도자 합작화 시기에 구체적인 업무 방침에 대한 당내 서로 다른 의견 사이의 논쟁이었으며, 논쟁과정에서 마오쩌둥의 의견은 주관주의 색채가 짙었다.

마오쩌둥은 여러 가지 '우경기회주의'가 나타난 것은 당내 고급간부들이 민주혁명에서 승리를 거둔 후 더는 진보하려 하지 않았기 때문이라고 주장했다. 그는 자신의 이런 생각을 여러 차례 털어놓았다. 이른바 주자파란 바로 민주혁명시기에는 '세 개 큰 산(三座大山)' 반대운동에 적극 참가하였지만, 신 중국이 창립된 이후 자산계급에 반대하는 면에서는 그다지 찬성하지 않았다. 지방 호족을 타도하고 토지를 분배할 때는 적극적으로 찬성하고 또 참가했지만, 신 중국 창립 이후 농촌에서 집체화를 실행할 때는 그다지 찬성하지 않았다. 즉 "그들은 사회주의 길을 걷고 있지 않으나 집권하고 있다. 이것이 주자파가 아니고 무엇인가?"라고 했던 것이다. 그 때의 '주자파'는 모두 민주혁명에

참가했던 오랜 세대 간부를 가리켰다.[143]

  60년대에 전개한 "수정주의 반대투쟁"을 거치면서 마오쩌동은 당내 서로 다른 의견 사이의 논쟁에 대해 더 심각하게 생각하게 되었다. 그는 이 모든 것은 마르크스주의와 수정주의 간의 투쟁이며, 자본주의 복위와 반 복위 간의 투쟁이라고 생각했다. 60년대 중반 마오쩌동은 중국에 수정주의가 나타날 수 있을지, 중앙에 수정주의가 나타날 수 있을지 하는 중대한 문제에 대해 고려하게 되면서 비로소 중국의 이른바 '우경기회주의'·'민주혁명의 동반자'와 '수정주의'를 연결시키게 된 것이다. '수정주의분자', '흐루시초프식 인물' 등 개념으로 중국 당내의 사상투쟁을 해석한 것은 '23조'를 제정하고, "당내 자본주의 길을 걷는 실권파" 문제를 제기한 후부터였으며, 마오쩌동은 여전히 늘 '수정주의 분자'를 "당내 자본주의 길을 걷는 실권파"와 병용하곤 했다. 분명한 것은 마오쩌동이 이때부터 이미 "수정주의에 반대하고 수정주의를 막는 투쟁"의 칼날을 후계자로 양성된 류사오치, 즉 훗날 '중국의 흐루시초프' '중국 최대의 자본주의 길을 걷는 실권파'로 불린 류사오치에게 겨누기 시작했다는 사실이다. 그러나 사실이 증명하듯이 류사오치는 위대한 마르크스주의자이며, 평생 공산주의를 위해 분투해 온 무산계급 혁명가이다. 이른바 그가 "끊임없이 자본주의 길을 가고 있다"는 문제에 대해서 중공 제11기 5중 전회에서는 그의 억울한 누명을 벗겨 주고자 다음과 같이 지적했다.

---

143) 『홍기』, 1959년 제19기.

"실천이 증명했듯이 건국 이후 17년간 우리 당은 사회주의 길을 걸었고, 무산계급독재를 실행하였으며, 공산당의 영도를 유지했고, 마르크스레닌주의·마오쩌둥 사상을 이어왔다. 류사오치 동지는 당의 주요 지도자 중의 한 사람으로 처음부터 끝까지 당 중앙의 지도 업무에 참가했고, 4가지 기본 원칙을 고수하였으며, 나아가 중국의 사회주의 혁명과 사회주의 건설을 위해 중대한 공헌을 하였다. 그 시기 비록 우리 당이 업무에서 거대한 성과를 거둔 한편 일부 실수도 범했고 류사오치 동지도 일부 실수를 범했지만, 그런 실수는 모두 당 중앙의 지도 아래 민주집중제의 원칙에 따라 비평과 자아비평을 통해 바로잡았다. 따라서 류사오치 동지를 대표로 하는 '반혁명 수정주의 노선'은 애초에 존재하지 않았고, 류사오치 동지를 '우두머리'로 하는 '반혁명 수정주의 집단'도 존재하지 않았으며, 류사오치를 대표로 하는 '자산계급 사령부'가 존재하지 않았고, 류사오치 동지를 '최대'로 한 '당내 자본주의 길을 걷는 실권파'도 존재하지 않았다."[144]

역사는 류사오치의 억울한 사건에 대해 결론을 내렸을 뿐 아니라, 마오쩌둥의 '자본주의 길을 걷는 실권파'와 '당내 자산계급' 이론에 대해 결론을 내렸다. 이렇게 중대하고 전반적인 이론적 실수가 나타난

---

144) 중공중앙문헌연구실에서 편찬한 『3중 전회 후의 중요 문헌 선집』 상부, 1982, 인민출판사, 411-412쪽.

것은 주로 마오쩌동이 아래와 같이 사상과 조직 두 개 방면에서 잘못을 범했기 때문이었다.

먼저 사상면에서 그는 인식의 진리성을 점검하는 근본 기준이 실천이라는 마르크스주의 관점을 잊어버리고, 자신의 인식을 시비곡직을 판단하는 기준으로 삼았다. 그는 자신이 마르크스주의자이라고 자신하고 스스로의 판단이 전부 정확하다고 여겼기에 서로 다른 의견을 받아들이지 못했다는 점이다.

그 다음 조직면에서 그는 민주집중제와 집단지도의 원칙을 어겼으며, 자신은 조직 위에서 군림하였다. 당내 토론 과정에서 서로 다른 의견이 있는 것은 아주 정상적이다. 예를 들어 사회주의 교육운동의 성격문제에 관한 토론에서 마오쩌동과 류사오치가 서로 엇갈리는 의견을 가지고 있었으나 민주집중제와 집단지도의 원칙에 따라 타당하게 해결할 수 있었다. 그러나 만년에 들어선 마오쩌동은 늘 당의 조직원칙을 떠나 개인의견으로 집단의 주장을 대체했으며, 심지어 집단 몰래 상하이에 가서 '문화대혁명'을 일으키는 글을 작성하도록 주도하였다. 이처럼 그의 실제에 부합되지 않는 의견들이 시정할 수 없게 되자, 마지막에는 재난으로 번졌다. 그러한 역사 경험을 종합하면서 우리는 마땅히 '당내 자산계급' 이론을 단호하게 부정함과 동시에 당내와 간부대오 내부의 부패현상에 반대하는 것은 여전히 우리의 중요한 임무라는 것을 잊어서는 안 될 것이다. 동시에 우리가 지금 하고 있는 반부패도 "자본주의 길을 걷는 실권파"를 비판했던 것과 같은 잘못을 다시는 저질러서는 안 될 것이다.

제8절
'자산계급 권리'에 대한 오해

　사회주의 사회의 '자산계급 권리'를 최초에는 '자산계급 법권'이라고
번역했다. 린뱌오·장칭 반혁명집단을 분쇄한 이후 번역계와 이론계에
서 심사숙고를 거쳐 이를 '자산계급 권리'로 고쳐 변역하였으며 지금까
지 쓰고 있다. 그 문제는 과거에 마오쩌동의 큰 관심을 끌었다. 이는
마오쩌동이 '당내 자산계급' 이론을 제기한 중요한 이론 기반이었다.
그러나 그 복잡한 문제가 마오쩌동을 그릇된 방향으로 끌어들였으며
만년에 큰 비극을 빚게 했다.

　마르크스주의 전형적인 작가 중에서 '자산계급 권리'를 가장 많이
담론한 사람이 바로 마오쩌동이다. 마오쩌동은 마르크스의 과학적 사
회주의 이상을 실천하고 있었던 것이 분명하다. 사회주의 사회에 객
관적으로 존재하는 모순이 마오쩌동에게 이런 문제를 제기하게 했다.
현실적인 사회주의와 이상적인 사회주의 간의 격차는 어떻게 생겨났
던가? 계급모순을 포함해 사회주의 사회에 대량으로 존재하고 있는
모순은 어떻게 나타났던가? 현실적인 문제들이 마오쩌동에게 마르크
스주의 이론으로 해답할 것을 요구할 때 그는 다음과 같은 사실을 발
견했다. 즉 "마르크스주의의 전형적인 저작 중에서 사회주의 사회의
'자산계급' 문제에 대해 언급한 것은 오직 '자산계급 권리'뿐이라는 사
실이었다. 저작에는 다음과 같이 쓰여 있었다. 우리가 여기서 말하고

자 하는 것은 이런 공산주의사회이다. 그것은 그 자체를 토대로 이미 발전된 것이 아니라 반대로 자본주의사회에서 막 생겨난 것이며, 그로 인해 경제와 도덕, 그리고 정신 등 여러 방면에서 다시 태어나기 전 옛 사회의 흔적이 여전히 남아 있다. 그래서 모든 생산자가 여러 가지를 제한 뒤 사회에서 받아간 것이 바로 그가 사회에 준 것이었다." 마르크스가 말하는 '자산계급 권리'는 노동에 따른 분배 과정에서 동등한 양의 노동, 그리고 동등한 양의 노동과 서로 교환하는 평등한 권리임이 분명하다. 그런 권리를 왜 '자산계급 권리'라고 했던 것일까? 그것은 그런 평등한 권리는 자본주의 상품교환 과정에서의 평등 권리와 같은 원칙을 따르기 때문이다. 상품교환 과정에서 모든 상품 교환자는 마땅히 가치 척도 앞에서 모두가 평등하다는 원칙을 따라야 한다. 그런 원칙은 자본주의사회에만 특유한 것이 아니기 때문에 엄밀히 말하자면 그런 평등 권리를 '자산계급의 권리'가 아니라 '상품생산자의 권리'라고 불러야 한다. 그러나 그런 평등한 권리는 자산계급이 봉건 특권에 반대하는 투쟁에서 확인된 것으로 자산계급 사상가가 개괄해 낸 것이다. 그렇기 때문에 마르크스는 이를 '자산계급 권리'라고 불렀던 것이다.

  '공산주의사회 제1단계'에는 여전히 그런 특별한 '자산계급 권리'가 존재한다는 마르크스의 논술에 대해 레닌은 크게 중시했다. 그는 『국가와 혁명』 등 저작에서 마르크스의 그 사상을 발휘하여 다음과 같이 지적하였다. 동등한 노동 및 동등한 노동과 서로 교환하는 평등 권리는 형식적인 평등일 뿐 소비품 분배 면에서는 사실 불평등하다. 그런 불평등은 사회주의 사회에서 '자산계급 권리'가 아직 완전히 사라지지 않았음을 표명한다. 따라서 사회주의국가는 공유제를 수호해야 할 뿐만 아니라 현실적으로 존재가 허용되는 '자산계급 권리'의 불평등도 수호해야 한다. 사회주의국가는 "자산계급이 없는 자산계급 국가"이다. 분명한 것은 레닌의 마음속에서 "자산계급 권리"는 일종의 잔재하는 계급관계(완벽한 의미에서의 "자산계급 권리"는 사유제가 이미 소멸됐기 때문에 존재하지 않으며, 완벽한 의미에서의 계급관계도 사유제가 소멸됐기 때문에 존재하지 않는다)였기 때문에 계급통치를 수호하는 국가의 보호가 필요하다고 여겼던 것이다.

레닌의 사고 방향과 결론은 마오쩌동에게 아주 큰 영향을 주었다. 1958년 그가 『국가와 혁명』을 다시 읽을 때, 국가의 소멸에 대해 논술한 부분, 예를 들어 국가가 소멸하게 되는 경제적 기반, 사회주의와 공산주의의 차이 등 부분에 대해 여러 가지 부호로 빼곡히 표기해놓았으며, 중요한 단락에는 수직선 곡선도 그어 놓았고, 큰 동그라미 안에 또 작은 동그라미를 겹치게 표기해 놓기도 했다. 국가와 민주·평등한 관계 등에 대해 논술한 부분에는 동그라미를 특히 많이 그려놓았다. 그 후 1964년에 다시 『국가와 혁명』을 읽을 때에도 여전히 그 부분에 관심을 가졌다.

문헌자료에 따르면, 1958년부터 마오쩌동은 사회주의 사회의 평등문제·'자산계급 권리문제'에 대해 논하는 경우가 많아졌다.

1958년 1월 최고 국무회의에서 마오쩌동은 간부들에게 관료주의 기풍을 바로잡을 것을 강조했다. 그는 고관이건 주석이건 총리건 할 것 없이 모두 일반 노동자의 자세로 국민 앞에 섬으로서 노동자와 농민들이 그들과 평등하다는 것을 느끼도록 해야 한다고 말했다. 산동(山東)의 백성들이 간부의 하방을 두고 "팔로군이 또 왔다"라고 말하는데 대해 그는 감개무량해 했다. 그는 6, 7년간 관료의 풍기가 얼마나 심각했는지를 알 수 있다면서 관직에 오르면 틀을 차리게 되기에 기풍을 바로잡고 관료의 기풍을 고쳐 없애야 한다고 말했다.

1958면 8월 베이다이허(北戴河)에서 열린 협력구 책임자 회의에서 마오쩌둥은 "자산계급을 물리치는 법권사상"을 명확히 제기했다. 그는 그 사상을 "자산계급 사상의 잔여"라고 불렀다. 여기에는 두 가지 내용이 포함된다. 하나는 분배과정에 나타난 지위를 다투고, 급별을 쟁취하며, 특근 수당을 요구하는 것 등이다. 그는 "각자 가치 있다고 생각하는 것을 취하는 것"(즉 노동에 따른 분배)은 법률에 의한 규정이고, 또 자산계급적인 것에 속하기도 한다. 다른 하나는 서로 간의 관계에 존재하는 관료풍과 등급제도이다. 그는 이는 "자산계급의 법권제도"'라고 주장했다. 그는 이런 문제는 모두 임금제도를 실시하면서 나타난 것이라고 보고 전쟁시기의 공급제도를 회복시킬 생각이 싹트게 되었던 것이다. 그는 예전에 상하 일치, 관병 일치, 군민이 하나가 될 수 있었던 것은 공급제도의 공로라고 생각했다. 그는 공급제도를 실시하고 공산주의 생활을 하는 것이 마르크스주의 기풍이 자산계급 기풍과 대립하는 것이라고 말했다.

그 당시 상하이에서 장춴챠오(張春橋)가 마오쩌둥의 연설정신을 접한 후, 9월 15일『해방』잡지 제6호에 "자산계급의 법권사상을 물리치자"라는 글을 발표했다. 그는 이 글에 다음과 같이 썼다. "전국이 해방된 후 '공급제도'의 특성을 띤 군사공산주의 생활이 크게 환영을 받았다. 수 년 간의 실천이 증명했듯이 '공급제도' 그리고 '농촌 기풍', '유격전의 나쁜 습관'에 대한 비난은 사실상 자산계급이 불평등한 자산계급의 법권을 보호하기 위해서였고, 무산계급의 혁명 전통을 비난하기 위해서였으며, 또 노동인민 내부의 관계를 정확하게 처리한 공산주의 원칙에 대한 비난이었다." 마오쩌동은 이 글을 읽고 큰 관심을 가졌다. 그는 『인민일보』에 전문을 전재할 것을 요구했으며, 직접 편집자로서의 말까지 썼다. 편집자의 말에 그는 다음과 같이 썼다. "장춴차오 동지의 이 글은 『해방』 반월간 제6호에 실렸는데, 여기에 전재하니 동지들이 토론하길 바란다. 이 문제는 현재 아주 중요한 문제로 토론이 필요하다. 우리가 보기에 장춴차오 동지가 쓴 글이 대부분은 정확하지만 편면성이 좀 있다. 다시 말해서 역사 과정에 대한 해석이 불완전하다. 그러나 그가 이 문제를 명확하게 제기한 것이 눈길을 끌었다. 그 글은 통속적이어서 알기 쉽고 읽기 좋다." 이 '편집자의 말'은 사실 장춴차오의 글을 빌어 임금제를 폐지하고 공급제도를 회복하며, "자산계급의 권리사상"을 물리치려는 마오쩌동의 생각을 공개적으로 표현한 것이었다.

그러나 '인민공사화운동'에서 "공짜로 밥 먹기"와 같은 "자산계급 법권 물리치기" 조치의 실행은 부정적인 결과를 빚어냈다. '공산기풍'을 수정하는 제1차 정저우회의(鄭州會議)에서 그는 "자산계급 권리"를 두 개 부분으로 나누었는데, 하나는 마땅히 물리치는 것이고, 다른 하나는 보류하는 것이었다. 엄격한 계급, 대중 이탈 등은 마땅히 물리쳐야 하고, 임금제는 적당히 보류하며 일한 만큼 얻는 것도 일부 보류해야 한다.[145] 상기의 논술은 '인민공사화운동'에서 나타난 '공산기풍' 등의 문제를 바로잡는데 어느 정도 좋은 역할을 하였다. 어쩌면 그 교훈 때문인지 마오쩌동은 1959년부터 '문화대혁명'이 일어나기 전까지 "자산계급의 권리" 문제를 거의 언급하지 않았다.

---

145) 중앙업무회의에서 마오쩌동의 연설 기록(1958년 11월 9일).

그가 "자산계급의 권리" 문제를 다시 제기한 것은 1969년 4월 28일 중공 제9기 1중 회의에서였다. 그는 다음과 같이 말했다. "보자하니 무산계급 문화대혁명을 하지 않으면 안 되겠다. 왜냐하면 우리의 기반이 튼튼하지 못하기 때문이다. 내가 보기에 전체 혹은 절대다수까지는 아니더라고 상당히 많은 공장에서 지도권이 진정한 마르크스주의자와 노동자 대중의 손에 있지 않다. 과거 공장을 이끌었던 사람들 중에는 좋은 사람이 없었던 것이 아니다. 좋은 사람도 있었다. 당위 서기·부서기·위원 중에도 좋은 사람이 있었고, 지부서기 중에도 좋은 사람이 있었다. 그러나 그들은 과거 류사오치의 그런 노선을 따라가고 있다. 그들은 물질적인 자극, 이윤을 먼저 추구하는 것에 지나지 않으며, 무산계급 정치를 제창하지 않고, 상금 등과 같은 것을 제창한다."[146] 그때 마오쩌동은 비록 "자산계급의 권리"라는 개념을 직접 사용하지는 않았지만, 그는 이미 "자산계급 권리"에 대한 태도를 마르크스주의와 수정주의를 구분하는 표징으로 간주했던 것이다.

린뱌오사건이 그에 대한 자극과 타격은 다른 문제보다 더 컸던 것이 분명했다. 그는 한편으로는 사회주의 사회에서 계급투쟁이 예리한 존재라는 것을 한층 더 확인해야 했으며, 다른 한편으로는 왜 사회주의 사회에서 공산당 내부에 린뱌오사건과 같은 문제가 나타났는지를 사고해야 했다. 그는 이런 결론을 내렸다. "사회주의 사회에서 '자산계급의 권리'는 새로운 자산계급 분자, 당내 자본주의 길을 걷는 실권파 수정주의 분자들을 생산하는 객관적 기반이다."

1976년 "덩샤오핑 모욕"이 시작되자 마오쩌동은 그 문제에 대해 다

---

146) 『홍기』 1975년 제4호.

시 언급했다. 그는 덩샤오핑이 제기한 정돈과 "3 가지 지시를 중심에 둬야 한다"는 것은 '문화대혁명'을 부정하려는 것이고, 우경번안이며, "자본주의 길을 걷는 실권파가 여전히 존재한다"는 것이라고 생각했다. 그는 이런 문제가 발생하게 된 것은 사회주의 사회에 "자산계급의 권리"가 존재하고 있기 때문이라고 여전히 생각했다. 그는 이렇게 말했다.

"사회주의 사회에 계급투쟁이 있는가?… 이 문제에서 스탈린은 큰 실수를 하였다. 레닌은 그렇지 않았다. 그는 소생산은 언제나 자본주의를 생산한다고 말했다. 레닌은 자본가가 없는 자산계급 국가를 건설하는 것은 자산계급의 법권을 보장하기 위해서라고 말했다. 우리가 바로 그런 국가를 건설하였다. 구 사회와 비슷하게 등급을 나누고 8급 임금이 있으며, 노동의 양과 질에 따라 분배하고 등가 교환을 했다. 민주혁명 이후 노동자와 빈·하·중농은 멈추지 않았으며 계속 혁명하려 했다. 그러나 일부 당원들은 진보하려 하지 않고, 일부 사람들은 퇴보했으며, 혁명에 반대했다. 무엇 때문인가? 벼슬을 하더니 벼슬의 이익을 보호하려 한 것이다. 그들은 좋은 집과 자동차를 소유하고 노임도 높으며 시중드는 인원까지 있으니 자본가보다 더 대단하다. 사회주의 혁명을 자신들의 이익 추구에 사용했다. 합작화를 실시하자 당내 일부 사람들이 반대했고 자산계급 법권을 비판하자 거부감을 가졌다. 사회주의 혁명을 하면서 자산계급이 어디에 있는지도 모른다. 바로 공산당 내부에 있다. 바

417

로 당내 자본주의 길을 걷는 실권파들이다."[147]

"자산계급의 권리"'에 관한 마오쩌동의 주요 논술을 통해 마오쩌동의 "당내 자산계급 이론"을 연구하면서 우리는 다음과 같은 두 가지를 볼 수가 있다.

첫째는 1958년에 이 문제를 제기한 것은 주로 관료주의 기풍을 겨냥한 것이라는 사실이다. 그는 도시 진출 이후 관료주의 기풍이 점점 확산된 경제적 근원이 "자산계급 권리"의 존재라고 주장했다.

둘째는 1969년에 이 문제를 다시 제기했고, 또 1974년부터 1976년까지 이 문제에 대해 점점 더 강조한 것은 주로 사회주의 사회에 계급투쟁이 존재한다는 것을 논증하기 위해서이며, 특히 "당내 자본주의 길을 걷는 실권파"의 이 기본 문제를 중점적으로 해결하기 위해서였다.

마오쩌동은 관료주의자를 기득권 집단·관료주의자 계급으로 간주했으며, 나아가서 그들을 당내 자본주의 길을 걷는 실권파 혹은 "당내의 자산계급"으로 생각했다는 것을 우리는 쉽게 알 수가 있다. 그 중의 깊은 원인은 그가 사회주의 사회에서의 "자산계급의 권리"를 줄곧 이런 문제를 사고하는 출발점으로 정하였기 때문이다.

지금의 문제는 "자산계급의 권리"에 관한 마오쩌동의 이런 사고와 논술이 맞느냐의 여부이다. 먼저 마오쩌동이 노동의 양과 질에 따른 분배에서 동등한 노동과 동등한 노동에 따라 서로 교환하는 원칙에서 체현된 "자산계급의 권리"를, 노동의 양과 질에 따른 분배 등 그 자

---

147) 「마오쩌동의 중요 지시」, (1975년 10월부터 1976년 1월까지 마오 주석이 발표한 여러 차례 중요한 담화에 따라 정리했으며 마오 주석의 심사 비준을 거쳤음.)

체가 자산계급의 성질을 띤 권리라고 오해했음을 알 수 있다. 노동의 양과 질에 따른 분배, 그 자체는 사회주의 생산관계의 유기적인 구성 부분이고, 8급 노임제도는 일종의 분배 형식으로 그 자체에는 이른바 사회주의와 자본주의의 구분이 없었다. 그러나 그것이 사회주의 공유 제도를 기반으로 할 경우에는 노동의 양과 질에 따른 분배의 한 가지 형식으로서 사회주의 생산관계의 일종의 구체적인 제도가 된다. 상품 제도·통화교환의 사회적 속성도 그와 연결된 생산관계에 따라 결정되며, 사회주의 공유제 생산관계 하에서는 사회주의의 상품제도와 사회주의의 통화 교환이 되는 것이다. 그렇기 때문에 마오쩌둥은 그들을 구 사회와 별로 차별이 없는 것으로 간주했는데, 이는 형식주의로 문제를 본 결과이다.

다음으로 마오쩌둥이 사회주의 사회에 존재하는 여러 가지 불평등 현상들을 모두 "자산계급의 권리"로 간주했는데, 이 또한 중대한 오해였음을 알 수 있다. 일부 동지들은 "자산계급의 권리"는 오직 분배 분야에서의 문제라고 생각했지만, 마오쩌둥은 이것을 사회관계·대인 관계로 확대시켰다. 이는 그릇된 것이었다. 소비품 분배 분야에서 나타난 사실상의 불평등이 대인관계 및 사회적 지위의 격차에서 표현될 수밖에 없었기 때문에, 이런 비평은 성립될 수 없는 것이었다. 이런 불평등 현상은 겉보기에는 임금제도를 실시했기 때문에 나타난 것 같아 "자산계급의 권리"가 대인관계에서 자아낸 후과로 보이지만, 사실은 그렇지 않았다. 그것은 주로 봉건주의와 소생산자들의 등급 관념과 특권 관념에서 나타났던 것이다. 마오쩌둥의 이론 면에서의 오해와 실수를 제쳐놓고라도, 우리는 그가 당과 간부대오의 내부에서 나타난 관료주의·관료기풍 및 급별과 권리를 쟁탈하는 부패현상에 대해 아주 민감했을 뿐만 아니라, 몹시 증오했다는 사실을 엿볼 수 있다. 그 부분은 어쨌든 올바른 것이며 귀중한 것이었다. 중국공산당은 그가 직접 참가해 창설한 당이며, 그가 직접 이끌어 점차 성숙된 당으로서 당에 대해 그는 깊은 감정을 가지고 있었다. 그러나 도시 진출 이후 그는 나날이 불만을 느꼈고, 당의 상황에 대해 고민이 깊었다. 심지어 '문화대혁명' 때에는 "우리 당이 그렇게 좋지 않다"고 한탄하기까지 했다. 그가 대중을 동원하여 당에 대한 '반란'을 일으키려고 결심한 것은 당을 스스로 망가뜨리는 그릇된 행위였지만, 그가 당을 '재건'하려는 대담한 행동에는 전혀 근거가 없었던 것은 아니었다. 그러나 역사는 마오쩌둥을 비극으로 몰아넣었으며, 그는 그 비극의 주인공이 되었던 것이다.

제9절
당을 스스로 망가뜨린 '정치 대혁명'

소련의 '현대수정주의'에 대한 비판으로부터 일련의 계급투쟁 확대화 이론이 점차 형성되기까지 이 모든 것이 중국 대지에 거센 폭풍우가 들이닥칠 것임을 예시하였다. 그러다가 드디어 폭풍우가 쏟아져 내렸다. 바로 1966년부터 시작돼 10여 년간 지속된 '문화대혁명'이 그것이었다.

먼저 '현대수정주의'에 대한 비판을 거치면서 마오쩌둥은 "중국에 수정주의가 있는지? 중국에 수정주의가 나타나면 어떻게 해야 하는지? 중앙에서 수정주의가 나타나면 어떻게 해야 하는지?"등에 대한 문제에 대해 사고하게 되었다. 정치가로서의 마오쩌둥은 필연적으로 정치적 사유의 특성에 따라 논리에 어울리는 사고를 했을 것이다. 왜냐하면 소련에 이미 '현대수정주의'가 나타났다는 판단이 사실상 이미 정치가의 사고 중의 논리적 전제가 되었기 때문이었다.

마오쩌둥이 중국에는 수정주의가 없다고 제기한 것은 1963년 2월 중앙업무회의에서였다. 그는 회의에서 이렇게 말했다. "중국에 수정주의가 나타날 수 있을까? 한 가지는 가능이고, 다른 한 가지는 불가능이다. 농촌에서 사회주의 교육을 진행하면 '수정주의'를 뿌리 뽑을 수 있다. 이번 업무회의에서는 농촌에서 '4가지 정돈'운동을 전개하고 도시에서 '5 가지 반대'운동을 전개한다고 결정했는데, 그 목적이 바로 수정주의에 반대하고 수정주의를 막기 위하는 데 있다. 국제적으로 수정주의에 반대하던 데서부터 국내적으로 수정주의를 막는 데로 돌아선 것은 일종 필연적 추세이다." 그러나 그 당시 마오쩌둥은 예정된 대상이 없었으며 그저 '가능성'만 강조했던 것이다.

문제의 복잡성은 마오쩌둥이 아무런 근거 없이 문제를 제기한 것이 아니며, 또 일부 사람들이 말하는 것처럼 개인권리의 쟁탈을 위해서가 아니라는 데 있었다. 1963년 2월 중앙업무회의 이후, 마오쩌둥은 또 1963년 5월에 항저우에서 회의를 소집해 농촌 사회주의 교육문제에 대해 토론했다. 회의에서 「현재 농촌업무 중에 존재하는 문제에 관한 결정(초안)」을 제정하였다. 그 결정은 3가지 특점이 있었다. 첫째, 마오쩌둥은 인식이 하늘에서 떨어진 것도 아니고 두뇌 속에 고유적으로 존재해온 것도 아니라 실천과정에서 얻어낸 것이라고 강조했다. 그래서 그 결정 뒤에 각 지방에서 올린 20건의 자료를 부착했다. 마오쩌둥은 또 다음과 같이 요구했다. 하나, "먼저 자료를 본 다음 「결정」을 보는 것이 바람직하다. 왜냐하면 그 자료들은 극히 중요하며 또 아주 잘 썼기 때문이다. 이번의 결정도 거의 그 자료들을 근거로 한 것이다. 이런 자료가 없었다면 이처럼 체계적인 결정을 내릴 수 없었을 것이다." 둘, 사회주의 시기의 계급투쟁에 대해 아주 심각하게 생각하였으며 9가지 표현을 열거하였다. 셋, 계급투쟁을 당과 간부들의 "수정주의에 반대하고 수정주의를 막는 문제"와 연결시켜 고려하였고, 간부에 대한 '4가지 정돈'과 집체생산노동에 참가하는 것을 "수정주의에 반대하고 수정주의를 막는 조치"로 제기하였으며, 또 당과 국가의 색깔이 변하고 있다고 엄중히 경고하였다. 이상의 3가지 특점을 통해 우리는 마오쩌둥이 "수정주의에 반대하고 수정주의를 막는 문제"를 제기한 것은 근본적으로 볼 때 마오쩌둥이 소련문제에서 자극을 받아서라는 사실을 알 수 있다. 그러나 그 자극 때문만은 아니며 중국 사회(특히는 농촌)의 계급투쟁 상황, 간부 상황 등이 그의 두뇌 속에 반영되어 있었으며, 그는 그런 객관적 자료에 따라 판단을 내렸다는 사실을 알 수 있다. 그러나 그 판단에는 두 가지 치명적인 문제가 존재했다. 하나는 계급투쟁의 전형 재료·일부 문제를 전반적인 심각한 문제로 간주하였고, '적의 상황'을 너무 심각하게 예측했다는 것이다. 다른 하나는 '수정주의' 개념을 확정하지 못한 상황에서 마오쩌둥이 '앞의 10조'에서 언급한 간부문제에서, 계급투쟁 관념이 희박한 문제를 제외하고 주로 관료주의 문제·절도·횡령문제 등을 포함한 장부·창고·재무·노동 점수 등 4 가지가 명확하지 않은 문제를 가리켰다. 이런 문제는 그 성격으로 볼 때 봉건주의·소생산의 속성에 속하는 부분이 더욱 많았는데 이는 레닌이 말한 '수정주의'에 속한다고 말하기가 어려웠다. 당내 간부대오 내부의 문제를 수정주의 문제로 제기한 것은 편파적이었던 것이다.

  그러나 그 당시 마오쩌둥은 그 문제에 대해 깨닫지 못했을 뿐만 아니라 반대로 1964년 6월 이후 그의 사고 방향은 중국에서 수정주의 문제가 나타날 수 있다는데 집중됐으며, 이에 관해 많은 연설을 하였다. 1965년 10월 10일 중앙업무회의에서 그는 대구 제1서기에게 "중앙에서 수정주의가 나타난다면 당신들은 어떻게 할 것인가? 그 가능성은 아주 크며 또한 가장 위험한 것이다."라고 직접 물었다. 그가 왜 그 문제를 제기했는지는 더 깊은 고찰과 연구를 거쳐야 하겠지만, 바로 그 사상 즉 중국과 중앙에서 수정주의가 나타날 수 있다는 사상이 '문화대혁명'을 불렀던 것이다.

둘째, 수정주의 발생의 근원을 파헤치는 과정에서 마오쩌둥은 중국의 계급투쟁과 당내의 사상투쟁에 특별히 주의를 돌리게 되었고, 수정주의에 반대하고 수정주의를 막는 각도에서 중국 당 내외의 여러 모순을 보게 되면서 반드시 수정주의에 반대하고 수정주의를 막는 투쟁을 당 중앙의 내부로 끌어들이게 되었던 것이다.

사상가로서의 마오쩌둥은 현상을 해석하는 데만 그치지 않고 현상 발생의 근원에 더 큰 관심을 돌렸다. 소련의 흐루시초프문제를 '현대 수정주의' 현상으로 판단한 그는 그런 현상이 발생하게 된 근원을 찾아내려고 시도했다. 그는 "자산계급의 영향은 수정주의의 국내 근원이다. 제국주의 압력에 굴복하는 것은 수정주의의 국외 근원이다"라고 주장했다.[148] 이 논점은 원칙적으로는 큰 착오가 없었다. 문제는 "자산계급의 영향"이 무엇인지, 혹은 마오쩌둥 마음속의 "자산계급의 영향"에는 어떤 것이 포함되어 있는지 하는 것이었다. 아홉 번째 논설문장에 보면 그것은 경제면에서의 '지하공장'·절도 횡령·뇌물 수수 등, 정치면에서의 고소득 계층과 당과 정부, 그리고 기업의 특권 계층 등, 문화사상면에서의 개인숭배에 반대하고 사회주의를 부정적으로 묘사하며, '물질적 자극'으로 노동에 따른 분배를 몰래 바꾸고, 이윤 원칙으로 계획경제를 대체하며, 자본주의 경영방식으로 집단경제를 무너뜨리고, 자유·평등·박애와 인성론으로 사회주의문화에 반대하며, '평화 공존'으로 국제계급투쟁을 부정하는 등의 이론 관점을 가리켰다. 이런 문제에는 두 가지 상황이 있는 것이 분명했다. 한 가지는 확실히 계급투쟁의 표현으로 자산계급사상의 영향에 속하고, 다른

---

148) 『인민일보』, 1967년 10월 22일.

한 가지는 소련공산당이 경제발전을 가속화하기 위하여 진행한 사회주의 경제개혁의 일종의 탐구였다.

만약 그런 이론을 소련에 대한 평론에만 사용했다면 기껏해야 인식 면에서의 과오에 그쳤을 것이다. 그러나 마오쩌둥이 수정주의 발생의 근원에 대해 연구한 것은 소련의 사회현상을 평론하기 위해서만이 아니라, 중국에 그 '뿌리'가 있는지를 한층 더 연구하기 위해서였으며, 중국에서 효과적으로 '수정주의를 막기' 위해서였다.

수정주의의 근원을 찾아내는 것은 이론적으로 연구하면 일정한 가치가 있었다. 그러나 일단 이론연구에서 현실생활에 '맞춰' 찾는 것으로 바뀌면, 그것은 반드시 주관에서 출발한 "수정주의 반대 투쟁" 즉 당내 확대화의 계급투쟁으로 급격하게 번지게 되는 것이다. 불행하게도 그런 결말이 '문화대혁명'의 형식으로 중국 땅에 나타났다. 해내외에서 많은 사람들은 '문화대혁명'을 "마오쩌둥과 류사오치 사이의 논쟁"이라는 개인 간의 권력 다툼으로 보고 있다. 그러나 그것은 올바르지 못한 인식이다. 류사오치를 '중국의 흐루시초프'라고 모함한 사실만 보더라도, 이는 중국이 흐루시초프를 비판하고 이른바 '현대 수정주의'에 반대한 결과임을 알 수 있다. 수정주의에 반대하기 위해 수정주의를 막고, 또 수정주의를 막기 위해 중국의 흐루시초프를 찾아냈던 것이다. 따라서 원인은 수정주의에 반대하고 수정주의를 막기 위하려는데 있었던 것임을 알 수 있다.

류사오치는 마오쩌둥에게 오랜 시련을 함께 겪은 친밀한 전우였다. 일찍이 제7차 당 대회에서 류사오치를 마오쩌둥의 조수로 정했고, 중국공산당 내에서 서열이 줄곧 마오쩌둥 바로 뒤였으며, 마오쩌둥의 후계자였다. 그렇다면 마오쩌둥과 류사오치 사이의 의견 차이와 모순은 언제부터 나타난 것일까? 마오쩌동과 류사오치의 모순은 1962년부터 시작된 것임이 분명하다. 류사오치가 7천명대회에서 경제적 어려움의 원인을 "30%의 천재(天災), 70%의 인재"라고 얘기한 것이 마오쩌동의 미움을 사게 되었다고 사람들은 흔히 말한다. 그런 의견에 대해 검토해볼 필요가 있다. 첫째는 류사오치가 한 그 말은 후난 한 지방의 농민이 한 말을 전한 것이지 그가 직접 한 말이 아니라는 점이다. 더욱이 그 중심 사상은 천재와 업무 과정의 단점·실수 중에서 어느 것이 주요 원인인지에 대해 현지의 구체적인 상황에 근거하여 정해야지 동일시해서는 안 된다는 것이었다. 둘째는 마오쩌동도 그 당시 현장에 있었는데, 그가 한 일부 말도 마찬 가지로 당시의 어려움을 심각하게 얘기했었다. 1962년 마오쩌동이 불만을 분명하게 드러낸 것은 '농호 도급제도' 문제에 대해서였다. 마오쩌동은 농촌 체제에 대해 생산대(生産隊)를 기본 핵심단위로 할 것을 주장했다. 그러나 중앙농촌업무부는 농호 도급책임제가 농민들의 생산 적극성을 더욱 잘 불러일으킬 수 있다고 주장했는데, 류사오치가 그 주장을 지지했던 것이다. 그는 공업에서 물러나고 농호 도급제도를 포함한 농업에서도 물러나야 한다고 말한 바가 있었다. 그러나 마오쩌동은 농호 도급제도는 개인이 하는 것으로 자본주의 길을 걷는 것이기에 이를 지지하는 것은 우파이며, 이 또한 의심할 바가 없다고 생각했다. 그래서 마오쩌동과 류사오치 간의 논쟁은 개인의 권력 다툼이 아니라 서로 다른 사상 인식 간의 논쟁에서 비롯된 것이었음을 알 수 있는 것이다.

그때 마오쩌동이 비록 류사오치의 이른바 '우경'에 대해 의견이 있었고, 또 1964년 이후에 여러 번 중국과 중앙에서 수정주의가 나타날까봐 걱정하였었지만, 그 당시 그는 중앙농촌업무부에 책임이 있다고 여

겄다. 마오쩌동과 류사오치의 첫 정면충돌은 1964년의 제1차 중앙상무위원회의에서였다. 마오쩌동은 '4가지 정돈'은 두 개 계급 두 갈래 길의 투쟁이라고 말했다. 류사오치는 여러 모순이 한데 엉키면 복잡하기에 있는 모순 그대로 해결하는 것이 좋다고 말했다. 이에 대해 마오쩌동은 불만이 많았다. 그는 "우리 당은 적어도 사회주의파와 자본주의파 두 파가 있다"고 말했다. 그 후 1965년 1월의 소규모 회의에서 그는 류사오치가 제기한 '4가지 정돈' 운동의 성질은 4가지 정돈과 4가지 비(非)정돈 간의 모순·당 내외 모순의 엇갈림·적아모순과 인민내부 모순의 엇갈림이라는 등 견해에 대해 정식으로 비판하였으며, 류사오치가 한 현에 15만 명을 집중시켜 '4가지 정돈'을 전개한 것은 스콜라철학이라고 비판했다. 그는 또 베이징에 덩샤오핑이 책임진 중앙서기처와 리푸춴(李富春)이 책임진 국가계획위원회 이 두 개의 독립왕국이 있다고 비판했다. 이어서 마오쩌동은 「농촌사회주의 교육운동 과정에서 현재 제기된 일부 문제」(즉 '23조')의 제정을 주도했으며, "이번 운동의 중점은 당내의 자본주의 길을 걷는 실권파들을 정돈하는 것이다"라고 제기하였다. 그 논조에 대해 류사오치는 반대 의사를 밝혔다. 그때부터 마오쩌동은 류사오치가 바로 '중국의 흐루시초프'이며 중앙에 이미 수정주의가 나타났다고 주장했다.

사회주의 사회에 계급투쟁이 존재할까? 실천이 증명했듯이 계급투쟁이 존재하긴 하지만 과장해서는 안 된다. 사회주의 발전과정에서 수정주의가 나타날 수 있을까? 가능성이 없는 것은 아니다. 그러나 당내의 정상적인 사상논쟁을 모두 수정주의로 간주해서는 안 되었다.

안타까운 것은 마오쩌동이 마르크스주의 원리와 사회주의 원칙, 그리고 그가 제기한 두 가지 모순사상 등을 포함해 모두 수정주의 혹은 자본주의로 간주하여 비판했다는 것이다. 그래서 결국은 '문화대혁명' 이라는 재난을 초래하게 되었던 것이다.

마오쩌동이 1선에서 업무를 주관하고 있는 류사오치 및 중앙서기처·국가계획위원회 등 핵심 지도기구에 불만을 안고 있었기에 그가 내린 결론이 더욱 심각했을 것임은 뻔한 일이었다. 그는 비록 그가 직접 당을 창설하고 발전시키고 키워왔지만 지금에 와서는 미덥지 못하다고 생각했다. '문화대혁명'의 많은 문건에서 그의 그런 생각을 엿볼 수가 있다. 많은 자산계급의 대표인물 반혁명 수정주의분자들이 이미 당·정부·군대 그리고 문화 분야의 여러 곳에 몰래 숨어들어와 있으며, 대부분 기관의 지도권이 더 이상 마르크스주의자와 대중의 손에 장악되어 있지 않다고 생각했다. 당내 자본주의 길을 걷는 실권파가 중앙에 자산계급 사령부를 형성하였고, 수정주의 정치 노선과 조직 노선이 있으며, 여러 성·시·자치구와 중앙 여러 부서에 모두 대리인이 있다고 보았다. 예전에 한 다양한 투쟁은 모두 문제를 해결하지 못했지만, 오직 문화대혁명을 일으켜 공개적으로, 전면적으로 아래서부터 위로 수많은 대중들을 동원시켜 이상에서 말한 어두운 면을 고발해야만 실권파들에게 찬탈당한 권리를 다시 되찾을 수 있다고 생각했다.

권력 탈취는 '혁명'을 의미하며 당의 '재건'을 의미했다. 그는 중공 제9기 1차 전원회의에서 다음과 같이 말했다. "도시로 진출한 것은 좋은 일이다. 도시로 진출하지 않았으면 이 좋은 곳을 장제스가 점령했을 것이다. 그러나 도시로 진출한 것은 또 나쁜 일이기도 하다. 도시로 와서 우리 당이 그렇게 좋지 않게 변했다. 때문에 일부 외국인과 기자들은 우리가 공산당을 재건하고 있다고 말한다. 지금은 우리 자신도

'당을 정돈하고 건설하자(整黨建黨)'는 슬로건을 제기하고 있는데, 사실 재건이 필요하다. 그런 '재건'은 객관적인 경제 기반도 없고, 또 객관적인 정치 기반도 없어 아무런 건설적인 원칙을 제기할 수 없으며, 그저 심각한 혼란과 파괴·후퇴를 조성할 것이며, 심지어 반혁명 집단에 이용당해 심각한 재난으로 번질 것이다."

이번 '혁명'에 있어서 마오쩌둥의 본의는 "수정주의에 반대하고 수정주의를 막는 것", "무산계급독재를 공고화하는 것"이었으며, 이번 '훈련'을 통해 그가 서거한 후에 갑자기 수정주의가 정권을 잡더라도 인민들에게 수정주의와 투쟁할 수 있는 능력을 키워주기 위하는 데 있었다. 그러나 실제 상황은 현실과는 정 반대였다.

물론, 변증법은 '무정한 것'으로서, '문화대혁명'에 대한 감정적인 포폄이 변증법 앞에서는 모두 설 자리가 없었던 것이다. 변증법은 마오쩌둥 만년의 잘못에 대해 깊이 있게 분석할 수 있고, 또 마오쩌둥 만년의 합리적인 사상에 대해 객관적으로 탐구할 것이다. 변증법의 이성적인 힘을 이용해 우리가 마오쩌둥 만년의 '재건론' 중 가장 두드러진 몇 가지 문제에 대해 고찰해 보는 것도 좋을 것 같다.

우리는 '문화대혁명'이 처음부터 '문화'를 명목으로 한 혁명을 당의 '정치'적 성격을 '재건'하는 혁명으로 간주했다는 것을 엿볼 수 있다. 그 대 투쟁의 목적은 우한(吳晗)을 비롯한 기타 많은 반당 반사회주의 자산계급 대표인물에 대해 비판하는 것이었다.[149] 때문에 '문화대혁명'으로 명명한 그 대중운동은 애초부터 명성과 사실이 서로 부합되지 않는 문제가 존재했다. 즉 명색이 '문화'혁명이지, 사실은 '정치'혁명이

---

149) 『인민일보』, 1967년 5월 17일.

었던 것이다. 그러나 이 또한 문화 분야에서부터 시작된 정치'혁명'인 것만은 확실하다. 왜냐하면 그 '혁명'의 시작이 바로 문화 분야에서 정권 탈취 투쟁을 벌인 것이기 때문이다.

그러나 그 '혁명'은 또 문화 분야에만 제한된 것은 아니었다. '문화대혁명'이 서막을 열기 전, 마오쩌둥은 문예계의 문제를 중점적으로 포착했는데, 그 중 가장 큰 행동이 바로 장칭이 나서 장췬챠오(張春橋)·야오원위안(姚文元)에 의지해 '해서의 파직(海瑞罷官)'에 대해 비판한 것이었다. 이를 돌파구로 펑전(彭眞)이 책임졌던 문화혁명 5인 소조를 취소하고 '문화대혁명'을 시작한 것이다. 이어서 베이징대학 네위안즈(聶元梓)를 비롯한 사람들의 대자보를 빌어 '문화대혁명'의 불길을 교육계에까지 타오르게 했다. 실천이 표명하듯이 교육계에서 일어난 '문화대혁명'은 교육 분야의 '수정주의'를 비판하기 위해서만이 아니라, 대오를 조직해 즉 평소에 정치의 울타리 밖에 있던 청년 교사와 학생들을 동원시켜 '문화대혁명'의 목표를 이루기 위하는 데 목적을 두었다. 그렇게 한 것은 마오쩌둥이 당 중앙(류사오치가 일선에서 업무를 주관)에 큰 불만을 느껴 혁명 즉 정권 탈취의 대상을 당 중앙으로 이미 확정했던 것임이 분명했다. 그러려면 오직 당 외의 대중과 아래의 대중들에 의지해야 만이 목적을 이룰 수 있었다. 그 결정은 마오쩌둥이 1966년 5월부터 7월까지 남방 체류기간 동안에 내렸던 것이 분명하다.

5월 4일부터 26일까지, 중공중앙은 정치국 확대회의를 소집하여 '5.16 통지'를 통과시키고 '문화대혁명'을 일으키기로 결정하였다. 마오쩌둥은 회의 준비를 직접 주도했지만 회의에는 참가하지 않았다. 그가 '문화대혁명'을 어떻게 일으킬지에 대해 골똘히 생각하고 있었던 것이 분명하다. 7월 16일 그가 우한의 창장에서 여유로이 수영을 한 것은 이미 결심을 굳혔고 배포가 섰음을 의미한다. 그는 이어 18일 베이징으로 돌아와 대중을 전면적으로 발동시켜 '문화대혁명'을 일으켰다.

그 관건시기 마오쩌동의 사고 방향을 반영할 수 있는 것, 즉 그가 '문화대혁명'의 배치에 대해 어떻게 고려했는 지와 관련된 문건은 현재 7월 8일 그가 장칭(江靑)에게 보낸 아주 명확하지 않은 편지에서밖에 찾아볼 수가 없다. 그 편지의 요지는 다음과 같았다.

첫째, 계급투쟁은 사람의 의지로 바꿀 수 없으며, '문화대혁명'은 당내 주자파에 반대하는 전국적인 계급투쟁 훈련이라고 생각한다.

둘째, 린뱌오가 마오쩌동 사상을 고취함에 있어서 비록 "제기법이 타당하지는 않지만" 이른바 '우파'를 무너뜨리고 이른바 '좌파'를 돕기 위해서는 본의 아니게 찬성할 수 있다고 생각한다.

셋째, 린뱌오가 개인숭배주의 길을 걷다가 세계적으로 민주사회주의·'유럽 공산주의'가 마르크스주의를 믿지 않는 것처럼 마오쩌동 사상을 부정하는 경지에 이를까 걱정이긴 하지만, 설령 우파가 정권을 잡는다 해도 얼마 가지 못할 것이기 때문에 미래는 밝다고 굳게 믿는다.

이밖에도 그는 편지에서 자신의 성격과 능력 면에서의 장점과 단점을 분석하면서 장칭에게도 늘 스스로 약점과 단점 잘못에 대해 생각해 볼 것을 타일렀다.

그 편지에서 우리는 두 가지 사실을 엿볼 수 있다. 하나는 그가 린뱌오라는 '좌파'의 힘을 빌려 자신에 대한 개인숭배에 따른 신앙의 힘을 이용하여 광범위한 대중들을 동원하여 이른바 '우파', '잡귀신'에게서 정권을 탈취함으로써 "뿌리가 깊어 제거하기 어려운 구세력을 하루아침에 순식간에 무너뜨릴 것"을 결정했다는 사실이다. 다른 하나는 그가 '문화대혁명'을 "수정주의에 반대하고 수정주의를 막는" 장기적인 투쟁 과정의 '훈련'으로 간주했다는 사실이다.

그 편지에서 마오쩌둥의 구체적인 조치를 엿볼 수 없다면, 그가 베이징에 돌아간 후의 움직임에서 그의 사고 방향과 조치를 잘 엿볼 수 있다. 그것은 바로 린뱌오가 선동한 마오쩌둥에 대한 개인숭배의 힘을 진일보적으로 이용하여 대중을 전면 동원시켜, 당의 어두운 면을 전면적으로 폭로하였으며, 이른바 류사오치를 대표로 하는 자산계급 사령부를 중점적으로 비판했다는 것이다. 7월 20일부터 연말까지 마오쩌둥은 상·하급에서 동시에 착수하여 서로 협력하는 방식으로 '문화대혁명'을 추진시켰다.

상급의 첫 번째 움직임은 중앙선전부를 개편한 것이다. 두 번째 움직임은 중공 제8기 중앙위원회 11차 전원회의를 소집해 「무산계급 문화대혁명에 관한 결정」(즉 '16조')을 통과시키고, 회의 기간에 「사령부를 포격하라―나의 대자보 한 장」을 써내 중앙 지도기구를 개편했으며, 린뱌오를 서열 2위의 후계자로 정하고 류사오치를 8위로 강등시킨 것이다.

하급의 가장 큰 움직임은 8월 18일부터 마오쩌둥이 '홍사령'(紅司令)의 이미지로 톈안먼에서 전국 각지에서 온 홍위병을 연속 8차례, 1,100여 만 명을 접견하여 '반란'정신을 부추긴 것이다. 이와 동시에 업무소조를 학교에 파견하여 운동을 지도하는 것을 "자산계급 반동노선"이라 부르고, 학생들을 동원하여 이른바 "자산계급 반동노선"을 비판하였으며, "당위원회를 제외시키고 혁명하자"는 이른바 "무산계급 혁명노선"을 격려하였던 것이다.

상·하급의 협력으로 일어난 일련의 움직임으로 류사오치는 하는 수 없이 반성해야 했으며, 게다가 상하이에서의 이른바 '1월 폭풍'을 시작으로 전국 여러 성·시에서 위로부터 아래로의 정권 탈취투쟁이 시작되었다. 이 모든 것은 이미 '문화'의 범주를 뛰어넘어 전국 범위에서 전면적인 정치투쟁으로 번져나갔다. 즉 이른바 '정치 대혁명'이었다.

'문화대혁명'의 전 과정을 살펴보면, '문화대혁명'을 발동한 시점의 의미에서만 문화방면에 속하는 '혁명'일뿐, 실은 '문화대혁명'이 아닌 분명한 '정치 대혁명'이었다. 왜냐하면 여기에는 흔히 '정치 혁명'에 속하는 두 가지 특징이 나타났기 때문이었다. 한 가지 특징은 정치의 상부구조를 무너뜨리고 정권문제 해결을 중심으로 혹은 목표로 한 사회변혁이었다는 것이고, 다른 한 가지 특징은 대중적인 반란운동이었다는 것이다. 그러나 실제 사실이 증명했듯이 그 '정치 대혁명'은 이른바 "수정주의에 반대하고 수정주의를 막는 문제"를 해결해 이른바 당을 '재건'하려는 목적을 이루지 못했을 뿐만 아니라, 반대로 당내의 일부 야심가와 음모가에게 기회를 주어 당을 심각하게 파괴했다. '문화대혁명'을 명목으로 했으나 실은 '정치 대혁명'인 그 '혁명'은 중국공산당 및 중국공산당이 이끄는 정치 상부구조에 대한 '혁명', 즉 전적으로 당을 자폭시키는 파괴적인 '혁명'이었다고 말할 수 있다.

그 '정치 대혁명'은 왜 당을 자폭하는 재난으로 되었을까? 이는 마땅히 이론 면에서부터 깊이 연구해야 할 것이다. 사회주의 사회가 건립된 후 계속하여 '정치 대혁명'을 하는 것은 개념상에서의 혼란일 뿐 아니라 실천과정에서도 반드시 재난을 빚어내게 마련이었다.

마르크스주의가 과거 우리에게 명확히 알려준 바가 있다. 정치혁명이란 계급 간의 대항을 전제로 하는 한 계급이 다른 한 계급을 뒤엎는 역사 변혁으로서, 그 기본 특징은 바로 '국가 정권이 한 계급의 손

에서 다른 한 계급의 손으로 넘어간다는 것이다.[150]

정치혁명의 전제에는 계급 간의 대항이 존재한다. 마르크스는 "계급과 계급 간의 대항이 없는 상황에서만이 사회의 진화가 더 이상 정치혁명이 아니다."[151]라고 아주 명확하게 말했다.

정치혁명의 목적은 정권을 탈취하는 것이다. 정치의 핵심문제는 바로 정권문제인 것이다. 정치혁명은 두 대항 계급 간의 생사존망의 투쟁으로, 그 생과 사·존과 망의 운명은 누가 정권을 장악하는가에 의해 결정된다.

정치혁명의 형태는 흔히 급진적이고, 흉포한 행동의 형태거나 대중반란의 형태거나, 무장 투쟁의 형태를 나타낸다. 대항은 모순 투쟁이 취하는 일종의 외부 해결의 형태인 것이다.

마르크스주의 학설에 따르면 사회주의 혁명은 정치혁명에서 시작되지만, 정치혁명에만 제한되지 않고, 사회 혁명이 더 중요한 사명이다. 사회주의 혁명이 정치혁명에서 시작된다고 말하는 것은 무산계급 사회주의 혁명의 첫 단계가 바로 무산계급을 통치계급으로 상승시켜 국가 정권을 얻는 것이기 때문이다. 러시아의 경우 위대한 10월 사회주의 혁명이 바로 러시아 무산계급이 전국의 정권을 얻기 위한 정치혁명이었다. 중국의 경우 1949년의 인민혁명이 바로 중국공산당이 이끄는 인민대중이 제국주의와 봉건주의·관료자본주의의 반동통치를 뒤엎기 위한 정치혁명이었다.

그 기본 이론은 우리에게 사회주의 사회가 건립 된 후, 정치혁명은

---

150) 레닌, 「전략을 논한 책」, 『레닌 선집』 제3권, 1995, 인민출판사, 25쪽.
151) 마르크스, 「철학의 빈곤」, 『마르크스·엥겔스 선집』 제1권, 1995, 인민출판사, 195쪽.

이미 그 발생의 전제와 목적을 잃어버렸기에 사회주의 혁명투쟁을 계속하는 것을 정치혁명을 계속하는 것에 귀결시켜서는 안 된다는 것을 알려 주었다. 사회주의 사회에서 비록 적아 간의 대항 모순이 존재하지만, 이는 완전한 계급과 계급 간의 대항도 아니고, 대량으로 존재하는 모순도 아니었다. 게다가 그 기본 형태가 적의 파괴와 적을 상대로 실시한 무산계급 독재로 표현되었다. 이는 정치 투쟁이지만 정치혁명은 아니었다. 적의 파괴활동은 혁명이 아니고, 적을 상대로 실시한 인민 독재도 혁명이 아니다. 그 시기에 '정치 대혁명'을 일으키는 것은 아무런 이론적 근거도 없다.

마오쩌둥은 '문화대혁명'의 본질을 '정치 대혁명'으로 귀결시켰는데, 이는 마르크스레닌주의에 부합되지 않을 뿐만 아니라 중국의 실제에도 부합되지 않았다. 안타까운 것은 마오쩌둥이 그 당시 중국의 계급 형세 및 당과 국가의 정치상황에 대해 전적으로 잘못된 예측을 한 것이라는 점이다. 그는 다음과 같이 생각했다. "많은 자산계급의 대표인물과 반혁명의 수정주의분자들이 이미 당·정부·군대 그리고 문화 분야의 각계에 몰래 들어와 있고, 많은 기관의 지도권이 이미 마르크스주의자와 인민대중의 손에 장악되어 있지 않게 되었다. 당내 자본주의 길을 걷는 실권파들이 중앙에 자산계급 사령부를 형성하였고, 사령부에는 수정주의 정치노선과 계급노선이 존재하며, 여러 성·시·자치구와 중앙의 여러 부서에 모두 그들의 대리인이 있다." 이러한 분석은 모두 '좌'적인 지도사상에 따른, 그 당시 중국의 정치형세에 대한 주관적인 예측이었다. 그 예측을 근거로 '당내 자본주의 길을 걷는 실권파'를 중점 대상으로 한 새로운 '정치 대혁명'을 발동하기로 결정한 것은 비록 일부 논리의 필연성에는 부합되지만, 현실의 필연성을 어긴 것으로서 결국은 역사적인 재난을 부를 수밖에 없었다.

그렇다고 해서 사회주의의 경제와 정치체제가 완벽하여 더 이상 개혁할 필요가 없다는 것은 아니었다. 마오쩌둥은 1956년에 벌써 우리가 수립한 사회주의 생산관계와 상부구조면에서 생산력과 경제기반에 어울리지 않는 단점 혹은 모순이 존재하고 있다는 것을 발견하였으며, 개혁 임무를 제기하였다.

거시적으로 말할 때, 개혁은 사회주의 혁명 발전과정에서 깊은 차원의 사회변혁에 속한다. 그러나 그것은 계급투쟁의 형식을 통해 완성된 생산 자료 소유제에 대한 사회주의 개조와는 다를 뿐 아니라, 또 정권을 탈취할 때의 정치혁명과도 다르다. 개혁은 위대한 사회실천이자 또한 복잡한 사회실천이다. 그렇게 말하는 원인은 세 가지가 있다.

첫째, 개혁은 일종의 아주 특수한 사회활동형태라는 점이다.

먼저 개혁의 주체는 당과 국민이고, 개혁의 객체는 당이 국민을 이끌어 직접 수립한 사회주의 생산관계와 상부 구조면에서 생산력의 발전에 어울리지 않는 일련의 서로 연결되어 있는 부분과 방면이다. 그렇기 때문에 개혁은 '자기 변혁'의 성질을 띠고 있고, 사회주의 제도의 자기 보완·자기 발전의 성질을 띠고 있으며, 자기의 변혁 성질을 가진 일종의 특수한 사회활동 형태이다.

그 다음은 개혁의 주체가 대표하는 것은 국민의 근본 이익이고, 개혁의 객체도 국민의 일부 구체적인 이익을 포함하고 있기 때문에, 개혁은 국민 내부의 이익을 '스스로 조정'하는 성질을 가지고 있으며, 국민 이익을 자기 조정하는 성질을 가진 일종의 특수활동 형태이다.

제도와 이익의 관계에서 양자는 서로 분리되는 것이 아니라, 서로 관련된 두 개 차원의 문제이기 때문에, 과정의 측면에서 볼 때 개혁은 사회주의 제도의 자기 보완과 발전이다. 즉 자기 변혁의 성질을 가진 특수한 사회활동형태라는 것이다. 더 깊은 이익관계에서 볼 때, 개혁은 국민이 자기 이익을 조정하는 특수활동 형태이다. 그 중요한 이치는 그것이 반동파의 힘을 통해 변혁을 이루는 것이 아니라, 당이 국민들을 이끌어 스스로 실행하고, 또 반드시 실현할 수 있는 변혁을 말한다는 데 있다는 점이다. '문화대혁명'은 대중들의 열정을 잠시 불러일으켰을 뿐 오랫동안 유지할 수 없었기에 대중들은 필연적으로 자신의 이익을 해치는 이런 '정치 대혁명'을 포기하게 되었던 것이다.

둘째, 개혁은 창발적(創發的)인 요소가 점차 축적되는 점진적인 과정이랄는 점이다.

개혁은 일종의 특수한 변증법적 운동 과정이다. 비록 개혁은 창발적인 요소가 기존의 낡은 요소를 대체하는 변혁과정이지만, 그런 변혁과정은 사물이 이미 근본적인 변혁을 거친 다음, 창발적인 요소가 주도적 요소가 된 다음에 진행된다. 중국의 개혁은 바로 사회주의가 자본주의 사유제와 개체 소사유제를 대체한 다음 제기됐다. 오래 전 생산 자료 소유제에 대한 사회주의 개조가 완성될 무렵, 당 중앙과 마오쩌둥은 원래 자본주의 상공업을 제한하고 개조하기 위해 취했던 고도로 집중 통일된 여러 조치들이 이제는 사회주의 경제건설의 새로운 형세와 모순된다는 사실을 깨달았다. 개혁은 사회주의가 자본주의를 대체하는 근본적인 질변을 가져 온 다음에 오는 특수 변혁으로 사회주의의 창발적 요소가 한층 더 보완되고 발전하는 변혁과정인 것이다.

레닌이 10월 혁명 승리 이후 '개량'으로 혁명을 추진하는 것에 관한 논술에서 바로 이 중요한 철학적 사상을 표현하였다.[152] 널리 알려진 레닌의 그 철학적 사상은 우리에게 사물의 근본적인 질적 변화가 기본적으로 완성된 다음, 창발적인 요소가 기존의 낡은 요소의 변혁과정을 진일보적으로 대체하며, 마땅히 창발적인 요소가 점차 축적되는 점진적인 방식 즉 개량의 방식을 취해야 한다는 것을 알려주었다.

셋째, 개혁은 사회주의 제도 하에서 생산관계와 상부구조에 대한 자발적인 조정이라는 점이다.

「국민 내부 모순을 정확하게 처리하는 것에 관한 문제」에서 마오쩌둥은 오래 전에 다음과 같이 제기하였다. "사회주의 사회의 모순이 구사회의 모순, 예를 들어 자본주의사회의 모순과는 근본적으로 다르다. 자본주의 사회의 모순은 격렬한 대항과 충돌로 표현되고 격렬한 계급투쟁으로 표현되는데, 그런 모순은 자본주의 제도 자체에 의해 해결될 수 없으며, 오직 사회주의 혁명을 통해야만 해결될 수 없다. 사회주의 사회의 모순은 다르다. 정 반대로 그것은 대항적인 모순이 아니기에 사회주의 제도 자체를 통해 끊임없이 해결할 수 있다."[153] 그의 논술에 따라 "사회주의 제도 자체를 통해" 사회주의 내부 모순을 해결하려면, 한 가지 방법은 새로운 생산관계 하에서 생산력을 보호하고 발전시키는 것이고, 다른 한 가지 방법은 사회주의 생산관계와 상부구조에 존재하는 일부 단점을 개혁하는 것이다. 주목할 만한 것은 그의 논술 방식이다. 그는 비교 방식으로 사회주의 사회의 내부 모순을 해결하려면 자본주의사회의 모순을 해결하는 그런 혁명의 방식

---

152) 『레닌 선집』 제4권, 1995, 인민출판사, 611쪽.
153) 『마오쩌둥문집』 제7권, 1999, 인문출판사, 213-214쪽.

으로 해결해서는 안 된다고 설명했다. 다시 말해서 사회주의 생산관계와 상부 구조에 대한 자기 조절 혹은 자발적인 조정을 통해 실현해야 한다는 것이다.

다행스러운 것은 '문화대혁명'의 실패를 통해 중국공산당이 깨어났다는 것이다. 당은 사회주의 사회의 모순·폐단 그리고 정확한 개혁 방향을 다시 사고하게 되었다. 중공 제11기 3중 전회 이후, 당 중앙은 덩샤오핑의 지도 아래, 개혁은 사회주의 제도의 자기 보완과 발전이라는 관점을 명확히 하였고, 또 이로써 중국의 개혁이 올바른 궤도에 올라서도록 하였다. 당대 중국의 개혁 여정을 전면적으로 인식한다면 우리는 다음과 같은 것을 볼 수가 있다.

"당대 중국의 개혁은 1956년 사회주의 사회의 내부 모순에 대한 마오쩌둥의 고찰에서 시작되었지만, 1958년 '대약진'과 '인민공사화운동'으로 인해 원래 정한 목표를 벗어나 '공산풍'의 그릇된 길을 걷게 되었다. 1958년 연말부터 '공산풍'을 바로잡기 시작하면서 1962년까지 우여곡절을 겪으면서 개혁에 대한 일련의 탐구를 하였고, 중공 제8기 10중 전회에서 다시 계급투쟁을 제기한 후 개혁의 노선이 다시 한 번 원래 정한 목표를 벗어났으며, 심지어 '문화대혁명'에서 완전 배반의 길로 나아가, 당과 사회주의를 자폭시키는 내란으로 번졌다. '4인방'을 섬멸한 이후, 혼란 상태를 수습하여 바로 잡고 사상을 해방시키며, 사상 노선을 바로 잡는 것을 통해, 중공 제11기 3중 전회 이후부터 올바른 개혁 탐구를 시작했으며, 세인이 주목하는 성과를 거두게 되었고, 나아가 당의 4가지 기본 원칙을 고수하기 위한 더욱 튼튼한 기반을 닦아 놓았던 것이다."

제7장
민족통일론과 민족독립론

중국의 통일 구호는 공언이 아니라 엄격한 정치·군사와 경제 내용을 포함하고 있다.

－류사오치

제1절
출발점: 인민의 통일

  중화민족의 독립과 통일을 실현하는 것은 약 백 년 동안 중국 인민이 고군분투하면서 간절히 바라던 이상 중의 하나였다. 마오쩌둥의 민족독립과 통일사상에는 민족독립과 민족통일이라는 두 가지 방면의 기본 사상이 포함되어 있는데, 여기서는 두 번째 사상에 대해 중점적으로 논하고자 한다.

  유명한 무산계급 혁명가 팡즈민(方志敏)이 쓴 명작『사랑스러운 중국』은 감동적인 필치로 사분오열된 중국의 비참한 이미지를 그려냈다. 중국의 분열은 토지와 국경의 분열로 인한 일반적인 불통일이 아니라 내인과 외인의 결합으로 조성된 여러 차원의 분열이었다. 그러나 약 백 년 동안 어느 누구도, 어느 정당도 통일과업을 완성하지는 못했다. 역사는 이를 중국공산당에게 맡겼다. 약 백 년 동안 외래 침략에 저항해 첫 승리를 맞이할 때, 즉 항일전쟁이 곧 승리를 거두려는 시점에, 마오쩌둥은 중국공산당 제7차 전국대표대회에서 "일본 침략자를 궤멸시키기 위하여, 내전을 방지하기 위하여, 신 중국을 건설하기 위하여 반드시 분열된 중국을 통일된 중국으로 바꿔야 하며, 이 또한 중국 인민의 역사적 임무이다"라고 격동된 어조로 선포했다.[154] 그

---

154) 『마오쩌둥 선집』 제3권, 1991, 인민출판사, 1071쪽.

러나 그 임무는 항일전쟁에서 승리를 거둔 후 바로 완성되지 못하였다. 1945년 4월 24일 이 임무를 선포하고부터 4년이 지난 후인 1949년 4월 21일 마오쩌둥과 주더(朱德)가 "전국으로 진군하라는 명령"을 내림에 따라 드디어 실현되었다. 4월 25일 그 두 사람이 "중국 인민해방군 포고문"을 연합 체결하고 전 국민에게 다음과 같이 선포했다. 우리는 이미 인민해방군에게 명령을 내려 매진하며 감히 저항하는 모든 국민당 반동대오를 궤멸시키고, 잘못을 뉘우치지 않는 모든 전쟁 범죄자를 체포하며, 전 국민을 해방시키고 중국 영토 주권의 독립과 완정을 보위함으로써 전 국민이 희망하는 진정한 통일을 실현할 것이다.

신중국 창립식을 올리는 날 톈안먼 광장에 인민영웅기념비를 세울 결정을 내렸을 때, 마오쩌둥은 "인민 영웅은 천추에 길이 빛나리라"라는 비문을 직접 썼는데 그 내용은 다음과 같다.

"3년간 인민해방전쟁과 인민혁명 중에서 희생된 인민영웅들
은 천추에 길이 빛나리라!
30년간 인민해방전쟁과 인민혁명 중에서 희생된 인민영웅들
은 천추에 길이 빛나리라!
1840년으로 거슬러 올라가 그때부터 대내외의 적에 반대하
고 민족독립과 국민의 자유와 행복을 쟁취하기 위해 지난
날의 모든 투쟁에서 희생된 인민영웅들은 천추에 길이 빛
나리라!"

이 비문에 관심을 가지고 있던 미국 학자 로스 테릴은 "놀라운 것은 제3단까지 있다는 것"이라고 말했다. 그는 "마오쩌둥은 아편전쟁

을 혁명의 기점으로 간주했다. 그는 장제스와 전쟁을 해온 3년과 중국공산당이 걸어온 30년을 회억하였을 뿐 아니라, 100년 전 외국인을 상대로 한 저항과 반격도 회억하였다." "공산당의 시대에 스스로 특유한 전시기를 포괄시켰을 뿐 아니라 반제국주의 시대의 정점으로 간주하였다."[155] 확실히 제국주의에 반대하고 민족독립과 통일을 실현하는 것은 마오쩌둥의 이상이었으며, 이 또한 마오쩌둥의 위대한 업적이기도 하다. 그러나 서방학자들은 모두 이로부터 마오쩌둥은 민족주의자이지 정통적인 마르크스주의자는 아니라고 여기게 되었는데 물론 그런 관점은 편파적인 것이었다. 마오쩌둥은 민족이 멸망의 위기에 처했기에 혁명에 뛰어든 것은 사실이지만, 그는 혁명 실천과정에서 협애한 민족주의와 자산계급의 낡은 민주주의로는 중국을 구할 수 없으며, 오로지 유물사관의 인도와 무산계급의 지도 아래 인민 민주와 사회주의 길을 걸어야만 중국을 구할 수 있다는 것을 점차 인식하게 되었다.

그리하여 그는 중국 반제국주의 반봉건주의 혁명을 일반적인 '민족민주혁명'으로 부르지 않고 '신민주주의 혁명'으로 불렀으며, 무산계급이 이끄는 민주혁명이라는 점을 강조하였다. 그는 또 공산주의자의 국제주의와 민족해방·민족독립과 통일을 쟁취하는 애국주의를 기계적으로 갈라놓아서는 안 된다는 중요한 사상을 상세하게 논술한 바 있다. "오직 민족이 해방되어야만 무산계급과 노동인민이 해방될 수 있기 때문이다. 중국이 승리했다는 것은 중국을 침략한 제국주의자를 물리쳤다는 것이고, 아울러 국외 인민들을 도와주었다는 것이다. 따

---

155) [미] 로스 테릴 「마오쩌둥 전기」, 『마오쩌둥의 후반생』, 1989, 세계지식출판사, 2쪽.

라서 애국주의란 민족해방전쟁에서 국제주의를 실행하는 것이다."[156]

"국민이 주인이 된 신 중국은 마땅히 국민이 국가 주권을 행사하고, 여러 민족이 단합되고, 평등하고, 통일된 신 중국이어야 한다. 사회주의 중국은 노동자계급이 이끄는 국민 민주를 실시하는 새로운 사회인만큼 마땅히 여러 민족이 평등하게 하나로 단합되어 중화민족의 대단결 대 통일을 실현하여야 하며, 세계 민족 가운데 독립 자주적으로 우뚝 선 신 중국이어야 한다고" 마오쩌동은 생각했다. 이를 위해 그는 더할 나위 없이 힘겹게 분투해 왔다.

통일을 파괴하는 반동세력을 제거하고 민족의 영토 통일과 정치적 통일을 실현하는 것은 통일의 첫 과업이었다. 항일전쟁의 승리를 앞둔 전야에, 마오쩌동은 앞으로의 투쟁은 "어떤 나라를 세우는가에 대한 투쟁"이라는 것을 이미 예측했다. 마오쩌동은 중국 민족통일의 대업을 완성하려면 오로지 '무기적 비판'을 운용하여 전쟁으로 문제를 해결해야 한다고 주장했다. 마오쩌동의 "혁명을 끝까지 진행하자"는 등의 글과 "궁지에 몰린 적을 끝까지 몰아세워야 마땅하다, 명예를 탐내 항우를 따르지 말아야 한다"와 같은 명시는 그런 사상을 충분히 보여주었다. 1949년 4월 23일 인민해방군은 국민당의 통치 중심인 난징을 해방시켰고, 이어서 5월에 는 항저우(杭州)·우한(武漢)·시안(西安)·난창(南昌)·상하이(上海) 등 지역을 잇 따라 해방시켰다. 하반기에는 또 적병 잔여세력을 제거하고 서북, 화남 및 서남지역을 해방시켰으며, 1950년에는 하이난다오(海南島)와 저우산군도(舟山群島)를 잇따라 해방시켰

---

156) 마오쩌동 「민족전쟁에서 중국공산당의 지위」 (1983년 10월 14일) 『마오쩌동 선집』 제2권, 1991, 인민출판사, 521쪽.

고, 1951년에는 시짱(西藏)의 평화해방을 선언하면서 인민해방전쟁의 군사행동을 기본적으로 끝내는 가운데 전 민족의 통일을 선언하였다.

민족평등과 민족의 단결정책을 실행하고 중화민족의 대단결을 실현시키는 것은 통일의 중요한 과업이었다. "오족공화[五族共和, 한족·만족·회족·몽골족·장족이 화목하게 지내면서 공화국을 함께 건설하자—역자 주)"는 신해혁명 후 손중산(孫中山)이 제기한 민주주의 색채를 띤 신민족주의였다. 마오쩌둥은 마르크스주의 입장과 관점에서 출발하여 손중산의 이 사상을 받아들였으며, 중공 제6기 6중 전회 확대회의와 중공 제7기 전국대표대회에서 진행한 정치보고에서 여러 차례 당을 대표하여 "공산당원은 마땅히 여러 소수민족의 수많은 인민 대중을 적극 도와 이 정책을 실현시키기 위해 분투해야 하고, 모든 대중과 연계를 가진 지도자를 포함해 여러 소수민족의 수많은 인민 대중을 도와 그들이 정치·경제·문화 등 면에서의 해방과 발전을 쟁취하도록 함과 아울러 대중의 이익을 수호하는 소수민족 자체의 군대를 설립하도록 해야 한다. 그들의 언어·문자·풍속·습관과 종교신앙은 마땅히 존중받아야 한다."라고 정중히 선포했다.[157] 중국의 통일을 승리로 이끌어가는 과정에서 그 문제를 어떻게 '선언'에서 '행동'과 '현실'로 바꿀 것이냐 하는 것은 마오쩌둥과 전체 중국공산당 앞에 놓인 준엄한 임무였다. 왜냐하면 그 전에 장제스 국민당은 손중산의 민족평등사상을 관철시키지 않았을 뿐 아니라, 반대로 대한족주의(大漢族主義)로 소수민족을 괴롭혀 극히 나쁜 영향을 주었기 때문이었다. 이 때

---

157) 마오쩌둥, 「연합정부론」 (1945년 4월 24일), 『마오쩌둥 선집』 제3권, 1991, 인민출판사, 1084쪽.

문에 신 중국을 건립할 때 중국공산당은 민족 평등사상을 『중국 인민정치협상회의 공동 강령』에 써넣기로 결정하였다. 아울러 마오쩌동은 다음과 같이 강조했다. (1) 평화적인 해방을 쟁취해야 한다. (2) 민족의 자결권을 존중하고, 소수민족의 인민에 의지하며 수많은 인민대중과 연결되어 있는 소수민족의 지도인물을 단합식야 한다. (3) 소수민족의 간부를 대량으로 끌어들이고 양성해야 한다. (4) 대 한족주의를 반대하고 소수민족 지역에 주둔한 군대의 모든 군수 물자를 중앙인민정부가 공급함으로써 소수민족 인민에게 부담을 주지 말아야 한다. (5) 소수민족의 상류 인사를 쟁취하고 단합케 하는 한편 개별적인 민족분열주의세력과 민족반대파에 대해서는 필요하지만 제한적인 투쟁을 진행해야 한다. 1951년 「민족 사무에 관한 중앙인민정부 정무원의 몇 가지 규정」 「소수민족을 멸시 혹은 모욕하는 성질을 띤 호칭·지역·현판을 처리하는 것에 대한 지시」 와 1952년의 「중화인민공화국민족지역 자치 실시 요강」이 통과된 후 중국 특색을 띤 민족지역 자치제도가 아시아의 동방에서 탄생하였다. 세계적으로 적지 않는 유지인사들이 중국공산당의 민족문제 해결 능력을 충분히 인정해 주었다.

전국 재정경제업무의 통일을 실행하는 것은 민족통일 과정에서 막중하면서도 복잡한 기본 임무를 실현하는 것이었다. 국민당 통치시기, 국가의 재정과 경제는 진정으로 통일되었단 적이 단 한 번도 없었다. 1948년 12월 1일 중국인민인행을 설립하고 위안화 발행을 결정해서부터 건국 전까지 관내 여러 해방구의 화폐를 통일시켰다. 그러나 화폐의 통일은 전반 재정경제업무가 분산된 상황을 해결하지는 못했다. 1950년 2월 13일부터 25일까지 중앙인민정부 재정경제위원회는 전국재정회의를 열어 전국의 재정경제업무를 통일시킬 것을 제안했다.

천원(陳云)이 회의에서 중요한 보고를 하였다. 회의에서는 재정수지는 통일적으로 중앙에 집중시키고, 현물세의 경우 5%~15%만 지방 부가세로 남기는 것 외에 모두 중앙에서 통일적으로 통제하며, 세수를 통일시키고, 인원 편제를 통일시키며, 무역을 통일시킬 것 등에 대해 제안했다. 회의가 열린 뒤 3월 3일 정무원은 「국가 재정경제업무 통일에 대한 결정」을 반포 실행하였다. 이는 건국초기 경제 분야에서 벌인 큰 전투이고 어려운 전투였다. 하지만 각급 당 조직과 간부들은 국민의 이익과 국가의 이익에 착안해, 규율과 법을 지키며, 일부 이익을 과감히 희생시키면서 전체 이익에 복종하였기에 바로 예상목표에 도달했으며 적극적인 효과를 가져왔다. 마오쩌동은 전국 재정경제업무 통일에서 거둔 승리를 높이 평가하였으며, 그 의의가 화이하이전쟁(淮海戰役)에 못지않다고 인정한 바 있다. 류사오치는 이는 중국통일의 중요한 내용이라고 핵심을 찔러 지적하였다. 그는 다음과 같이 말하였다. "현재 국가의 재정경제업무가 이미 통일되었고, 국가의 재정수지가 거의 균형을 이루고 있으며, 또 멀지 않아 완전히 균형을 이룰 것이고, 금융 물가도 이미 안정세를 보이고 있다. 이는 전국 대다수 국민들의 이익이다. 이는 인민해방군이 전선에서 거둔 승리를 제외하고는 중앙인민정부가 건립된 이래 국민을 위해 성사시킨 가장 큰 일이다. 이 모든 것은 중국 통일의 구호가 공언이 아니라 엄격한 정치·군사와 경제 내용이 포함되어 있음을 증명하고 있는 것이다."[158]

통일된 국가의 이데올로기를 수립하는 것도 중국을 통일하는 과정

---

158) 류사오치, 「5.1노동절 경축대회에서의 연설」 (1950년 4월 29일) 『류사오치 선집』 하권, 1985, 인민출판사, 15-16쪽.

에서 한 가지 복잡한 임무였다. 마르크스주의 유물사관은 인류사회의 복잡한 사회현상이 사회구조의 특징에 따라 결정된다고 주장했다. 어떤 사회이건 막론하고 모두 일정한 생산력의 추동 하에서 일정한 생산관계가 형성되며, 이런 생산관계는 상부구조의 경제기반으로서 이데올로기를 포함한 상부구조의 특징을 결정할 뿐 아니라 그에 어울리는 상부구조로부터 보호를 받게 된다. 신 중국은 수립되었지만, 만약 신 중국의 경제기반 및 국가제도와 어울리는 이데올로기가 없다면, 이제 막 설립된 새로운 제도가 공고화 되고 발전하기 어려울 것이다. 때문에 신 중국 창립식을 올리던 날 마오쩌동은 "경제건설이 고조됨에 따라 문화건설도 불가피하게 고조될 것이다."라고 선포했다.[159]

그가 말한 '문화'에는 풍부한 내용이 포함돼 있는데 그 중의 핵심은 마르크스주의이다. 마르크스주의 건설의 '고조'를 불러일으키려면 첫 과제는 마르크스주의를 신 중국의 이데올로기로 확정하고 사람들의 두뇌에 남겨진 구 사회의 이데올로기를 없애는 것이다. 이를 위해 1951년 9월 중앙은 『마오쩌동 선집』 제1권을 출판하기로 결정하고 이를 새로운 국가의 이데올로기를 구축하는 중요한 절차로 간주했다. 이에 앞서 『인민일보』는 1951년 1월에 이미 마오쩌동의 그 유명한 「실천론」을 공개 발표함과 동시에 그에 결부시켜 1월 29일과 2월 16일에 또 두 편의 사설을 발표했다. 주목해야 할 것은 이에 앞서 당의 이론가들이 이미 대중들에게 노동의 인류역사 창조 등 역사유물론 관점을 보급시켰고, 구 사회에서 흥행했던 숙명론 관점과 착취계급 의식을 정

---

159) 마오쩌동, 「중국인은 지금부터 일어섰다」 (1949년 9월 21일). 『마오쩌동문집』 제5권, 1996, 인민출판사, 1996, 345쪽.

리하도록 이끌었다는 사실이다. 이번 학술혁명은 점차 중국 지식인들의 사상개조 운동으로 번져나갔다. 지금 사람들은 그 당시의 사상개조 운동에 대해 논쟁이 많지만, 그 당시의 역사적 배경에서 평가한다면 이는 국가의 새로운 이데올로기 구축을 적극 추진하였다는 것을 우리는 인정해야 한다. 마르크스주의 마오쩌동 사상을 지도로 한 이데올로기의 구축은 무엇을 의미하는가? 이는 중국이 더 높은 차원에서 민족통일 대업을 이루었다는 것을 의미하는 것이었다.

역사적으로 일련의 '통일'을 돌이켜보면 마오쩌동의 민족통일론은 국민의 이익을 출발점과 귀착점으로 한 민족통일론이라는 결론을 우리는 어렵지 않게 얻어낼 수 있다.

첫째, 중국공산당이 무장투쟁을 통해 장제스의 반동통치를 뒤엎은 것은 일당 일파의 이익을 위해서가 아니라, 인민민주를 토대로 하는 국가통일을 실현하기 위한 것이었다. 둘째, 중국공산당이 대 한족주의에 반대하고 민족평등과 민족단결을 실현한 것도 여러 민족 인민의 이익에서 착안한 것이다. 셋째, 중국공산당이 국가의 재정경제를 통일시킨 것은 더욱이 전 국민의 이익을 위한 것이었다. 그렇기 때문에 인민정부가 물가를 안정시키고 인플레이션을 억제하였을 때 인민대중들의 높은 칭찬을 받았다. 오늘날에 와서도 사람들은 여전히 중국공산당의 그 덕정(德政)을 잊지 않고 있다. 넷째, 통일된 국가 이데올로기를 구축하고, "노동이 세계를 창조한다"는 관점을 선전할 때부터 근로인민의 주체적 지위를 확립시키기 위하는 데 목적을 두었으며, 근로인민의 근본 이익을 반영하는 마르크스주의를 전 국민에게 보급시킨 것은 국민들이 봉건몽매주의와 숙명론의 속박에서 벗어나 자신의 이익을 위해 분투하고 신 중국의 주인이 되도록 하기 위한 조치였다.

마오쩌동의 통일론은 인민민주의 통일론이기에 국민들의 옹호와 지지를 얻었다. 때문에 중국공산당이 성공할 수 있었고, 약 백 년간 역대 유지인사들이 오매불망 바라던 민족독립과 민족통일의 위대한 업적을 완성할 수 있었던 것이다. 마오쩌동의 「심원춘·설(沁園春·雪)」의 아래 단락을 읽어 보자.

> 강산이 이렇듯 아름다워 무수한 영웅들이 다투어서 허리를 굽혔구나
> 애석하게도 진시황과 한무제는 문재가 좀 모자랐고
> 당태종과 송태조는 시재에 좀 무디었으며
> 천하의 영웅 칭기스칸도 오로지 활을 당겨 독수리를 쏠 줄만 알았지
> 하지마 이제는 모두가 지난 일이로다.
> 정녕 풍류인물을 찾으려거든 오늘을 봐야 하지 않겠는가!

마오쩌동은 「심원춘·설」의 주제는 2천 년의 봉건사회를 비판한 것이라고 설명했다. 마오쩌동은 주해(注解)에서 "마지막 세 구절은 무산계급을 가리킨 것"이라고 썼다.[160] 마오쩌동은 중화민족의 독립과 통일이 인민에게서 통일을 이루는 새로운 단계에 진입할 것임을 확신했다. 역사는 1936년에 마오쩌동이 쓴 이 유명한 시를(證明) 해주었다.

---

160) 『마오쩌동문집』 제7권, 1999, 인민출판사, 461쪽.

제2절

민심의 다툼(民心之爭)

중국혁명이 승리를 거두며 나아갈 때 미국 국무원의 『미국과 중국의 관계』 백서와 트루먼에게 보낸 애치슨의 편지가 발표됐다. 그중에는 다음과 같은 내용이 적혀있었다. "전쟁이 일어나기 10년 전에 국민당은 이미 공산당을 소멸할 수 없었다. 지금은 전쟁 발생 후이다. 국민당은 약화되었고 의기가 소침해졌으며 민심을 잃었다. 이런 상황은 이미 앞에서 설명하였다. 일본인의 손에서 되찾은 지역에서 국민당 문우관원들의 행위로 인해 국민당에 대한 인민의 지지가 한꺼번에 사라졌으며, 국민당의 위신이 무너져버렸다."

애치슨의 『귀여운 자백』에서 중국공산당이 민족독립과 민족통일 대업을 이룰 수 있었던 가장 중요한 원인은 중국공산당이 민심을 얻었기 때문이라는 관점을 우리는 엿볼 수 있다. "민심을 얻은 사람이 천하를 얻고 민심을 잃은 사람은 천하를 잃는다"는 중국 옛말이 있듯이 장제스의 실패와 마오쩌둥 성공의 관건은 민심의 득실에 있었다.

인민의 옹호와 지지를 얻어내고 민의에 따르며 민심을 얻는 것이 마오쩌둥 정치 철학의 중요 사상이다. 민족통일 과정에서 그 사상의 역할이 특히 두드러졌으며 실행도 유달리 뛰어났다.

첫째, 장제스가 선동한 내전에서 마오쩌둥은 기회를 기다렸다가 일거에 상대를 제압하는 대책을 취해 인민들이 장제스 국민당의 매국

·분열·반동 진상을 명확히 볼 수 있도록 했다. 8년 동안의 항일전쟁에서 중국공산당이 인민을 이끌어 적후에서 용감하게 싸우고 있을 때 장제스는 '위원장', '총사령관'의 명의로 아무것도 하지 않고 승리의 성과를 누렸으며, 아울러 국제반파시스트전쟁 '4대 지도자' 중의 한 사람이라는 특별한 영예까지 받았다. 전쟁에서 승리를 거둔 후에 그는 또 마오쩌둥과 총칭(重慶)에서 담판할 것을 호소하였으며, 인민 앞에서 '진심으로' 국가를 통일하려는 것처럼 보였다. 마오쩌둥과 중국공산당은 이치에 맞고 이로우며 절도에 맞게 하는 원칙에 따라 날카롭게 맞서 싸웠으며, 장제스의 가짜 통일·진짜 분열·가짜 평화·진짜 내전의 진실을 낱낱이 폭로했다. 1946년 7월 장제스가 「정전협정」과 「정협결의」를 일방적으로 어기고 전국적인 반혁명 내전을 공공연히 일으켰을 때, 마오쩌둥은 정세를 잘 살피고 군사와 정치를 종합 분석하면서 한 걸음 물러나 있다가 뒤에 손을 써 적을 제압함으로써 민심을 얻었다.

1946년 7월 20일 마오쩌둥이 초안을 작성한 중공중앙 당내 지시는 우리가 인민에 의지하고 민심을 얻는 것을 통해 장제스의 국민당에 승리하고 민족통일 대업을 실현한 마오쩌둥의 기본 사상을 이해하는데 도움이 된다. 반년도 안 되는 사이 중국 인민 특히 장제스에 의해 유혹됐던 국민당 통치구역의 인민들이 장제스가 아메리카제국과 결탁하여 내전을 발동한 사실을 분명히 알게 되었다. 1946년 9월 하순 즉 전국적인 내전이 폭발한지 3개월 후, 전국 여러 대 도시의 인민들이 "미국군이 중국에서 철수할 것을 요구하는 운동 주간"을 개최했다. 1947년 5월에 이르러서는 '내전 반대'가 국민당 통치구역 애국민주운동의 주요 슬로건 중의 하나가 되었다. 이로써 전쟁터에서의 실패와 정치적으로 민심을 잃음으로써 장제스 정권 해체의 대세가 정해졌다.

둘째, 군대의 자체 건설을 강화하여 국민들에게 환영받는 어질고 의로운 군대를 건설했다. 중국혁명이 승리를 거두려면 무장투쟁을 떠날 수가 없다. 그러나 중국과 같은 유구한 윤리문화 전통을 가진 국가에서 사람들은 대부분 폭력을 악의 힘으로 간주하고 전쟁을 지극히 싫어한다. 마르크스주의는 전쟁에 정의로운 것과 정의롭지 못한 것이 있다고 주장했으며, 전쟁에 대해 두루뭉술하게 선과 악으로 구분할 것이 아니라 구체적으로 계급적으로 분석해야 한다고 주장했다. 정의로운 전쟁은 인민의 이익을 위한 전쟁으로서 그 성격이 분명하다. 그러나 그런 전쟁의 성격을 증명하려면 이론적으로 전쟁의 목적을 설명하는 것도 필요하지만, 실제를 따지는 인민들은 군대 특히 수많은 전사들의 행위를 더욱 중히 여긴다. 군벌들이 난타전을 벌이던 시기의 전쟁은 정의롭지 못한 전쟁으로서 사람들이 군대와 병사들로부터 극히 나쁜 인상을 받았다. 그런 정세에서 무장투쟁을 수단으로 혁명을 추진하게 되면 크나큰 문화전통과 사회심리적 장애에 부딪치게 된다.

마오쩌동은 마르크스주의자 그리고 중국인으로서 중국의 무장투쟁을 이끌 때 군대 건설을 크게 중시하였다. 해방전쟁을 하고 있을 때, 즉 인민혁명이 승리를 거둘 전야에, 마오쩌동은 중국 인민해방군을 위해 정치선언 초안을 작성했다. 초안에서는 한편으로 이번 내전은 장제스가 선동했고, 중국 인민해방군은 인민의 이익을 대표했다고 논했고, 다른 한편으로는 해방군의 8대 정책과 자신에 대한 요구를 선포했다. 이와 동시에 그는 또 「3대기율, 8항주의(三大紀律八項注意)를 다시 반포하는 것과 관련한 중국 인민해방군 총부의 훈령」을 발표하였으며, 전군에 "깊이 있게 교육하고 엄격히 이행할 것"을 요구했다. 이로써 새로운 해방구역 인민 앞에 나타난 것은 장기적으로 교육을 받았고, 기율을 엄격히 준수하는 인민해방군이었다.

셋째, 올바른 정책을 제정하고 당의 기본 대중과 단합하고, 그들에 의지하였으며, 수많은 노동자와 농민들의 지지를 이끌어냈다. 해방전쟁이 막 시작되었을 때, 마오쩌동은 토지개혁과 생산발전이 전쟁에서 승리를 거둘 수 있는 두 가지 보장이라고 명확히 지적했다.

일본이 투항한 후, 농민들이 토지에 대한 요구가 절박했는데 우리는 그에 따라 토지정책을 변화하기로 했다. 소작료와 이자 삭감을 하던 데서 지주계급의 토지를 몰수하여 농민에게 분배했다.[161]

"전 당은 토지제도를 철저히 개혁하는 것이 현 단계 중국혁명의 한 가지 기본 임무임을 마땅히 알아야 한다. 만약 우리가 토지문제를 전면적으로 철저하게 해결할 수 있다면 우리는 모든 적을 전승할 수 있는 기본 조건을 얻은 것이다."라고 했다.[162]

중국 인구 중에서 농민은 절대 다수를 차지했다. 중국 농민은 예로부터 토지를 가장 중요하게 여겨왔으며, 중국 농민문제의 핵심은 토지문제이다. 마오쩌동은 중국의 마르크스주의자로서 중국의 그러한 기본 국정을 잘 알고 있었다. 때문에 중국공산당은 「중국 토지법 대강」을 제정하였을 뿐만 아니라, 새 해방구역과 오랜 해방구역의 특성에 따라 각기 다른 정책과 책략도 제정하였다. 이점에 마오쩌동은 많은 정력을 쏟아 부었다. 1948년 4월 1일 그는 진수이(晋綏)간부회의에서 토지개혁 과정에 '우'와 '좌'의 편향이 잇따라 나타난데 대해 토지개혁

161) 마오쩌동, 「당면한 형세와 우리 임무」(1947년 12월 25일). 『마오쩌동 선집』 제4권, 1991, 인민출판사, 1250쪽.
162) 위의 책.

의 총 노선은 빈농에 의지하고' 중농과 단합하며' 절차에 따라 차별화하면서 봉건착취제도를 소멸하고' 농업생산을 발전시키는 것이라고 핵심을 찔러 지적하였다. 마오쩌동의 사상에 따르면 토지개혁의 목적은 봉건착취제도를 소멸시키는 것이었다. 즉 봉건지주계급을 소멸시키자는 것이었지 지주 개인을 소멸시키자는 것이 아니었다. 해방군이 농촌에서 도시로 싸우러 나가기 전에 마오쩌동은 또 도시투쟁에서는 노동자계급에 전적으로 의지해야 하며, 기타 노동대중과 단합하고 지식인을 쟁취하며 될수록 많은 민족자산계급 및 그 대표 인물을 쟁취하는 방침을 취해야 하며, 공업생산 중지·노동자 실업·노동자 생활수준 하락 등으로 인해 공산당에 불만을 가지는 상황이 나타나는 것을 막아야 한다고 명확히 밝혔다. 그 노선과 방침을 실시한 후로 수많은 노동자와 농민 등 기본 대중들이 민족통일의 대업을 완성하는 튼튼한 힘으로 되었다.

넷째, 신민주주의의 혁명 통일전선을 유지하고 확대하였으며, 민족자산계급·도시소자산계급과 민주당파가 공산당과 수많은 인민대중으로 귀순하도록 마음을 얻어냈다. 해방전쟁 시작부터 중국공산당은 새로운 정치협상회의를 열고 민주연합정부를 설립하여 중국이 반식민지반봉건사회의 운명에서 벗어나 독립·자유·평화·통일된 강성한 길을 걷는 것을 통일전선의 공동의 정치기반으로 삼기로 했다. 바로 그 정치적 기반과 '정치협상회의 개최' 슬로건이 국민당통치구역의 모든 민주당파·국민단체와 무소속 민주인사들을 중국공산당의 주위에 뭉치게 했다. 1948년 5월 1일 마오쩌동은 중국 국민당위원회 리지선(李濟深) 주석과 중국 민주동맹중앙상무위원회 위원이며, 홍콩에서 동맹사무를 책임진 선쥔루(沈鈞儒)에게 친히 편지를 썼다. 편지 내용은 다음과 같았다.

"당면한 형세에서 인민대표대회를 소집하고 민주연합정부를 설립하여 여러 민주당파 여러 인민단체 간의 상호 협력을 강화하며, 아울러 민주연합정부의 시정 강령 초안을 세우는 것이 필요하며, 시기도 이미 성숙되었다."

그 전날인 4월 30일 중공중앙이 발표한 「'5.1' 노동절 기념 슬로건」에서 또 정치협상회의를 하루빨리 개최할 것을 제안했다. 그 제안은 바로 전국 여러 민주당파·여러 인민단체·각계 민주인사·국내 소수민족과 해외 화교들의 호응을 얻었다. 여러 민주당파·인민단체·각계 민주인사들이 해방지역에 도착한 후, 마오쩌둥은 1949년 2월 2일에 또 리지선, 선쥔루, 마쉬룬(馬叙倫), 궈뭐뤄(郭沫若) 등 56명의 유명 인사들에게 편지를 써서 다음과 같이 크게 칭찬하였다. "여러 선생들은 민주사업을 위해 오랫동안 노력하였으며, 또 지금은 해방지역에 왔는데 이는 반드시 신 중국을 건설하는 공동사업에서 빠른 승리를 거둘 수 있게 할 것입니다. 특전으로 회답 드리며 환영을 표합니다."[163]

1948년과 1949년에 중국에서는 중국공산당 통일전선의 감화로 전국 여러 민주인사들이 분분히 해방지역에 찾아와 인민해방사업에 깊이 감복하는 양상이 나타났다. 이는 마오쩌둥 민족통일사상 중의 훌륭한 한 획을 긋는 일이었으며, 또 중국공산당이 민족독립과 민족통일의 대업을 이루는 데에 중요한 역사의 한 페이지였다.

다섯째, 마오쩌둥은 독재 대상을 진압하는 면에서도 민심을 척도로 잘 통제해야 한다고 명확히 지시했다. 마르크스주의 상식이 있는 사

---

163) 중공중앙문헌연구 편, 『마오쩌둥 서신 선집』, 2003, 중앙문헌출판사, 290쪽.

람은 독재와 진압의 필요성과 합리성을 모두 알고 있지만, 유교문화와 불교의 영향을 깊이 받은 중국인들은 이를 받아들이기가 어려워했다. 신 중국이 인민민주독재의 이론에 따라 못된 짓과 죄악을 저지른 반동분자를 진압할 때, 중국 국민들은 특별한 이중 심리를 가지게 된다. 즉 진압 행동으로 무한한 통쾌함을 느끼는 동시에 또 위협도 느끼게 되었다. 그 '도'(度)를 어떻게 잘 처리해야 하겠는가? 이는 복잡한 과제였다. 1950년 6월 마오쩌동은 이와 관련해 다음과 같이 지시하였다. "중대한 범행을 범한 극소수의 지주에 대해 법원에서 사형 혹은 징역을 선고하는 것 외에 일반 지주에 대해서는 그들의 봉건 토지소유제를 폐지하고, 그들의 사회계급만을 폐지할 뿐 그들의 육체는 훼손하지 않도록 한다." 이는 마오쩌동 인민민주독재이론의 일관된 사상이며 총원칙이었다. 그러나 건국초기 반혁명분자들의 활동이 창궐하면서 새로운 정권 수립을 파괴하려 할 때, 당 중앙은 단호하게 타격을 가하기로 결정했다. 1950년 10월 「반혁명활동을 진압하는 활동에서 우경 편향을 바로잡는 것에 대한 지시」를 발표한 후 전국적으로 대규모 반혁명 진압운동이 시작됐다. 1951년 5월 8일 마오쩌동은 또 '사형 집행유예' 방법으로 독재 진압의 '도'문제를 해결하기로 했다. 그처럼 신중한 사상과 정책 조치는 새 정권의 생존을 위협하는 적대세력을 제거하고 절대다수 인민의 민심을 얻었으며, 또 민족의 대 단결·대 통일을 진정으로 실현하는 데 중대한 역할을 하였다.

이밖에도, 마오쩌동은 언행일치와 연관된 정책을 강조하였으며, 사회 각 계층의 이해와 지지를 얻어 민심을 안정시키고 민심을 모을 수 있도록 확보하였다. 1949년 10월 10일 누군가 신화사를 통해 마오쩌동에게 다음과 같은 내용의 글을 올렸다.

"『톈진일보』를 통해 귀사가 올해 9월 16일 발표한 사설 「백서에 대한 여섯 번째 논술」(六評白皮書)를 읽었는데 내용에는 이같이 쓰여 있었습니다. "중공중앙은 전 국민당 근무인원 중 어떤 면의 재주가 뛰어나고, 또 반동분자 혹은 악행분자만 아니라면 감원하지 말고 그대로 두라는 명령을 전국 여러 지역의 공산당 조직과 인민해방군에 내렸다. 이미 감원 당해 생활면에서 의지하는 데에 없는 자에 대해서는 명령을 거둬들이고 밥줄을 보장해 줘야 한다." 그 당시 이 글을 읽고 중공중앙이 이처럼 인정 있는 지시를 내린데 대해 탄복하였습니다. 그러나 최근 창사후난염무판사처(長沙湖南鹽務辦事處) 동료들의 편지를 받았는데 원래 있던 300명의 일꾼에서 40여 명만 남기고 전부 해산시켜 실업을 하게 되었다고 합니다. 후난의 이런 인사처리 방법은 중공중앙의 지시와 어긋나는 것입니다. 저 또한 이러한 처리방식에 실망하였습니다."

마오쩌둥은 그 긴 익명 편지를 보고 이를 크게 중시하였다. 그는 즉시 후난성위 및 여러 중앙 분국에 전화를 걸어 상황을 명확히 조사하고 일률적으로 중앙의 지시에 따라 이행하며 다시는 그런 착오를 범하지 못하도록 요구하였다. 마오쩌둥은 "말은 신용이 있어야 하고, 행동은 결과가 있어야 한다"라는 중화민족의 우수한 전통을 잘 알고 있었다. 마르크스주의가 중국에서 승리를 거두려면 인민을 위해 이익을 도모해야 할 뿐만 아니라 언행이 일치해야 하고, 그래야만이 민심을 얻을 수 있고 민족해방과 민족통일의 위업을 완성할 수 있었던 것이다.

제3절
민족통일론과 봉건대통일(大一統)

민족독립과 민족통일에 관한 마오쩌동의 사상은 풍부한 내용을 포함하고 있는데, 이는 중화민족의 우량한 전통과 마르크스주의 민족문제 관한 이론을 과학적으로 결합시킨 것이며, 아울러 실천과정에서 거대한 성공을 거두었다. 그러나 최근 몇 년 중국의 경제체제와 정치체제를 연구하고 비판할 때 일부 사람들은 이런 민족통일론을 개괄적으로 봉건전제주의 '대통일'(大一統)로 부르고 있다. 이 문제를 어떻게 인식해야 할 것인가?

첫째, 우리는 중국의 문화전통에 확실히 봉건주의 대통일의 영향이 깊이 존재하고 있다는 것을 인정하여야 한다. '대통일'이란 이 단어는 『공양전·은공원년(公羊傳·隱公元年)』에서 제시됐다. 그 뜻인 즉 서주시기 주나라 천자가 천하를 분봉한 여러 제후들을 통일하여 분봉제도의 기초 위에서 독재와 통일을 이루었다. 이런 '대통일' 관념은 국가 정치생활에서 소생산적인 자연경제(自然經濟小生産) '소통일'(小一統)관념의 표현이었다. 이른바 '소통일'이란 소생산적인 자연경제가 가정 혹은 장원경제 범위 내에서 실행한 가장제로서 가장을 중심으로 한 가정통일론 혹은 장원통일론이다. 중국인은 "제가·치국·평천하(齊家, 治國, 平天下)"고 강조하는데, 그 뜻인 즉 가정의 권위를 확립하고 가정의 작은 통일을 실현할 수 있는 사람이야 말로 나라를 다스리고 천하를 통일

할 수 있는 능력을 구비하였다는 말이다. 때문에 봉건전제주의 '대통일' 관념이 중국에서 두터운 기반이 있고, 중국인의 사유방식에 깊이 묻혀 쉽게 흔들리지 않는 정통 관념이 되었다. 중국의 기나긴 역사에서 '대통일'과 어긋나게 행동한 사람은 모두 '역당(逆黨)'으로 간주되었으며 사람들의 토벌을 받았다.

중국 근·현대 역사에서 이런 '대통일' 관념은 민주가 현시대 세계에서 막을 수 없는 대세로 되었다 하여 사라진 것이 아니라, 반대로 더욱 완강한 형식으로 나타나 혁명적이고 민주적이며 진보적인 역사의 흐름과 서로 맞섰다. 신해혁명이 봉건군주제를 뒤엎은 것은 '대통일' 관념을 새롭게 바꾸는데 중요한 기반을 닦아놓았다고 보아야 한다. 그러나 위안스카이(袁世凱)는 여전히 황제가 되려 했고, 봉건전제의 '대통일'을 수호하려 했다. 위안스카이의 황제 꿈이 거품으로 돌아간 후, 본래는 우리가 '대통일' 관념에서 벗어날 수 있는 좋은 기회였는데 그 뒤로 북양군벌 혼전 및 신 군벌 혼전이 벌어지면서 분열을 혐오하는 정서 속에서 사람들의 '대통일' 관념을 역방향으로 강화시켰다. 이로써 황제가 아닌 황제 즉 장제스의 독재통치 및 그 기반 위의 '대통일'이 나타나게 되었던 것이다. 사실 장제스 국민당의 통치는 여전히 전제주의 식의 '대통일' 통치이다.

동시에 우리는 총체적으로 볼 때, 마오쩌둥의 민족통일사상과 '대통일' 관념에 다음과 같은 명확한 분계선이 있다는 것을 알아야 한다. 봉건 전제주의 '대통일' 관념은 소생산적인 자연경제의 산물이고, 마오쩌둥의 민족통일론은 대 생산적인 사회화와 서로 일치한다. 봉건전제주의 '대통일' 관념은 봉건군주·황제 혹은 개인독재에 의해 통일된 통일론이고, 마오쩌둥의 민족통일론은 민주기초 위에서 건립되고 인민에 의해 통일된 통일론이다. 그렇기 때문에 현대사회에서 봉건전제주의 '대통일' 관념은 반동적이고 낙후한 '가짜 통일론'이고, 마오쩌둥의 민족통일론은 민심에 따른 진보적인 '진짜 통일론'이다.

물론 뿌리가 깊은 '대통일' 관념이 역사의 무대에서 스스로 사라지지는 않을 것이며, 늘 우리 당과 인민에게 몰래 영향을 줄 것이라는 것을 우리는 반드시 알아야 한다.

후에 발생한 심각한 개인숭배는 정치사상 분야에서 '대통일' 관념의 전형적인 표현이다. 이런 '대통일' 관념이 건국 초기부터 이미 몰래 종자를 뿌린 것은 아닐까? 이것은 아주 복잡한 문제로 마땅히 공을 들여 분석해야 할 것이다. 취안옌츠(權延赤)는 『신단에서 내려온 마오쩌둥』이라는 책에서 대중들이 "마오쩌둥 만세"라고 부르는 것을 처음 들은 것은 1947년의 여름이라고 소개했다. 그때 대중들이 산베이(陝北)를 전전하는 마오쩌둥을 발견하고 자발적으로 환호를 보냈다. 이것은 인민 대중들이 중국공산당에 대한 또 이 당의 지도자에 대한 마음속으로부터 우러나온 열애와 경모의 감정이라 할 수 있다. 그렇기 때문에 마오쩌둥 뿐만 아니라 마오쩌둥의 호위 군사들까지 "눈시울을 붉혔으며 자부심을 느꼈다"고 했다. 당과 마오쩌둥은 대중들이 "마오쩌둥 만세"라고 부를 때, 그 당시 조건에서는 마땅히 자긍심을 느꼈을 것이다. 『신단에서 내려온 마오쩌둥』이 책에서 묘사한 것처럼 "만세를 하는가 못하는가는 당의 방침 정책을 가늠하는 표시이기 때문이고, 민심을 얻은 자가 천하를 얻을 수 있기 때문이다."[164] 그러나 마오쩌둥을 '만세'로 보는 대중들의 문화심리를 잘 인도하지 못하면 마오쩌둥을

---

164) 취안옌츠(权延赤), 『신단에서 내려온 마오쩌둥』, 1989, 중외문화출판회사, 8쪽.

164) 취안옌츠(权延赤), 『신단에서 내려온 마오쩌둥』, 1989, 중외문화출판회사, 8쪽.

성화(圣化)시키는 것으로 인식되기가 쉽다. 여기에서 '신화(神化)'를 사용하지 않고 '성화'를 사용한 것은 중국인의 문화적 심리가 유럽인처럼 종교적 우상을 '하나님'과 같은 신으로 간주하지 않기 때문이었다. 중국인은 자신이 존경하는 영웅을 성현으로 간주하고 공양하기 좋아한다. 안타까운 것은 1947년 그해 여름 이후로 "마오쩌동 만세"의 환호 소리가 점점 커졌을 뿐 아니라, 건국 이후 인민공화국 전 국민이 정식 집회 때 부르는 정식 슬로건이 되었다. 이런 현상은 뿌리가 깊은 '대통일' 관념이 건국 초기부터 이미 실마리가 드러났음을 설명한다. 이것이 바로 전통 찌꺼기의 굳어진 버릇이었다!

그러나 이것이 마오쩌동 민족통일론의 특징은 아니다. 마오쩌동의 민족통일론은 하나의 이론으로서 과학적인 내용과 자체적 논리체계를 가지고 있다. 마오쩌동의 민족통일론은 민족의 주체가 물질재부와 정신재부의 창시자인 국민이고, 민족의 이익은 결국 각 계급 각 계층 국민의 이익이며, 민족 간의 모순은 비록 복잡하지만 계급사회에서는 주로 통치계급과 피 통치계급 간 착취계급과 피착취계급 간 모순의 특수한 표현이고, 민족의 독립은 피 노역·피압박 인민들이 해방을 쟁취하는 자주적 행동이며, 민족의 통일인 즉 해방 받은 국민들이 공동의 근본이익을 기반으로 건립한 민족 대단결이라고 인정했다. 따라서 마오쩌동이 민족통일 대업을 실현하는 과정에 나타난 일부 문제와 마오쩌동의 민족통일론을 혼동시키는 것은 불공평한 것이다. 현실생활에서 이론과 실천이 서로 분리되는 상황은 이론이 실천을 따라 가지 못하는 데서 표현될 뿐만 아니라, 또 정확한 이론에 따라 실천을 늘 일관성 있게 전면적으로 전개하지 못하는 데서도 표현된다. 따라서 실천에서 나타난 문제를 가지고 총괄적으로 혹은 전면적으로 이론에서 폐단을 찾으려고 해서는 안 된다. 더구나 실천 자체가 아주 복잡한 문제로 여러 가지 힘이 합성된 활동진행 과정인 것이다. 예컨대 인민대중들이 "마오쩌동 만세"를 외칠 때 마오쩌동도 "인민 만세"로 회답하였다. 이것은 적어도 마오쩌동의 이성 사유에서 '인민'의 힘이 '마오쩌동'보다 더 위대하다는 것을 설명해 준다. 그러나 마오쩌동의 "인민 만세"는 사람들의 "마오쩌동 만세" 슬로건을 변화시키지 못했는데 이런 상황은 상당히 복잡하다. 마오쩌동의 민족통일사상과 중국사회에 아직도 남아있는 봉건주의 '대통일' 관념, 이 두 가지를 기계적으로 연계시킬 것이 아니라, 마땅히 객관적으로 분석하여야 한다. 우리는 '대통일' 관념이 우리의 민족통일 대업을 방해하고 있다는 것을 명확히 알아야 할 뿐만 아니라, 마오쩌동의 민족통일론은 절대 봉건전제주의 '대통일' 관념이 아니라는 것도 명확히 인식해야 할 것이다.

제4절
민족독립과 국가주권 의식

거의 모든 정직한 사람들은 사회주의시기 마오쩌동이 '반수'투쟁을 격렬하게 이끈 원인 중의 하나가 그가 중화민족의 독립과 중화인민공화국의 주권을 수호하기 위한 것임을 다 알고 있다.

마오쩌동은 중국 인민의 아들이며, 특수한 역사조건 속에서 성장해 온 인민의 영수이다. 마오쩌동의 민주혁명 시기의 기본목표는 제국주의와 봉건주의를 반대하는 것이었다. 중국혁명은 통일 전선·무장 투쟁과 당 건설이라는 '3가지 법보'의 위력으로 최종 승리를 거두었다. 바로 이런 배경으로 인해 마오쩌동은 신 중국 국가주권에 대해 매우 관심을 기울였던 것이다.

비록 중국혁명이 승리를 거둘 무렵 마오쩌동이 소련으로 "기울어지겠다"고 말한 적이 있었지만 그렇다고 그가 절대 국가주권을 팔아먹고 민족독립을 포기한 것은 아니었다. 1949년 12월 그는 처음으로 소련을 방문하여 스탈린과 실질적 내용이 있는 조약을 체결하고, 중·소 간 역사로 인한 일련의 문제를 해결할 예정이었다. 스탈린은 중소 간의 조약은 그와 마오쩌동 둘이 체결하면 된다고 생각했다. 그러나 마오쩌동은 이것은 정부 간의 사무로 저우언라이(周恩來) 총리가 와서 처리해야 한다고 생각하고, 즉시 저우언라이의 소련 방문 요청을 제기하였다. 저우언라이가 모스크바에 도착하기 전에 그는 이미 저우언라이와 한 시간 넘게 통화 하면서 체결할 조약 내용에 대한 자신의 의견을 털어놓았다.

마오쩌동·저우언라이와 스탈린·비신스키의 회담을 통해 소련은 중국에서의 특권을 포기하는 것에 동의하였고, 평등을 원칙으로 신생 중화인민공화국을 대하기로 하였다. 이것은 신 중국이 건립된 이후 마오쩌동이 직접 이끌어 국가 주권을 수호한 첫 번째 외사활동이었다. 스탈린의 꼼꼼한 태도로 인해 이번 회담은 아주 성공적이었을 뿐만 아니라 각 항의 협정도 모두 실행되었다.

그 당시 중국정부도 이런 정신으로 하나 또 하나의 국가와 국가 간의 복잡한 관계문제를 해결해 나갔다. 1953년 12월 말, 저우언라이가 인도 정부 대표단과 회담할 때 이렇게 제기했다. 국가 간에는 마땅히 주권과 영토완정을 서로 존중하고, 서로 침범하지 않으며, 내정을 서로 간섭하지 않고, 호혜 평등하고 평화롭게 공존하여야 한다. 이것이 바로 유명한 평화 공존 5항 원칙이다. 이 원칙은 중국·인도·중국·미얀마 간 회담의 중요 문건에 올랐으며, 국가 간의 관계를 처리하는 기본 준칙이 되었다. 평화 공존 5항 원칙은 외국을 대하는 중국의 성실한 태도를 보여주었고, 또 중화인민공화국이 민족독립과 국가주권을 수호하려는 기본 입장을 밝혀주었다. 이 5대 원칙은 전 세계적으로도 아주 깊은 영향을 주었다.

중소 관계 문제를 처리함에 있어서 마오쩌동은 줄곧 이 5대 원칙을 견지하였으며, 그 어떤 압력도 두려워하지 않았다. 소련공산당 제20차 대회 이후 중소 양당 간에 이데올로기 면에서 이미 모순이 생겼고 또 논쟁도 있었지만 등을 지는 정도까지는 아니었다. 마오쩌동은 1966년에야 중소 관계가 비틀어진 것은 1958년의 일이라고 말했다. 그 주요 원인은 두 가지가 있었다. 첫째 원인은 그해 4월 말리노프스키 소련 국방부장이 펑더화이 중국 국방부장에게 중국에 장파 무선 통신기를 건설하려는데 대부분 경비는 소련에서 부담하고 중국은 일부분만 부담하면 될 것이라는 건의를 제기하였다. 6월 중공중앙은 일체 비용은 중국에서 부담하고 양국이 공동 사용할 수 있지만, 소유권은 마땅히 중국에 있어야 한다고 회답하였다. 마오쩌둥이 경제 문제만 고려한 것이 아니라 주권 문제도 고려한 것이 분명했다. 소련인이 이해하지 못했던 것이 바로 이 부분이었다. 이 때문에 이 일은 결과를 보지 못했다. 두 번째 원인은 그해 7월 중국의 소련대사이며 마오쩌둥의 철학 친구인 유진은 소련에서 원자 잠수함을 제공해줄 것을 중국이 원했을 때, 중소 연합함대 건립문제를 제기하였다. 마오쩌둥은 이것은 정치문제인데 이는 러시아민족주의를 중국의 해안에까지 확대시켜 우리를 통제하려고 하는 짓이라고 콕 집어서 말했다. 7월 31일 흐루시초프가 중국을 방문하여 마오쩌둥과의 회담 석상에서 마오쩌둥은 이 일을 둘러싸고 강력히 배제하는 태도를 보였다. 마오쩌둥은 소련의 이런 건의에 강렬한 분노를 표했으며, 중국의 국가주권과 민족독립을 파괴하는 요구를 단호히 거절하였다. 1959년 소련은 중국에 압력을 가하기 위해 1957년에 중소정부대표단이 체결한 국방 신기술 협정을 일방적으로 찢어버렸고, 중국에 원자탄 견본의 관련 기술자료 등을 제공하던 것을 중단하였다. 흐루시초프는 소련의 지원을 떠나서 중국이 원자탄을 제조할 수 없다고 생각했다. 그러나 역사는 그를 조롱하였다. 겨우 5년 만에 중국이 자체로 시험 제조한 원자탄이 1964년 10월 16일 성공적으로 폭발하면서, 흐루시초프의 퇴진을 위해 우렁찬 축포를 쏘아 올렸다. 마오쩌둥의 경제면에서의 자립갱생 주장과 정치면에서의 국가

주권 수호는 이미 하나가 되어 있었던 것이다.

이번의 일을 통해 세계는 마오쩌동을 알게 되었다. 세계 여론은 대부분 중국혁명의 승리는 "모스크바 음모의 산물"이며, 마오쩌동은 중국의 소련 대리인이라고 여겼다. 중소 간의 이데올로기 논전은 많은 국외 학자들에게 마오쩌동이 이끄는 중국공산당과 소련공산당의 크나큰 격차를 보여주었다. 더욱이 마오쩌동이 대국 쇼비니즘의 압력을 막아 내고 중화민족의 독립과 국가 주권의 행사를 확고부동하게 지켜낸 것은 그들에게 마오쩌동의 개성과 중국공산당의 특점을 잘 보여주는 기회가 되었다. 60년대 초 영국『중국 계간』에서 "'마오주의(毛主義)'전설"의 발단을 둘러싸고 논쟁을 벌인 적이 있었다. 60년대 초 "'마오주의' 전설" 문제에 관해 논쟁을 벌인 후, 마오쩌동 사상에 관한 연구 열기가 점차 고조되고 점점 많은 사람들이 마오쩌동 사상의 특수성에 눈길을 돌렸다. 그들은 마오쩌동은 절대 소련의 대리인이 아니며, 중국혁명도 절대 "모스크바 음모의 산물"이 아니라고 인정했다. 물론 그중에 적지 않은 사람들은 마오쩌동을 '민족주의자' 혹은 '민족의 공산주의자'라고 여겨왔지만 그것은 적절하지 못한 평가였다. 그러나 그들은 거의 전부 마오쩌동이 민족독립과 국가주권 면에서 절대 양보하지 않았다는 특점을 볼 수 있었는데, 이 점은 객관 사실에 부합되는 일이었다.

제5절
'3가지 세계' 이론

마오쩌둥은 만년에 중국의 주권과 민족의 독립을 수호하기 위하여 각종 국제 반화(反華) 세력의 포위와 억제를 뚫고 그의 친밀한 전우인 저우언라이와 함께 아주 훌륭한 외교의 투쟁 예술을 선보였다.

1970년 12월 18일 '문화대혁명' 발생 이후 유일하게 중국 방문 및 마오쩌둥과의 회담 허락을 받은 미국 기자 에드가 스노우가 마오쩌둥의 서재에 나타났다. 마오쩌둥이 국제 형세에 대해 자유롭게 논의하면서 "닉슨이 중국에 오는 것을 원한다면, 나는 그와 담화를 나누기를 원한다. 이루어져도 좋고 이루어지지 못해도 좋다.… 아무튼 다 된다"라고 말했다.[165]

마오쩌둥의 담화는 1971년 5월 31일 중공중앙에서 『마오쩌둥과 미국 우호인사 스노우와의 담화 기요』를 전재하는 형식으로 당내에 전달되었다. 그리하여 전 중국이 중·미관계에서 역사적인 전기가 보이고 있다는 정보를 얻었다. 이어서 7월 9일부터 11일까지 키신저 미국 대통령 특사가 베이징을 방문하였다. 7월 16일 중미 양측은 "저우언라이 총리가 중화인민공화국을 대표하여 닉슨 대통령이 1972년 5월 전으로 적당한 시기에 중국을 방문할 것을 요청한다."는 공고 발표를 동시에 선포하였다. 이 공고가 발표되자 전 세계가 놀랐다. 1972년 2월 21일부

---

165) 『마오쩌둥과 미국 우호인사 스노우와의 담화 기요』 (1970년 12월 18일).

터 28일 사이 전 국민이 신 중국이 건립되어서 처음으로 대서양 저쪽에서 온 닉슨 미국 대통령을 접대하였다.

세인들은 마오쩌둥의 이 전략적 행동을 "작은 공으로 큰 공을 쳤다"고 하는 '핑퐁외교'라고 불렀다. 1971년 3월 말부터 4월 초까지 일본 나고야에서 제31회 세계탁구선수권대회에 참가한 미국 탁구 선수들이 경기 후 중국 방문 의향을 여러 번 표했기 때문이다. 처음에 마오쩌둥은 미국 탁구팀의 중국 방문을 동의하지 않으려 했지만 심사숙고한 결과 그래도 초청하기로 결정하였다. 이 결정은 미국과 전 세계를 놀라게 했다. 저우언라이 총리가 미국 탁구팀을 회견하였을 때 얘기한 것처럼 이는 중화인민공화국을 방문한 첫 번째 미국 국가대표팀으로 양국 국민의 친선 왕래의 문을 열어 놓게 되었다.

그렇다면 마오쩌둥은 왜 이런 시기에 미국 기자와 회담하고, 미국 탁구팀의 중국방문을 초청하였으며, 더 나아가 닉슨의 중국 방문을 초청하여 중미관계를 열어가고자 했는가?

국가의 안전, 이것이야 말로 마오쩌둥이 이런 전략적 결정을 내리게 된 가치적 출발점이었던 것이 분명하다. 신 중국이 건립된 이래, 제국주의는 우리를 포위하고 억압하였으며, 또 장제스 국민당은 연해지역에서 소란을 피우고 파괴하는 것을 지원하였다. 중소 논전이 시작된 후, 중국 국토의 다른 한쪽에서는 또 소련 무장역량의 위협을 받았다. 국가의 안전이 "제국주의·수정주의·반혁명분자들이 대 합창"하는 여러 면의 포위 속에서 심각한 도전에 직면하게 되었다. 특히 1969년 3월 발생한 "진바오다오 사건(珍宝岛事件)", 즉 헤이룽장성 진바오다오(黑龍江省珍宝岛)지역에서 발생한 중·소군대의 국경 무장 충돌이 더욱 마오쩌둥의 주목을 이끌었으며, 그는 국제형세가 날로 심각해지고 전쟁의 위험이 커지고 있다고 인정했다. 3월 15일 중앙문화혁명소조 회동에서 마오쩌둥이 전쟁 준비문제에 무게를 두고 거론하였는데, 여기서 당시 그의 사상을 엿볼 수 있다.

마오쩌둥과 당 중앙에서는 중국 안전에 대한 직접적이고 가장 큰 위협이 이미 미국에서 소련으로 전이되었다고 판단했다. 그렇기 때문에 "진바오다오 사건" 발생 이후, 전국 범위에서 대중적으로 방공호를 파는 활동을 조직하는 것을 포함해 당 내외에서 광범위한 전비동원을 하였다. 전비 대상은 소련이었다. 이런 특정된 배경에서 마오쩌둥이 스노우와 회담하고 미국 탁구팀의 중국 방문을 요청하고 닉슨과 악수한 것은 분명히 각종 반화세력의 포위 속에서 돌파구를 찾아 국가의 안전을 수호하기 위해서였음을 알 수 있다.

국제정치관계의 새로운 국면에 대한 판단, 이것이야 말로 마오쩌둥이 이런 전략적 결정을 내리게 된 과학적 출발점이었다. 전후 약 30년에 걸쳐 미국과 소련 양국은 정치·경제·특히 군사적 위협력과 공격력 면에서 아주 큰 발전을 가져왔으며, 두 개의 글로벌 슈퍼 대국이 형성되면서 국제정치구도에 큰 변화를 일으켰다. 일부 국제문제 전문가들은 두 공산당 대국 간의 긴장된 관계로 발전하는 국면을 연구하였다. 그리하여 이른바 미·소·중 '대 삼각' 이론이 나타났다. '대 삼각' 이론은 미·소간의 대치와 중·소간의 충돌로 3개의 정치 대국이 조성되었고, 그들의 관계는 미국과 소련 두 슈퍼 대국의 균형에 영향 주었을 뿐만 아니라, 전 세계 정치풍운의 변화에도 영향을 미칠 것이라고 인정했다.

이런 배경 하에서 닉슨과 키신저 국무장관은 예전의 적이었던 중국 공산당과의 관계를 완화하고, 파키스탄과 루마니아 등 경로를 통해 중국과 대화를 나누면서 새로운 글로벌 전략을 구축하는데 힘썼다. 20여 년간 포위와 봉쇄를 겪은 중국이 갑자기 글로벌 관계에서 새로운 국면을 열어가는 중요한 조성 부분으로 되었던 것이다. 이는 1949년 신 중국 건립시기의 국제형세와 비교할 때 상당히 큰 변화를 가져왔다. 그 당시 저우언라이 총리는 세계 각지의 중요한 정보를 자세히 수집하였고, 마오쩌동은 정세를 잘 살피고 전략을 짜 전반적인 국면을 통솔하였는데, 두 혁명가가 예비 '세계 혁명'을 발동하고 있었다. 항상 실제적인 것을 추구했던 마오쩌동이 이미 변화한 국제정치 실제로부터 출발하기로 결정하고, 이데올로기 격차의 장벽을 뛰어넘어 중미관계를 열어나갔다. 그리하여 중국이라는 대형 선박이 기적을 울리며 국제정치의 대양으로 용맹스럽게 달려나가게 되었던 것이다.

중국과 미국이 접촉하면서 전 세계는 이 시대 새로운 추세의 충격을 받았다. 중국과 우호적인 사회주의국가와 기타 신흥국가는 외교 면에서 거둔 중국의 성과로 매우 기뻐하고 고무되었다. 그들은 중국이 거인처럼 국제정치무대의 중심에 우뚝 설 것을 원했을 뿐 아니라, 실제 행동으로 이 일을 성사시키기 위해 노력했다. 1971년 10월 25일 제26회 유엔 총회에서는 찬성 76표, 반대 35표, 기권 17표의 압도적인 우세로 알바니아와 알제리 등 23개국의 제안을 통과시켰으며, 장제스 국민당 대표를 유엔 및 그 소속의 모든 기구에서 쫓아내고 유엔에서 중화인민공화국의 모든 합법적인 권리를 회복하였다. 이 일은 국제정치에서 미국과 소련 두 개의 슈퍼대국이 존재하는 것 외에도 중국을 포함한 많은 신흥국가로 조성된 세계 진보역량이 존재하며, 또 그 양자 사이에 끼어 있는 중간 역량도 존재한다는 것을 표명해주었다. 중미관계의 새로운 변화가 세계 진보역량에 대해 거대한 지원을 해주었던 것이다.

중미관계의 변화는 중국의 정치와 경제 생산에서도 적극적인 영향을 주었다. 첫째는 그 당시 린뱌오집단(林彪集團)을 직접 타격하였다. 평범치 않은 1971년에 마오쩌동은 동시에 아무상관 없어 보이는 두 가지 큰일을 처리하고 있었다. 하나는 중미관계를 개선하는 것이고, 다른 하나는 린뱌오집단의 극좌 노선과 반혁명 음모를 폭로하고 비판하는 것이었다.

마오쩌동 서거 전후에 발생한 이 거대한 변화는, 현대 중국의 역사적 배경이 되었고, 그 당시 중미관계의 개선과 정상화라는 역사사건을 볼 때, 바로 마오쩌동이 중미 간 20여 년의 장벽을 직접 허물었던 것이고, 이어서 중미관계가 정상화 된 후 또 다시 1972년 9월에 중·일국교 정상화를 실현시킨 것이었으며, 10월에는 연방독일과 정식 수교하였고, 12월에 또 유학생들을 영국과 프랑스에 각각 파견하는 등의 행동을 취하였기 때문에, 중국인이 자본주의 문제의 형의상학적 사상을 접하면서 충격을 받도록 했다.

마오쩌동이 중미관계를 개선한 이 전략적 결정의 의의는 이 몇 가지 사실에만 관계되는 것은 아니었다. 중국이 비교적 빠른 속도로 현대화를 실현할 수 있었던 것도 세계 형세가 냉전과 대립에서 비교적 빨리 완화되고 평화적으로 바뀔 수 있었던 것도, 모두 이 전략적 결정과 관계가 있다는 것을 시간이 흐름에 따라 우리는 한층 더 발견할 수 있을 것이다.

그러나 린뱌오집단이 중미관계 정상화를 반대할 때부터 "사회주의 국가가 왜 세계 최대 국제주의 국가와 관계를 개선해야 하는가?" 하는 엄숙한 문제는 이미 제기되었었다.

마오쩌동이 마르크스주의 계급분석 방법과 적아분석 방법을 근거로 세계의 각종 복잡다단한 정치역량을 순서대로 정렬하여 유명한 "3가지 세계 구분론"을 제기하였다. 이 이론의 주요 내용은 이러했다. 미국과 소련은 두 개의 슈퍼 대국으로 제1세계였고, 아시아·아프리카·라틴 아메리카와 기타 지역의 발전도상 국가가 제3세계였으며, 양자 사이에 있는 서 유럽·일본 등 선진국이 제2세계였다. 이 이론은 중국이 제3세계에 속하고, 중국이 제3세계 국민들과 함께함과 동시에 제2세계와 단결하고, 제1세계의 패권주의를 반대함으로써 세계 평화를 수호하며, 제1세계인 두 개의 슈퍼대국 중에서 소련이 공세에 처해 있어 우리에 대한 위협이 비교적 큼으로 마땅히 소련의 패권주의를 중점적으로 반대해야 한다고 강조했다.

이 이론의 형성에는 과정이 있었다. 60년대 중기에 마오쩌동은 세계 정치구도가 다시는 50년대처럼 사회주의 진영과 자본주의 진영의 대립으로 간단하게 표현할 수 있는 것이 아니라 이미 대 동요·대 분화·대 개조의 새로운 상황이 나타나기 시작했다고 지적했다. 표면적으로 보면, 제국주의 국가의 내부 모순이 많고, 사회주의 국가 간의 논전도 빈번하며, 아시아·아프리카·라틴 아메리카 지역의 식민지와 종속국이 제각기 독립을 요구하는 천하대란의 양상을 보였다. 60년대 중·후기부터 중국은 '사회주의 진영' '제국주의 진영' 이런 개념을 사용하지 않았다. 70년대 후 서방에서 '대 삼각' 의론이 나타났으며, 닉슨과 키신저는 이 이론에 관심을 기울였다. 그러나 마오쩌동은 "나는 '대 삼각'이론을 찬성하지 않는다. 나는 아시아·아프리카·라틴 아메리카와 중국이 제3세계에 속하는 것을 찬성한다."고 말했다. 1971년 11월 15일 중국이 유엔에 복귀할 때 챠오관화(喬冠華)가 대회 발언에서 마오쩌동의 이 주장을 다음과 같이 공개적으로 진술하였다.

"경제적으로 독립하지 못하면 그 나라의 독립은 불완전하다. 아시아·아프리카·라틴 아메리카 국가가 경제적으로 낙후한 것은 제국주의의 약탈로 이루어진 것이다. 경제적 약탈을 반대하고 국가 자원을 보호하는 것은 독립된 국가의 박탈해서는 안 되는 주권이다. 중국은 아직도 경제적으로 낙후한 나라이며 발전도상국이다. 중국은 대부분의 아시아·아프리카·라틴 아메리카 국가와 마찬 가지로 제3세계에 속한다."[166]

그 후로 마오쩌둥은 여러 차례 외빈과 국제정치의 새로운 구도를 분석하면서 자신의 사상을 끊임없이 심화시켰다. 1973년 6월 22일 트라오레 말리 국가원수를 회견할 때 그는 "우리는 모두 제3세계에 속한다. 바꿔 말하면 발전도상국이다."라고 강조했다. 1974년 2월 22일 그는 카운다 잠비아 대통령과 더욱 체계적으로 이 문제를 토론하였다. 그는 제국주의와 사회주의, 그리고 이 두 사이에 있는 아시아·아프리카·라틴 아메리카를 각각 제1·제2·제3세계로 부르는 것을 찬성하지 않는다고 말했다. 그는 또 "내가 보기에는 미국과 소련이 제1세계이고, 중간파인 일본·유럽·캐나다가 제2세계이다. 우리가 제3세계이다" "제3세계는 인구가 많다. 일본을 제외한 아시아는 모두 제3세계이다. 전체 아프리카와 라틴 아메리카는 제3세계이다."라고 말했다.[167] 마오쩌둥의 이런 논술의 기본 특점은 이데올로기를 기준으로 세계 정치 구도를 구분했던 전통적인 사고방식을 변화시켰고, 경제를 기초로 한

---

166) 『역사 흐름은 막을 수 없다 - 중국이 유엔에서의 모든 합법적인 권리를 성공적으로 회복』, 1971, 인민출판사, 8쪽.
167) 『인민일보』, 1977년 11월 1일.

다 요소 기준으로 세계 정치구도를 구분하는 것을 주장한 것이다. 왜냐하면 마오쩌둥이 "3가지 세계 구분이론"을 제기하기 전에, 국제적으로는 이미 이 개념을 사용하고 있었다. 마오쩌둥은 '대 삼각'이론을 동의하지 않을 뿐만 아니라, 이데올로기를 기준으로 한 "3가지 세계 이론"에도 동의하지 않았으며, 자신의 독특한 "3가지 세계 구분 이론"을 제기하였던 것이다.

덩샤오핑이 1974년 4월 10일 유엔 총회 제6기 특별회의에서 마오쩌둥의 "3 가지 세계 구분 이론"을 계통적으로 진술하였다. 덩샤오핑은 회의 발언 첫머리부터 이렇게 말했다.

"유엔 설립 29년 이래 전문가 회의를 열어 제국주의 착취와 약탈을 반대하고, 국제경제의 관계를 개조하는 데에 관한 중대한 문제를 토론하는 것은 이번이 처음이다. 이는 국제 정세의 심각한 변화를 보여주었다. 중국 정부는 이번 회의의 개최를 열렬히 축하한다. 중국정부는 이번 회의가 발전도상국 간의 단결을 강화하고, 민족의 경제 권익을 수호하기 위해 각국 국민들이 제국주의를 반대하고, 특히 패권주의와의 투쟁을 추진하기 위해 적극적인 공헌을 하기 바란다."

이어서 그는 이렇게 지적했다.

"'천하대란'의 형세 하에서 세계의 각종 정치역량은 기나긴 교량과 투쟁을 거쳐 급격히 분화되고 개조됐다. 국제관계 변화로 볼 때, 지금의 세계는 서로 연계되면서도 또 서로 모순되는 3가지 방면 3가지 세계가 존재한다. 미국과 소련이 제1세계이고, 아시아·아프리카·라틴아메리카 발전도상국과 기타 지역의 발전도상국이 제3세계이며, 양자 사이에 있는 선진국이 제2세계이다."

마지막으로 덩샤오핑은 이렇게 장엄하게 선포하였다.

"중국은 사회주의 국가이며 또한 발전도상국이다. 중국은 제3세계에 속한다. 중국 정부와 중국 국민은 마오쩌둥의 가르침을 준수하고, 모든 피압박 국민과 피압박 민족이 민족독립을 쟁취하고 수호하는 것을 굳건히 지지하며, 민족경제를 발전시키고, 식민주의·제국주의·패권주의 투쟁에 반대한다. 이것이 우리가 마땅히 수행해야 할 국제주의 과업이다. 지금 중국은 슈퍼대국이 아니며 앞으로도 아니다.… 중국이 어느 날 색을 바꿔 슈퍼대국이 되어 세계에서 패권자라 칭하면서 사방에서 상대방을 괴롭히고 침략하고 착취한다면, 세계 국민은 마땅히 중국에게 사회제국주의라는 모자를 씌워 이러한 사실을 폭로하고 반대함과 동시에 중국 국민과 함께 무너뜨려야 할 것이다."[168]

당시 일부 사람들은 마오쩌둥이 제기한 "3가지 세계 이론"의 구분 방법이 마르크스주의 입장·관점과 방법에 부합되지 않는다고 제기했다. 그러면 이 문제를 어떻게 인식해야 할 것인가?

먼저 우리는 이것이 국제범위 내에서 마르크스주의 계급분석 방법의 응용이라는 것을 알아야 한다. 마오쩌둥의 적아분석 방법은 계급분석 방법을 기초로 한 것이다. 넓은 의미에서 말하면 적아분석 방법 자체가 일종의 계급분석 방법인 것이다. 마르크스주의 계급분석 방법의 뚜렷한 특점이 바로 경제를 착안점으로 생산관계에서 각 사회집단의 지위를 판단하고, 이에 따라 다른 계급의 속성을 확인하고 다른 계급으로 구분하는 것이다.

덩샤오핑이 유엔 총회 제6기 특별회의에서 마오쩌둥의 "3가지 세계

---

168) 「유엔총회 제6기 특별회의에서 중화인민공화국 대표단 덩샤오핑 단장의 발언」, 『인민일보』 1974년 4월 11일.

이론"을 진술할 때, 이렇게 분석했다. 제1세계에 관해, 미국과 소련을 두 개 슈퍼대국으로 정한 것은 그들이 "그 시대의 가장 큰 국제적 착취자와 압박자이며, 새로운 세계전쟁의 발원지"이기 때문이다. 제2세계에 관해, 한편으로는 그들이 아직도 제3세계 국가에 대해 다양한 형태의 식민주의 관계를 유지하고 있다고 지적했으며, 다른 한편으로는 "모든 선진국은 전부 미국 혹은 소련 슈퍼대국의 정도가 다른 통제·위협 혹은 모욕을 받고 있으며, 이중 일부 국가는 이른바 '대 가정'이라는 명목으로 슈퍼대국으로부터 종속국 취급을 받고 있다"고 지적했다. 제3세계는 이런 3가지 특점이 있다.

(1) 장기적으로 식민주의·제국주의의 압박과 착취를 받고 있는 국가이다.

(2) 정치적으로는 독립을 얻었지만, 그래도 아직 식민주의 잔여 세력을 숙청하고 민족 경제를 발전시키며 민족독립을 공고히 하는 등의 역사적 임무에 직면해 있다.

(3) 이 부분 국가들이 가장 심한 압박을 받았기에 압박을 반대하고 해방과 발전을 도모하려는 요구가 가장 강하다.

마오쩌동의 "3가지 세계" 구분 방법은 마르크스주의의 계급분석 방법과 근본적으로 일치하며, 레닌이 제국주의시대의 혁명역량과 적대 세력을 구분한 방법과도 일치하는 것이다.

다음으로 우리는 "3가지 세계"의 착안점이 시종 국민에 있다는 것을 명확히 알 수 있다.

"국민에게 희망을 걸다" 이것은 마오쩌동이 중미관계와 기타 국제사무를 처리할 때 자주 했던 말이다. "3가지 세계" 이론의 정수는 세계 국민의 힘을 충분히 인정하고, 제국주의와 패권주의에 맞서는 통일전선을 힘써 형성하는 것이다.

"3가지 세계 이론"은 70년대에 마르크스주의의 응용과 창조적인 발전이라고 말할 수 있다. 이 새로운 국제관계 이론은 중국 국민이 중미관계를 개선하고 국제 반화세력의 포위를 꿰뚫으며 제3세계 기타 국가와의 연계를 강화하는데 새로운 이론적 의거를 구축해 줬으며, 또 제2세계 선진국과 친선 왕래의 길을 열어가고, 제2세계 선진국의 현대화 경험을 참고로 하는데 이론적 기반을 닦아놓았다. 동시에 이런 진취적인 국제관계 이론이 있었기에 중국 80년대의 대외개방이 있을 수 있었던 것이다.

요컨대 "3가지 세계 이론"은 70년대의 복잡한 국제환경 속에서 제국주의·식민주의와 패권주의를 반대하고, 국가주권과 민족독립을 수호하는 이론이었다. 이것은 마오쩌둥이 만년에 중국 인민과 중화민족을 위해 세운 또 하나의 걸출한 공헌이었다. 부록의 민족영웅 마오쩌둥 본문은 2009년 중화인민공화국 성립 60주년을 경축하기 위해서 쓴 것인데, 후에 또 마오쩌둥 탄신 120주년 기념 연구토론회에서도 제출되었으며, 발표된 이후 독자들의 호평을 받았다. 아래에 몇 개 소제목을 추가하여 이 책의 제7장 부록으로 수록하였는데 제7장의 중간 결산으로도 볼 수 있다.

마오쩌둥은 그의 평범치 않은 일생으로 그가 위대한 마르크스주의자이며, 위대한 무산계급혁명가·전략가와 이론가라는 것을 증명하였다. 아울러 마오쩌둥이 중화민족에 평범치 않은 공헌을 했다는 것을 통해 그가 위대한 민족 영웅이라는 것을 스스로 증명하였던 것이다.

부록

1. 마오쩌동은 중국의 민족 영웅이다

몇 년 전에 내가 미국의 모 대학에서 학술 강연을 할 때 한 학자가 이렇게 물었다. "당신들은 언제 마오쩌동의 사진을 톈안먼 성루에서 내릴 것인가요?" 내가 "영원히 그러지 않을 것입니다"라고 대답했더니, 그는 "왜죠?"라고 재차 물었다. 나는 이렇게 말했다. "첫째, 마오는 민족 영웅이다. 1840년 후 중화민족이 망국멸종의 재난과 치욕을 받고 있을 때, 마오가 이 민족을 재난과 치욕에서 구해냈다. 그는 공산당에 속할 뿐 아니라 중화민족에게도 속한다. 둘째, 마오는 사상가이다. 특히 그가 창도한 '인민을 위해 복무하라'와 '실사구시' 이 두 개의 사상은 처신하거나 일을 처리하는 도리이며, 언제나 효과적이고 영원한 것이다. 셋째, 마오는 재능이 출중한 사람이다. 중국인은 재능을 중히 여긴다. 중국인은 그의 호방한 시사(詩詞), 우아한 서예를 포함한 그의 문학적인 재능에 모두 탄복한다."

당시 그 자리에 있었던 중국 유학생을 포함한 일부 친구들이 이렇게 마오쩌동을 분석하니 이채롭다며 특히 다른 이데올로기를 가진 사람들이 쉽게 받아들일 수 있을 것 같다고 말했다.

내가 이렇게 말한 것은 단지 다른 이데올로기를 가진 사람들의 물음에 대답하기 위한 것이 아니라, 옛날부터 지금까지 더욱 깊은 역사 차원의 시각에서, 우리 자손 후대들의 미래의 시각에서 출발하여 마오쩌둥을 연구하고 인식하며 공부했기 때문이었다.

이전에 사람들은 이런 것을 아주 적게 얘기했는데 그것은 사상적으로 문제가 있었기 때문이었다. 즉 다른 사람들이 우리를 민족주의자로 오해할까봐 걱정되어서였으며, 또한 그 당시 소련공산당 중앙에서 이런 경향이 있었던 것이다. 사실 민족주의는 다의어(多義語)이다. 마오쩌둥은 "우리가 애국주의와 무산계급의 국제주의를 통일시켜야 하며, 국제주의를 강조한다고 해서 애국주의를 포기해서는 안 되고, 또 애국주의를 견지한다고 해서 협애한 민족주의를 용인하여서는 안 된다"고 줄곧 주장해 왔다. 동시에 우리는 민족주의와 애국주의는 모두 역사 범위라는 것을 인식하여야 한다. 마오쩌둥은 "애국주의의 구체적 내용은 어떤 역사적 조건에서 발생했는가에 따라서 결정된다. 일본 침략자, 히틀러와 같은 '애국주의'가 있는가 하면, 우리와 같은 애국주의도 있다."라고 말한 바 있다.[169] 때문에 우리가 마오쩌둥을 우리 중화민족의 위대한 민족영웅이라고 말한 것은 바로 마오쩌둥이 위대한 마르크스주의자이자 위대한 무산계급 혁명가·전략가·이론가이며, 동시에 위대한 애국주의자· 위대한 민족영웅이기 때문인 것이다.

2. 역사가 마오쩌둥의 민족영웅 지위를 확립해주었다

60년 전 마오쩌둥이 신 중국을 창건하고 "전 인류의 4분의 1을 차지하는 중국인이 이제부터 일어섰다"고 선포하는 그 순간 역사는 이미

---

169) 마오쩌둥, 「민족전쟁 중 중국공산당의 지위 (1938년 10월 14일) 『마오쩌둥문집』 제2권, 1991, 인민출판사, 520쪽.

마오쩌동의 민족영웅의 지위를 확립시켜주었던 것이다.[170]

첫째, 마오쩌동은 민족을 멸망의 위기로부터 구해내어 생존을 도모하기 위해 혁명의 길을 걸었으며, 마르크스주의를 선택하여 마르크스주의자가 되었다. 마오쩌동은 1893년에 태어났다. 그가 생활한 역사적 조건과 사회 환경이 중국이 진보하려면 봉건주의를 반대해야 할 뿐 아니라 제국주의도 반대해야 하며, 중국을 제국주의 노예에서 구해내야 한다는 것을 결정하였다. 이런 역사적 조건과 사회 환경이 많은 민주주의 의식을 가진 근대 애국주의자들을 만들어 냈다. 청년 마오쩌동이 바로 그 중의 한 사람이다. 1918년 4월 마오쩌동을 비롯한 차이허선(蔡和森) 등이 신민학회를 설립하여 중국의 새로운 길을 탐구하기 시작하였다. 5,4애국운동의 세례를 거쳐 그가 실천과정에서 마르크스주의 길을 인식하게 되었다. 그는 민주주의자에서 공산주의자로 신속히 전환하였으며, 28세가 되던 해 중국공산당의 창립에 참여하였다. 청년 마오쩌동의 성장과정과 사상의 전환과정을 돌이켜 보면, 마오쩌동이 급진적인 민주주의자가 된 것은 중화민족을 멸망의 위기로부터 구해내어 생존을 도모하기 위해서였으며, 민주주의자에서 공산주의자로 변한 것은 민주주의가 중화민족을 멸망의 위기로부터 구해내 생존을 도모하는 문제를 해결할 수 없었기 때문이라는 것을 우리는 알 수 있다. 따라서 마오쩌동이 공산주의자로 전환한 후에도 그가 애국주의자라는 것이 변화되지 않았을 뿐만 아니라, 무산계급 국제주의와 서로 연계되는 더 높은 차원의 애국주의로 승화되었던 것이다. 마

170) 마오쩌동, 「중국인이 이제부터 일어섰다」 (1949년 9월 21일), 『마오쩌동문집』 제5권, 1996, 인민출판사, 343쪽.

오쩌동이 처한 이런 객관적인 사회 역사조건과 마오쩌동 주관의 강렬한 애국주의 심경이 그가 반드시 중화민족을 멸망의 위기로부터 구해내고 발전시키는데 스스로 독특한 공헌을 하는 민족영웅이 될 것임을 결정케 하였던 것이다.

둘째, 마오쩌동의 가장 위대한 업적은 전 국민을 이끌어 제국주의와 봉건주의의 반동통치에서 벗어나도록 했고, 중화민족을 세계 민족 가운데서 우뚝 서게 했다는 점이다. 마오쩌동이 이끈 민주혁명은 무산계급이 영도하고 제국주의와 봉건주의·관료자본주의를 반대하는 국민 대중적인 신민주주의혁명이었다. 즉 민족혁명과 민주혁명을 하나로 융합시킨 신민주주의혁명이었다. 신민주주의혁명은 중국 반식민지 반봉건사회의 국정에 의해 결정되었고, 중국혁명의 대상·임무·동력에 의해 결정되었다. 마오쩌동은 『중국사회 각 계급에 대한 분석』 『중국혁명과 중국공산당』 『신민주주의론』 등 저작에서 이에 대해 깊이 있게, 그리고 상세히 논술하였을 뿐만 아니라, 그의 고명한 전략과 전술로 중국 국민을 이끌어 이번 혁명의 위대한 승리를 거두었다. 이 승리의 직접적인 표현은 공산당과 국민당 대결의 승리이지만 본질적으로는 중화민족과 제국주의 중국 국민과 봉건사회와의 대결의 승리였다. 그렇기 때문에 마오쩌동은 승리자로서 중국공산당과 전 국민의 위대한 수령이며, 아울러 자격이 있는 중화민족의 민족영웅인 것이다.

셋째, 마오쩌동이 신 중국을 건립하고 건설한 것은 중화문명의 위대한 부흥을 실현하기 위해서였다. 신 중국이 창립되던 그 순간 마오쩌동은 넓은 도량과 가득 찬 열정으로 이렇게 말했다. "중국인이 문명하지 못하다고 평가받던 시대는 이미 지나갔다. 우리는 높은 문화를 가진 민족으로 세계에 나타날 것이다."[171] "중국의 역사가 이제부터 새로운 시대를 열어간다"[172] 신 중국이 건립 된 후, 중국공산당은 여러 민주당파, 무소속민주인사와 공동 제정한 「중국 인민정치협상회의 공동 강령」에 따라, 한편으로는 민주혁명이 남겨둔 과업을 완성하고, 신정권을 건립하고, 공고히 하며, 토지개혁을 추진하였고, 다른 한편으로는 국민경제의 회복을 위해 분투하였다. 재정 통일을 공고히 하고, 재정 수지 평행을 공고히 하며, 물가 안정을 공고히 하고, 상공업 정책을 조정하며, 공과 사의 관계를 개선하고, 하천을 다스려 전국 여러 민족 인민을 행복하게 하였다.

넷째, 마오쩌동은 중화민족의 위대한 부흥을 위하여 당과 국민을 이끌어 신민주주의로부터 사회주의까지 중국사회의 역사적 전변을 실현하였으며, 중국에 사회주의 기본제도를 설립하여 사회주의 건설의 위대한 진군을 시작하였다. 일찍이 중공 제7기 2중 전회에서 마오쩌동은 이미 중화민족 부흥의 장대한 청사진을 계획하였다. 물론 그 후에 마오쩌동이 경제건설을 추진하는 과정에서 객관법칙을 위반하고, 계급투쟁의 형세를 잘못 판단하였으며, 서둘러 목적을 달성하려다 계급투쟁을 극대화하는 실수를 하였지만, 그는 언제나 중화민족의 부흥을 위해 걱정하였고, 국가주권을 지키고, 민족단결을 수호하기 위해 분투하였으며, 동시에 걸출한 공헌을 하였다.

그렇기 때문에 마오쩌동의 일생은 위대한 애국주의자의 일생이며,

171) 마오쩌동, 「중국인이 이제부터 일어섰다」 (1949년 9월 21일). 『마오쩌동문집』 제5권, 1996, 인민출판사, 345쪽.
172) 마오쩌동, 「중국 인민 대단결 만세」 (1949년 9월 30일). 『마오쩌동문집』 제5권, 위의 책, 348쪽.

위대한 민족영웅의 일생이었던 것이다.

3. 마오쩌둥이 민족영웅으로 된 것은 필연적인 결과이다

　마오쩌둥이 위대한 민족영웅으로 될 수 있었던 것은 우연이 아니다. 그것은 그의 세계관과 가치관에 의해 결정되었다.

　마오쩌둥이 민주주의자에서 공산주의자로 전환된 것은 그가 "유물사관은 우리 당 철학의 근본이다"라는 세계관을 인정하면서부터 시작됐다.[173] 그는 마르크스주의 세계관을 받아들이는 동시에 마르크스주의 가치관도 받아들였다.

　주목할 것은 마오쩌둥이 견지한 마르크스주의 세계관과 가치관에는 뚜렷한 중국 특색이 있다는 것이다. 그의『교조주의를 반대한다』『실천론』『모순론』등 철학 저작은 모두 한 가지 뚜렷한 특점이 있다. 즉 모든 것을 실제에서 출발하는 변증 유물주의 인식 노선을 견지하였다는 것이고, 또 모든 것을 국민대중의 근본 이익에서 출발하는 가치 추구를 견지했다는 것이다.

　"모든 것은 실제에서 출발해야 한다"는 세계를 인식하고 개조하는 과학적 출발점이 객관 현실이라는 것을 강조하였다. 이 출발점이 바로 마오쩌둥이 창도하고 견지해온 실사구시 사상노선의 출발점이었다.

　"모든 것은 국민대중의 근본 이익에서 출발해야 한다"는 세계를 인식하고 개조하는 가치적 출발점이 국민대중의 근본 이익이라는 것을 강조하였다. 이 출발점은 중국공산당의 근본 취지에 대한 체현이며,

173) 마오쩌둥,「차이허선에게 보내는 편지」(1921년 1월 21일),『마오쩌둥문집』제1권, 1993, 인민출판사, 4쪽.

마오쩌동이 창도하고 견지해온 실사구시 사상노선과 서로 일치하는 업무노선의 출발점이었다.

　중요한 것은 이 두 가지 출발점이 아무런 연계 없이 독립된 출발점이 아니기에 마땅히 통일시켜야 한다는 것이다.

　"모든 것은 국민대중의 근본 이익에서 출발해야 한다"와 "모든 것은 실제에서 출발해야 한다"를 통일시켜야 하는 것은 중국공산당원의 근본 취지가 전심전의로 국민을 위해 복무하는 것이기 때문이다. 이 또한 중국공산당원 가치관의 핵심이다. 중국공산당이 전국 백성들의 추대를 받을 수 있는 것도, 천하를 얻을 수 있는 것도, 장기적으로 집정할 수 있는 것도 모두 그들이 자체적 강령과 이론·행동으로 국민 대중에게 스스로가 전심전의하여 국민을 위해 복무하는 당이라는 것을 증명하였기 때문이다.

　마오쩌동은 마르크스주의 세계관과 서로 통일되는 가치관의 창도자이며, 또한 마르크스 세계관과 서로 통일되는 가치관의 실천자이다. 이로부터 마오쩌동이 강렬한 애국주의 마음을 가진 위대한 마르크스주의자이며, 또한 자각적인 마르크스주의 각오가 있는 위대한 애국주의자와 위대한 민족영웅이라는 것이 결정되었다. 상술한 바와 같이 마오쩌동은 마르크스주의 세계관을 추호의 동요도 없이 견지해 온 위대한 마르크스주의자일 뿐 아니라, 또 국민을 위해 중화 부흥을 위해 끊임없이 분투해 온 위대한 민족영웅이다.

4. 민족영웅 마오쩌동을 따라 배우다

　민족영웅 마오쩌동을 따라 배운다는 것은 한 마디로 말해 마오쩌동이 선양하는 애국주의정신을 따라 배운다는 것이다. 특히 마오쩌동이 애국주의와 마르크스주의·애국주의와 사회주의를 연결시킨 현대 애국주의 정신을 따라 배우는 것이다.

마오쩌둥은 이렇게 제기했다. "위대한 중화민족의 일부분이 되어 이 민족과 밀접하게 연결된 공산당원으로써 중국을 떠나 마르크스를 논하는 것은 추상적이고 내실이 없는 마르크스주의이다. 때문에 마르크스주의 중국화는 모든 면에서 중국 특성을 띠도록 하여야 한다. 다시 말해서 중국의 특점에 따라 그를 응용하는 것, 그것이 전 당이 이해하고 해결해야 할 문제이다." 여기서 우리는 마오쩌둥이 말하는 '마르크스주의 중국화'는 중국 특점에 따른 마르크스주의 응용을 강조하였을 뿐 아니라, 이렇게 하는 데는 '전 민족을 해방'시키기 위한 명확한 가치 추구가 있어야 한다고 강조하였다는 것을 명확히 알 수 있다.

사실 중국공산당은 '마르크스주의와 중국 실제가 서로 결합 할 때' 시종 명확한 가치 추구가 있어야 한고 강조했다. 바로 역사가 중국공산당원에게 부여한 "민족독립과 국민해방을 얻어야 한다"와 "국가의 번영 부강과 국민의 공동 부유를 실현해야 한다"'라는 두 개의 역사적 임무를 완성하는 것이다.

"중화의 진흥을 위해 분투해야 한다"–공산당원의 이런 사심 없이 초지일관하는 가치 추구는 중국공산당이 중국 여러 민족을 감화시키고 응집시킬 수 있는 매력이고, 또 중국공산당원이 중국 실제로부터 출발하여 마르크스주의를 학습하고 운용하며 발전시키는 것을 애써 견지할 수 있는 내재적 원동력이라 말할 수 있다.

상술한 바를 종합하면 우리는 이런 것을 인식할 수 있다. 중화민족과 친 혈육처럼 친밀한 중국공산당원은 마르크스주의와 중국 실제의 결합을 자각적으로 견지할 수 있을 뿐 아니라, 마르크스주의와 애국주의 연계를 자각적으로 견지할 수 있으며, 사화주의와 애국주의 연계를 자각적으로 견지할 수 있다. 이것이 마오쩌동을 주요 대표로 하는 중국공산당원들이 우리에게 남겨둔 소중한 사상 재부이다.

오늘날 우리가 민족영웅 마오쩌동을 따라 배우는 것은 바로 마르크스주의·사회주의와의 연계를 자각적으로 견지한 현대애국주의정신을 배우고자 하는 것이다.

제8장
사회주의 실천과 철학

사회주의 건설 규칙에 대한 인식은 마땅히 과정이 있어야 한다. 마땅히 실천에서 출발하여 경험이 없던 데서부터 있는 데까지, 경험이 비교적 적던 데서부터 비교적 많은 데까지, 사회주의 건설이라는 아직 인식되지 못한 필연의 왕국에서부터 점차 맹목성을 극복하고 객관법칙을 인식하여 최종 자유를 얻는 데까지, 인식 면에서 비약을 가져와 자유의 왕국에 이르러야 한다.

―마오쩌동

제1절
철학적 탐구: 두 가지 사고 방향

"철학을 연구하는 것은 호기심을 만족시키기 위해서가 아니라 세계를 개조시키기 위해서이다."[174] 이것이 마오쩌동이 철학을 연구하는 기본 출발점과 주요 특점이다.

사회주의 시기 마오쩌동은 그의 철학적 사유를 거의 한시도 멈추지 않았다. 그는 실천 속에서 부딪친 문제에 대해 끊임없이 철학적 사고를 하였으며, 또 철학적 차원에서 끊임없이 문제를 관찰하고 분석하며 해결하였다. 그렇기 때문에 그는 다른 사람보다 문제를 깊이 봤으며 보다 철리(哲理)가 있었다.

위대하면서도 굴곡적인 그 시대 중국의 실천과정에서 그는 수많은 철학 논술을 남겼다. 그중에는 아래와 같은 3가지 유형이 있었다.

첫째 유형은 철학을 전문적으로 논한 저작 혹은 평어와 주해이다. 가장 주요한 대표작으로는 『사람의 정확한 사상은 어디에서 오는가?』 『리다(李達)가 주필 한 「마르크스주의 철학 대강」(내부토론 초안)의 평어와 주해를 읽고서』『사카다(坂田)의 문장에 관한 담화』 그리고 베이다이허(北戴河)·항저우(杭州)에서 열린 두 차례의 철학과 철학 업무에

---

174) 중공중앙 문헌연구실편, 『마오쩌동의 철학 메머랜덤(批註集)』, 1988, 중앙문헌출판사, 152쪽.

관한 담화 등이 있다.

둘째 유형은 철학적 관점으로 사회주의 경제·정치·문화를 연구한 철학적 특징이 있는 응용성 저작과 담화이다. 주요 대표작으로『10 가지 관계를 논하다』『국민 내부의 모순을 정확하게 처리하는 데에 관한 문제』『음악 종사자와의 담화』『중앙사업 확대회의에서의 연설』등 명성 높은 경전, 그리고 16가지 사업 방법과 60가지 사업 방식을 논한 중요한 연설과 문건이 포함된다.

셋째 유형은 각종 연설·문건·문장과 전보에 분산되어 실린 철학 논술·철학 평어와 주해, 그리고 철리(哲理)가 들어 있는 대량의 견해들이다. 청두(成都)회의와 두 차례의 정저우(鄭州)회의 및 중공 제8기 10중 전회에서 한 연설, 뉴질랜드 공산당 총서기와의 회견 담화, 일본·미국 등 외빈과의 회견 담화,『소련사회주의의 경제문제』소련의『정치경제학 교과서』를 읽으면서 한 담화 등이 포함되는데, 이들 중에는 극히 풍부한 철학적 논술이 들어 있다.

이런 저작과 담화·평어와 주해를 읽어보기만 하면, 마오쩌둥은 실천형(實踐型) 철학가이며, 마오쩌둥의 철학적 사상은 실천의 철학이라는 것을 우리는 강렬하게 느낄 수가 있다. 마오쩌둥의 철학적 사유가 주시한 것이 바로 중국의 사회주의 실천이다. 사회주의시기 마오쩌둥의 철학적 사상은 중국의 사회주의 실천을 중심으로 전개한 철학적 사상이다. 한편 중국의 사회주의 실천은 사실상 중국 사회주의 건설의 길을 탐구하는 실천이고, 중국 사회주의 체제를 개혁하는 실천이다. 따라서 이런 철학적 사상을 "중국 사회주의 건설과 개혁에 대한 철학"으로 간주할 수 있다. 우리가 이 중심점만 잘 파악한다면 마오쩌둥이 남겨둔 철학적 재부를 한층 더 깊이 인식할 수 있을 것이다.

당대 중국에서 사회주의 건설과 개혁에 관한 마오쩌둥의 철학에는 매우 풍부한 내용이 내포되어 있다. 그의 기본 철학적 사고 방향은 주로 다음과 같은 4가지 면이 있다.

첫째, 현실에서 출발하여 중국 사회주의 혁명과 건설의 객관 법칙을 연구했고, 맹목성을 애써 극복함으로써 필연의 왕국에서 자유의 왕국으로 나아갔다.

1950년대 중기부터 마오쩌둥이 매번 사회주의 건설과 개혁을 탐구할 때, 모두 조사연구를 기점으로 하였다. 왜냐하면 장기적인 혁명 생애에서 마오쩌둥이 거둔 성과는 모두 그가 마르크스주의와 중국의 구체적인 현실을 서로 결합시키는 과정에서 형성된 실사구시를 정수로 한 변증법적 유물주의 철학 덕분이기 때문이다.

이 철학은 주체와 객체가 상호 작용하는 실천을 기반으로 하고, 유물주의를 기준으로 하여 주관과 객관·인식과 실천 이 두 가지 기본 모순을 해결해야 한다고 강조하였다. 마오쩌둥이 이를 중국혁명의 실천에 응용하여 주체와 객체 간의 관계 문제를 해결하려 했을 때, 주체와 객체 간에 존재하는 두 가지 관계를 지적하였다. 하나는 주관과 객관의 관계이고, 다른 하나는 인식과 실천의 관계로 이 두 가지 관계는 서로 대립 통일되는 관계이다.

신 중국이 건립된 후, 마오쩌둥은 이 이론을 운용하여 중국 사회주의 혁명실천과 사회주의 건설실천을 지도하였으며, 우리에게 수많은 이익이 되는 계시를 남겨주었다.

먼저 마오쩌둥이 실사구시 원칙을 철저히 견지하였으며, 이를 끊임없이 사실에 근거하여 진리를 탐구하고 계속해서 깊이 파고들어가는 운동 과정으로 간주하였다.

사람들이 아직도 개국 기념행사의 뜨거운 분위기로 흥분돼 있을 때, 마오쩌둥은 장제스가 버려둔 경제라는 골칫덩어리에 대한 도전에 직면하게 됐다. 도시에 진입한 이후 첫 중공중앙 전회인 제7기 3중 전회에서 마오쩌둥은 도전에 맞서 회의에서 『국가 재정경제 상황의 근본적인 호전을 쟁취하기 위해 분투하자』라는 서면 보고를 제기했다.

그는 먼저 당시 국내외 상황을 분석하고 나서 "재정 경제상황에서 근본적인 호전을 얻으려면, (1) 토지개혁을 완성하고, (2) 기존 상공업을 합리적으로 조정하며, (3) 국가기구에서 필요한 경비를 대량 절감하는 3가지 조건이 필요하다"고 지적했다.[175] 다음으로 그는 이 목적을 이루기 위해 전당과 전 국민은 마땅히 긴밀히 단결하여 8항 사업을 잘 해야 한다고 강조했다. 8항 사업에는 이런 것이 포함되어 있었다.

"토지개혁업무를 단계적으로 질서 있게 전개해야 한다. 재정경제업무의 통일 관리와 통일 지도를 공고히 하고, 재정 수지의 균형과 물가의 안정을 공고히 하여야 한다. 타이완과 시짱(西藏, 티베트)을 해방시키고, 국방을 공고히 하며 반혁명을 진압할 수 있는 능력을 충분히 보장하는 전제 하에서, 1950년에 인민해방군을 일부분 복원하되 주력을 보존해야 한다. 오래된 학교교육 사업과 오래된 사회문화 사업의 개혁 업무를 절차 있고 신중하게 진행하여 모든 애국 지식분자들이 국민을 위해 봉사하도록 얻어 내야 한다. 마

---

175) 마오쩌둥, 『국가 재정경제 상황의 근본적인 호전을 쟁취하기 위해 분투하자』(1950년 6월 6일), 『마오쩌둥문집』 제6권, 1999, 인민출판사, 70쪽.

땅히 실업 노동자와 실업 지식분자의 구제사업을 착실하게 진행하고 단계적으로 실업자들의 취업을 도와야 한다. 마땅히 각계 민주인사들을 단결시키고, 그들을 도와 사업문제와 학습문제를 해결해 주고, 통일전선 사업에서의 배타주의 경향과 타협주의 경향을 극복하도록 해야 한다. 국민을 위협하는 모든 토적·특무·악질분자 및 기타 반혁명분자를 견결히 숙청해야 한다. 당을 공고히 하고 발전시키는 데에 관한 조직의 지시, 당과 국민 대중의 연계를 강화하는 데에 관한 지시, 비평과 자아비평을 전개하는 데에 관한 지시, 전당에서 정풍하는 데에 관한 중앙의 지시를 굳건히 집행해야 한다."

여기에서 우리는 마오쩌동이 어떻게 '사실'에 근거하여 진리를 탐구해 냈으며 아울러 이런 '진리'에 관한 인식을 어떻게 실천에 운용했는가를 엿볼 수가 있다.

두 번째로 마오쩌동은 새로운 문제, 새로운 어려움에 부딪쳤을 때, 마땅히 현실에 직면하여 조사연구를 해야 한다고 강조했다. 사회주의 사회에 들어선 후 마오쩌동은 첫 번째 5개년 계획의 완성된 상황을 중점으로 사회주의 건설 각 방면의 경험과 존재하는 문제에 대해 조사연구를 하여, 사회주의 건설에서 10가지 관계 혹은 10가지 모순을 잘 처리해야 한다는 결론을 얻었으며, 그 과정에서 "우리는 반드시 당내·당외, 국내·국외의 모든 적극적인 요소, 그리고 직접 혹은 간접적인 적극적인 요소를 불러일으켜 중국을 강한 사회주의 국가로 건설하

는 데 힘써야 한다"는 기본 사상을 얻었다.[176]

아쉬운 것은 후에 정치적으로 우파의 지장을 받아 경제면에서 서둘러 목적을 달성하려는 추월 전략이 형성돼 사회주의 건설에 중대한 유우곡절과 손실을 빚어냈다는 점이다. 좌절로부터 마오쩌동은 사회주의건설은 사회주의 제도가 이미 건립되었다고 하여 만사대길이 아니라 여전히 민주혁명 시기 중국혁명 법칙을 탐색하는 것처럼 깊은 조사연구가 있어야 한다는 것을 인식하였다. 그리하여 그는 조사연구를 통해 현실에 비교적 어울리는 정책을 내놓을 것을 원했다.

−1960년 11월 3일 중앙은 「농촌인민공사 당면 정책문제에 관한 긴급지시편지」(즉 '12' 조 지시)를 보내 농촌사업에서 '좌'적 오류를 진지하게 수정할 것을 요구했다.

−11월 5일 마오쩌동이 중앙을 위해 초안을 잡은 「5가지 기풍문제를 철저히 수정하는 데에 관한 지시」에서 "성위 자체가 운영한 공사(公社, 잘못이 심각한 공사)를 철저히 조사함으로써 상황을 잘 파악하는 방법은 좋은 방법이다. 시점을 통해 단계적으로 보급하는 방법도 좋은 방법이다. 성위에서 상황 파악이 안 됐다는 것은 매우 위험한 일이다. 상황 파악이 잘 되면 일도 쉽게 풀린다"라고 제기했다.

마오쩌동이 한창 1958년 '대약진'과 "인민공사화운동"의 '좌'적 잘못을 수정하고 사회주의건설문제를 위해 심혈을 기울여 모색하고 있을 때, 중국혁명박물관에서 각지의 혁명문물을 수집하는 과정에서 「조사업무」의 석인본을 발견하였다. 1964년 마오쩌동의 동의를 거쳐 「조사업

---

176) 마오쩌동, 「10가지 관계를 논하다 (1956년 4월 25일). 『마오쩌동문집』 제7권, 1999, 인민출판사, 44쪽.

무」를 「교조주의를 반대하다」로 개명했으며, 『마오쩌둥 저작 선독』(인민출판사, 1986년)에서 처음으로 공개 발표되었다. 마오쩌둥은 수년이나 유실되었던 이 문장을 보고 매우 기뻐하였다.

1961년 마오쩌둥은 당내 고급 지도자들에게 이 문장을 여러 차례 소개하였다. 그는 자신의 문장 가운데 일부는 썩 좋아하지 않는데, 이 문장만은 매우 좋아한다고 말했다. 동시에 전당에게 민주혁명 시기에 조사연구를 해야 하고, 사회주의 건설 단계에도 여전히 조사연구를 해야 하며, 만년이 지난 후에도 계속 조사연구를 해야 한다고 주의를 주었다.

마오쩌둥이 생각하건데 조사연구는 실사구시 철학을 견지하고 실행하는 기본 방법이었다. 왜냐하면 조사연구 과정이란 마르크스주의의 기본 소양을 구비한 주체가 객체를 능동적으로 인식하고 개조하는 과정을 말하는데, 이는 즉 객체의 현실에서 출발하고 정확한 사상을 형성하여 실천을 지도하는 과정을 말하였다. 이는 실사구시의 원칙에서 전환되어 생긴 방법이다. 당내 일부 교조주의자들이 과거에 마오쩌둥의 "조사가 없으면 발언권도 없다"에 관한 논단은 이른바 "협애한 경험주의"라고 비웃은 바 있었다. 이에 대해 마오쩌둥은 조사연구가 맹목적이고 전도와 예견성이 없는 경험주의자의 행위가 아니라, 마르크스주의 이론과 실천이 서로 결합되는 과정이라고 인정했다. 1964년 처음으로 「조사업무」(즉 '교조주의를 반대하다') 이 글을 공개 발표할 때 마오쩌둥은 다음과 같은 중요한 말을 직접 추가하였다. "마르크스주의의 '교조주의적'인 것은 배워야 하지만, 마땅히 중국의 현실과 서로 결합시켜야 한다. 우리가 '교조주의적인 것을 필요로 하지만, 현실을

떠난 교조주의는 반드시 바로잡아야 한다."¹⁷⁷

"교조주의를 반대하다"로 이름을 바꾼 「조사업무」의 공개 발표는 마오쩌동의 실사구시 철학적 사상이 60년대 초에 새롭게 선양되었다는 것을 상징한다고 말할 수 있다. 게다가 이번의 새로운 선양에는 또 새로운 특점이 있다. 첫째는 사회주의 건설법칙을 탐구하기 위해서이고, 둘째는 마오쩌동과 당 중앙이 50년대 말에 범한 실수를 바로잡기 위해서이다. 그렇기 때문에 그 의의가 더 깊은 것이다.

그 다음으로 마오쩌동은 사회주의 건설의 '필연의 왕국'을 인식하고, 필연의 왕국에서 '자유의 왕국'으로의 비약을 실현해야 하며, 자연 개조를 하는 동시에 자아 개조도 강화해야 한다고 강조했다.

필연과 자유는 마르크스주의 철학에서 매우 중요한 한 쌍의 범주이다. 자유는 필연에 대한 인식 및 이런 인식에 근거하여 세계를 개조하기 때문에, 특정한 의미에서 '자유'는 철학의 최고 범주이고, '자유의 왕국'은 인류사회의 최고 단계라고 말할 수 있다. 마오쩌동의 실사구시는 철학으로서 본래부터 '진리'를 탐구하는 것을 자신의 소임으로 간주하고, 자유를 얻어내는 철학이며, 사회주의시기 당과 마오쩌동이 매번 실사구시를 강조했던 것은 모두 행동의 맹목성을 극복하고 인식의 필연성의 기초 위에서 더 많은 자유를 얻기 위해서였다.

사회주의의 건설법칙을 인식하는 것은 마오쩌동이 당을 이끌면서 자유를 쟁취하는 주요 임무이다. 1962년 7천인 대회에서 그는 이렇게 분명히 말했다. "항일전쟁 시기에야 우리는 겨우 현실에 어울리는 당의 총 노선과 일련의 구체적인 정책을 제정하였다. 그때에야 우리는

177) 『마오쩌동 저작 선독』 상권, 1986, 인민출판사, 51쪽.

중국 민주혁명이라는 이 필연의 왕국을 인식하였고 겨우 자유를 찾았다", "사회주의 건설 법칙에 대한 인식은 마땅히 과정이 있어야 한다. 마땅히 실천에서 출발하여 경험이 없던 데서부터 있는 데까지, 경험이 비교적 적던 데서부터 비교적 많은 데까지, 사회주의 건설이라는 아직 인식되지 못한 필연의 왕국에서부터 점차 맹목성을 극복하고 객관법칙을 인식하여 최종 자유를 얻는 데까지, 인식면에서 비약을 가져와 자유의 왕국에 이르러야 한다."[178] 사실 1956년 이후부터 그는 줄곧 이 방면의 탐구를 해 왔다. 마오쩌동이 중국특색의 사회주의 건설법칙을 탐구하기 위해 자신의 후반생을 전부 받쳤던 것이다.

객관세계를 개조하는 동시에 자신의 주관세계를 개조하는 것, 이것이 마오쩌동이 당을 이끌어 자유를 쟁취하는 것이 또 하나의 중요한 과제였다. 주체의 자아개조를 강조하는 것은 마오쩌동의 실사구시 철학에서 하나의 뚜렷한 특징이다. 그것은 마르크스주의 철학이 이 방면에서 자각적 요구가 있어서일 뿐만이 아니라, 중국혁명이 농촌에서 힘을 모아 점차 발전되었기에 중국혁명대오(공산당 포함)의 내부 성원들이 대부분 농민과 도시의 소자산계급 출신이라는 특수성을 띠고 있었기 때문에, 마오쩌동이 주체에 대한 자아교육과 자아개조를 더욱 중시하였던 것이다. 사회주의 시기 자유를 쟁취하기 위하여 마오쩌동은 "누구나 모두 개조되어야 한다"는 사상을 한 걸음 더 명확히 하였던 것이다.

마오쩌동은 주체의 자아개조 필요성과 중요성을 강조하였을 뿐만

---

178) 마오쩌동, 「중앙업무 확대회의에서의 연설」 (1962년 1월 30일), 『마오쩌동문집』 제8권, 1999, 인민출판사, 300쪽.

아니라, 주체의 자아개조에는 3가지 방면의 기본 내용이 있다고 여러 차례에 걸쳐 논했다. 첫째는 주체의 사상도덕 방면의 무산계급화 혹은 혁명화를 증강시키고, 자산계급과 기타 비 무산계급 사상의 침투와 영향에 힘써 저항해야 한다. 이를 위해 레이펑(雷鋒)·자오위루(焦裕祿) 등 본보기를 세워 전 국민과 간부에게 레이펑정신과 자오위루정신을 선전하였다. 둘째는 주체의 과학문화와 이론논리 방면의 양성을 중시하여야 하고, 간부들이 문화·과학·이론·논리를 배워 여러 방면의 지적 소양을 제고시켜야 한다고 특별히 강조했다. 셋째는 세계관과 방법론의 차원에서 주체의 인식 능력을 제고시켜야 하고, 철학, 특히 마르크스주의 인식론을 배워야 한다고 여러 번 강조하였으며, 『사람의 정확한 사상은 어디에서 오는가?』 등의 인식론에 돤한 저술도 하였다.

1978년 봄 중국의 사상정치 분야에서 "실천은 진리를 판단하는 유일한 기준이다"를 중점으로 하고, 실사구시를 사상노선으로 한 사상해방 운동 재개를 형성할 수 있었던 것은, 그 당시 중국에 동유럽 여러 국가와는 비교할 수 없었던 장점이 있었기 때문이었다. 바로 마오쩌둥이 창립한 실사구시 철학과 '마오쩌둥 사상'으로 명명한 이데올로기가 그것이었다. 마오쩌둥이 중국 사회주의 건설과 개혁을 탐구한 이 철학적 사고 방향은 우리들이 어려움을 이겨내고 승리를 거둘 수 있었던 보물이었다.

둘째, 모순에서 출발하여 사회주의 건설과 개혁의 필연성과 필요성을 밝히고 사회주의 사회 모순운동의 객관법칙을 연구하며 형이상학을 힘써 극복하고 사회주의 변증법을 견지해야 한다고 했다.

실제에서 출발하는 것을 견지하는 것은 유물주의의 근본 원칙이다. 그러나 객관 현실은 다양성·변동성 특점이 있어, 사람들이 일단 실제를 깊이 파고 들어가면, 다양하고 변화무쌍한 현실로 인해 현혹되거나 혹은 실제에서 뒤엉킨 진상과 가상, 현상과 본질이 만들어낸 의혹으로 어떻게 해야 할지 모르는 상황이 나타날 것이다. 그렇기 때문에 실제에서 출발하는 원칙을 견지해야 하며, 어떻게 실제에서 출발하는가 하는 과학을 더욱더 연구해야 한다. 마오쩌둥이 보건대 "'실제에서 출발하는 것'은 즉 '모순에서 출발하는 것'이고, 실제를 깊이 파고들자면 마땅히 모순을 깊이 파고들어야 하므로, 사물의 내부 모순을 인식해야 만이 진정으로 실제를 인식했다고 할 수 있다"는 것이었다. 『모순론』에서 마오쩌둥은 "모순은 곧 운동이고, 사물이며, 과정이고, 또 사상이다"라고 매우 간결하게 요약하였다. 마오쩌둥이 『모순론』을 『실천론』의 뒤에 써넣은 후 우리에게 이런 것도 알려주었다. "실천의 기초 위에서 사람들이 객관 사물을 반영하고, 감성인식에서 이성 인식으로 업그레이드 시키는 과정에서, 사물 내부의 여러 법칙 가운데 대립통일 법칙이 가장 근본적인 법칙이라는 것을 마땅히 알아야 하며, 오직 사물 내부의 모순을 인식해야 만이 사물의 본질과 법칙을 장악했다고 말할 수 있다. 따라서 마오쩌둥의 철학적 사고방향에 따라 실제에서 출발하는 것을 견지함에 있어서, 겉에서 출발하는 데만 그치지 말고 마땅히 '모순에서 출발하는 것'으로 깊이 파고들어야 한다."

민주혁명 시기 중국혁명의 복잡한 문제를 해결하는 마오쩌둥의 기본 사고방식이 바로 이러했다. 그가 실제에서 출발해야 한다고 말할 때, 바로 근대중국 사회의 주요 모순에서 출발한다는 것이었다. 왜냐하면 그가 보건데 중국의 국정을 명확히 인식하는 것이 모든 혁명문제를 명확히 인식하는 근본적 근거이기 때문이었다. 중국혁명의 대상·임무·원동력·성질·전도와 전환에 관한 모든 결론은, 모두 중국 국정이라는 현실에서 출발하여 얻은 것이다. 그제서야 마오쩌동은 중국사회에 대한 인식이 비교적 완전했다고 여겼다. 따라서 마오쩌동이 자주 언급하던 "모든 것은 실제에서 출발해야 한다"는 이 근본 원칙을 모든 것은 "존재—모순"에서 출발해야 한다는 것으로 완전히 이해할 수 있는 것이다. '실제'는 '존재'와 '모순'의 통일체이다. 마오쩌동의 '신민주주의론'은 바로 이런 유물주의와 변증법이 서로 통일된 '실제'에서 출발하여 구축되었던 것이었다.

사회주의 혁명과 건설과정에서 중국 특색의 사회주의 건설을 탐색하기 위해, 또 중국의 사회주의 개혁을 이끌기 위해 마오쩌동은 처음부터 사회주의 사회의 모순문제를 매우 중시하였다. 그가 1956년에 '10가지 관계'가 바로 '10가지 모순'이라고 강조한 것은 절대 우연이 아니었다. 이는 그의 철학적 사고 방향의 자연적인 표현이었던 것이다.

먼저 이 사고 방향은 유물주의와 유심주의·변증법과 형이상학 이 두 쌍의 모순과 투쟁을 사회주의 문제를 연구하는 철학적 원칙으로 간주하였다.

마오쩌동 이전의 철학가들은 대부분 사유와 존재의 관계문제에서 유물주의와 유심주의의 분야가 철학적 진영의 기본 경계라고 생각했다. 마오쩌동도 오랫동안 이런 관점을 가지고 있었다. 1957년 그가 사회주의 사회의 발전법칙을 연구 토론할 때 처음으로 이같이 제기했다.

"철학에서 유물주의와 유심주의는 대립 통일되며 또 서로 투쟁한다. 이 외에도 또 두 가지가 있는데 바로 변증법과 형이상학이다. 이 두 가지도 대립 통일되며 또 서로 투쟁한다. 철학이라 하면 이 두 쌍을 빼놓을 수 없다. 소련은 현재 쌍을 짓지 않고 개별적으로만 하고 있으며, 말로는 꽃만 뿌리고 독초는 뿌리지 않으며, 사회주의국가에서 유심주의와 형이상학의 존재를 인정하지 않는다고 한다. 사실 어느 나라에나 유심주의가 있고 형이상학이 있으며 독초가 있다. 소련의 많은 독초는 꽃의 명의로 나타나고 있으며, 많은 이상한 논의도 유물주의 혹은 사회주의 현실주의 모자를 쓰고 있다. 우리는 공개적으로 유물주의와 유심주의 변증법과 형이상학 꽃과 독초 간의 투쟁을 인정했다. 이런 투쟁은 영원히 이어가야 하며, 매 단계마다 일보 전진해야 한다."[179]

마오쩌동이 이런 문제를 제기할 수 있었던 것은, 세계는 물질에서 비롯했을 뿐 아니라 운동성도 있으며, 우주관과 발전관을 통일시켜야 한다는 인식을 근거로 한 것이 분명하다. 마오쩌동이 유물주의와 유심주의를 구분해야 할뿐 아니라, 변증법과 형이상학도 구분해야 한다고 제기한 것은, 학리 연구 차원에서 제기된 것이 아니라, 현실적 수요 즉 중국 사회주의 길을 연구하는 필요 차원에서 제기되었던 것이다. 사회주의가 하나의 존재로 중국에 나타난 다음에 깊이 연구해야 할 것은, 사회주의 운동에는 어떤 법칙이 있는지, 사회주의 중국은 어떤 특점이 있는지, 사회주의가 새로운 문제에 부딪혔을 때 어떻게 해결해야 하는지 등의 문제였다. 이런 문제는 모두 변증법적 연구 범위에 속했다. 때문에 마오쩌동은 "내가 보기에는 전 당이 모두 변증법을 배워야 하고, 변증법에 따른 사건 처리를 제창해야 한다.… 마르크스주의 대립통일학설을 운용하여, 사회주의 사회의 계급모순과 계급투쟁의 새로운 문제를 살피고 해결하며, 국제투쟁에서의 새로운 문제를

---

179) 마오쩌동, 「성·시·자치구 당위 서기회의에서의 연설」 (1957년 1월 27일) 『마오쩌동문집』 제7권, 1999, 인민출판사, 193쪽.

살피고 해결해야 한다"라고 말했던 것이다.[180]

다음으로 이 사고의 방향은 모순의 관점으로 사회주의 사회를 살펴야 하지 사회주의를 이상화해서는 안 된다고 하였다.

마오쩌동 이전에 스탈린 및 그 시대의 소련 이론가들은 사회주의를 모순이 없고 충돌이 없는 전 국민이 단결되고 서로 돕는 이상적인 경지로 묘사하였다. 그러나 소련과 동유럽의 현실, 그리고 사회주의 사회로 진입한 후의 중국 현실을 포함한 심각한 현실은 모두 우리에게 사회주의 사회도 모순이 있는 사회이고, 유물변증법이 사회주의 사회에서 효력을 잃지 않았다는 것을 마땅히 인정해야 한다고 알려주었다. 마오쩌동은 철저한 유물주의와 철저한 변증법적 태도로 사회주의 및 미래의 공산주의를 대해야 한다고 주장했으며, 사회주의든 공산주의든 모두 모순이 존재한다고 인정했다. 마오쩌동의 이러한 사상은 과학적이라고 인정해야 한다. 왜냐하면 일부 사람들이 말하는 것처럼 사회주의 사회에 모순이 존재하지 않고, 사회변혁이 필요 없다면 그것은 이미 변증법이 끝났다는 것을 의미하며, 반대로 이런 형의상학적 관점이 형성되었다면, 또한 마르크스주의가 이미 뒤떨어졌음을 의미하기 때문이다. 그렇기 때문에 정확한 태도는 마오쩌동처럼 유물변증법을 인류사회의 단계마다에 관철시키고, 사회주의와 공산주의 사회에 관철시키며, 이러한 이상적인 사회라 할지라도 여전히 모순이 존재한다는 것을 인정해야 하는 것이다.

중공 제12기 3중 전회에서 통과한「경제체제 개혁에 관한 중공중앙의 결정」에서 사회주의 개혁의 필연성과 필요성 문제를 논술 할 때는

---

180) 위의 책, 200, 201쪽.

다음과 같이 지적했다.

"사회주의 사회의 기본 모순은 여전히 생산관계와 생산력·상부구조와 경제기반 간의 모순이다. 우리의 경제체제 개혁은 사회주의 제도를 견지하는 전제 하에서 생산관계와 상부구조에서 생산력 발전에 적응되지 못하는 일련의 서로 연결된 고리와 방면을 개혁하는 것이다. 이런 개혁은 당과 정부가 이끌면서 계획성 있고, 절차 있고, 질서 있게 진행하는 것으로 사회주의 제도의 자아보완과 발전이다."[181]

마오쩌동의 철학 저작을 정확하게 파악한 사람들은 이 논술의 기본 정신이 바로 마오쩌동의 철학적 사고 방향이라는 것을 쉽게 발견할 수 있을 것이다. 마오쩌동이 『국민 내부 모순을 정확하게 처리하는 데에 관한 문제』 등의 저작에서 비슷한 논술을 한 바가 있다. 이는 모순에서 출발하여 사회주의를 연구하면 반드시 사회주의를 개혁해야 한다는 결론을 얻게 될 것이다. 이것이 바로 사회주의 건설과 개혁에 관한 마오쩌동의 철학적 사고 방향이었다.

그 다음으로 이 사고 방향은 모순의 보편성과 특수성을 서로 결합시킨 기초 위에서 사회주의늬 구체적인 체제를 개혁하고, 중국 특색의 사회주의를 건설해야 한다고 인정했다.

마오쩌동은 대립 통일의 관점으로 사회주의 사회를 인식해야 할 뿐 아니라, 민주혁명 시기에 성공한 경험처럼 마땅히 사회주의 사회모순의 특수성을 잘 파악해야 한다고 인정했다. 바로 이런 점에 근거하여 마오쩌동은 사회주의 사회의 생산관계와 생산력·상부 구조와 경제기

---

181) 중공중앙 문헌연구실 편집, 『중공 12기 당 대회 이후의 중요 문헌 선집』(중), 1986, 인민 출판사, 563쪽.

반 간의 모순이 구 사회와는 다른 성격과 상황을 가지고 있으므로 그들은 서로 적응하면서도 또 서로 모순되는 관계, 즉 대립 면 간에 기본적으로 서로 적응되는 모순으로 이런 모순은 사회주의 제도의 자체 조정과 개혁을 통해 충분히 해결될 수 있다고 지적했다. 또한 바로 이런 점에 근거하여 마오쩌둥은 사회주의 사회에 존재하는 적아모순과 국민 내부모순에서 국민 내부모순을 정확하게 파악하고 처리하는 것이 이미 사회주의 정치생활의 주제가 되었다고 지적했다. 이와 같은 다양한 인식이 있었기에 모순의 보편성과 특수성 사이에서 일치성을 찾아낼 수가 있었던 것이다. 그렇기 때문에 사회주의 사회가 개혁을 해야 할 뿐 아니라, 개혁의 큰 목표가 바로 중국의 모순운동 특징에 맞는 사회주의, 즉 오늘날 우리가 말하는 중국 특색이 있는 사회주의를 건설하는 것이다.

마지막으로, 이 사고의 방향은 모순의 관점으로 기존의 사회주의를 파악해야 할 뿐 아니라, 사회주 각항의 실천 및 그 주체에 대한 개혁도 모순의 관점으로 파악해야 하며, 경험과 교훈을 끊임없이 종합하고 인식과 실천의 편파성을 극복해야 한다고 인식했던 것이다.

변증법을 강조하고, 모순에서 출발하는 것을 강조하는 것은, 사물의 한 개면만 볼 뿐 아니라 사물의 다른 한 개면도 보아야 한다는 것인데, 이것이 바로 마오쩌둥이 자주 얘기하던 '이분법'이었다. '이분법'에 적용되는 대상은 하나는 사회주의 체제이고, 다른 하나는 사회주의 건설자 및 그 실천행동이다. 사회주의 사회에 모순과 폐단이 존재한다는 것을 인정하는 것은 변증법의 철저성을 표현한 것이고, 사회주의를 개혁하는 실천자에게도 모순과 부족한 점이 존재한다는 것을 인정하는 것은 더더욱 변증법의 철저성을 표현한 것이다.

1962년 7천인 대회에서 그는 또 생산력 발전 방면에서 자신이 저지른 잘못을 자아 비평하였으며, 그의 잘못을 왜곡해서는 안 된다고 강조했다. 이렇게 자신부터 자아 비평하는 실천은 전 당으로 하여금 자신의 경험과 교훈을 성실하게 종합하고, 인식과 실천에서의 편파성을 극복하며, 중국 사회주의 발전의 길을 탐색하라고 주의를 주기 위해서였다.

셋째, 인민의 이익에서 출발하여 대중의 근본 이익에 부합되는 경제 정치체제를 적극적으로 탐색하며 대중의 적극성을 불러일으키고 보호해야 한다는 점이다.

실제에서 출발하고 모순에서 출발하는 것은 마오쩌동이 사회주의 개혁을 탐색하는 철학적 사고 방향의 과학적 출발점이고, 마오쩌동 사유방식 과학성의 기본 특징이다. 실천형적인 사상가·철학가로서 문제를 파악하는 것은 문제를 해결하기 위해서이고, 문제를 해결하는 것에는 반드시 누구를 위해 복무하고, 누구를 위해 문제를 해결하는가 하는 근본적인 가치 관념이 있을 것이다. 마오쩌동의 일관된 사상에 따르면, 그의 철학적 사상에는 뚜렷한 가치 출발점이 있었으니, 그것이 바로 인민이었다.

그는 중국공산당이 노동자계급의 선진부대로서 그 선진성의 뚜렷한 상징중의 하나가 바로 대중과 밀접히 연계하고, 전심전력 인민을 위해 복무하는 것이라고 생각했다. 그는 "우리 공산당이 기타 정당과 구별되는 또 하나의 뚜렷한 상징이 바로 가장 광범위한 인민대중과 가장 밀접한 연계를 가지고 있는 것이다. 전심전력 인민을 위해 복무하고 잠시도 대중에서 벗어나지 않으며, 모든 것을 개인 혹은 소집단의 이익에서 출발하는 것이 아니라 인민의 이익에서 출발하며, 인민에 책임

지고 당과 지도 기관에 책임지는 일치성, 이것이 바로 우리의 출발점 이다"라고 말했다.[182]

바로 중국공산당이 이런 뚜렷한 특징이 있었기에 마오쩌둥이 이끄는 당이 혁명전쟁 시기에 하나같이 물고기와 물처럼 인민대중과 친밀한 연계를 유지하였고, 당 및 그가 이끄는 인민군대가 하나같이 인민대중의 지지와 보호를 받았으며, 당의 혁명사업이 위기에서 벗어나 흥기하고 역전승하며 연이어 승리를 거두어 결국에는 전국의 정권을 빼앗을 수 있었던 것이다. "승리의 근본은 군민에 있다", 이것이 바로 마오쩌둥의 가치관이었던 것이다.

사회주의 개혁을 탐색하고 중국 특색이 있는 사회주의를 건설하는 과정에서 마오쩌둥의 철학적 사고의 방향이 다시 한 번 이런 뚜렷한 가치취향을 체현해 냈다.

먼저, 마오쩌둥은 중국 특징에 부합되고, 또 사회주의 원칙에 부합되는 합리적인 제도는 마땅히 여러 민족 각 계층 인민의 이익을 보호하고, 모든 적극적인 요소를 불러일으킬 수 있는 제도여야 한다고 인정했다. 50년대 중기 소련의 사회주의 패턴 경험과 교훈을 종합하면서부터 마오쩌둥은 이 점을 개혁의 근본 출발점으로 간주하였다. 그는 「10가지 관계를 논하다」에서 이렇게 말했다.

"10가지 문제의 제기는 모두 하나의 기본 방침을 둘러싸고 있다. 바로 국내외 모든 적극적인 요소를 불러일으켜서 사회주의 사업을 위해 복무하자는 것이다. 과거에는 제국주의와 봉건주의·관료자본주의의

---

182) 마오쩌둥, 「연합정부를 논하다 (1954년 4월 24일)」, 『마오쩌둥 선집』 제3권, 1991, 인민출판사, 1094-1095쪽.

통치를 끝내기 위해, 인민민주 혁명의 승리를 위해, 우리가 모든 적극적인 요소를 불러일으키는 방침을 실행하였다. 지금은 사회주의 혁명을 하기 위해, 사회주의 국가를 건설하기 위해 마찬가지로 이 방침을 실행한다. 그러나 우리가 사업하는 과정에서 일부 문제에 대해 논의할 필요가 있다. 특별히 주의해야 할 점은 최근 소련이 사회주의 건설 과정에서 일부 결함과 실수를 드러내고 있는데, 당신들도 그들이 겪은 시행착오를 겪고 싶은가? 예전에 우리가 그들의 경험 교훈을 거울로 삼았기에 일부 시행착오를 피할 수 있었다. 물론 지금은 더더욱 거울로 삼아야 한다."[183]

이런 기본 방침은 유물사관과 과학적 사회주의 원칙에 부합된다. 유물사관은, 역사는 인민대중 자신이 창조한 것이기에 인민대중도 당연히 사회의 주인이 되어야 한다고 인정했다. 유물사관을 근거로 하여 건립된 과학적 사회주의 이론은 더더욱 사회주의가 천백만 인민대중 자신의 사업이고, 인민대중이 사회주의 창조자와 건설자이며, 사회주의 주인이라는 것을 인정했다. 그렇기 때문에 인민대중의 근본 이익을 대표한다고 자칭한 당이 사회주의를 건설함에 있어서 마땅히 모든 적극적인 요소를 불러일으켜 인민을 위해 복무한다는 기점을 명확히 하여야 한다. 동시에 사회주의를 건설하는 이런 기본 방침 혹은 가치 출발점도 중국의 실제에서 출발한 것이다. 따라서 마오쩌둥의 철학적 사고 방향의 가치 출발점은 마르크스주의이기도 하고 또 중국의 실제에서 출발한 것이기도 하다.

두 번째는, 마오쩌둥은 인민대중의 근본 이익을 위배하고 대중과 멀

---

183) 『마오쩌둥문집』 제7권, 1999, 인민출판사, 23쪽.

어지는 모든 그릇된 경향을 마땅히 반대해야 하고, 인민대중의 이익을 침해하는 모든 부패 행위와 모든 범죄행위를 타격해야 한다고 강조했다. 도시에 진출할 무렵 마오쩌둥이 반부패 문제를 제기하였다. 사회주의 사회에 들어선 후 그가 일생을 바쳐서 반대한 중점이 바로 관료주의였다. 1963년 5월 29일 저우언라이가 중공중앙과 국무원 직속 기관 책임간부회의의 보고에서 당시 당내와 국가 기관 내의 20여 가지 관료주의 표현을 특별히 분석한 바 있다. 그의 논술은 그 당시 마오쩌둥의 생각을 반영하였다.

"관료주의는 지도기관에서 가장 쉽게 범하는 일종의 정치적 질병(政治病症)이다. 관료주의는 착취계급이 긴 시간 통치한 유산이다. 중국은 긴 시간 봉건사회에 처해 있었고, 백여 년 동안에는 또 반봉건·반식민사회에 처해 있었기에 관료주의 영향이 특히 깊다. 관료주의는 자유주의·개인주의·명령주의·사무주의·분산주의·본위주의·종파주의와 모두 밀접히 연관되어 있다. 우리가 관료주의를 반대하려면 마땅히 이런 주의를 반대하는 것과도 결합시켜야 한다. 물론 이 7가지는 특별히 돌출된 것이지 전부는 아니다."[184]

마오쩌둥은 관료주의 등 부패현상을 제약할 수 있고, 인민대중의 근본 이익을 실현할 수 있는 사회주의 경제체제와 정치체제를 힘써 구축하려고 했다. 1962년 7천인 대회에서 그는 이렇게 말했다.

"우리의 집중제도는 민주의 기초 위에서 건립된 집중제도이다. 무산계급 집중은 수많은 민주적 기초 위에서 집중된 것

---

184) 『저우언라이 선집』 하권, 1984, 인민출판사, 418쪽.

이다. 각급 당위는 집중 지도를 집행하는 기관이다. 그러나 당위의 지도는 집체 지도이지 제1서기 개인의 독단이 아니다. 당위원회 내부에서는 마땅히 민주 집중제도만 실시해야 한다. 제1서기와 기타 서기 및 위원 간의 관계는 소수가 다수에 복종하는 것이다."[185]

이것이 바로 그가 사회주의 지도체제에 대한 원칙적 구상이었다. 이 구상의 실질은 권리로 생겨난 부패와 독단 현상을 제약하려는 것이었다.

그 다음으로 마오쩌둥은 잘못을 저지르고 있을 때를 포함해서 언제든지 마땅히 인민대중의 적극성을 보호해야지 인민대중의 적극성을 꺾거나 타격을 가해서는 안 된다고 강조했다. 경험과 교훈을 종합할 때 마오쩌둥의 논술에는 매우 큰 특점이 있었다. 바로 마땅히 대중을 보호해야 한다는 것이었다. 대중을 보호한다는 것은 잘못을 보호하는 것이 아니라 대중의 사회주의 건설 열정과 의욕 등의 적극성을 보호하는 것이다. "쥐를 잡고 싶어도 주위의 기물을 깰까 봐 겁을 내다."에서의 '기물'이 바로 대중의 적극성이다. 이 또한 인민을 가치출발점으로 한 마오쩌둥의 철학적 사고 방향이며, 사회주의 개혁의 탐구성 실천과정에서의 특점이다.

넷째로, 총체적인 양적 변화 과정에서의 일부 질적 변화를 견지하고, 사회주의 개혁의 전반성과 일부성·과정성과 단계성을 연구하며,

---

185) 마오쩌둥, 「중앙사업 확대회의에서의 연설」(1962년 1월 30일) 『마오쩌둥문집』 제8권, 1999, 인민출판사, 294쪽.

개혁하려는 생각이 없는 경직된 관념과 개혁 과정에서 서둘러 목적을 달성하려는 관념을 극복함으로써 사회주의 개혁을 힘써 잘 실행해야 한다는 점이다.

주목할 만한 것은 마오쩌둥과 당 중앙이 1958년의 '공산풍' 실수를 겪고 나서 끊임없는 혁명론은 마땅히 혁명발전의 단계론과 서로 결합시켜야 한다는 저명한 논점을 제기하였다. 이것은 사회주의 소유제와 분배제도를 서둘러 변화하려는 실수를 범한 데에서 착안하여 제기한 것이며, 점차적으로 사회주의 개혁을 추진하려는데 목적을 두었다. 그렇다면 마땅히 어떻게 개혁을 추진해야 하는가? 하루아침에 사회주의 개혁 임무를 전부 완성하여 중국 특색의 사회주의를 건설할 수 있다는 것인가? 바로 이런 문제에 직면했기에 마오쩌둥의 철학적 사고 방향의 중점이 유물변증법으로 바뀌었고, 양적 변화와 질적 변화의 변증관계를 연구하는 데로 바뀌었으며, 모순 전환이론과 질적 변화이론에 대한 파악을 심화시켰던 것이다.

본래부터 공산당원의 철학은 양적 변화에서 질적 변화로 변하는 사물의 모순전환을 강조해 왔다. 「모순론」에서 마오쩌둥은 이렇게 명확하게 지적하였다. "공산당원의 임무가 바로 반동파와 형이상학의 그릇된 사상을 폭로하고 사물 원래의 변증법을 선전하며, 사물의 전환을 추진시켜 혁명의 목적에 이르는 것이다."[186]

사회주의시기 마오쩌둥의 철학적 경향은 총체적으로 보면 여전히 혁명과 질적 변화, 그리고 모순의 혁명 전환을 강조하였다. 그러나 그는 또 사회주의 실천을 통해 이 문제에 대해 비교적 깊이 반성하였다. 사

---

186) 마오쩌둥, 「모순론」(1937년 8월), 『마오쩌둥선집』제1권, 인민출판사, 1991, 330쪽.

회주의 사회의 기본 모순의 성질과 상황이 구 사회와 근본적으로 다르니, 사회주의 생산관계와 상부구조에서의 문제는 다만 사회주의 제도 자체를 통해 해결할 수밖에 없다. 즉 사회주의 제도를 뒤엎는 것을 통해 해결할 수 없다는 것이다. 그럼 이런 사회 변혁을 어떻게 실현해야 하는가? 이런 질적 변화에는 어떤 특점이 있는가?

먼저 마오쩌동의 철학적 사고 방향은 사회주의 사회에서 마땅히 "철저히 공고화 하다"와 같은 경직되고 보수적인 관점을 버려야 하다는 것이다. 소련의 『정치경제학 교과서』(제3판)를 읽으면서 그는 "집체농장 소유제를 철저히 공고화 하다"와 같은 견해에 매우 불만을 가졌으며 "철저히 공고화 하다"는 말이 불편하다고 말했다. 그는 그 무엇의 공고화도 모두 상대적인 것이므로 우주 간 지구상의 모든 사물이 모두 끊임없이 발생하고 발전하며 사망하는 것이기에 모두 다 철저히 공고화 할 수 없다고 인정했다.

두 번째는, 마오쩌동의 철학적 사고 방향은 사회주의 사회의 자체 변혁 과정에서의 부분적 질적 변화로써, 일부 개혁에서 전체 개혁까지·단계성 개혁에서 과정성 개혁까지 일련의 과학성과 예술성이 서로 통일되는 문제가 포함된다는 것이다. 전반적으로 말하자면, 이는 경제·정치·문화 등 사회 각 유기적 구성부분에서 모두 개혁을 해야 하고, 과정성에 대해 말하자면 이런 개혁은 항상 기나긴 시간의 사회 변혁을 거쳐 완성된다. 그러나 이런 전반적이고 과정성의 사회 변혁은 절대로 짧은 시간의 돌변을 통해 완성될 수 없으며, 마땅히 대량의 양적 변화와 수많은 질적 변화를 통해 완성되어야 한다.

"부분적 질적 변화"는 횡적인 범위에서 말하자면, 일종의 국부적인 부분적 질적 변화로써 국부에서 전반에 이르는 것은 부분적 질적 변화에서 질적 변화에 이르는 일종의 기본형식이고, 종적인 순서에서 말하자면, 또 하나의 일종의 단계성적인 부분적 질적 변화로써 단계에서 과정이 마무리되는 데까지는 부분적 질적 변화에서 질적 변화에 이르는 또 한 가지 기본형식인 것이다.

그 다음 마오쩌동의 철학적 사고 방향은 사회주의 개혁을 추진하는 과정에서 마땅히 하나하나 상대적으로 안정된 단계가 있어야 하며, '끊임없이 혁명'하는 것을 상대적으로 안정된 단계를 거치지 않아도 된다는 것으로 이해해서는 안 된다고 인정했다. '부분적 질적 변화'의 논술에서 마오쩌동은 보수와 진보 안정과 변혁은 모두 대립되는 통일이며, 이 또한 이중성이라고 말했다. 부분적 질적 변화에는 마땅히 '부분적'이라는 경계선, 즉 상대적으로 안정된 '변두리'가 있어야 한다. 마오쩌동이 질적 변화를 주장하였지만, 그가 사회주의 개혁에 대해 냉정하게 사고할 때 두 개의 부분적 질적 변화 간의 상대적 안정문제도 강조한 바가 있다. 이것이 그가 늘 얘기했던 "적극적이면서도 온당한" 사고 방향이었다.

위에서 우리는 중국 특색의 사회주의 실천으로, 특히 사회주의 건설과 개혁을 중심으로 마오쩌동의 기본 철학적 사고 방향을 연구 토론하였다. 바로 이런 정확한 사고 방향의 인도아래 마오쩌동이 중국 사회주의 건설과 개혁을 이끄는 과정에서 우리에게 귀중한 사상적 재부를 많이 남겨주었다. 그 내용에는 주로 이런 것이 포함된다. (1) 사회주의 사회에는 발전하지 못한 사회주의에서 비교적 발전한 사회주의로 전변하는 과정이 있다. (2) 사회주의 사회의 기본 모순은 여전히 생산관계와 생산력·상부구조와 경제기반 간의 모순이다. 그들은 "서로 적응되기도 하고, 서로 모순되기도 한다". 그렇기 때문에 사회주의 제도에서 모순을 조절하고 양자가 "서로 적응되지 않는 문제"를 개혁해야 한다. (3) 사회주의 제도에서 인민의 근본 이익은 일치하지만 인민 내부에는 아직도 각종 모순이 존재하고 있으므로 마땅히 적아모순과 인민 내부의 모순을 엄격히 구분하고 정확하게 처리해야 하므로, 인민 내부에서는 정치적으로 "단결-비평-단결"의 원칙을 실시해야 하고, 당과 민주당파 관계에서는 마땅히 "장기 공존·상호 감독"의 방침을 실행해야 하며, 과학문화 사업에서는 마땅히 "백화제방·백가쟁명"의 방침을 실행해야 하고, 경제사업에서는 전국 도농 각 계층에 대해 국가·집체·개인 3자의 이익을 총괄적으로 배정하고 골고루 돌보는 원칙을 실행해야 하는 등을 지적했다. (4) 사회주의 발전과정에서 계급투쟁이 여전히 장기적으로 존재하고 사회주의와 자본주의에서 누가 이기는가 하는 문제는 기나긴 역사를 거쳐야만 해결할 수 있으며, 이데올로기 분야에서의 계급투쟁을 특별히 중시하고 국제 반동 세력의 "평화적 연변" 음모를 조심하여 방비해야 하며, 수정주의를 반대하고 수정주의를 막아야 하며, 당내 수정주의 특히 중앙에 수정주의가 나타나는 것을 경계해야 한다.[187] (5) 농업 대국이라는 중국의 실제에서 출발하여 농업을 기반으로 하고 중공업과 농업·경공업 간의 관계를 잘 처리해야 하며, 농업과 경공업의 발전을 충분히 중시하고, 중국 국정에 맞는 중국 공업화의 길을 걸어야 한다. 아울러 경제건설과 국방건설·대형기업과 중소형기업·한족과 소수민족·연해지역과 내지·중앙과 지방·중국과 외국 등 각종 관계를 잘 처리해야 하고, 축적과 소비 간의 관계를 잘 처리함으로써 종합적인 균형에 주의를 기울

---

187) 마오쩌둥, 『중앙업무 확대회의에서의 연설』 (1962년 1월 30일).

여야 한다고 강조하였다. (6) 사회주의 기업의 특점에 따라 간부가 노동에 참가하고, 노동자가 관리에 참가하며, 불합리적인 규칙제도를 개혁하고, 기술자·노동자·간부의 '세 가지 결합'을 실시해야 한다. (7) 경제건설 과정에서 자력갱생을 위주로 하고, 외부원조의 쟁취를 보조로 하는 방침을 견지해야 한다. (8) 국가제도 면에서 국민에 대한 민주와 적에 대한 독재를 서로 결합하는 인민민주독재를 실행하며, 당내에서 민주 집중제와 집단지도를 강화하고, 부패현상을 반대하며 대중에서 벗어나는 관료주의를 반대해야 한다. (9) 사상정치 사업을 강화하여 정치와 경제의 상호 통일, 정치와 기술의 상호 통일, 사상적으로 건전하고 기술적으로 우수한(又紅又專)방침을 실행해야 한다. (10) 문화사업 면에서 중국과 서양을 결합하고 옛것을 오늘에 맞게 쓰고 외국의 것을 중국에 적용하는 방침과 이론과 실제를 결합하는 방침, 전심전력으로 인민을 위해 봉사하는 방향을 견지해야 한다. 이런 주요 관점이 사회주의 변증법의 기본 윤곽을 형성하였으며, 마오쩌동이 당과 인민을 이끌어 사회주의를 건설할 때, 필연의 왕국에 대해 탐구하면서 형성된 중요한 인식 성과이다. 이것은 오늘날까지도 여전히 밝게 빛나고 있다.

그러나 마오쩌동도 후인들에게 적지 않은 비통한 교훈을 남겨주었다. 그가 사회주의 건설을 이끌면서 많은 실수도 하였고, 그가 진행한 개혁에 대한 세 번의 탐색도 모두 중도에 실패했거나 멈추고 말았다. 중공 제11기 3중 전회 이후에 이르러서야 진정으로 사회주의의 웅대한 개혁을 시작하였다. 그 원인은 무엇일까? 그것은 마오쩌동의 탐색적 실천과정에서 항상 별종의 철학적 사고 방향이 나타나 마오쩌동의 정확한 사고 방향을 교란시켰거나 혹은 대체하였기 때문이다.

별종의 철학적 사고 방향에는 「건국 후 당의 약간의 역사문제에 관한 중공중앙의 결의」에서 지적한 바와 같이 "실제 생활에서 벗어난 주관주의 사상과 방법"의 특징이 있다.

이런 사고 방향의 첫 번째 특징은 실제에서 출발한 것이 아니라 원칙에서 출발한 것이다. 마오쩌둥은 사회주의 사회에 모순이 존재하고, 생산관계가 생산력에 적응되지 못하며, 상부구조가 경제기반에 적응되지 못하는 등 그의 말대로 하면 '미비점'이 존재하고 있다는 것을 알아차렸다. 때문에 사회주의 사회가 자아보완식(自我完善式) 사회변혁, 즉 개혁이 필요하다고 인정했던 것이다. 그렇다면 완전하지 못한 데서부터 완전한 데까지의 개혁은 어떻게 해야 하는가? 어떻게 보완해야 하는가? 1956년의 「10가지 관계를 논하다」, 1958년 말의 제1차 정저우회의, 1960년 말에 호소한 "조사연구의 열풍을 크게 일으키자", 그때부터 시작한 세 번의 탐색과 세 번의 개혁은 모두 생산관계와 생산력을 서로 적응시키고, 상부구조와 경제기반을 서로 적응시키는 방향으로 보완함으로써 사회주의 체제와 중국국정이 서로 어울리도록 하는 것을 주장하였다. 그러나 이런 탐색이 멈추었을 때, 즉 당의 사업이 실수했을 때, 마오쩌둥이 강조했던 '보완'과 '개혁'은 정확한 방향에서 빗나갔으며, 흔히 원칙적인 면만 강조하고 원칙과 실제를 통일시켜야 한다는 것을 소홀히 하였다.

이 사고 방향의 두 번째 특점은 주관 의지와 주관 노력의 작용을 과장했고, 미래에나 실현 가능한 목표를 현 단계에서 진행하려 했으며, 서둘러 목적을 달성하려 하였지, 사회주의 개혁과 건설을 적극적이면서도 타당성 있게 잘하지는 못한 것이다. 예컨대 '대약진' 때 제출한 강철 생산량 등 많은 목표는 달성할 수 없었던 것이 아니라 일정한 조건이 있어야 했다. 심지어 일부 사람들이 제기한 "얼마나 대담하게 생각하는 것에 따라 얼마나 큰 업적을 이룰 수 있다"는 유심주의 슬로건도 경계하지 못했고, 반대로 "유조건론(唯條件論)"을 크게 비판하여 유심주의와 형이상학 사조가 횡행하도록 했다. 이 모든 문제를 마오쩌둥 개인의 탓으로 돌려서는 안 된다. 이것은 중국사회와 당의 지도집단에 존재하는 일부 문제와 관계되기 때문이다. 하지만 서둘러 목표를 달성하려는 마오쩌둥의 사상이 그중에서 주요 역할을 한 것만은 사실이다.

이 사고 방향의 세 번째 특점은 모순의 불균등성과 모순의 투쟁성을 과장하였고, 심지어 격렬한 정치투쟁을 통해 사회주의 개혁의 목적을 이루려고 계획하였다. 위에서 서술한 바와 같이 모순과 질적 변화를 중시한 것은, 마오쩌둥이 중국 사회주의 개혁과 건설을 탐구하는 철학적 특점이다. 그 자체는 틀리지 않았다. 그러나 모순이 투쟁성과 동일성 두 가지 기본 속성의 통일체이고, 질적 변화가 마땅히 양적 변화를 전제와 기반으로 해야 하는데, 이들 내부에는 모두 복잡한 변증관계가 있다. 실사구시 사상이 우세를 보였을 때, 마오쩌둥이 이런 변증관계에 따라 비교적 좋게 세계를 인식하고 개조할 수 있었다. 안타까운 것은 그가 자만, 성급하게 성공을 갈망 혹은 침착하지 못했을 때 일방적인 면으로 나아갔다. 사회주의시기에 경제 법칙을 어기고 진행한 '대약진'과 정치발전 법칙을 어기고 추진한 계급투쟁 확대화의 철학적 근원은 마르크스주의 철학을 응용할 때, 사고 방향에서 주관편면성이 나타났기 때문이다.

마오쩌둥에게 이런 두 가지 대립되는 철학적 사고 방향이 존재했기 때문에 사회주의를 개혁하고 건설하는 실천에서 극히 복잡한 상황이 나타났다. 때로는 중국의 사회주의 실천이 비교적 순리롭고 때로는 애로가 많고 도처에 위기가 도사리고 있었으며, 때로는 사회주의 건설에서 거대한 성과를 거두었고, 때로는 경제가 붕괴하는 위기에 놓여있었다. 게다가 이 두 가지 철학적 사고 방향이 늘 겹치면서 작용하였기에, 때로는 올바른 내용 중에 그릇된 내용이 숨겨져 있었고, 때로는 잘못 중에 올바른 내용이 내포되어 있었다. 그러나 우리와 같은 후인들에게 있어서 그의 올바른 사상이던 잘못된 교훈이던 모두 극히 소중한 사상 재부로써 마땅히 착실하게 종합하고 연구해야 할 것이다.

제2절
대중성 철학해방운동의 득과 실

"철학을 철학가의 교당(敎堂)에서 해방시켜야 한다." 이것은 사회주의시기 마오쩌동이 마르크스주의 철학을 탐색할 때 제기한 중요한 사상이었다. 그 기본 출발점은 사회주의 개혁과 건설은 대중적인 위대한 사업에 있다는 것이었다. 따라서 그는 노동자·농민·군인 대중들 모두 철학을 배워야 한다고 강력히 주장했다. 신 중국 건립 이후 중국 대지에서 철학 배우기 대중운동 고조가 3차례 나타났는데 모두 그의 지도와 관계된다. 그리고 그가 서거한 후인 1978년에 나타난 진리 기준문제에 관한 토론은 네 번째 철학 배우기 대중운동으로 여전히 그의 사상, 그리고 만년의 잘못과 관계된다. 마오쩌동과 당대 중국의 관계를 고찰하고 4차례의 철학을 배우는 과정 및 경험과 교훈에 대해 깊이 연구하는 것은 우리로 하여금 마오쩌동이 남겨놓은 중국에 대해 더 깊은 인식을 가지도록 할 것이다.

첫 번째 철학 배우기는 건국 초였다.

1945년 9월 5일 아이스치(艾思奇)가 잡지 창간호 『학습』에 「처음부터 학습하자」라는 논문을 발표하여, 신 중국이 건립된 후 전체 간부와 인민대중 중에게 유물사관과 사회발전사 지식을 보급시켜야 하며 마르크스주의 철학을 잘 배워야 한다고 제기했다. 그 당시 3가지 관점을 숙지해야 한다고 중점적으로 제기했다. 첫째는 노동의 세계 창조적 관점, 둘째는 계급투쟁 관점, 셋째는 마르크스주의 국가관이었다. 건국 후 아이스치 후성(胡繩) 등 유명한 학자들이 직접 글을 쓰고 수업을 하면서 마르크스주의 철학으로 숙명론 신비주의를 포함한 각종 착취계급사상을 깔끔히 없애버렸다.

1951년 9월『마오쩌동 선집』제1권이 출판되어 마르크스주의 철학을 배우는 것을 새로운 차원으로 제고시켰다. 선집이 출판되기 전『인민일보』에서 이미 그중의 중요한 철학 저작인「실천론」을 발표했으며, 1월 29일에「마오쩌동 동지의 '실천론'을 배우자」라는 사설을 발표하였다. 사설은 이렇게 지적했다.

지금 우리 전 국민은 마오쩌동 동지의 지도아래 끊임없이 아메리카 제국과 용감하게 투쟁하는 동시에 여러 방면에서 위대한 신 중국을 건설하고 있다. 정치와 경제 관련 모든 부문의 간부와 학술계(사회과학과 자연과학 포함)는 마땅히 마오쩌동의「실천론」을 착실히 연구해야 하고「실천론」사상으로 자신의 두뇌를 무장함으로써 자신의 업무방법과 사유방식을 똑바로 하고 자신의 능력을 제고시키며 피할 수 있는 착오를 피할 수 있도록 해야 한다.

분명한 것은 당 중앙과 마오쩌동이『마오쩌동선집』을 출판하고「실천론」을 다시 발표한 것은, 마르크스주의 인식론의 보급을 통해 새로운 현실에서 출발하여 신 중국의 건설과 개조를 확실히 하여 인민내부에서 착취계급 사상의 영향을 극복하려는데 있었다. 그중에는 학술계에서 마르크스주의 세계관의 지도적 위치를 확립하는 것도 포함되었다. 1951년 2월 16일『인민일보』는「'실천론'이 학술혁명의 사상의 길을 개척하였다」를 제목으로 한 또 한편의 사설을 발표하였다. 그 당시『마오쩌동 선집』을 편집할 때부터 마오쩌동의 지도사상은 아주 명확하였다. "바로 철학을 배워 실제문제를 해결 해야지, 스콜라적인 연구는 하지 않는다."는 것이 그것이었다. 3월 8일 아이스치는 편지에서 「모순론」을 『마오쩌동 선집』 제1권에 수록하지 말라고 말했는데, 그 이유는 「모순론」이 "철학 교과서와 너무 비슷해서 선집에 넣으면 「실천론」의 효력을 방해할 것"이라고 생각했기 때문이었다.

이번의 철학 배우기는 제국주의·봉건주의·관료자본주의의 세계관과 각종 유심주의의 잡다한 철학의 영향을 없애는 것을 대상으로 했는데, 세 가지 모두 뚜렷한 효과를 거두었다. (1) 마르크스주의 철학의 국가 이데올로기적 지위를 확정하였다. (2) 지식분자의 사상 개조운동을 추진한 것을 포함해 국민을 교육하였으며, 전 국민을 착취계급의 사상 속박에서 해방시켜 국민의 사상을 통일시켰다. (3) 국민경제회복 등 중심 임무의 완성을 보장하였고, 사회주의까지 순조롭게 과도하는데 사상적 준비를 하였다. 단점은 그 당시 지식분자에 대한 사상개조운동이 일부 방면에서 지나치게 투쟁하여 일부 지식분자들에게 상처를 주었고, 학술과 문예 관련 문제, 예컨대 영화 "무훈전(武訓傳)"·위핑보(俞平伯)의 "홍루몽 연구(紅樓夢研究)", 그리고 후에 후펑(胡風)문예사상에 관한 논쟁에 대해 정치적 비판형식을 취하여 소극적인 효과를 발생케 한 것이다.

두 번째 철학 배우기는 60년대 초기였다.

1953년 3월 상하이치우신조선공장(上海求新造船厂)의 노동자들이 철학학습소조를 설립하였다. 심오한 철학이라는 이 학문을 배운다는 것은 당시에는 아주 보기 드문 일이었다. 그 후에 이 열기는 대중들 사이에서 널리 보급되어 '문화대혁명'이 일어나기 전까지 지속되었으며, 노동자·농민·군인들이 철학을 배우고 철학을 이용하는 열조를 형성하였다. 이번 철학배우기의 특점은 대중성 학습운동이라는 점이었다. 당 중앙의 이론 간행물인『홍기(紅旗)』잡지는 1966년 제2기에 논설위원 의 글을 실어 철학 배우기 운동을 이렇게 종합하였다.

"기나긴 인류의 역사에서 수많은 근로인민이 줄곧 이론지식의 대문 밖에 갇혀있었다. 이론을 언급하면 이것은 지식분자들의 일이라고만 생각했다. 일찍부터 무산계급이 자체의 지식분자를 가지고 있었지만 소수였다. 그러나 오늘날 중국에서는 천지개벽의 변화가 일어났다. 당 의 지도 아래 수많은 노동자·농민·군인들이 이론지식의 대문을 열어 철학·사회과학의 이론을 배우기 시작했으며, 또 자연과학의 이론도 학습하기 시작했다. 그 후로부터 이론은 교실과 연구실에서 해방되어 소수의 지식분자들이 이론을 독점하는 국면을 타파했으며, 노동자· 농민·군인들이 이론을 장악하는 새로운 역사 시대를 열어갔다.[188]

논설위원이 쓴 이 글의 제목이 바로「노동자·농민·군인들이 이론을 학습하는 시대가 시작됐다」였다. 후에 이 글이『철학 연구』편집부에 서 편집하고 상하이인민출판사에서 출판한『노동자·농민·군인의 철 학배우기 논문선』이라는 책으로 출간되었다. 이 책에 편집된 논문의 작가들을 보면 26명인데, 이들 작가 중에는 노동자가 8명 농민이 8명 해방군 전사가 6명 상업종사자가 4명이었다. 이번 철학 배우기 열조의 대중성을 엿볼 수 있는 대목이다.

이번 철학 배우기 활동을 어떻게 평가하는가 하는 것은 복잡한 문 제이다. 일부 사람들이 이에 부정적인 태도를 보이고 있는데, 이는 철

---

188)『철학 연구』편집부의「노동자·농민·군인의 철학배우기 논문선」, 1996, 상해인민출판사, 2쪽.

학에 대한 간단화(簡單化)와 용속화(庸俗化)라고 인정하고 있다. 이번 철학 배우기 과정에서 어떤 면에서는 확실히 형식주의적인 간단화, 심지어 용속화의 좋지 않은 경향이 존재하였다고 말할 수 있다. 예컨대, 철학이 본래는 일련의 범위·관점·원리가 서로 연계되어 구성된 체계인데, "살아 있는 철학(活哲學)"을 제창할 때 "한개 관점 한 가지 사례"라는 식의 "활력 있게 배워 활력 있게 활용하는 것"을 두드러지게 하면, 반드시 처음 철학을 배우는 대중들 중에서 철학 관점 간의 변증적인 연계를 떼어 놓고 실용주의적으로 마르크스주의 철학을 대하는 간단화·용속화 문제가 생길 것이다. 이런 식의 "활력 있게 배워 활력 있게 활용하는 것"은 확실히 잘못됐다. 그러나 그 당시 철학 배우기 활동이 아무런 수확이 없다는 것은 아니었다. 이 활동이 수많은 대중들의 이론 수준 제고에, 특히 이성적인 사유 능력의 제고에 크나큰 추진 역할을 하였으며 많은 인재들이 나타났다. 유석도(儒釋道)로 서로 보완된 중국 전통문화의 영향으로(이런 문화는 논리를 중심으로 하는 특징이 있음) 중국인의 사유방식에 짙은 논리가치 경향이 있는 반면에 이성적인 과학적 사유 정신이 부족했다. 60년대 초 흥기한 노동자·농민·군인의 철학 배우기운동이 이런 사유방식을 변화시키는데 좋은 역할을 하였다. 그 당시 베이징시 제3건축회사의 청년 돌격대 리뤄이환(李瑞环) 대장이 「실천론」을 학습한 후에, 실천 속에서 탐구하면서 자신의 실천경험과 책의 지식을 결합시키기로 결심했다. 결국 그는 성공하였을 뿐 아니라 세부 설계도를 그리는 방법을 창조해 냈으며, 10만자에 달하는 『목공 간편 계산법』이라는 책까지 편찬하였다.[189]

---

189) 위의 책, 56쪽.

사실 이번의 철학 배우기 운동은 많은 인재를 양성해 냈다. 지금 지도자 직에 있는 적지 않은 그 당시 청년들이 모두 이번의 철학 배우기 과정에서 자신의 인식 수준과 이론 수준을 제고시켰던 것이다.

　제3차 철학 배우기는 문화대혁명 중기에 발생했다.

　'문화대혁명'이 비록 "마오쩌동 사상의 위대한 기치를 높이 들자"라는 슬로건 아래서 시작되어 끊임없이 추진되었지만, '문화대혁명'은 애초부터 마오쩌동의 철학적 저작을 배우는 과정을 끊어버렸다.

　중공 제9기 2중 전회에서 린뱌오(林彪)는 마오쩌동이 확정하고 저우언라이가 선포한 헌법 수정 국민경제 계획과 전시 대비문제를 토론하는 등 3항의 의정을 고려하지 않고, 1970년 8월 23일 회의 개막 첫날부터 회의에 간섭하여, 마오쩌동 칭송을 핑계로 천재문제를 언급하였고, 국가주석을 설립해야 한다고 제기하였으며, 정당하지 않은 방법으로 권력을 탈취하려하였다. 24일 천보다(陳伯達)·우파셴(吳法憲)·예췬(叶群)·리줘펑(李作鵬) 등 린뱌오집단의 성원들이 각 소조에서 천보다가 편집한 혁명도사를 "천재로 칭찬하자"는 자료를 강연하였고, 많은 사람들이 맞장구를 치는 바람에 회의가 정상적으로 진행될 수 없게 되었다. 마오쩌동은 이에 대해 매우 경계심을 가졌는데 8월 25일 중공중앙정치국 상무확대회의를 주재 소집하여 2중 전회에서 23일 린뱌오가 한 연설에 대한 토론을 멈추고, 천보다에 대해 검토하도록 명령을 내렸다. 8월 31일 그는 「나의 약간 의견」에서 이렇게 적었다.

　"영웅이 역사를 창조하든지, 노예가 역사를 창조하든지, 인류의 지식이 선천적으로 있든지, 후천적으로 형성되었든지, 유심주의 인식론이든지, 유물주의 반영론이든지, 우리는 오직 마르크스-레닌주의의 입장에 서야지, 천보다의 유언비어와 망언에 섞여들어 가서는 절대로 안 된다.”

중공 제9기 2중 전회에서 “국가주석 설립” “천재로 칭찬하자” 문제에 대한 논쟁으로부터 마오쩌동은 린뱌오집단의 음모활동과 ‘문화대혁명’에 존재하는 문제에 대해 생각하게 되었다.

9월 13일 린뱌오 일당의 마오쩌동 암살 및 무장 정변에 대한 음모가 드러난 후 황망하게 도망가다가 결국 ‘트라이던트(三叉戟)’ 항공기와 함께 몽고 은드르한(溫都爾汗)에 떨어져 사망했다. 12월 11일 중공중앙은 린뱌오 천보다 반당집단의 재료를 내외에서 토론하도록 제공하라는 통지를 발표했으며, 그리하여 전국적으로 린뱌오를 비판하는 정풍(整風)운동이 시작되었다. 그 주요 내용은 “린뱌오 일당이 타당하지 못한 방법으로 권력을 탈취하고, 마오쩌동 암살을 기획했으며, 반혁명 무장 정변을 일으키고, 나라를 배반하고, 외국으로 도망을 쳤다”는 등의 범행을 폭로하고 비판했다. 린뱌오·천보다의 반혁명 양면파(兩面派) 행위와 ‘천재론’ 등의 유심사관을 비판하였으며, 린뱌오를 비판하는 것과 결합시켜 마르크스주의 이론 학습을 강화하였고 진짜와 가짜의 마르크스주의를 판단하는 능력을 제고시켰다. 바로 이런 환경에서 새로운 마르크스주의 철학 배우기 붐이 전국적으로 일어났다. 이번의 철학 배우기는 처음에는 중점적으로 마르크스주의 인식론과 유물사관을 학습하고, 린뱌오의 ‘천재론’ 및 그들이 부추긴 극좌 사조를 비판하였다. 이는 ‘문화대혁명’이 빚어낸 혼란을 극복하고 국민경제를 발전시키는데 적극적인 역할을 하였다. 그러나 1972년 장칭(江青)·장쵠차오(張春橋)·야오원위안(姚文元) 일당이 린뱌오를 비판하려면 그의 극우부터 비판해야 한다는 것을 제기하면서 비판의 방향이 뒤바뀌었다. 마오쩌동은 극좌를 비판하면 ‘문화대혁명’을 부정하게 될 가봐 걱정되어 장칭 일당의 주장을 지지하였다. 그리하여 이번 철학 배우기가 겨우 자그마한 진전을 거두다가 중도에 방향이 바뀌어 그릇된 방향으로 나아갔다. 이번 철학 배우기가 비록 린뱌오를 비판하는 초반의 짧은 시기에는 정확하였지만, 후에 점점 그릇되면서 심지어 장칭 반혁명집단을 위해 복무하는 경지에 이르렀다.

그 비통한 교훈은 이러했다. 정치 비판으로 철학 학습을 대체하거나 혹은 동일화 하였고, 철학을 정치 비판의 도구로 완전 몰락시켰으며, 실용주의의 열악한 기풍으로 이론과 현실을 결합시키는 학풍으로 사칭하였고, 중국 철학사와 마르크스주의 철학 원리를 제멋대로 곡해하여 '4인방'의 정치 목적을 위해 복무하였다.

마오쩌동이 서거한 이후 중공중앙정치국은 당과 국가의 지도권을 찬탈하려는 장칭 반혁명 집단의 음모를 단번에 부셔버렸다. 그러나 '문화대혁명'에서 형성된 마오쩌동에 대한 개인숭배와 교조주의로 마오쩌동 사상을 대하는 악렬한 기풍은 철저히 변화되지 못했다. 1978년 봄 덩샤오핑이 진리 기준문제에 대한 대 토론을 이끌면서 "실천은 진리를 점검하는 유일한 기준이다"고 지적했다. 이로써 전국적으로 건국 후 네 번째 대규모적인 철학 배우기운동이 시작되었다. 이번 철학 배우기는 마오쩌동이 서거한 후 나타난 것으로 이 책에서 연구할 중점은 아니지만 주목할 만한 것이 두 가지가 있다. 첫째는 이번 철학 배우기는 「실천론」 및 실사구시에 관한 마오쩌동의 논술을 중점적으로 학습하였는데 이는 바로 마르크스주의의 인식론이었다. 둘째는 이번의 철할 배우기에서 해결해야 할 문제는 마오쩌동 만년의 '좌'적 지도사상이었다. 이번 철학 배우기에서 훌륭한 점은 마르크스주의 철학의 기본 원리를 비교적 완정하고 정확하게 견지하였으며, 실사구시의 사상노선을 회복시키고 재확립한 것이었다. 그 의미는 사상을 해방시키고 혼란 상태를 수습하여 바로잡으며 역사적 경험을 종합하는데 이론적 기반을 닦아 놓았을 뿐만 아니라, 개혁개방의 총 방침을 제기하고, 중국 특색의 사회주의를 건설하기 위해 사상적 조건을 준비하였다는 데 있었다.

이 네 차례의 철학 배우기는 다른 한 측면에서 당대 중국의 실제 진행과정을 반영하였다. 그중에는 올바른 경험도 있고 그릇된 교훈도 있지만, 한마디로 말하자면 반드시 이론과 현실을 결합시키는 원칙을 올바르게 견지해야 한다는 것이었다. 이것이야 말로 마르크스주의의 기본 원칙인 것이다. 철학 배우기에서 이 원칙을 관철시켜야 할 뿐만 아니라, 전반적인 혁명과 건설에서도 이 원칙을 관철시켜야 하는 것이다. 사실, 당대 중국의 성적과 부족한 점 그리고 사회주의시기 마오쩌동의 성공과 실수는 모두 이 원칙과 관련되어 있는 것이다.

제3절

'이론과 실제를 결합시키다'의 정오변(正誤辨)

   신 중국이 건립된 이후 '이론과 실제를 결합'시키는데 대한 중국공산당의 인식이 민주혁명 초기와 뚜렷하게 달라졌다. 즉 이성적으로 이미 그의 중요성을 명확히 했으며 또 이런 '연계' 혹은 '결합'을 자각적으로 진행하고 있었다.

   그러나 주관적으로 일부 원칙을 인정했다고 해서 실천과정에 모두 이 원칙을 관철할 수 있는 것은 아니다. 마오쩌동이 당대 중국을 이끌어 가던 년대에 이런 이론과 실제를 결합시키는 현실 진행과정은 아래와 같이 파도형(波浪式)의 곡선 형태를 나타냈다.

   -1949년부터 1956년까지는 사회주의 개조와 건설에서 전반적으로 이론과 실제를 결합하는 원칙을 비교적 잘 견지하였으며, 역사성적인 성과를 거두었다.

   -1957년부터 1959년까지는 먼저 생산 자료 소유제면의 사회주의 개조를 기본상 완성한 다음의 실제 상황에 따라 사회주의 사회에 여전히 계급투쟁이 존재한다는 문제를 제기하였다. 동시에 이런 계급투쟁을 '주요 모순'의 높이로 향상시켰다. 이어서 미신을 타파하고 사상을 해방시키며 사업의 중점을 기술혁명으로 전이하여 선진적인 자본주의 국가를 추월하겠다고 제기하였다. 그리하여 '대약진'과 '인민공사화운동'이 시작되었다.

-1960년 당 중앙은 '12조' 지시를 발포하였고, 마오쩌둥은 1961년에 올해를 '실사구시의 해'로 정하고 전당에서 조사연구를 전개해야 한다고 말했다. 이러한 기초 위에서 또 '농업 60조'와 '공업 70조' 등의 규칙을 형성하였고, 어려움을 극복하면서 경제 조정 임무를 비교적 순조롭게 완성하였다.

-1966년부터 시작된 '문화대혁명'의 발동 초기에도 이론과 실제를 결합시켜야 한다고 강조하였다. 즉 무산계급 독재의 역사 경험과 이데올로기 분야 계급투쟁의 현실을 결합시키는 것이었다.

물론 "이론과 실제를 결합"시키는 시련은 이렇게 끝나지 않았다.

이론과 실제를 결합시키는 문제를 둘러싸고 3가지 상황이 나타났다.

(1) 이론과 실제를 결합시키는 것을 견지하여 경제와 정치·문화 과학기술사업에서 거대한 진보를 가져왔다.

(2) 이론과 실제를 결합시키는 데서 출발하여 진보하다가 또 오류와 후퇴로 치우치는 데로 나아갔다.

(3) 이론과 실제를 결합시키자는 슬로건을 외치면서 심각한 실수를 범했다.

왜 이렇게 복잡한 상황이 나타났을까? 도대체 이론과 실제를 결합시키는 원칙을 어떻게 과학적으로 이해하고 또 올바르게 견지해야 할까? 역사 경험은 우리에게 5가지 문제 혹은 5개 부분을 특별히 중시해야 한다는 것을 알려주었다.

경험 교훈 1 : '실제'의 편파성

사회주의 개조의 성공은 확실히 이론과 실제를 결합시키는 원칙을 견지해온 성공이다. 그의 주요 경험은 중국공산당과 마오쩌둥이 그 당시의 '실제' 즉 국정을 전면적으로 이해하고 파악한 것이다. 민주혁명의 승리를 앞두고 당 중앙은 대량의 간부를 동북해방구에 파견하여 도시 관리와 경제건설 경험에 대해 조사연구하기로 했다. 1948년 9월 15일 장원톈(張聞天)이 중공중앙 동북국(東北局)을 위해 기안한 중요 문건 「동북경제 구성 및 경제건설의 기본 방침에 관한 제강」은 이렇게 지적하였다.

동북경제가 봉건주의와 관료주의를 철저히 소멸하고, 또 동북에서 제국주의 경제특권을 취소한 이후, 기본상 5가지 경제성분으로 구성되었다. 즉 국영경제·합작사경제·국가자본주의경제·개인자본주의경제·소상품경제(소량의 자연경제가 아직 존재하지만 그 의미가 크지 않기 때문에 생략함)이다.[190]

중공중앙은 이 문건을 아주 중시하였으며 이를 꼼꼼하게 수정하였다. 마오쩌동은 류사오치에게 편지를 써 "이 문건을 아주 잘 수정했다"고 칭찬함과 동시에 "국가경제와 국민생활에 유익"한 지의 여부를 기준으로 자본주의경제에 대한 제약과 인도를 결정해야 한다고 제기하였다.[191] 동북해방구의 경제구조에 대한 전면적인 조사, 그리고 민주혁명시기 당이 전국 경제 상황에 대해 종합한 자료가 있었기에, 마오쩌동이 중공 제7기 2중 전회에서 국정 실제 및 그 변동 상황에 대해 과학적인 판단과 분석을 할 수 있었으며, 나아가 중국공산당을 위해 이론과 실제가 서로 통일된 신민주주의에서 사회주의로 과도하는 마

---

190) 장원톈, 「동북 경제 구성 및 경제건설의 기본 방침에 관한 제강」 (1948년 9월 15일) 『장원톈 선집』, 1985, 인민출판사, 396·398쪽.
191) 마오쩌동의 「류사오치에게」 (1948년 10월 26일), 『마오쩌동 서신 선집』, 2003, 중앙문헌출판사, 281쪽.

르크스주의 노선을 제정할 수 있었다.

1957년의 반 우파투쟁·계급투쟁의 확대화 실수와 1958년 경제지도 면에서의 주관주의 잘못 및 '문화대혁명'의 심각한 잘못은 일부 사람들이 말하는 것처럼 "전적으로 실제에서 출발한 것이 아니다"가 아니었다. 그 당시 각지에서 중앙으로 보낸 자료를 보면 확실히 마오쩌동에게 염려를 끼쳤다. 그러나 오늘날에 와서 보면 그 해 보고한 자료에 전면적이지 못한 내용들이 많이 존재했다. 결책의 형성과정을 객관적으로 고찰해 보면 우리가 '실제'를 전면적으로 장악하지 못했고, 국정을 투철하게 이해하지 못한 것이야 말로 실수를 범한 주요 원인 중의 하나라는 것을 알 수가 있다. 이런 편파성도 일종의 주관주의이다. 그러나 현실을 완전 무시하는 주관주의와는 아주 크게 다른 것이다.

이론과 실제를 결합시키려면 주관적으로 이 원칙을 견지해야 할 뿐만 아니라, 실천과정에서도 이 원칙을 철저히 실행해야 하며, 객관 실제를 전면적으로 장악해야 한다. 중국 특색의 사회주의를 건설할 때, 국정에 대한 조사를 중시하여 전면적으로 국정을 장악해야 한다. 우리는 중국의 사회와 경제상황을 조사해야 할 뿐 아니라, 중국의 자연자원과 인구상황도 조사해야 하고, 객체로서의 중국사회를 조사해야 할 뿐만 아니라, 주체로서의 중화민족과 중국인을 조사해야 하며, 물질적 존재로서의 중국사회와 중국인을 조사해야 할 뿐 아니라, 정신적 존재로서의 중국인의 사상관념과 문화심리를 조사해야 했다. '실제'에 대해 전반적인 기본인식이 있어야 하는데, 이는 이론과 실제를 결합시키고 아울러 이 두 가지 결합이 진정한 양성 효과를 나타내도록 하는것이 가장 중요한 문제이다.

경험 교훈 2: 철학 사조의 편집성

마오쩌둥의 견해와 민주혁명시기 중국공산당의 성공경험이 표명하듯이, 이론과 실제를 결합시킴에 있어서 '이론'은 가장 근본적인 철학적 세계관과 방법론을 말한다. 즉 마오쩌둥이 자주 얘기하는 '입장·관점·방법'이 그것이다. 마르크스주의 철학을 배워 올바른 사상노선·사상 기풍과 사상방법을 형성하고, 실천경험을 종합하며, 중국혁명의 발전법칙을 탐색하고, 중국혁명이 승리할 수 있는 올바른 길을 찾아내는 것, 이것이야말로 중국공산당이 작은 힘으로 강한 것을 물리치고 성공을 이룰 수 있는 기본 비결인 것이다.

사회주의시기 당과 마오쩌둥도 철학 배우기를 강조하였다. 그러나 건국 초 첫 번째 철학 배우기 운동에서 꽤나 성과를 거둔 것 외에 두 번째와 세 번째 철학 배우기 운동에서는 늘 일부 편집성적인(偏執) 철학사조의 영향을 받았다.

철학사조와 철학이론은 연계가 있으면서도 또 서로 구별된다. 철학사조를 철학이론이라기보다 그저 일종의 깊은 차원의 사회심리 경향이라 하는 것이 더 적절할 것 같다. 그것은 이론과 같은 사회 이데올로기로서의 형식은 없지만, 이론 지식보다 더욱 어디에나 파고들어 사람들의 사상과 행동에 영향을 준다. 그것은 일반적인 사회심리가 아니라 철학적 방법론의 표면적인 특징을 가지고 있어 일반적인 사회심리에 영향을 주기 때문이다.

이런 철학사조의 뚜렷한 특점이 바로 편집성이다. 철학적 방법론으로 이를 해석하자면 항상 3가지 형태로 표현된다. 첫째, 이는 교조주의 형식의 주관주의로 가거나 아니면 경험주의 형식(실용주의식 포함)의 주관주의로 간다. 둘째, 이는 절대주의 독단론으로 이끌거나 아니면 상대주의 회의론으로 이끌어 간다. 셋째, 이는 기계 일원론을 초래하거나 아니면 중심이 없는 다원론을 초래하게 된다. '문화대혁명'시기가 이런 여러 가지 편집성 표현이 가장 충분히 표현되었던 시기였다.

경험 교훈 3: 사회과학이론의 정체성

마르크스주의는 이론과 실천의 통일을 실현하는 것은 철학만 잘 배워 마르크스주의 입장과 관점 방법만 장악하면 모든 문제를 해결할 수 있는 것이 아니라고 인정했다. 신 중국이 건립된 후 우여곡절적 실천이 우리에게 여러 번 계시를 주었다. 정확한 철학사상은 위대한 실천과정에서 양적인 사회효과를 가져오는데, 중요한 것은 변동하는 실천을 근거로 삼아 철학과 사회과학이론의 결합을 실현하며, 올바르고 거시적인 경제학·정치학·문화학·사회학 및 기타 과학의 이론을 형성시키는 것이다.

중국에서 사회주의 개조시기에 이론과 실제를 결합시킨 효과가 비교적 좋았다. 그 중요한 원인은 마르크스 특히 레닌에게 과도시기의 이론이 이미 있었고, 또 장원톈 등 당의 지도자들이 동북해방구의 실천 경험을 근거로 삼아 중국 신민주주의 사회의 경제구조 및 그 운동의 특점을 종합하였으며, 마오쩌동이 마르크스주의 철학과 과도시기의 이론을 한층 더 서로 결합시켜 중국의 자체 특점이 있는 신민주주의에서 사회주의까지의 과도이론을 형성하였기 때문이다. 즉 중공 제7기 2중 전회에서 결의하고 밝힌 이론이다. 사회주의시기 1960년부터 1965년 사이에는 이론과 실천을 비교적 잘 결합시켰다. 그 원인은 이 시기에 당 중앙 주요 지도자들이 마오쩌동의 호소에 응하여 사회주의 정치경제학을 착실히 배웠고, 이론계에서도 이에 대해 비교적 깊은 탐구를 하였으며, 마오쩌동도 정치경제학을 깊이 연구할 때 철학으로 다듬고 개괄하는 것을 견지하여, 중국 사회주의 경제건설에 관한 중요한 이론을 형성하였기 때문이다.

반대로 업무 과정에서 실수를 범한 역사시기에는 모두 한 가지 특점이 있었다. 즉 철학은 적게 배우지 않았지만 마르크스주의 철학과 서로 통일되는 사회과학 이론이 오히려 발전을 멈추었거나, 혹은 절박하게 필요한 사회과학 이론을 근본적으로 실천하지 못한 것이다. '문화대혁명'이 시작된 이후 일부 사회과학 근무자들은 '외양간'으로 몰려들어가 심사를 받았고, 일부는 농촌공장에 내려가 노동하게 됐으며, 그들이 오랫동안 연구해온 이론도 '수정주의 이론"으로 중시를 받지 못하고 버려졌다. 그 당시 이른바 "이론과 실제를 결합시키는 것"은 마르크스주의 전형적인 작가의 책을 읽으면서 구절을 찾아내 '문화대혁명'을 위해 변명하는 근거를 찾아내는 것에 불과했으며, 실용주의를 제창하고 과학적인 연구가 없었으며, 실천을 지도하는 이론 자체부터 틀린 것이 많았다. 그릇된 이론을 지도로 한 실천은 실패로 끝날 수밖에 없다. 사실이 증명한 바와 같이 사회과학 연구의 재난과 사회의 재난은 흔히 서로의 조건이 되며 상호 관통되어 있다. 이론과 실천을 결합시키는 중요한 일환은 마르크스주의 철학의 지도 아래 사회 여러 분야의 객관적 법칙을 반영할 수 있는 일련의 사회과학이론을 구축하는 것이라는 것을 반면적으로 증명하였다.

경험 교훈 4 : 이론과 실제의 일방적 역할

이론과 실제를 결합시키는 과정에서 전면적으로 실제를 관철시키고 체현해야 하며, 이론을 전면적으로 습득해야 할 뿐만 아니라 '결합'시키는 것도 전면적으로 실천해야 한다. 결합은 이론에서 실제까지의 일방적인 결합이 아니라, 이론과 실제가 쌍방향으로 결합되거나 혹은 쌍방향으로 영향을 주는 과정이다.

사회주의시기, 이론과 실제를 결합시키는 행위방식에는 흔히 세 가지가 있었다. 첫 번째 방식은 이론으로 일부 중대한 정책 혹은 중대한 사건을 해석함으로써 그로하여금 일종의 '합리성'을 가지게 한다. 두 번째 방식은 일부 실례로 이론을 위해 변호함으로써 이론의 '정통성'을 수호한다. 세 번째 방식은 이론관점과 일부 실례의 해석을 결합시킴으로써 그 이론을 보급시킨다. 이론과 실제를 결합시키는 이 세 가지 방법이 완전히 틀렸다고는 말할 수 없다. 사람들을 중대한 정책이나 사건에 대해 이해시키게 하려면 확실히 이론적 해석이 필요하고 이론도 충분한 사실로 변호하는 것을 필요로 하기 때문에, 이론을 보급하는 것도 일종의 실행 가능한 방법이라 할 수 있다. 그러나 이런 방법이 이론과 실제를 결합시키는 원칙에 많은 상처를 주었다.

이를 통해 얻은 교훈은 무엇인가? 이런 방식은 모두 이론과 실제를 결합시키는 것을 이론에서 실제까지의 일방적 역할과정으로 간주했고, 이론은 영원하고 안정적이며 불변하는 것으로 실제생활이 이론을 위해 해석할 수밖에 없고, 이론의 사명 또한 정책 등 실제생활에서 제기된 문제를 위해 해석하는 것으로 간주했다. 마오쩌둥은 정신과 물질 이론과 실천 간의 객관적 관계와 변증법적 관계를 깊이 분석하고 이렇게 지적했다. 실천과정에서 형성된 물질세계 본질과 법칙을 반영하는 이론이 다시 물질세계를 개조하는 실천과정으로 돌아갈 때, 세 가지 운동과정이 동시에 발생한다. 첫째는 이론이 실천을 지도하고 실천의 작용 방향과 발전과정을 규범화 한다. 둘째는 실천이 끊임없이 이론을 검증하고 교정한다. 셋째는 사람들이 실천과정에서 물질세계의 본질과 운동법칙을 한층 더 반영하고, 이론의 새로운 내용과 새로운 형태가 앞으로 발전하도록 추진한다. 둘째와 셋째 운동과정은 우리에게 이론이 실제와 결합할 때, 영원이 불변하는 것이 아니라 끊임없이 검증받고 발전해야 한다는 것을 알려준다. 다시 말해서 이론과 실제를 결합시키는 과정은 이론이 실제에 작용하는 과정이기도 하고 또 실제가 이론에 작용하는 과정으로써 양자 간에는 쌍방향으로 결합시키거나 혹은 상호 작용하는 특점이 있기 때문에, 이것은 굳은 사유원칙이 아니라 창조적인 사유과정인 것이다.

경험 교훈 5: 실제와 실천의 모순성

이론과 실제를 결합시키는 목적은 현존의 세계를 변화시키기 위해서이다. 그렇기 때문에 이 원칙을 견지함에 있어서 실천의 관점이 특별히 중요한 역할을 한다. 실천은 이론과 실제의 양자 통일을 실현하는 기반과 기준일 뿐만 아니라 또 그 목적이기도 하다. 중국 사회주의 현실 운동은 "무릇 실제에서 출발한 실천은 대부분 성공했고, 실제에서 벗어난 실천은 대부분 실패했다"고 사람들에게 여러 차례 알려주었다. 그리하여 사람들은 '실천'과 '실제' 간에 존재하는 모순성을 볼 수 있었다.

실천과 실제를 변증법적으로 통일시키려면 마땅히 실천의 관점을 견지하는 동시에 실천도 실제에서부터 출발해야 하며 현실을 존중해야 한다는 것을 제기해야 한다. 이렇게 해야 만이 진정으로 이론과 실제를 서로 통일시키고 순서에 따라 실천을 추진하며, 적극적이면서도 온당하게 세계를 개조할 수 있는 것이다.

그럼 어떻게 해야 진정으로 과학적이면서도 효과적으로 이론과 실제를 결합시킬 수 있는가? 마오쩌동의 이론과 정·반 두 방면의 실천경험에 따르면 마땅히 '6가지 요점'과 '5가지 결합'을 견지해야 한다.

첫째, 마르크스주의 철학을 열심히 배워 올바른 입장·관점과 방법을 장악함으로써 실천의 주체가 받아들일 수 있도록 해야 한다. 이것은 제1차원의 결합이다.

둘째, 마르크스주의의 유물주의 사상노선에 근거하여 조사연구하고 실정을 잘 파악함으로써 이론과 실제의 제2차원의 결합을 실현해야 한다.

셋째, 이 기초 위에서 사회과학이론을 배우고 연구하며, 사회생활의 경제·정치·군사와 문화 등 면의 내재적 객관법칙, 특히 중국에서의 특수법칙을 게시함으로써 이론과 실천의 제3차원의 결합을 실현해야 한다.

넷째, 일반과 특수가 서로 결합된 사회과학이론에 근거하여 객관 실제와 결합하고, 중심 임무를 제기하며, 시범적인 실천을 전개함과 동시에 실천과정에서 기존 이론을 점검·교정·보완함으로써 이론과 실제의 제4차원의 결합을 실현해야 한다.

다섯째, 비교적 완벽하거나 혹은 발전된 이론에 근거하여 전면적으로 실천하고, 기존의 객관세계를 개조함과 동시에 성공하도록 이끌어, 이론과 실천의 가장 높은 차원의 결합을 실현해야 한다.

여섯째, 이 모든 차원의 결합은 마땅히 변증법적인 유물주의 인식노선을 견지해야 하며, 실수하거나 잘못했더라도 성공할 때까지 진리를 견지하고 잘못을 수정하며 실수를 교정해야 하며, 처음부터 시작하거나 혹은 실수한 데서부터 재출발해야 한다.

마오쩌동은 인식 운동에는 두 차례의 비약이 있는데 그중에서 두 번째 비약, 즉 이론에서 실천까지, 정신에서 물질까지의 비약이 "첫 번째 비약과 비교할 때 그 의의가 더욱 위대하다"고 말한 바 있다. 그러나 그는 첫 번째 비약처럼 두 번째 비약에 대해 구체적으로 서술한 적은 없다. 이론과 실천을 결합시킨 경험 교훈은 우리에게 이 같은 것을 알려줬다. "두 차례 비약' 이론은 인식의 형성과 인식의 응용 이 두 가지 다른 인식운동 과정을 구분시켰다. 이론이 형성된 후 실제와 한층 더 결합시키거나, 혹은 실제의 개조에 응용되는데 이는 인식의 두 번째 비약의 사명이다. 그러나 두 번째 비약을 할 때에도 끊임없이 실제를 전면적으로 장악해야 하고, 또 실제 내부의 객관법칙을 게시해야 하며, 이미 얻은 인식에 대해 실천과정에서 끊임없이 교정해야 한다. 즉 두 번째 비약에는 일련의 새로운 첫 번째 비약이 포함되어 있는 것이다.

제4절
모순: 경제와 정치, 전문가와 공산당(專與紅)

마오쩌둥은 중국 국정의 특점에 부합되는 강대한 사회주의 국가를 건설하기 위하여 간고(艱苦)한 탐색을 해왔으며, 그 탐색과정에서 많은 독창적인 견해가 있는 철학적 사상을 제기함과 동시에 사람들이 깊이 연구할 만한 철학적 문제도 남겨놓았다. 사회주의 실천의 근본 임무는 사회주의 제도에서 현대화 생산력을 발전시키는 것이기에, 그의 철학적 사고는 사상노선과 연관될 뿐만 아니라 중대하고 근본이 있는 정치와 경제문제와도 연관돼 있다.

중공 제8기 10중 전회에서 마오쩌둥이 "계급투쟁을 중심에 두다"를 다시 제기할 때, 즉 사회주의 역사단계에서의 당의 기본노선을 제기하면서 다음과 같은 의미심장한 말을 하였다. "업무문제에 대해 동지들이 주의하기 바란다. 계급투쟁으로 인해 우리의 업무에 영향을 주지 말아야 한다.… 이것을 전달하면서 이런 면에서 주의하기 바란다. 각지, 여러 부문은 업무를 우선 자리에 놓고 업무와 계급투쟁을 병행하되, 계급투쟁을 너무 뚜렷한 위치에 놓지 말아야 한다."

사람들은 마오쩌둥이 1959년 루산회의 후에 있은 '반 우파투쟁'이 경제 사업에 가져다 준 영향을 고려해 류사오치 등의 의견을 받아들였다고 생각한다. 그러나 그것은 모두 표면적인 현상이었다. 더 깊은 원인은 마오쩌둥이 중국이라는 이 땅에다 어떻게 사회주의를 건설하겠는가를 탐색하고 있었던 것이다.

마오쩌둥은 사회주의 사회에서 계급투쟁이 여전히 장기적으로 격렬하게 존재하기 때문에, 마땅히 계급투쟁을 중심에 두고 사회주의 진지를 보위하고 공고히 해야 하며, 동시에 사회주의는 마땅히 생산을 발전시키고 국민의 생활수준을 향상시켜야 한다고 생각했다. 이 양자 관계를 어떻게 잘 처리할 것인가? 중공 제8기 10중 전회 때 그는 이 문제에 대해 막연함을 느꼈다. 그는 한 방면으로는 계급투쟁을 주요 모순·중심·노선의 위치에 놓았고, 또 다른 방면으로는 "너무 뚜렷한 위치"에 놓지 말고 "업무를 우선 자리에 놓아야 한다"고 말했다. 이것이 바로 그가 직면한 모순이다. 계급투쟁과 경제건설 가운데 어느 것을 주요 모순으로 정하는가, 즉 정치와 경제, 공산당과 전문가의 상호 관계의 모순인가 하는 것이었다. 이것은 중국 사회주의 현대화 건설의 전 과정을 관통한 모순으로 아주 복잡하다.

이 모순은 역사가 중국공산당과 중국 국민에게 가져다 준 것이다.

이것은 아주 복잡한 모순이다. 그 복잡성은 이런 면에서 표현된다. (1) 이 두 방면의 임무를 완성하는 것은 모두 국민의 이익과 사회주의의 이익을 위해서이다. (2) 이 두 방면의 임무를 완성하려면 각자 모두 자체 내부 일련의 모순부터 해결해야 한다. (3) 이 두 방면의 임무 사이, 즉 두 개의 '모순군(矛盾群)' 사이가 서로 결합되고 서로 지지하며, 아울러 서로 침투되는가 하면 또 서로 차별화되고, 서로 제한하며 아울러 서로 배척하면서 대립통일의 관계를 가져야 한다.

이렇게 말하는 것이 너무 추상적이고 사변적이라면 그럼 이 두 방면의 모순을 구체적으로 고찰해 보자. 먼저 계급투쟁과 사회주의 혁명이 중점적으로 해결하고자 하는 것은 생산관계와 상부구조 간의 문제이고, 경제건설과 현대화 건설이 중점적으로 해결하고자 하는 것은 생산력 방면의 문제이다. 다음으로, 계급투쟁과 사회주의 혁명은 정치성적인 이데올로기를 행동의 지도로 해야 하고, 경제건설과 현대화 건설도 올바른 이데올로기 형태를 지도로 해야 하지만, 그 자체의 사업은 주로 끊임없이 새로 바뀌는 선진적인 과학지식에 의거해 추진되어야 한다.

마오쩌동의 이런 모순 해결 방안은 정치와 경제가 서로 결합되고 정치와 기술이 서로 통일되어야 하는 것이었다. 즉 사상적으로 건전하고 기술적으로 우수해야 한다는 것이다. 그는 「업무 방법 60가지(초안)」 제21조에서 "끊임없는 혁명"을 주제로 업무의 중점을 기술혁명으로 전이시켜야 한다고 논하였고, 또 양자의 모순에 대해 우려를 표하고 나서 제22조에서는 공산당과 전문가, 정치와 업무의 관계를 논하였다.

"정치와 경제의 통일, 정치와 기술의 통일, 이것은 조금도 의심할 바가 없으며, 앞으로도 쭉 영원히 이렇게 해야 한다. 이것이 바로 사상적으로 건전하고 기술적으로 우수한 것이다. 앞으로 정치라는 단어는 계속 있겠지만 내용은 변한다. 사상과 정치에 주의를 기울이지 않고, 사무에만 매달린다면 방향을 잃은 경제가와 기술자가 될 것이다. 이것은 아주 위험한 일이다. 사상업무와 정치업무는 경제업무와 기술업무를 완성하는 담보이고, 또 경제기반을 위해 복무한다. 사상과 정치는 원수이며 또 영혼이다. 우리의 사상업무와 정치업무가 조금이라도 느슨해지면 경제업무와 기술업무가 그릇된 길로 가게 된다."[192]

마오쩌둥이 설계한 모순 해결 방안은 아주이상적이라고 말해야 한다. 이 방안은 정치만 중시하고 경제사업과 업무·기술을 중시하지 않는 "공론만 일삼는 정치가를 반대" 했을 뿐 아니라, 경제 업무와 기술만 중시하고 정치에 관심을 주지 않는 "방향을 잃은 실제가"도 반대했다. 이 방안은 아주 변증법적이며, 또한 경계가 있어 중국 사회주의 건설을 지도하는 중요한 지도사상이다. 그러나 바로 그가 아주 변증법적이었기에 대립되는 두 개 방면을 결합시켜 버렸다. 이 때문에 실천과정에서는 과학을 필요로 할 뿐 아니라 아주 우수한 지도예술로 교묘하게 조정하는 것도 필요했다.

우리가 이 점을 이해한다면 중공 제8기 10중 전회에서 확정한 이른바 '기본 노선'의 그릇된 이론을 한층 더 인식할 수 있을 것이다. 이 노선은 마오쩌둥이 제기한 "사상적으로 건전하고 기술적으로 우수해야 한다"는 원칙을 체현하지는 못했다. 이는 계급투쟁을 모든 사업 위에 군림하게 했으며, 심지어 모든 기술사업, 업무사업과 경제사업의 '전문성'을 '헛' 것으로 만들었다.

역사는 이미 지나갔지만 정치와 경제에 대한 마오쩌둥의 사고는 우리에게 중요한 지시를 남겨주었다. 중국에서 현대화 건설을 하려면 사회주의 방향을 반드시 잡아야 하고, 경제사업과 기술사업 기타 업무사업을 하려면 사상정치 사업을 잘하는데 주의를 기울여야 한다. 만

---

192) 마오쩌둥, 「사상적으로 건전하고 기술적으로 우수해야 한다」 (又红又专)(1985년 1월).
   『마오쩌둥 저작 선집』 하권, 1986, 인민출판사, 803쪽.

약 중국 현대화의 정치 규정성을 잊어버리면, 사회주의를 해치게 되고, 중국이 그릇된 길로 가게 될 것이며, 만약 중국 경제건설의 현대화 목표를 잊어버리면, 중국은 세계 민족 진보의 조류에서 뒤떨어지게 될 것이다. 마오쩌둥이 제기한 사상적으로 건전하고 기술적으로 우수해야 한다는 것은 두 마리 양을 잡을 수 있는 가장 좋은 선택이다. "중국 특색의 사회주의"를 건설하기 위하여 우리는 마땅히 마오쩌둥이 제기한 것처럼 정치와 경제의 통일을 견지해야 한다. 즉 사상적으로 건전하고 기술적으로 우수해야 한다는 말이다.